四川省首批名师工作室建设成果
四川省名师名校长工作室专项课题“现代中学历史教学实践体系”成果

“问道历史”的教学实践

主　编◎贾雪枫

副主编◎王廷相　吴　跃　邱　钰　欧阳菊

编　委（按姓氏音序排列）

黄永春　刘琳均　罗剑容　罗清燕
饶振宇　唐　莉　王江茹　王　勤
杨秀玲　曾宏伟　周　均

西南交通大学出版社
·成　都·

图书在版编目（CIP）数据

“问道历史”的教学实践 / 贾雪枫主编. —成都：西南交通大学出版社，2022.8

ISBN 978-7-5643-8862-1

Ⅰ. ①问… Ⅱ. ①贾… Ⅲ. ①中学历史课－教学研究 Ⅳ. ①G633.512

中国版本图书馆 CIP 数据核字（2022）第 149690 号

"Wendao Lishi" de Jiaoxue Shijian

“问道历史”的教学实践

主　编　贾雪枫

责任编辑	居碧娟
助理编辑	邵莘越
封面设计	原谋书装
出版发行	西南交通大学出版社 （四川省成都市金牛区二环路北一段 111 号 西南交通大学创新大厦 21 楼）
发行部电话	028-87600564　028-87600533
邮政编码	610031
网　　址	http://www.xnjdcbs.com
印　　刷	成都蜀通印务有限责任公司
成品尺寸	170 mm × 230 mm
印　　张	25.25
字　　数	454 千
版　　次	2022 年 8 月第 1 版
印　　次	2022 年 8 月第 1 次
书　　号	ISBN 978-7-5643-8862-1
定　　价	98.00 元

前　言

《"问道历史"的教学实践》是四川省首批省级名师工作室的建设成果。四川省贾雪枫名师鼎兴工作室是四川省首批名师工作室之一。自四川省教育厅授牌成立工作室起，工作室就立足于课堂教学实践，着眼长远发展，申报了四川省省级名师工作室专项课题"现代中学历史教学实践体系研究"，在实践和理论两方面展开了研究，成效显著。

研究形成了基于理解和解释的"问道历史"教学理念。这个理念把历史教学视为一个在"问"中求"道"的过程，"问"有探究、研讨、交流之义，"道"则是价值、意义、道理等，关乎世界观和情感态度。"问"与"道"是方法与目的、路径与目标的关系。"问"在主体上有自问、他问之分，在形式上有互问、答问之别，在内容上包括知识性的问、道德性的问、美育性的问，均指向历史学习的价值、意义。在教学实施中，"问道"理念体现为问题贯穿教学全过程的教学风格。

遵照"问道"的理念，我们开展了各种实践活动，积累了非常丰富的资料，形成了大量的案例、心得和论文。本书就是从这些资料中选粹的汇编，从这本书里，我们可以看到工作室的成员们发自内心的感想；通过各种教学实录，我们可以想见教学的场景；可以看到工作室同仁们思想的结晶，他们把自己的所思所想整理为论文，这些论文虽不可避免地带有思考的局限性，也不可避免地带有实践者经验成分多、理论成分少的缺陷，但是弥足珍贵，因为它是实践的产物。

这本书是教学实践的产物，文字清新简约，直截了当，读起来使人感到亲切。我们对这些作者们的辛勤耕耘感到由衷地敬佩。但是，我们也要看到自己的弱点和不足，就是本书的经验性较强，理论性不足。虽然长于经验、短于理论是实际工作者的通病，不过也不是不能弥补的。提高理论水平，用科学的理论指导我们的实践，这是今后我们努力的方向。诸君，我们共同努力！

这本书是由工作室的各研修组共同选编完成的。包括三部分：第一部分是成长故事，包含29篇文章，在这些文章中，作者们用朴实的文字记录了在工作室中的收获，使我们倍感亲切，作为教育工作者的自豪感和认同感油然而生。第二部分是教学实录，包含24篇文章，这是工作室开展各种教学研究留下的课例，也是工作室脚踏实地、扎根基层的见证，更是我们“问道”的教学理念付诸实践的结晶。阅读这些文章，我们不仅可以回忆起当时的教学场景和讨论气氛，还会进一步启发思考，找到自己的不足，从而在今后的教学实践中加以改正。第三部分是教学论文，由综合研究、案例探讨、乡土资源运用、技术运用等几部分构成，共有20余篇。这些文章反映的是工作室成员们基于教学实践的理性探讨，均为经过严格审查的原创之作。阅读它们，我们可以感受工作室同仁们在繁重的日常教学之余，对教学理论的孜孜追求，文章或许难不登大雅之堂，但足以自慰，可资参考。

本书由贾雪枫担任主编，王廷相、吴跃、邱钰、欧阳菊担任副主编，黄永春、刘琳均、罗剑容、罗清燕、饶振宇、唐莉、王江茹、王勤、杨秀玲、曾宏伟、周均任编委，是集体劳动的产物。贾雪枫是工作室的领衔人，副主编是工作室的班委，其余诸位是工作室各地区研修组组长。

编委会各位成员在工作室全员研修、区域研修和指导学员个体研修等方面都开展了卓有成效的工作，认真撰稿审稿，付出了辛勤的劳动，在此向他们表示感谢！如果本书能够给实践者带来一些启示，给理论研究者提供一点参考，我们将感到非常满足。

《“问道历史”的教学实践》编委会

2021年11月20日

目录

前行在“问道”的路上 ……………………………………1

成长故事

【成员故事】

相约而来，相约共生 ……………………王廷相 37

知行合一，促进专业成长 ……………………吴 跃 40

聆听、阅读、交流

——名师工作室三大功能对个人专业成长的助推作用 ……………………杨秀玲 43

一路修行，一路成长 ……………………罗剑容 46

研修路漫漫，学习无止境 ……………………周 均 49

百花成蜜，感恩名师 ……………………唐 莉 51

下车便要开始你热情洋溢的工作 ……………………刘琳均 56

工作室助力，名师引领成长 ……………………罗青燕 59

路虽漫长，吾其求索 ……………………王江茹 62

工作室研修二三事 ……………………曾宏伟 65

有您，我们一路不孤单 ……………………王 勤 67

【学员故事】

我的成长故事 ……………………赵富生 71

名师引领助我进步 同伴互助伴我成长 ……………………倪桂英 74

名师工作室个人成长故事 ……………………李利兴 77

在学习中增长智慧，在求知中净化灵魂 ……………………张 伟 79

名师引领 助力成长 ……………………李丞丞 81

名师团队研修 促教学专业成长 ……………………胡 艳 84

学习中创新，创新中学习 ……………………罗 勇 86

名师引领促进个人成长 ……………………伍仁会 89

工作室成长故事 …………………………………………………… 余传梅 91
以梦指路，不忘初心 ……………………………………………… 刘晓育 93
成长故事 ……………………………………………………………… 廖海霞 95
工作室的成长历程 ………………………………………………… 何　晏 98
风雨学行，师生共长 ……………………………………………… 杨　利 100
学无止境，心思践行 ……………………………………………… 蒲晓丽 102
我的教师专业成长 ………………………………………………… 陈　静 104
参加贾雪枫名师工作室的感受 …………………………………… 李　强 107
在名师引领下一路前行 …………………………………………… 龙　力 109
我在磨课中成长 …………………………………………………… 蒲晓丽 111

教学实录

【中国古代史】

部编版七年级上《汉武帝巩固大一统王朝》教学实录……………… 宋　丹 117
部编版七年级上《东汉的兴衰》课堂实录…………………………… 陈　浩 124
部编版七年级上《三国鼎立》教学实录 …………………………… 郭　刚 128
部编版七年级上《三国鼎立》课堂实录 …………………………… 蒋海燕 133
部编版七年级上《唐朝的中外文化交流》教学实录………………… 宋孟霜 138
部编版七年级下《北宋的政治》教学实录…………………………… 唐　莉 143
《明朝的对外关系》教学实录……………………………………… 王玉菲 149
《清朝前期社会经济的发展》课堂实录 …………………………… 江红梅 152

【中国近代史】

《戊戌变法》课堂实录……………………………………………… 蹇良凤 162
部编版八年级上《洋务运动》教学实录 …………………………… 陈　静 168
部编版八年级上《五四运动》教学实录 …………………………… 罗剑容 173
《中国近代化的探索》教学实录 …………………………………… 杨秀玲 179
历史的选择——《中国共产党诞生》教学实录……………………… 曾莉萍 183
指向“知史爱党”的初中历史问题推进式教学
——以《毛泽东开辟井冈山道路》为例 ……………………… 沈鹏程 188
《中国工农红军长征》课堂实录 …………………………………… 廖海霞 196

【中国现代史】

部编版八年级下《中华人民共和国成立》教学实录………………… 周　梅 202

部编版教材八年级下册第三单元第8课《经济体制改革》
教学实录……谢贞兰 207
《独立自主的和平外交》教学实录……周 霞 217

【世界近现代史】

部编版九年级上《文艺复兴运动》教学实录……何屏频 227
部编版九年级上《文艺复兴》教学实录……陈李平 236
部编版九年级上《探寻新航路》教学实录……曾宏伟 240
部编版九年级上《探寻新航路》教学实录……江红梅 248
部编版九年级上《美国的独立》教学实录……蒋雪梅 253
部编版九年级上《一代枭雄拿破仑》教学实录……胡 艳 259

教学论文

【综合研究】

如何做一次历史教育访谈
——以笔者对历史教育专家的访谈为例……陈 倩 269
乡村中学历史教师专业现状和发展路径浅探……吴 跃 张玉碧 彭 岗 278
课题研究对学科组建设的作用……赵富生 李 刚 285
基于课堂实践的历史复习效率提升策略探索……谢贞兰 290

【案例探讨】

浅议大概念统领下的初中历史大单元教学设计
——以世界近现代史为例……李星霖 297
时空视域下的问题意识培育思考
——以部编版中国历史（七年级）中外交通路线图为例……欧阳菊 305
精心提炼“历史课魂”，引领学生走向更好未来
——以部编版八年级历史为例……王家华 310
学生参与备课：历史教学改革的路径与实践初探
——以《中国工农红军长征》为例……刘 影 唐 莉 刘琳均 315
基于追问的初中历史插图教学
——以《雨中耕作图》为例……陈富贵 324
部编初中历史教材教学中的困惑与尝试
——以《北宋的政治》一课为例……唐 莉 331

借力主题学习，转变历史教与学
——以《社会生活的变迁》为例 …………………………………………沈鹏程 338
“说”故事，“品”味道
——浅析如何引导中学历史教学生活化 ……………………………杨 利 342
常回首，我们才会成长
——《青铜器与甲骨文》的课后思考 ………………………………陈 燕 346
浅议如何在隋唐时期历史教学中有效激发学生的家国情怀……………柴美红 350

【乡土资源运用】

南充文化资源在中学历史教学中的运用
——以一次特色暑假作业为例 ……………………………罗剑容 向文利 357
借用历史故事打造高效的历史课堂 ……………………………………王廷相 364
让家国情怀在实践中生根发芽
——以荔枝资源为载体对初中学生家国情怀培育初探………………赵富生 368
运用家国情怀理念进行初中历史教学 ………………………张志强 罗剑容 373

【技术运用】

怎样建设现代信息技术环境下的历史课堂文化…………………………彭 岗 378
浅析现代信息技术对初中历史课堂实现教学立意的促进作用…………黄莉娟 382

【教育观念】

论监护人教育观念对农村留守儿童学习成绩的影响
……………………………………………王廷相 刘小琴 蒲晓丽 杨秀玲 388

后 记………………………………………………………………………………395

前行在“问道”的路上

贾雪枫

四川省贾雪枫名师鼎兴工作室于2018年11月16日由四川省教育厅发文《四川省教育厅关于公布第一批中小学省级名师名校长工作室领衔人名单的通知》(川教函〔2018〕667号)公示，2019年3月1日正式开班运行。在省教育厅直接领导下，在省教师培训项目办公室的直接指导下，工作室积极开展各项工作，取得了丰硕成果。

一、工作室基本情况

(一)工作室组成

工作室成立之初有成员13名。在工作室成员名单公示期间，宜宾1名成员调离，泸州、内江各1名成员因病退出工作室。经与宜宾、泸州、内江教研部门沟通，三地各另遴选1名成员加入工作室，并报省教师培训办公室备案。根据四川省教育厅 四川省财政厅关于印发《四川省中小学省级名师名校长工作室建设实施办法(试行)》的通知(川教函〔2018〕423号)关于工作室成员“由本人申请、所在单位和教育行政部门逐级遴选、推荐后，由领衔人通过资料审查、双向沟通等方式自主确定，报教育厅审核备案”的规定，工作室于2019年10月、2020年5月增加南充、成都两名研修成员，成立南充研修组、成都研修组，并于2020年9月获得省教育厅川教函〔2020〕464号的批准。截至2020年年底，工作室有15名成员，成立了15个研修组，广泛分布于泸州、内江、自贡、宜宾、攀枝花、凉山、南充、成都8个市州32个区县72所学校(单位)，主体是学校教师，也有少量教研人员，有城市学校，也有乡村中学，年龄跨度从二十四五岁至50多岁，既有初入职不久的新教师，又有工作30年以上经验丰富的资深教师。

(二)工作室管理

工作室实行领衔人—研修组长—研修组—学员的管理架构，成立了由班长、学术委员、宣传委员、纪律委员构成的班委会，15个研修组和内泸、宜自、攀凉、成南4个跨区域研修大组，其组织架构如下（见图1）。

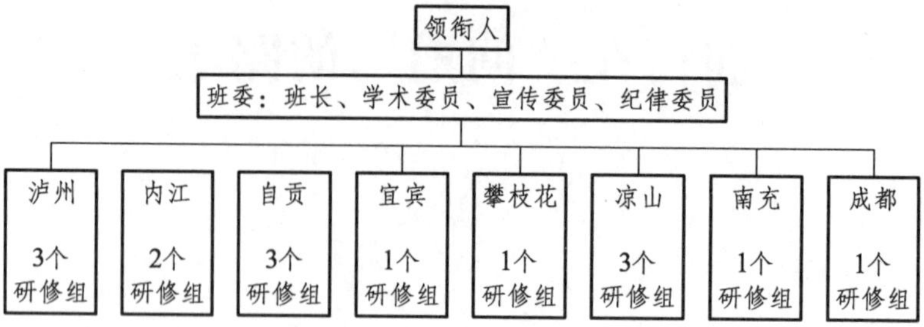

图1　四川省贾雪枫名师鼎兴工作室组织架构

工作室领衔人对工作室建设周期内的运行负总责，负责制定工作室三年建设规划和年度工作计划。

工作室设班长1名，负责工作室日常事务管理，具体落实工作计划的实施，完成年度工作总结初稿，完成领衔人交办的各项事务。

学术委员1名，协助班长开展工作室学习研修安排，具体落实每次集体研修主题，组织集体研修活动的进行，完成领衔人和班委交办的有关事务。

宣传委员1名，负责工作室文件资料档案的收集整理和文宣工作，组织力量制作研修活动的简报和其他宣传作品，管理工作室QQ群和微信公众号，完成领衔人和班委交办的有关事务。

纪律生活委员1名，负责工作室集体研修出勤考核，建立工作室活动的参训档案，代表工作室联系落实集体研修的有关勤务工作，完成领衔人和班委交办的有关事务。

研修组设组长1名，由工作室成员担任，研修组由至少5名成员组成。组长负责组织本组研修工作，完成工作室布置的各项研修任务，并自主开展本组的研修活动。

工作室建立健全了各项管理制度。制定了《四川省贾雪枫名师工作室工作章程》《四川省贾雪枫名师工作室经费管理规定》《四川省贾雪枫名师工作室工作制度》《四川省贾雪枫名师工作室课题管理办法》等，建立了会议制度、学习培训制度、工作交流制度、考核制度、档案建设制度等，并向有关市州教科所发出了协助管理的函。下发了《四川省贾雪枫名师工作室关于发挥成员引领辐射作用的规定》（见图2）、《四川省贾雪枫名师工作室优秀研修组、优秀研修成员评比的规定》等通知，形成了推动工作室良性运行的考核激励机制。

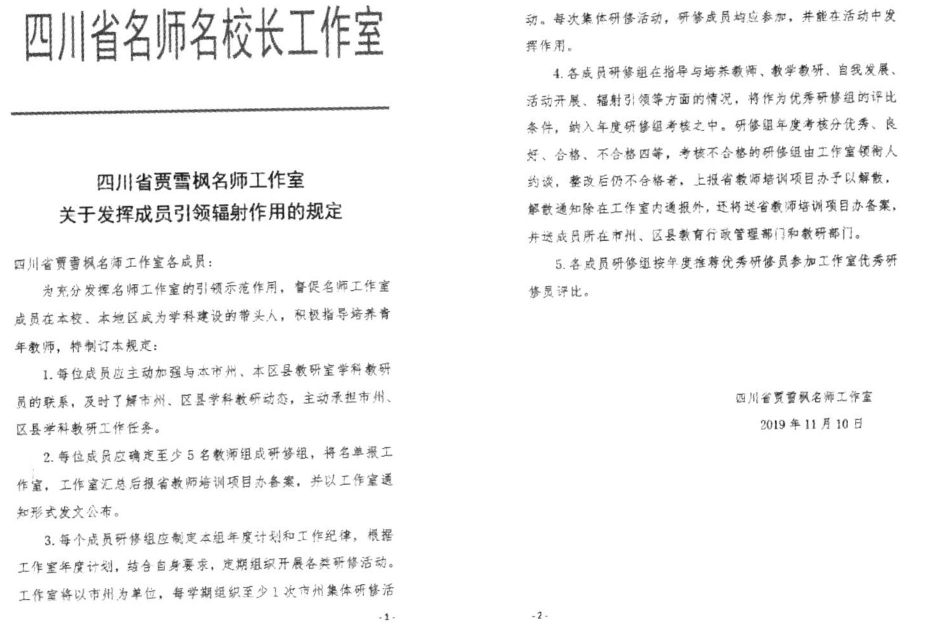

四川省名师名校长工作室

四川省贾雪枫名师工作室
关于发挥成员引领辐射作用的规定

四川省贾雪枫名师工作室各成员：

为充分发挥名师工作室的引领示范作用，督促名师工作室成员在本校、本地区成为学科建设的带头人，积极指导培养青年教师，特制订本规定：

1. 每位成员应主动加强与本市州、本区县教研室学科教研员的联系，及时了解市州、区县学科教研动态，主动承担市州、区县学科教研工作任务。

2. 每位成员应确定至少 5 名教师组成研修组，将名单报工作室，工作室汇总后报省教师培训项目办备案，并以工作室通知形式发文公布。

3. 每个成员研修组应制定本组年度计划和工作纪律，根据工作室年度计划，结合自身要求，定期组织开展各类研修活动。工作室将以市州为单位，每学期组织至少 1 次市州集体研修活动。每次集体研修活动，研修成员均应参加，并能在活动中发挥作用。

-1-

4. 各成员研修组在指导与培养教师、教学教研、自我发展、活动开展、辐射引领等方面的情况，将作为优秀研修组的评比条件，纳入年度研修组考核之中。研修组年度考核分优秀、良好、合格、不合格四等，考核不合格的研修组由工作室领衔人约谈，整改后仍不合格者，上报省教师培训项目办予以解散，解散通知除在工作室内通报外，还将送省教师培训项目办备案，并送成员所在市州、区县教育行政管理部门和教研部门。

5. 各成员研修组按年度推荐优秀研修员参加工作室优秀研修员评比。

四川省贾雪枫名师工作室

2019 年 11 月 10 日

-2-

图 2　工作室关于发挥成员引领辐射作用的规定

工作室制订三年规划，在三年规划之下，按年度制定年度工作计划，按学期制定学期工作计划。研修工作按计划有序推进（见图 3）。

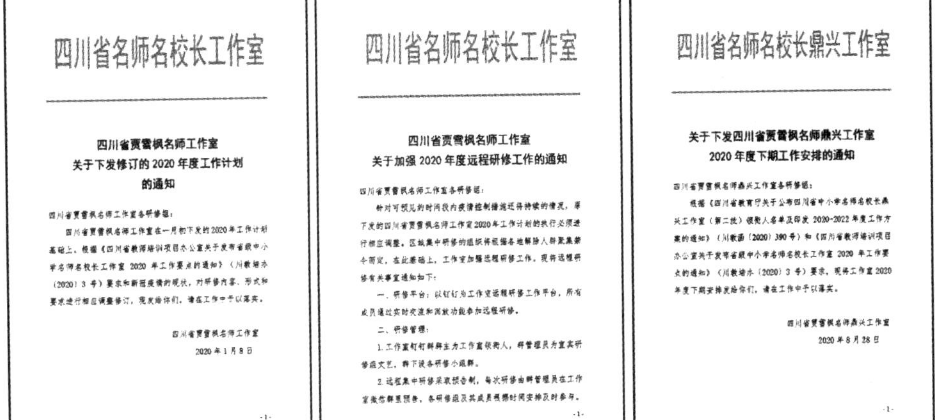

四川省名师名校长工作室

四川省贾雪枫名师工作室
关于下发修订的 2020 年度工作计划
的通知

四川省贾雪枫名师工作室各研修组：

四川省贾雪枫名师工作室在一月初下发的 2020 年工作计划基础上，根据《四川省教师培训项目办公室关于发布省级中小学名师名校长工作室 2020 年工作要点的通知》（川教培办〔2020〕3 号）要求和新冠疫情的现状，对研修内容、形式和要求进行相应调整修订，现发给你们，请在工作中予以落实。

四川省贾雪枫名师工作室

2020 年 1 月 8 日

-1-

四川省名师名校长工作室

四川省贾雪枫名师工作室
关于加强 2020 年度远程研修工作的通知

四川省贾雪枫名师工作室各研修组：

针对可预见的时间段内疫情控制措施还将持续的情况，原下发的四川省贾雪枫名师工作室 2020 年工作计划的执行必须进行相应调整，区域集中研修的组织将根据各地解除人群聚集禁令而定，在此基础上，工作室加强远程研修工作，现将远程研修有关事宜通知如下：

一、研修平台：以钉钉为工作室远程研修工作平台，所有成员通过实时交流和回放功能参加远程研修。

二、研修管理：

1. 工作室钉钉群群主为工作室领衔人，群管理员为宣其研修组文艺，群下设各研修小组群。

2. 远程集中研修采取预告制，每次研修由群管理员在工作室微信群里预告，各研修组及其成员根据时间安排及时参与。

-1-

四川省名师名校长鼎兴工作室

关于下发四川省贾雪枫名师鼎兴工作室
2020 年度下期工作安排的通知

四川省贾雪枫名师鼎兴工作室各研修组：

根据《四川省教育厅关于公布四川省中小学名师名校长鼎兴工作室（第二批）领衔人名单及印发 2020-2022 年度工作方案的通知》（川教函〔2020〕390 号）和《四川省教师培训项目办公室关于发布省级中小学名师名校长工作室 2020 年工作要点的通知》（川教培办〔2020〕3 号）要求，现将工作室 2020 年度下期安排发给你们，请在工作中予以落实。

四川省贾雪枫名师鼎兴工作室

2020 年 8 月 28 日

-1-

图 3　工作室 2020 年度计划和学期计划

工作室聘请四川师范大学博士生导师、历史文化学院教授陈辉，绵阳师范学院教授张天明，西华师范大学副教授陈倩，四川省教育科学研究院历史教研员陈静亦，黄勇为学术指导专家，聘请南充市教育科学研究所历史教研员雍建平，内江市教育科学研究所历史教研员戴焰明，自贡市教育科学研究所历史教研员刘灵，泸州市教育科学研究所历史教研员张洁，攀枝花市教育科学研究所历史教研员李文妍，凉山州教育科学研究所历史教研员徐进，宜宾市教育科学研究所历史教研员杨杰、凌生刚，南充市顺庆区教师进修学校历史教研员王全荣为实践指导专家，指导工作室各项工作的推进。

工作室建立四川省贾雪枫名师工作室微信群、四川省贾雪枫名师工作室公众号、四川省贾雪枫名师工作室 QQ 群作为工作室宣传窗口，规定每次集体研修活动必须撰写工作简报。

（三）工作室愿景和工作要求

1．工作室发展愿景

（1）打造实践探索的阵地。工作室致力于组织成员探索教学规律、追求教学艺术、研究教学技术。

（2）建设青年教师成长的摇篮。工作室把培养青年教师成长作为主要任务，为青年教师提供百家争鸣的良好环境，缩短青年教师的成长周期。

（3）开启思维激荡的渠道。工作室鼓励不同观点的交锋碰撞、彼此吸纳和相互融汇，追求和而不同的崇高境界。

（4）搭建学术交流的平台。工作室致力于探讨教育教学规律和追求教育教学艺术，培养教师教学的个性，培育教师独特的教学风格。

（5）架构成果凝练的熔炉。工作室提供主题任务，为教师提供表达成果机会和阵地，扩大教师个体在群体中的存在感和对群体的归属感。

2．工作室研修要求

工作室的所有工作均围绕实现以上愿景展开，将实践性、研究性、发展性作为研修的基本要求。

（1）落点实践性。工作室将教学实践摆在第一位，着力解决教师实践中存在的盲目性、浅表性、无序性等问题。

（2）突出研究性。指导教师将自己的隐性知识显性化，开展教学研究方面针对性强的研讨培训。

（3）着眼发展性。帮助不同发展需求的教师锻造属于自己的教学风格，解决“我是一个什么样的教师”问题。

二、工作室的运行

（一）工作室团队研修活动情况

1．主题研修循序渐进

工作室分研修区域开展集体研修，每次研修均由区域研修组提出主题，围绕主题开展研究课教学、评课议课专题研讨、专题讨论讲座等。

2019 年，工作室组织全员集中研修 1 次（见图 4），地区集体研修活动 11 次，小组研修 32 次。编辑工作简报 25 期。集体研修共有 23 名教师执教研究课 23 节，课题囊括初中三个年级中国古代史、中国近现代史、世界近现代史。领衔人执教示范课 11 节，开设专题讲座 7 次。

本年度各研修组开展集体研修活动 73 次，执教公开课 48 节，开设专题讲座 19 个，开展送教活动 5 次。共有 2 名学员获省级荣誉，17 名学员获得市级荣誉，13 名学员获县区级荣誉。工作室编印著作 3 本，形成的课例获省级奖 5 个，市州级奖 23 个，县区级奖 15 个。学员承担研究课题 15 个（省级 4 个，市级 8 个，县级 3 个），公开发表论文 4 篇，获省级论文评奖一等奖 9 篇，二等奖 3 篇；市级论文评奖一等奖 8 篇，二等奖 5 篇。

图 4　2019 年全员集中研修

2020 年全年组织工作室成员代表集中研修 1 次，区域集中研修 7 次（见图 5），小组集中研修 23 次（见图 6），编辑工作简报 25 期。领衔人执教示范课 3 节，开设专题讲座 5 次。各种集中研修聚焦于课堂实践，关注课堂情境，注意把课堂问题转化为学术问题，研修水平达到新的高度。15 所学校承办研修活动，参研超过 1 700 人次，涉及面广，参与量大，充分体现了名师工作室“辐射一片”的作用。

图 5　2020 年工作室区域集中研修

图 6　2020 年工作室小组集中研修

2021 年全年组织工作室教学成果展示活动 1 次，区域研修 8 次，学术讨论会 1 次，年度总结会议 1 次，编辑工作简报 20 期。本年度活动聚焦总结，注意凝练成果，注意同各地区学科名师工作室加强联系，共同开展研修活动。各研修组推出 16 名优秀教师参加工作室教学成果展示，凸显了工作室的教学理念和教学主张，形成“问道”的教学风格。

2．专题研修突出重点

1）多难兴邦，为抗疫尽绵力

2020 年是一个艰难的年份。新型冠状病毒肺炎在阖家欢聚之际突然降临神州大地，在万众一心的抗疫战争中，工作室所有成员在自己的岗位上默默工作，做出了应有贡献。不少成员加入志愿者行列，成为抗疫第一线的战士。在“停课不停学”期间，各研修组成员录制教学录像，开展直播教学、录播教学。积极响应号召，录制抗疫视频，拿起笔讴歌抗疫英雄（见图 7）。工作室各研修组上交视频作品 22 个，文字作品 40 个，攀枝花组李丞丞的视频作品《开学第一课》被选送省平台播出，南充组罗剑容的视频作品《人类战疫史》先后被民革南充市委、新华文轩推送。自贡研修三组在组织学生进行网上学习的同时，开展送书下乡活动，书籍全部打包好并消毒，确保学生无论在多偏远的乡下都能领到书，保证了线上教学的需要。工作室成员积极开展线上教学的实践和研究。有的成员结合新冠肺炎疫情，设计中国古代疫病专题，复习中国古代医药学成就，增强学生文化自信和战疫必胜的信心。线上教学实施后一周，工作室在微信群组织了第一次线上教学讨论，很多成员积极发言，相互启发，形成了若干共识。工作室编制线上教学问卷，组织调查，形成《线上教学：来自西部一线的观察与思考——四川省贾雪枫名师工作室关于“停课不停学”的线上教学调查报告》《四川省贾雪枫名师工作室 2019 年研修质量与未来研修需求调研报告》。

图 7　工作室成员制作的抗疫视频作品

2）追踪前沿，线上研修活跃

2020 年度组织线上研修两次。

一次是学术论文的写作培训，邀请《教育与教学研究》常务副主编代显华老师以专题讲座的形式，就教育实践成果的学术表达问题，对工作室所有成员进行了从选题到撰文的专题培训，反响强烈，效果明显，工作室开展学术研究得到了《教育与教学研究》期刊编辑部的大力支持（见图 8）。

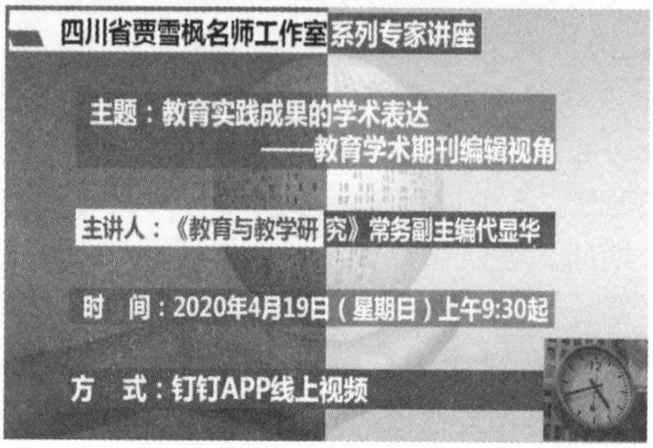

图 8 《教育实践的学术表达》海报

一次是中学历史线上教学模式的实践与研究讨论。本次讨论以 CCtalk 为平台，与西华师范大学历史文化学院师范教育教研室共同主办。借助 CCtalk“川越视界，天府师说”云端平台，泸州、成都、凉山、攀枝花、自贡、内江、宜宾、南充等地的工作室成员和各地的优秀历史教师 300 余人跨越山水，在云端交流互鉴，将智慧光热和思想碰撞凝结升华，直抵心灵，成为一场线上教育教学交流的盛宴（见图 9、10）。讨论形成的成果分 3 次在《教育导报》2020 年 6 月 10 日“话题版”、6 月 12 日“教研版”、6 月 29 日“话题版”刊登，给了工作室成员极大的鼓舞！

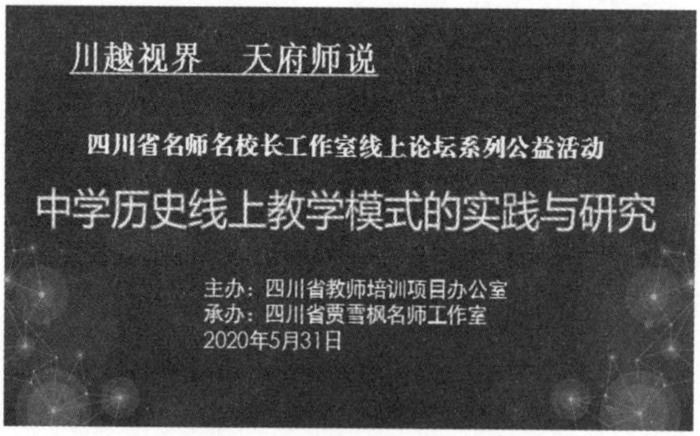

图 9 “中学历史线上教学模式的实践与研究”海报

图 10　凉山研修三组集中收看讨论

一位成员对讨论的评价："讨论达到了所有小组及成员的有效参与、讨论的有序组织、时间的有效管控的目的。就参与线上发言的教师来看，他们都努力立足于本学科特点，结合地域特色、生源状况、网络教学环境等主客观情况，对线上教学进行有效的思考。提出的'网络教学学生中心论''知识种草'、做学生学习的促进者等观点值得关注。从现场交流来看，每位参与教师其发言稿以及课件呈现都经过了会前的精心打磨与准备，特别是代表小组进行汇报的老师更显示出集体打造的特色，其认真及专业的程度大大超出预期效果。"

3．读书交流厚积薄发

工作室积极建设书香工作室，要求研修成员读书、读好书，组织各研修组开展读书分享交流活动，形成了浓厚的读书氛围。

1）发布通知提出要求

工作室以学期为单位发出通知，要求以研修成员个体为单位，整理研修学习笔记，撰写集中研修心得体会 1 篇。以研修成员个体为单位，进行暑期理论学习。各研修组推荐或指定 1 名成员撰写图书推介。以研修组为单位，各研修组完成本研修组集体介绍、成员介绍、教学录像课的教学实录和集体备课、磨课、研课过程记录，集体备课、磨课、研课要突出反映如何寻找课魂，如何确定教学立意，如何运用现代信息技术将教学立意体现出来等。

2）分享交流共同成长

工作室为每个研修组订购了教育专业杂志，按月寄发。各研修组成员根据自身爱好和工作需要，选读图书，做到了每人每期至少通读一本教育专业图书、一本学科专业图书、订阅一种专业杂志（见图 11）。在此基础上，工作室组织读书交流分享，以研修组为单位，汇报研修组读书情况，分享读书带来的愉悦（见图 12、13）。

图 11　研修小组选读的图书

图 12　研修成员读书心得

图 13　研修成员读书分享

读书成为成员自觉的行动，一名成员写道：“为了丰厚自己的知识底蕴，我阅读了大量与教育教学相关的书籍，像《中国通史》《史学月刊》《中学历史教学参考》等，不断开阔自己的视野，提升自己的学科知识储备和专业素养。”

4．发挥才干开发资源

工作室布置了分组开发教学资源的任务。各研修组在领取完成任务的同时，积极开展自身的教学资源开发工作，形成大量课堂教学录像，涉及初中学段各年级。截至 2021 年 10 月，已上传四川省教育资源公共平台的教学视频达 127 个，尚有大量的现场教学录像因存储容量过大，无法上传。

5．注重发展厚植素养

工作室将实践性、研究性、发展性作为研修的基本要求，积极搭建学术交流的平台。

1）组织全员集中研修和学术论坛

2019 年 7 月 5 日至 7 日，工作室组织全员集中研修暨历史教育教学论坛、年度学术大会。活动在泸州市合江县中学校、合江县城关中学、泸州高中合江分校进行，邀请工作室指导专家出席，邀请《中学历史教学》主编王继平教授做专题讲座。工作室按异质分组办法，将所有成员混合编组，开展热烈的学术讨论。活动由研修组工作交流总结、工作室 2019 年下期研修工作任务布置、教学录像课观摩评议、分组开展录像研究课观摩和评课议课、专题讲座和分组开展历史教育教学论坛组成。活动反响强烈，参加人员均表示有一种回家的感觉。

2020 年工作室除组织线上实践成果的学术表达培训外，7 月 24 日至 26 日，组织开展成员学术论文撰写研讨培训（见图 14），参加人员包括工作室各研修组的 2 名成员（组长和 1 名成员），特别邀请工作室学术指导专家绵阳师范学院张天明教授、西华师范大学陈倩副教授全程指导。本次写作研讨将成员按不同地区组合为 6 个论文写作小组，并为各组配置了指导老师。本次研修，指向更加明确，要求更高。大家感到收获更大，怀念学术讨论的民主氛围，期待着第二期的开班。

图 14　2020 年学术论文撰写培训

2021 年 7 月 24 日至 26 日在自贡市沿滩区仙市中学组织工作室 2021 年暑期学术讨论活动（见图 15）。本次暑期学术研讨活动，有幸邀请到四川师范大学博士生导师陈辉教授、西华师范大学陈倩教授等专家学者全程参与指导。自贡市沿滩区倪桂英名师工作室动员全体成员加入本次研修学习活动。四川省鼎兴名师工作室领衔名师贾雪枫老师做《基于理解和解释的“问道”历史教学》的学术讲座，四川师范大学博士生导师陈辉教授作学术指导和分享。各研修组汇报本组研修、读书、发展情况，结合内江教学展示情况，观摩教学案例，讨论“问道”历史教学的实践和理论，从“问道”理念出发，注重“问道”理念的宏观表达和微观落地。各组认真贯彻“问道”历史理念，围绕“历史理解”“历史解释”“历史思维”“历史表达”，深入践行课堂实践，积极开发校本课程资源，充分发挥学科带头人在各校各地的引领辐射作用，持续推进各研修组学术发展和成长。

图 15　2021 年暑期学术讨论

2）创办室刊培养写作与选材能力

为使各研修组学术研讨常态化，工作室创办了电子室刊《问道历史》（见图 16），设置活动快报、教学研究、课程教材研究、历史专业研究、他山之石等栏目，刊载各研修组集体研修活动、各研修组成员撰写的教学和教师专业发展论文，由各研修组轮流主编。2020 年共计出刊 15 期（含 1 期战疫特刊），刊登各种文章 190 余篇，60 多万字。赵亚夫、陈辉、张天明、陈倩、陈德运等学者为室刊赐稿，各研修组成员积极撰稿，室刊成为工作室 2020 年度标志性成果。

图 16　四川省贾雪枫名师鼎兴工作室室刊《问道历史》2020 年合订本封面

编辑室刊是激励成员成长的催化剂。一个研修组在承担编辑任务时写道："忐忑中，《问道历史》第四期的接力棒传到了我们手中，忐忑是因为确实没有办刊物的经验，更怕第四期在我们手中办砸了。感谢像家一样的工作室，总在需要时给我们关怀与温暖，一篇征稿启事发出后，我们陆续收到了来自泸州、南充和自贡的来稿，这是我们前行最大的动力和支持，更坚定了我们挑战自己的决心。"

6．精准扶贫送教下乡

为认真执行省委、省政府教育精准扶贫的决策部署，工作室组织实施了赴凉山、乌蒙山区教育精准扶贫活动（见图 17）。2019 年 6 月 18 日至 21 日、10 月 24 日至 25 日、11 月 28 日至 29 日，工作室组织了赴凉山州盐源县、泸州古蔺县、凉山州会东县教育扶贫活动。活动内容包括历史学科送教、班级管理和班主任工作经验交流、区域学校教育科研组织管理、名师工作室建设，活动形式包括好课进校、座谈调研、专题培训等。活动得到盐源县、会东县教育行政部门、教研部门高度重视和大力支持，分别发文组织全县历史教师、班主任、学校德育工作管理人员和学校校长参加。

图 17　工作室开展教育精准扶贫活动

送教活动组织内容丰富，教学评议真诚坦荡，在讨论和交流中，老师们切实提高了教研水平，达到了集体研修的目的。班主任工作经验总结各抒己见，老师们把平时工作中的所思、所感、所想展现出来供大家分享，给大家一种亲近感、真实感，感觉这些事就发生在我们身边；每一位班主任老师心中都埋藏着很多感人至深的教育情结。民族地区教师专业发展和教育科研现状调研查摆问题坦诚，认真探讨了民族地区教育教学落后的原因和对策。专题报告指向明确，随着三通两平台的建设，最偏远的学校也搭上信息技术的列车，人、机、网交互深度融合成为当代教育在技术上的明显标志。基于现状、基于发展、基于需求促进教师的专业发展，是教育教学管理者应该研究的问题。

送教活动得到高度评价。盐源县、会东县参加座谈调研会的校长坦言，学校教师缺乏培训交流活动，通过学科教学观摩研讨，班主任工作交流，大家感觉学到了很多东西，希望今后的送教能够直接到乡镇学校。

（二）工作室建设的成效

1．发扬创新精神，领航教学改革

随着现代信息技术深度融入教育教学，教学的生态和样态必将发生深刻变化。工作室敏锐地捕捉到这一变化，积极组织开展专门研究和实践探讨，走在时代前列。如探讨了新型教学模式的构建，成功组织了新型教学模式的教学实验等（见图 18）。

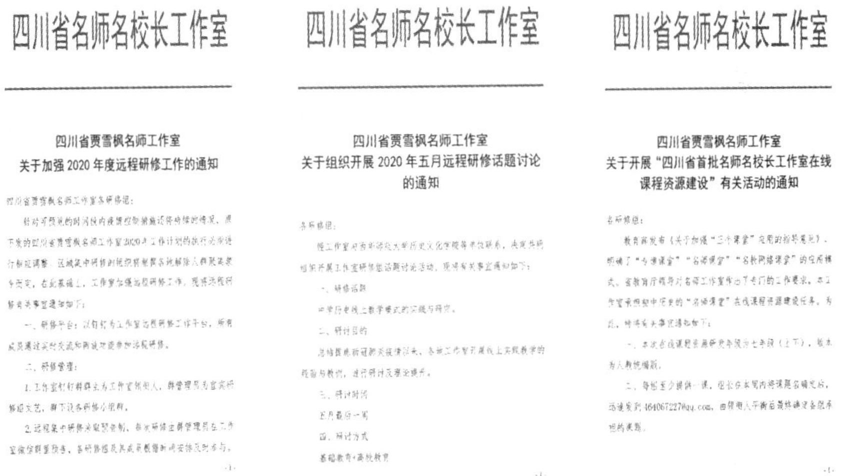

四川省名师名校长工作室

四川省贾雪枫名师工作室
关于加强 2020 年度远程研修工作的通知

四川省名师名校长工作室

四川省贾雪枫名师工作室
关于组织开展 2020 年五月远程研修话题讨论的通知

四川省名师名校长工作室

四川省贾雪枫名师工作室
关于开展“四川省首批名师名校长工作室在线课程资源建设”有关活动的通知

图 18　工作室关于远程教学研修的通知

一是组织工作室微信群的成员自由讨论，促发大家的问题意识，并积累问题；二是在调研基础上组织专题的线上教学讨论，把问题聚焦，转变成员的教学思想；三是组织教学实验，把领衔人的教学思路用于实践。

2020 年 10 月 14 日，工作室内江—南充集中研修通过线上线下、现场与远程有机结合，成功地实施了一次远程同课同堂云教学实验（见图 19）。远程同课同堂云教学是双师甚至多师共同执教、共同面对异地学生的新型混合教学模式。它不是同课异构，也不是同课同构，而是同课同堂分工协作的共构教学。远程同课同堂云教学既体现了线上线下的深度融合，又突破了“线上”教学的概念，克服了既有的“线上教学”单向输出和被动接收的局限性。这次教学实验极其成功，全新的教学模式给执教教师带来强烈的震撼，给学生带来极其愉快的学习体验，给听课观摩教师带来强烈的冲击。它所积累的经验为今后的教学改革提供了宝贵的借鉴，初步总结形成的文章《远程同课同堂：云教学的新尝试》发表于《教育导报》2020 年 11 月 12 日“话题版”（见图 20），该文章被多家网站转发。

图 19　远程同课同堂共构云教学实验

教育导报

话题

编者按

远程同课同堂：云教学的新尝试

突破"线下线上"的共构课堂

◆什么是远程同课同堂云教学？

◆教学实验呈现出三大效果

◆体现了线上线下的深度融合

图 20 《教育导报·话题版》2020 年 11 月 12 日发表

《远程同课同堂：云教学的新尝试》专栏文章

内江一组王勤写道："在'停课不停学'的指导下，全国各地线上教学如火如荼地开展起来，这时，贾老师又大胆地提出一个设想，我们的历史教学能不能通过网络技术，实现远程同步云教学，不同地区，不同班级，不同教师，实现同时同堂互动云教学，从而改变当下云教学中一方被动接受的局面。很快，尝试这一大胆设想的任务，分配给了我们内江研修一组和南充研修组。从课题选择到形式商讨，在两地网络在线交流后，我们对这堂远程同步云教学有了个初步的规划。技术条件如何实现，成了我们第二步亟待解决的问题，在两地学校和技术部门大力支持下，我们整合现有技术条件，一步步解决远程同步中遇到的问题。最后，在贾老师和内江、南充两地历史教研员和一线历史教师的共同努力下，2020 年 10 月，名师工作室胜利地完成了远程同步云教学的第一次尝试，实现了工作室成立初提出的‘充分发挥骨干教师的示范和辐射作用，为广大教师搭建相互学习、共同提高的平台，加快专业发展步伐’的初衷。”

2．集中展示成果，检阅研修成效

2021 年 5 月 13 日至 14 日，工作室与绵阳师范学院四川基础教育研究院、四川省基础教育学科改革研究团队、新华文轩内江市分公司、内江市教育科学研究所合作，组织了“文轩教育杯”初中历史新教材研讨暨四川省贾雪枫名师鼎兴工作室教学成果展示活动（见图 21）。教学展示在内江二中、内江六中（上南校区）、内江七中、内江铁中四所学校同时进行。来自成都、南充、泸州、宜宾、凉山、攀枝花、自贡、内江等 8 个地市州 15 个研修组的 16 位献课教师和历史教师代表，内江市各县区、市直属学校的历史教师，内江师范学院在校本科生齐聚内江，分校点观摩了展示课。

图 21　2021 年 5 月 13 日至 14 日工作室教学成果展示

本次成果展示活动展示内容丰富多样，参与地区范围广、人员多、影响大，为进一步加强教师交流与学习、提升学生核心素养能力提供了新的途径和方式。通过集中展示，检阅了工作室各研修组在探索“问道”历史教学道路上取得的进步，引发了很多有价值的思考。如如何“问道”，如何做到问有情境、问有深度、问有历史传承；怎样以“问”体现教学组织和教学方法的变革，以“道”贯穿历史教学立德树人的根本目标；怎样做到“问”得彻底，“道”得透彻。参会老师们纷纷表示通过这个平台对自己的教学实践再次进行了深刻反思，从多角度探索构架真实、有效课堂的方式方法。通过此次活动，创造性地运用教材与其他课程资源，创设教学情境，使教学内容生活化、活动化、趣味化，为全面提升教学质量奠定了坚实基础。

本次活动得到媒体的高度关注。《教育导报》记者全程观察了成果展示，采访了执教教师、观摩教师、绵阳师范学院四川基础教育研究院负责人和出席活动的专家，并在《教育导报》2021 年 5 月 25 日“教研版”以《问中求道，让“历史”走出课本》为题，对活动进行了专版报道（见图 22）。

教研

问中求道，让“历史”走出课本

——四川省历史名师工作室课堂展示活动侧记

图 22 《教育导报·教研版》2021 年 5 月 25 日发表

《问中求道，让“历史”走出课本》专栏通讯

3．强化主题研修，凸显问题意识

工作室集体研修活动，更聚焦主题，促使工作室成员通过课例观察和专题评议反思教学，提高教学水平，逐步形成独特的教学风格。2020 年度，工作室在集体研修中，除专题开展远程同课共构云教学实验外，还就探究学习、问题导向的合作学习、复习教学、运用大数据实施分层教学等进行主题教学观摩研讨。这些主题教学观摩直面课程标准倡导的教学改革在实践中存在的问题，给了教师们很大的启示。

案例：为贯彻中共中央办公厅《关于在全社会开展党史、中华人民共和国史、改革开放史、社会主义发展史宣传教育的通知》精神，深入开展颂党恩、听党话、跟党走主题教育活动，根据中央和省委党史学习教育工作部署，认真思考充分发挥学科优势，进一步落实历史课堂的党史教育主阵地作用，工作室决定组织开展“历史课堂如何讲好党史”的系列研学活动。2021 年 3 月 24 日至 25 日，工作室在江安中学开展历史课堂怎样讲好党史的主题研修。听研究课“红军长征”，评议研究课，探讨在党史教育学习中，历史课堂如何用问题意识引导学生理解中国共产党为什么“能”、马克思主义为什么“行”、中国特色社会主义为什么“好”。

教学探讨引发教师的热烈讨论。《教育导报》2021 年 4 月 15 日“话题版”整版刊发工作室成员讨论文章（见图 23），分别发表《讲好党史是历史教学的重要任务——用问题价值导向引导学生感悟长征精神》（张伟 张茂莉）、《在党史教育教学中体现问题导向》（贾雪枫）、《问题为导向 师生共探究》（吴跃 江国清 杨秀玲），得到四川省教育厅领导赞扬。

4．强化反思总结，及时转化成果

工作室各研修组和成员的成果意识得到显著提高。在经过工作室的活动磨炼后，很多成员的思维能力、表达能力和写作能力明显增强，能够将研修成果及时转化为教学生产力，对自身专业发展和在各地区发挥骨干带头作用都产生了积极影响。

一个老教师谈出了他的心里话：“在工作室的大环境里，尤其是几次交流活动中，大家高涨的情绪渐渐感染了我，我也开始有胆量面对大家发表自己的看法了。2020 年 9 月在全市开学工作会上我做了专题发言《多元情景交融 厚植家国情怀》，2020 年 11 月在全市新教材培训中，我做了《新情景 新材料 新挑战》的专题发言，一次比一次更加放松，效果也不错。专家的引领促进了我的进步。”

教育导报

话题

编者按

讲好党史是历史教学的重要任务

——用问题价值导向引领学生感悟长征精神

问题为导向
师生共探究

在党史教育教学中体现问题导向

图 23 《教育导报·话题版》2021 年 4 月 15 日
整版刊发工作室成员文章

一个青年教师定下计划:“贾雪枫名师工作室一直都在不断地进步，也在提醒我、促使我必须加强自身的学习，为自己的专业成长定下更多的计划与目标。第一，要保证天天阅读，教师的专业成长离不开学习，不学习跟不上社会前进的步伐，就不能适应教育改革的形势，就适应不了学生的内在需求，就驾驭不了生成性的课堂教学。坚持钻研教材，阅读参考书，读专业报刊杂志，学习各种文件，让学习成为一种内需。第二，勇于课堂实践，成长靠实践去探索总结，课堂是老师实践的最好舞台，认认真真地上好每一节课，争取多上教研课。在教学实践中努力形成自己的教学风格，努力走出一条属于自己的教改之路。第三，坚持经常反思，教学反思是老师专业发展和自我成长的核心因素。坚持反思可以总结实践，升华经验；可以发现不足，渴求新知；可以摆脱匠气，增长悟性，使我们的教学愈教愈新。第四，勤于动笔，坚持把教学中的得与失写下来，是进一步思考、挖掘、提升的过程。要坚持写教学案例、教育叙事、教学随笔、教研论文等。第五，坚持科研，坚持科研先导，起到专业引领作用。以先进的教育理念为指导，直面教育的现实问题，努力探索教学中各种问题的解决对策，做一个积极的行动研究者，以教育科研促进教学质量提升。”

三、工作室的工作成效

回顾 2019—2021 年工作室各项工作，可以自豪地说工作室愿景基本达成。

（一）工作室“问道”的教学理念雏形初现，工作室成员的教学思想发生裂变，教育情怀得到激发

工作室以饱满的热情开展各种研修活动，极大地激发了工作室成员的教育情怀，立足于实践，致力于提升，在实践探索与理论总结的反复中，工作室的教育教学理念逐渐清晰，“我是一个什么样的教师”问题在工作室绝大多数成员心目中开始有了明确答案，工作室整体的教学风格和带有个性化的教师教学风格逐渐形成。

工作室的教育教学理念是“问道”，具有“问为表征，道为内核”的特质。

“问为表征”，以询问、追问、探问等不同形式的问构成历史教学的课堂形式，强调问题的连贯性、逻辑性，强调问题生成的理解和对话，在师生、生生的交互问答中形成教学发展的逻辑链条，在问的教学过程中，实现由浅入深、层层递进。

“道为内核”强调历史教学的根本目的是传道。“道”在不同的语境下具有不同含义。在知识传授的过程中，“道”强调不能孤立地讲知识点，要形成知识的体系；在能力的培养中，“道”是一种技能，更是习惯；在价值观培育上，“道”是历史教育承载的情怀。

“问道”就是以“问”的形式达到“闻”的目的，在“问”“闻”的过程中实现历史教学的目的。这一点，工作室的成员看得很清楚，一名教研员就写道：“先确立教学立意，后确定从几个方面讲清楚讲透彻，为此把这些方面转化为问题，一个问题一个问题地解决，即形成以问题为导向、师生共同探

究的教学模式。”教学立意就是教学要达到的目标，就是一节课要学生“闻”的“道”，学生要“闻道”，须从培养“问道”意识和引导如何“问道”做起。“闻”是预设，“问”是生成，从预设的“闻”到生成的“问”，再到达成的“闻”，是一个师生共同探究的过程。

在领衔人躬身示范和奔走倡导下，各研修组成员对教育教学的理解发生了颠覆性的变化，无论老教师还是青年教师，都开始自觉地思考和实践“学科育人”。

资深教师从满足于学生的考试成绩好转变为追求历史教育教学的育人价值，人的精神状态和教学形态焕发出灼灼光彩。

有位教龄逾 20 年的成员写道：“一直从事初中历史教学的工作，对教材和课堂比较熟悉了，不知不觉中产生了些许暮气和惰性，对教学的热情也悄悄地有些减退了。所谓‘情伤人，懒误身’，虽然，课照上，书照看，可我感觉到，这一生可能就这样虚度了。然而，就在工作上快要陷入亦生亦死、半生半死的僵持状态的时候，我经合江县教师进修校遴选推荐并成为贾雪枫名师工作室室员……就这样，开始跟着贾雪枫名师工作室的步伐，上课不再仅仅是上课，而是开始有了‘教育科学研究’的影子，与这影子相伴随的是光，照亮了我的课堂，从此，我的初中历史课堂，平添了‘在观察中研究，在研究中进步。在切磋中学习，在互助中同乐’的思想，教学中开始注意发现问题、实践探索问题……我的教学观念也从为分数而教学彻底转变为为培养历史素养和历史情怀、传授历史研究方法而教学。我也渐渐养成围绕专题进行自觉主动地学习的习惯，在教学实践中自然就站得更高，看得更远，教学能力和水平也随之高涨，无论是对教学立意的关注还是教学手段的合理选择以及教学方式的优化，都渐渐脱离经验型教师的俗套。”

还有位 18 年教龄的老师写道：“看到学生的成绩名列全县第一，我的喜悦油然而生。我以为这就是我的教书生涯，我以为这就是我的追求。可是随着时间的推移，我越来越发现这不是教育的终极目标，教学不仅是使学生能够考高分，还要立德树人，还要让学生健康地发展，还要给学生很多很多的书上没有的知识，特别是历史学科，承担着更多的核心素养。如何实现这些目标，我非常茫然。”加入工作室后，她意识到：“教师不能只专注于教材，还要学会拓宽视野，要多看书，要多学习，要能走出去，还要能学进来，要实现在理解的状态下教学。”“在工作室中，贾所不仅要求教师会上好课，能上好随堂课，也要能随时上好公开课，而且更多地注重对学生能力的培养。特别让我印象深刻的是贾所主张的让学生动起来的课，而对这一要领的领悟，使我的教学目标实现了一个新的提升，从专注于教师的教到专注于学生的学。”

更有位已年届50的老教师感叹："过去自己的教学更多地侧重于知识的落实，历史线索的梳理，课堂教学也设计问题，但很多时候就问题而问题，没有深度的思考，整个课堂没有魂。而贾老师的问题循序渐进，环环相扣，步步深入，更加有利于培养学生的思维。现在的我在落实基础的同时也更加关注学情，更注意预成与生成的关系，也更关注能力的培养和价值的引领。""是贾老师让我在教学瓶颈期重新找到了教书育人的乐趣，因为他告诉我们优秀教师的课堂绝对不是简单的知识传授，更多的是给学生设置问题，用问题引导方式启发学生的求知欲，让学生在探索中学习，在切磋中成长，真正学有所乐。"

教研员更多地从教师发展角度思考问题。参加工作室的教研员注意到："工作室活动紧紧抓住课堂教学这一中心环节，只要有学生参与的活动，贾老师都要亲自上示范课。他在课堂上灵动智慧的教学策略，亲切民主的师生交流，教学设计的不断创新，无不给我们提供了很好的范例，引领我们学习、思考、研究，润泽着我们的心灵。""无论常规课还是探究课，贾老师均以问题为导向，一个问题连着一个问题地步步追问，一方面以问题的形式把教学内容串起来了，另一方面让学生思维动起来了，思维动才是真正的素质教育，学生的素养才能真正培养起来。"

青年教师则从工作室的教学研究中领悟到教学的"问"与"道"的关系。

一位青年教师观摩了领衔人的教学后写下这样的话："在整个课堂中通过层层设问，问题由浅入深，引导深入浅出，使学生逐步理解什么是文艺复兴运动、为什么会出现文艺复兴运动、文艺复兴实质是什么和文艺复兴运动有何影响。还带领着学生欣赏文艺复兴美术三杰和文学三杰的杰出作品，使学生在学习过程中懂得什么是艺术欣赏，怎样欣赏，在欣赏中如何体会到文艺作品所带有的时代特征。整堂课生动地为学生呈现出文艺复兴运动的整体与细节，进而引导学生自发地问出心中所问，说出心中所想。"

踏上教学岗位不久的教师，其教学的关注点还处于关注生存阶段，希望自己的课能够吸引学生。进入工作室后，经过研修观摩，他们逐渐从关注生存成长为关注学生。"以前上课备课总是在想怎样吸引学生，提高学生的兴趣，怎样把课堂变得丰富多彩，让课堂看起来非常地有趣。通过各种活动之后，现在我思考的已经不是这样表面的问题，而是如何去落实核心素养，培养学生的家国情怀，让他们获得基础知识的同时，能力也得到发展。贾老师的风格我特别喜欢。贾老师的课堂让我明白了怎样去讲好一堂课，怎样去提问，怎样使用材料。他用最简捷的办法处理课堂，向学生提问，引发学生思考，并且每一个问题都要有价值，问题与问题之间又是由浅入深、层层递进、环环相扣。锻炼了学生的思维，培养了学生的能力，还潜移默化地影响了学生的三观。贾老师的课堂并不注重有趣，但他的课堂却更有味道，更有意义，激起了学生强烈的求知欲。每一次听贾老师的课，我都像一个乖学生一样认真地做笔记。因为我觉得每一次听贾老师的课，都是一次灵魂的洗礼。贾老师的课堂培养的不是应付考试的学生，而是有思想会思考的人。”

一位青年教师写道：“我逐渐形成了自己的课堂教学风格，将激情带入课堂，用语言营造氛围，在理论上突破，在情感上驾驭，让历史成为培养学生人文素养、人生智慧的最佳选择。”

从各地集中研修的教学研究课观察，教师们教学的问题意识和提问技巧都显著提升。“问道”的教学逐步为各地区研修组成员所认同和效仿，很多成员都在思考和探索教学中“问”和“道”的关系，对历史教育教学的根本目的如何在具体的课堂实现，有了更深的理解。

（二）教研成果丰硕

1．课程教学资源开发

2019—2021 年工作室组织全员集中研修 3 次，区域集中研修 26 次，53 名教师执教研究课，形成课例 53 节。各研修组制作了大量教学资源，形成了数量众多的教学视频、教学课件、研修心得、教学实录。工作室将有关资料选编成册，形成“基于核心素养的现代中学历史教学的实践体系构建研究”阶段成果《中学历史教学初思录》《四川省贾雪枫名师工作室教学实录汇编》《四川省贾雪枫名师鼎兴工作室研修心得汇编》《我的成长故事》《四川省贾雪枫名师工作室室〈问道历史〉2020 年合订本》《四川省贾雪枫名师鼎兴工作室学员荣誉证书集锦》《四川省贾雪枫名师鼎兴工作室学员优秀论文选》《四川省贾雪枫名师鼎兴工作室 2019 年度研修工作资料汇编》《四川省贾雪枫名师鼎兴工作室 2020 年度研修工作资料汇编》（见图 24）。

图 24 “基于核心素养的现代中学历史教学的实践体系构建研究”阶段成果

2．论文写作发表获奖

工作室运行以来一直致力于提升成员的学术水平，2019—2020 年各研修组成员公开发表论文 23 篇，参加市州以上优秀教育教学论文评比获奖 27 篇，在各种教学交流中交流论文 7 篇。工作室领衔人 2020 年发表论文 10 篇。

3．主持参加课题研究

工作室有序推进“基于核心素养的现代中学历史教学的实践体系构建研究”，形成的资料于 2019—2020 年编印阶段性成果 9 册。各研修组成员在积极参加工作室研究的同时，主持或主研各类课题，至 2020 年年底，工作室成员主持或主研的课题结题 9 项，在研课题 15 项。课题研究极大地调动了成员的科研积极性，有助于成员学术水平的提升。

（三）骨干迅速成长

1. 数量众多的成员获得政治荣誉和学术荣誉

工作室成员在实践中磨砺成长，取得成绩，得到上级的肯定，被授予各种荣誉称号。至2020年，工作室有2名成员评为四川省教书育人名师，8名成员获得市优秀教师、教育名师、师德标兵、优秀班主任、优秀党员（民革）、优秀盟员（民盟）等市级荣誉称号；13名成员获得县区级优秀党员、优秀教师、优秀党务工作者、优秀班主任、师德标兵、巾帼建功标兵等荣誉称号；10名成员获得学校优秀党员、优秀教师、优秀班主任等荣誉称号。6名成员获得市名教研员、骨干教师，4名成员获区县名教师、骨干教师、学科带头人等学术荣誉称号，11名成员获得学校优秀教研组长、科研骨干等学术性表扬。1名成员成为四川省初中历史学业水平考试命题质量评估成员、四川省初中历史优质课展评活动评委，4名工作室成员担任县区名师工作室主持人，5名成员被聘为当地名师工作室指导专家，4名成员被聘为所在地区兼职教研员。

2. 数量众多的成员获得教学竞赛奖，参加教学展示交流

工作室成员积极参加各类教学竞赛和教学展示，至2020年，工作室成员获得四川省教育科学研究院组织的四川省 2020 年初中历史优质课展评一等奖1个，四川省继续教育协会品课教学设计课件一等奖1个，市级学科竞赛一等奖5个，市级试题大赛和课件比赛一等奖3个，市级学科竞赛二等奖6个，县区级学科竞赛特等奖1个，一等奖7个，二等奖4个。在各类培训交流等教学研究活动中执教研究展示课31节，均获得好评。

3. 青年教师迅速成长

成为青年教师成长的摇篮是工作室的愿景之一。2020年，参加工作室的青年教师在各个地区的教学研究活动中十分活跃，其表现得到各地认同，工作室的愿景在一定程度上得以实现。一方面，各地青年教师参加各级教学竞赛，获得好成绩，另一方面，多个研修组的青年教师承担本地区教师培训课例提供任务，参加全省性交流会议，获得表扬。在2020年自贡市初中历史部编教材学科培训中，四川省贾雪枫名师鼎兴工作室自贡研修二组的李青星老师、研修三组的宋孟霜老师、研修一组的徐皓老师承担了说课展示的任务。三位老师经过名师工作室的历练，整体素质得到了极大提高。他们的说课展示充分体现了强烈的课标意识和主题意识，对教材的理解和建构都有自己的独特思考，他们是历史教育的新生力量。在四川智慧教育联盟第六届智慧教

学交流研讨暨成果汇报活动中，四川省贾雪枫名师鼎兴工作室攀枝花研修组成员、攀枝花市二中李丞丞老师参加了献课，被授予“智慧课堂优秀教师”荣誉证书。

（四）深化中学教学实践与大学师范教育研究的联系

工作室聘请四川师范大学、西华师范大学、绵阳师范学院的专家学者为指导教师。来自大学的专家学者对工作室的指导表现在四方面。

第一，积极为工作室室刊撰稿，示范学术论文的写作，支持工作室的学术建设。来自四川师范大学、绵阳师范学院、西华师范大学的陈辉教授、张天明教授、陈倩副教授等为室刊提供论文，提升室刊的学术品位。

第二，利用各种场合宣传工作室工作，提升工作室影响力。四川师范大学历史文化学院的陈辉老师在四川师大承担的全国历史教师培训者培训中，邀请工作室领衔人为来自全国各地的师范院校教学法老师、教研员和中学一线教师做工作室建设的专题讲座，扩大工作室的名声和影响；绵阳师范学院张天明教授主持四川省高水平研究团队，邀请工作室有关人员参加团队活动，扩大工作室的活动范围。

第三，深度介入工作室工作运行，积极提出意见建议，为工作室发展出谋划策。西华师范大学的陈倩副教授与工作室协同策划了中学历史远程教学模式讨论，在工作室的远程同课同堂云教学实验过程中，从备课、教学实施、技术准备等方面，与工作室南充组密切联系，保障了教学实验的组织实施。

第四，亲自到中学课堂第一线“下水”执教研究课。西华师范大学历史文化学院的陈倩老师倾力关注中学教学实践，在工作室的集中研修活动中执教“宋明理学”研究课，又在工作室成员所在学校开展地方历史文化的探究教学实验，把教学理论运用于教学实践，为工作室成员提供极好的范例（见图 25）。

图 25　工作室指导专家张天明教授、陈倩副教授在做指导讲座

（五）辐射广，产生较大的影响力

工作室成员遍布省内八个市州，随着工作的开展和成果的增加，工作室开始在全省和全国产生影响力。

1．全国性学术刊物向全国同行介绍工作室

《中学历史教学》是四个全国性历史教学专业学术杂志之一，有历史教学四大名刊美誉，是人民大学报刊复印资料《中学历史地理教与学》重要来源期刊，在历史教学研究领域影响很大。2020 年 9 月，《中学历史教学》以封二整版的篇幅刊载介绍四川省贾雪枫名师鼎兴工作室的文章《“回家”的感觉真好》，以图文并茂的形式对贾雪枫工作室的组成、发展愿景、工作理念、2019 年的活动概况和工作室成员对工作室的归属感做了全面介绍（见图 26）。这是工作室第一次被全国性学术杂志介绍，使工作室得以在全国同行面前亮相，极大地提升了工作室在国内的影响力。

图 26 《中学历史教学》2020 年第 9 期封面、封二

2．省内教育权威报纸宣传工作室

2020 年工作室累计在省教育厅宣传喉舌《教育导报》发表文章 9 篇，其中 6 月 10 日“话题版”发表 3 篇，6 月 12 日“教研版”发表 2 篇，6 月 29 日网络“教研版”发表 3 篇，11 月 12 日“话题版”发表 1 篇（见图 27）。这些文章从不同角度介绍工作室开展的研究工作和成员的研究成果，扩大了工作室在省内的影响力。

话题

用"翻转"形式激活线上教研

建设线下线上相融相生的新型教学文化

有效破解在线教学的交流难题

教研

线上教学

民族地区促进家校合作的桥梁

好课需"磨"

怎样组织实施县域学科线上教研?

图 27 《教育导报》专版刊载工作室文章

3. 积极参加学术交流，承担各类讲座

2019—2020 年度，工作室领衔人应邀为成都市历史骨干教师培训、自贡市初中历史教材培训、凉山州骨干教师培训、泸州市叙永县骨干教师科研能力培训开设专题讲座，受到热烈欢迎。同时为泸州市内各县区乡镇、学校、国家机关、驻地部队巡回做加强意识形态领域安全教育的专题讲座，效果显著，被泸州市社会科学联合会评为优秀讲师。

工作室成员积极参加各类学术交流和送教活动，承担专题讲座 14 次，担任送教下乡执教任务 4 次，彰显了学术素养。

（六）成员归属感和存在感更为强烈

工作室以平等、民主、共建、共享的原则开展工作，使每个教师都产生了强烈的存在感和归属感。这种存在感和归属感集中地反映在工作成员的《我的成长故事》之中（见图 28）。

找到了“家”：“2019 年春，成立大会上，我们相遇在酒城泸州，从那刻开始，我找到了组织，找到了家……”“我想发自内心地对一路伴随我们成长的四川省鼎兴贾雪枫名师工作室所有家人们说一句：‘有您，我们一路不孤单！’”

图 28　工作室阶段成果《我的成长故事》封面

“我们喜欢工作室，这里团结、充满学术氛围，令人体会到相互学习的快乐。工作室学员各有特色，每一次的活动，我们都是互相问候、交流谈心、畅所欲言。通过互听、研讨和交流，相互启发，相互促进，共同进步。”“我们的工作室是一个团结合作、乐于学习的团队。学员们虽然工作繁忙，但是工作室的活动大家都积极参加。在这样一个团队中能时时感受到热切的学习氛围、学习思辨的快乐，因为值得学习的对象就在身边。工作室学员各有特色，每一次活动、每一次探讨，总能感受到伙伴们闪耀智慧的思维火花，分享的学习成果让我视野开阔，思想升华。”

对工作室充满了感情：“在工作室的学习、生活和活动，让我感受到了名师的底蕴深厚、热心教育的魅力、对教育执着的情怀，感受到了工作室伙伴们孜孜以求、勤于实践、勇于探究的精神，感受到了这个集体给我们带来的欢乐与收获，感受到自己找到了组织，仿佛有一种回家的感觉。我收获了很多，丰富了很多，成长了很多。”

“工作室是一个团结合作、乐于学习的团队。虽然平常工作忙，但大家都积极参加工作室活动，喜欢来工作室，因这里温馨、团结，充满学术氛围，在这样一个团队中能时时感受到热切的学术氛围、学习氛围、学习思辨的快乐，因为值得学习的对象就在身边。”

对过去的回忆充满了幸福感：“现在想起那种互相讨论的感觉，真的不是作秀，是每位老师发自内心的想法。无论是你想要的，还是你不想要的观点，都是能促进你反思和进步的动力和源泉。”

对集体充满感恩：“怀着诚惶诚恐的心情与贾老师及各市州工作站的老师

们见面，在交流研讨的过程中，我发现老师们都特别亲切，对历史教学也有自己的见解。在后来的工作室的工作中，我感受到了工作室领衔人贾老师的底蕴深厚，热心教学的魅力，感受到了工作室勤于实践的精神，感受到了这个集体给我带来的快乐与收获……工作中我们会为一个问题争吵不休，但生活里，我们更像朋友。我们喜欢那种团结、充满学术氛围。”

“贾雪枫名师工作室这个大家庭里，有互帮互助的兄弟姐妹们。浓厚的学术氛围，扎实的课堂调研，无不让我浸润在阳光雨露之中。对我，一个正走在教育路上的平凡人，名师工作室犹如黑夜里的一盏明灯，指引我前行……”

回到学生身份:“有幸加入了贾雪枫名师工作室。我感觉自己找到了组织，仿佛有一种回家的感觉。回首过往，我感觉既忙碌又充实，感受颇深，收获也颇多。进入工作室学习，让我重新回到‘学生’的身份，体会学习的快乐。在跟随贾老师的学习过程中，我时时感受到贾老师对我们专业成长的助推。问题式课堂，合作式探究，激情饱满的语言，高屋建瓴的见解，设计精妙的习题，适时精到的提示，无一不显示出贾老师精深的专业造诣，渗透着他探索创新的激情。”

工作室建设虽取得很大成绩，但也留下诸多遗憾，一些年度工作计划中规划的工作任务没有完成。比如，一些规划中的送教活动没有来得及展开，没有给工作室更多成员提供施展才华的机会。又比如，一些大区域的联合集中研修活动未能如期进行，没有为这些地区老师们的交流提供机会。再比如，因疫情原因，每次活动规模都控制在一个较小范围，辐射影响作用发挥不够。

尽管有诸多遗憾，但是，我们感到一种浓浓的幸福感。短暂的时间，为大家留下的是认同感、归属感，以及在基础上产生的学习、奋斗、求知的渴望。

这些火热的文字倾吐着大家的心声，至今读来仍然心潮澎湃：

“盛夏时节，骄阳似火，在这个与以往任何时候都一样的暑假，我却饱尝了不一样的精神盛宴。我找到了一个有着家一般温暖的爱的港湾，那就是贾雪枫老师带领下的历史大家庭。我感受到了来自川内各地历史名师的热情和独特风采。”

“来自各个地方的老师汇聚一堂，畅所欲言，让我们历史人找到了回家的感觉。”

“来自巴蜀大地的老师们，忘记了疲劳，相互尊重，共谋发展大计，都有一个不约而同的共识：走进‘贾雪枫名师工作室’，老师们就有了自己的组织，有了‘回家’一般的感觉。”

家是什么？家是温暖的港湾，家是倾诉衷肠的场所，家是互助互爱的天堂。回家就是本色，回家就是自然，回家就是可以轻松地讨论各种话题。用“家”来赞美工作室，使我们充满了自豪感。在“家”里，大家就历史教育教学的实践话题、理论话题展开讨论，共同问道，如同家人一般携手并肩，前行在那条道路上，这是一幅多么美丽的图画。现在，我们把同仁们在“家”里的所思所想，获得的点点滴滴汇集在一起。岁月留痕，在将来的某一天，手捧一卷，展读之余，回想在那个“家”的心境与碰撞，岂不是一件愉悦无比的事！

成长故事

成员故事

相约而来，相约共生

王廷相
（泸州第三研修组　泸州市纳溪区棉花坡中学）

时光荏苒，弹指一挥间，带着“学习经验，提升自我”的初心，我有幸加入四川省贾雪枫名师鼎兴工作室，并且担任工作室班长一职。回顾在工作室的学习、生活和活动，让我感受到了名师的底蕴深厚、热心教育的魅力、对教育执着的情怀，感受到了工作室伙伴们孜孜以求、勤于实践、勇于探究的精神，感受到了这个集体给我们带来的欢乐与收获，感受到自己找到了组织，仿佛有一种回家的感觉。我收获了很多，丰富了很多，成长了很多。

在工作室的两年时间里，我在工作室领衔人贾老师细心的专业指导下，结合自己的情况与同行进行交流、研讨；通过反思课堂，研读专业书籍和撰写教学论文，我的专业理论水平和教学能力都得到明显提升，初步实现了我的理想。回首过往，我感觉既忙碌又充实，感受颇深，收获也颇多。

一、名师专家引领，润泽我的心灵

工作室领衔人贾老师亲切、平易近人，走近他，令人如沐春风。在他的娓娓道来中，关于历史教学的真知灼见就那么自然地流露出来，每每让我豁然开朗。作为一名一线历史教师，课堂教学才是我们的根本。工作室活动紧紧抓住课堂教学这一中心环节，只要有学生参与的活动，贾老师都要亲自上示范课。他在课堂上灵动智慧的教学策略，亲切民主的师生交流，不断创新的教学设计，无不给我们提供了很好的范例，引领我们学习、思考、研究，润泽着我们的心灵。不时的专家讲座、示范，拉近了我与大师的距离。在他们教育理念的时刻激励下，我的思想在一点点地发生着变化，灵魂深处总有股沸腾的潮流在涌动着。工作室建立了 QQ、微信群，群里邀请了四川师范大学陈辉教授、绵阳师范学院张天明教授、西华师大陈倩教授等加入，方便与成员互相联系，及时讨论，让我们在实践中研究，在研究中成长。我经常通过 QQ、微信群这些平台和专家交流，探讨教育教学方面的经验。这种交流引导我们学习名家的课堂和名家的思想，研究自己的课堂，展示自己的课堂，洗涤我们的心灵。工作室里浓浓的学习氛围深深地吸引着成员，成员们纷纷在各自所在的地区或学校上研讨课、观摩课。“纸上得来终觉浅，绝知此事要躬行”，学到的理论要变为自身的专业能力，必须将工作室所学付诸教学实践。只有在反复的实践教学中，理论才能得以证实和运用。因此，这两年的时间里，我觉得自己的课堂教学设计水平和理论水平都有很大提高。工作室为我的专业成长提供了很好的学习机会，并为我搭建了展示自我、体现自身价值的舞台。我会珍惜这样的机会，履行名师工作室成员的职责，发挥其引领作用，以无愧于名师工作室成员的称号。

二、学员伙伴交流，碰撞我的智慧

团队成员走得快，推动一个团队走得更远。工作室是一个团结合作、乐于学习的团队。虽然平常工作忙，但大家都积极参加工作室活动，喜欢来工作室，因这里温馨、团结，充满学术氛围。在这样一个团队中能时时感受到热切的学术氛围、学习氛围、学习思辨的快乐，因为值得学习的对象就在身边。同时，工作室成员各具特色，每一次活动、每一次探讨，都可以不受时间和空间的限制，向专家学习、向名师请教，同专家交流、与同伴对话。伙伴们闪耀智慧的思维火花，他们分享的学习成果让我视野开阔，思想升华。每一次聚会，都是我们互相问候、交流谈心、畅所欲言、相互学习的机会。每一次活动中，我们一起学习，一起研究，交流思想，共同提高。在这里，我们经常辩论，各抒己见，却又仔细聆听他人的想法，博采众长，感受到了像家一般的温暖。

三、读书写作分享，沉淀我的思想

加入名师工作室以后，良好的学习氛围，时不时地读书分享交流、写心得体会的作业，探讨论文写作，沉淀了我们的思想。贾老师提醒我们要多读书、多思考、多写作，以积淀我们的思想。我认真阅读了贾老师发表在国家级核心期刊上的文章和为我们每个学员订阅的《全视界》教育刊物，在不知不觉中学习了更多的理论知识、教学技巧，也让我明白了阅读是教师专业成长过程中必不可少的一条途径。在学习过程中，虽然我有了一些进步，但发现了自己更多的不足。我不会漠视自己的缺点，让学习成为自己的习惯将成为我的目标，让写作成为我的朋友我将一直坚持。只有成为学习型的老师，才能够不断超越自我，让自己的工作更扎实、更高效，让自己更快地成长为一名优秀的教师，积极向名师靠拢。

四、课题研究纽带，提升我的专业素养

两年来，工作室以名师团队为引领，以课题研究为纽带，以先进的教育理念为指导，以课堂教学为主阵地，积极组织开展了丰富多彩的研修活动、课题研究，不断促进各位学员专业成长。工作室大课题“基于核心素养视域的现代中学历史教育学实践体系研究”要求人人参与，各成员又要在自己所在学校或地区围绕工作室大课题确立小课题（微型课题）进行研究。工作室以课题为纽带，要求每一位成员都要持续深入参与课题研究，落实人员分工，促进自身研究能力和水平提升。在这里，我们不避讳自己工作中遇到的问题和烦恼，因为同伴们一起讨论，互相帮助，可以消除困惑，给予支持和鼓励；在这里，我们一起学习，一起研究，交流感想，共同提高。通过以学促研，以研促学，提升了我的专业素养。两年的研修让我逐渐明晰了要成为名师应具备的各种涵养，我更从贾老师的身上看到了什么是“人格魅力”，什么是“孜孜以求”，什么是“毫无保留”。

今后，我会始终不忘在工作室中“学习经验，提升自我”的初心，牢记自己教书育人的使命，克服各种困难，砥砺前行，更加积极地参与到工作室活动中。虽然近两年来在各方面都取得一些小小的成绩，但我坚持借名师工作室这个平台，继续向贾老师和其他老师请教学习，同时我还要多阅读专业书籍，进一步提升理论水平；不断反思自己的课堂，撰写专业论文，力争在国家级核心期刊上发表，让自己更快成长起来。

知行合一，促进专业成长

吴　跃

（自贡第二研修组　自贡市沿滩区教师进修学校）

2019 年年初，我有幸成为四川省贾雪枫鼎兴工作室成员，从而跟随贾雪枫老师学习。转眼间近两年了，我收获颇多，现对其进行简单梳理。

一、如何上课

两年来，贾雪枫老师到自贡三个研修组分别指导，每次都应邀有一次授课，分别是“北宋的政治”“文艺复兴”“南京大屠杀的反思”，前两节属于常规课，后一节为探究课，每次都很精彩。无论常规课还是探究课，贾老师均以问题为导向，一个问题连着一个问题地步步追问，一方面以问题的形式把教学内容串起来了，另一方面让学生思维动起来了，思维动才是真正的素质教育，学生的素养才能真正培养起来。

三节课给我的启示：先确立教学立意，后确定从哪个方面讲清楚讲透彻，并把这些方面内容为问题，一个问题一个问题地解决，即形成以问题为导向、师生共同探究的教学模式。教学立意与教学框架逻辑关系必须理顺，这种逻辑构成一个课堂教学设计的灵魂；基于学情的教学课堂真探究也是贾老师教学的一大特色。受贾老师教学风格的启发，今年自贡第三小组成员、区历史名师工作室领衔名师倪桂英老师与我一起申报了微型课题“‘问题导向’的深度教学实践研究”，进行教学实践研究。

二、如何带团队

作为区历史教研员、工作室自贡第二组组长和区历史名师工作室顾问，带好自己的团队，是本人职责所在，也是本次加入省工作室最想学习的。本人追随贾雪枫老师，细细体会和模仿贾老师对团队的管理和运作。印象深刻有以下几点。

第一，认真上课，写教学实录。以前不知道写教学实录，也不知道写教学实录有何用。贾老师亲自上课，亲自带头写教学实录，益处颇多，对于厘清设计思路，对于上课思路改进，对于进行教学反思都有帮助。知道了写教学实录的益处，知道了如何写，我就带领团队成员尝试，不少教师获益不少。师们边上课边写实录，大家在实践中成长。久之，这些实录也成了老师们的成果。

第二，收集资料，整理成果。以前我们团队做事不少，但是不善收集资料，整理成果。贾雪枫老师对于每次集中研修活动不仅认真筹划，结束后还及时发简报，把所有过程资料归类归档。到一学期结束，贾老师把教师们的优秀作品汇编成集，印制成书，作为成果呈现。贾老师给我们上了一课，我们团队开始学会收集整理资料并及时归档，并在此方面做得越来越好。

第三，增强时代敏锐感，认真付诸实践。2020 年上半年，新冠肺炎疫情肆虐全国上下大中小学全部推迟复学。贾雪枫老师敏锐感觉到了线上教学的重要性和必要性，并在工作室工作群提出“线上教学”要求：加强初中历史教学实践，探索历史线上教学模式。并把工作室线下研修活动改成线上活动，搞了一次线上实践经验交流会，十多个工作室小组纷纷发言，西华师范大学陈倩教授也做了讲座，效果很好。工作室线上教学研讨的实践文章也在纷纷在《教育导报》发表。贾老师的前瞻性和实践精神深深影响着我，他用行动告诉大家应该怎样做一个新时代历史老师，怎样做一个团队的“核心”。

三、如何搞科研和撰写论文

搞科研、写论文是初中历史教师的弱项，贾雪枫老师对此非常重视，采取三条路径提高大家科研意识和水平：专家讲座、引领示范、亲自指点。

专家讲座。先后邀请华南师范大学历史文化学院教授、《中学历史教学》主编王继平，四川师范大学历史文化学院教授陈辉，绵阳师范大学教授张天明，西华师范大学副教授陈倩对工作室做讲座，重点针对如何搞教学科研、如何撰写论文。如教学科研方面，提出了“问题—策略—行动—反思”的路径。如撰写论文方面，就题目命名、选题来源、文献资料、论文结构、论文论证、学术规范、引文原则、论文修改等进行了详细讲解。对于工作室成员和学员的教育科研和撰写论文不无裨益。

引领示范。贾雪枫老师为了树立榜样，亲自示范，将实践研究的成果进行总结，两年来撰写了多篇论文，每篇均发表，有发表在《中学历史教学》杂志的，也有发表在《教育导报》上的。在贾老师示范带领下，老师们积极性被调动，也纷纷撰写论文，科研和撰写论文的风气日渐浓厚。

亲自指点。贾老师对于成员和学员科研中的疑惑和问题非常关注，因本人对申请课题“乡村学校教师队伍建设优质化策略研究”感觉思路不清晰，贾老师给予了很大帮助，与我一起研究谈论，指导我确立了研究目标，明确了研究内容和方向，设计好了研究路径。该课题已经于 2020 年 12 月被省教育厅立项为省级课题。在教学论文方面，老师们的论文往往比较粗糙，贾老师经常亲自指导，提出修改建议。多次指导后，论文质量明显提高，有些文章也发表到了《教育导报》上。

两年来，我和我的沿滩历史团队不断成长，取得不少成绩。年轻教师茁壮成长，自贡 21 中陈李平、仙市中学周梅、龙湖中学李青星与肖霞、自贡 25 中郑梦星逐渐在教学设计和课堂教学方面成熟起来，陈李平于 2019 年在蜀光绿盛学校举行自贡—宜宾四个小组联合研修活动中献课“文艺复兴”、周梅于 2019 年在仙市中学举行的自贡三小组联合研修中献课“宋代经济的发展”、郑梦星于 2020 年在永年中学举行的自贡三个组联合研修活动中献课“美国南北战争”均受到好评，2020 年沿滩区初中历史优质说课比赛中，李青星、周梅、肖霞和郑梦星获得一等奖。省工作室自贡第二组学员、沿滩区初中历史领衔名师倪桂英老师两年来也进步不小，参与自贡初中历史各年级试题命制，特别是参与了 2020 年中考试题命制，并在永年中学自贡三小组集体研修活动和 2020 年自贡市初中历史部编教材培训上做了讲座。本人也有幸参与了 2019 年自贡市历史中考试题的命制，此套试题被评估为四川省优秀中考试题。本人试题研究水平有一定提高，于今年被评为自贡市三大工程之“名教研员”学员。

路漫漫其修远兮，吾将上下而求索。我和我的自贡第二研修组全体成员借用省工作室平台，在贾老师带领下，努力学习，认真实践，提升自身专业素养，服务于沿滩基础教育，并以“培养少数，带动一批”为追求，力争产生更多、更大的辐射效益。

聆听、阅读、交流

——名师工作室三大功能对个人专业成长的助推作用

杨秀玲

（自贡第三研修组　自贡市富顺县永年中学）

时间过得真快，在四川省贾雪枫名师工作室已经两年了。这两年，我的收获和成长都很大。最大的收获，莫过于对于教学的态度。每每看到贾所以积极昂扬的态度给我们上课和做交流时，都觉得深受感染。工作这么多年，自己也经历过为了完成任务而敷衍完事的情况，但贾所，完美地展示了什么是有实干精神的理想主义者。个人认为，做一个优秀的历史老师，首先要善于学习。而参加名师工作室的学习过程，就是为我在成为优秀历史教师的道路上打下的坚实基础。回顾过去的工作室学习历程，有高屋建瓴的理论学习，有优秀教师的课例演示，有思维碰撞的研讨交流，形式、内容十分丰富。在团队的学习过程中，工作室成员们相互学习，共同提高。特别是工作室领衔人贾雪枫老师的示范课，给了我极大的震撼，让我感受到原来历史课也可以这样上，启迪了我的思考。

我喜欢历史，很大一部分原因是我欣赏和尊重那些理想主义者，他们让我知道，无论世道如何，他们都是那一道光。而现在我喜欢历史教学，是因为看到了贾雪枫老师身上也有一束光。我特别期待他每一次的示范课。除此之外，集体交流活动也让我受益匪浅。每次看到那些好的课例，我都会感叹，原来还可以这样设计！记得最近宋孟霜老师执教的“文艺复兴”，她从女性的视角去进行整篇课文的解读。通过展示文艺复兴前后圣母画像的对比，让孩子们探索人的解放的内涵；通过展示文艺复兴前后女性职业的变化，探索生产力发展对人的解放；通过对爱情故事的解读，探索文艺复兴前后妇女价值观的改变……另外在学习了领衔人贾雪枫老师执教的探讨课“勿忘国耻”后，我真的感受到了什么叫作读万卷书。贾老师在这堂课上所用到的材料是我前所未见的，提问的方式也让我知道了什么叫“一针见血”。后来我把贾老师的课件要了过来，再次把他所引用的材料拜读了一下，材料有力地证明且分析了日本当时的治国思想、社会状态、少年教育、人格塑造……至今回想起这堂课，都忘不了那种如鲠在喉、热泪盈眶的感觉。这堂课打破了我对公开课的偏见，这不是表演，是真正的教育，是历史核心素养的真实体现。真是令人大开眼界。另外，我最喜欢的还有评课环节，因为在评课环节，一些老师总是能提出很好的见解和更有针对性的方法，当然也会产生一些观念上的冲突。其实在 2019 年夏天泸州的全员研修活动中我提出过一个关于评课议课的问题，就是不是因为评课必须要有提出缺点的环节而去提出问题，特别是对年轻老师的指导性评课，是必须在基于平等的基础上面来提出问题、解决问题。虽然我的观点被抨击得体无完肤，但是我仍然坚持认为我们在培养新教师的过程中，也要呵护他们。现在想起那种互相讨论的感觉，真的不是作秀，是每位老师发自内心的想法。无论是你想要的，还是你不想要的观点，都是能促进你反思和进步的动力和源泉。接下来，我再把这些零碎的想法归纳一下。

一、聆听学习提技能

我自从加入四川省贾雪枫名师工作室研修以来，通过线上、线下的方式聆听各级名师的示范课和讲座近十次。每一次聆听都让我了解了不同的教学方法和教学手段，不同的教育理念和教学材料，极大地拓宽了我的眼界，让我在中学历史教学的道路上不断前行。在疫情期间，工作室组织了一次线上的讨论活动，主题是关于线上教育的反思。这个讨论一下子突破了我对线上教育的偏见，我真的需要反思：为什么我就不能看到网络平台带给我的方便和快捷？不要在大环境里面被一些抱怨和暂时的弊端影响，忽略高科技教育带来的长远益处，毕竟，将科技融入教育是我们的责任，也是未来教育的大趋势。名师工作室是一个重要的平台，让我有机会能够和名师对话，看名师如何有效组织教学，达成教学目标，进而不断反思自己课堂存在的问题，精益求精。看过很多种教学风格之后，我结合自身实际，着力于打造一种幽默、活跃、学术味浓厚的历史课堂。

二、阅读思考练素养

基于工作室的要求，每一学期成员必须阅读教育理论著作和历史学专业书籍，我抓住机会苦练内功，不断提升自己的理论修养。带着问题去阅读是我一直以来坚持的阅读方式，工作室推荐的一些历史教学论著和有名的期刊杂志我都有所涉猎，这些都在潜移默化地使我向一名优秀的历史教师发展。一年以来，我看过《民主主义与教育》《中学历史教学参考》和《中学历史教学》等杂志上的若干篇文章。阅读提升了我思维的深度和广度，让我能够在讲台上游刃有余，挥洒自如。

三、交流互鉴共成长

每一次集中研修都可以和来自不同地区、不同学校的教师一起沟通交流，交流中我发现历史教学方式可以如此丰富多彩，对于同一个历史问题的设计可以如此多样。交流后大家互相借鉴，将不同的教学方式付诸实践，让同学们感受历史课堂的独特魅力。另外，我们还将自己平时积累的教学智慧和优秀教学成果与其他老师分享，推广到其他地区，发挥展示引领的作用。我们小组的成员很多也是本地区名师工作室的成员。徐洋老师也多次承担县名师工作室的示范课的任务，最近在我校执教的“辛亥革命”，获得了一致好评，这堂课的亮点主要表现在对材料的选取上面很有独到性；另外宋孟霜老师和应敏老师也能在初中市级和县级赛课中脱颖而出，成为闪光的新星；舒浩在县中考复习会上作指导性的讲座发言；白锡月老师结合历史教育打造的梦想课堂，也获得了一致好评。

参加贾雪枫名师工作室研修组以来，我成长了不少，但是也存在不足。特别是教学科研与课程建设方面还略显稚嫩，努力的程度还远远不够。我将在以后的教学工作中，努力学习，内化于心，力争在教学科研等方面取得显著的进步与成就，无愧于名师工作室成员的称号。

一路修行，一路成长

罗剑容

（南充研修组　南充市三原实验学校）

2019是我从教的第18个年头，教书越久越能体会“学高为师、身正为范”的重要性，所以我一路都督促自己不忘学习。但是近几年总对自己的教育教学之路感到迷茫。虽然考试成绩也曾名列前茅，虽然竞教也曾斩获头名，但是随着年龄的增长，总感觉自己应该追求更多，视野应该更广阔。在这时，有幸以兼职教研员的身份组织了南充市顺庆区的历史假期培训会。这成为我从教的转折点。这一次活动中，我认识了贾雪枫老师。我几乎是怀着一颗虔诚的心，加入了贾雪枫名师工作室，开启了我从教的另一片天地。

一、开始从专注于教材到拓宽视野

上课第一天，我就深深知道一个老师只有把握教材，才能运用教材，所以我不断地钻研教材，甚至是背教材，做到对教材了然于心。

随着对教材理解的深入，上课也就越来越得心应手，我逐渐成为学生喜欢的老师。让学生喜欢是教好书的第一步，如何让学生学有所成是我们做老师的目标之一。很多时候，为了让学生考好，许多老师选择对学生进行题海战术，而我选择对自己进行题海战术，然后选择代表性的题目给学生练习，在学生易错点上再反复练习。那时出卷都是手写，我看着自己的字迹一次一次地变成铅字，出现在学生的手中，看着学生在油墨未干的试卷上写下自己的答案，我利用一切空余时间改卷，等着学生一个个来看自己的成绩，督促着学生们的进步，直到毕业会考，看到学生的成绩名列全县第一，我的喜悦油然而生。我以为这就是我的追求。可是随着时间的推移，我越来越发现这不是教育的终极目标，教学不仅是使学生能够考高分，还要立德树人，还要让学生健康地发展，还要给学生很多很多书上没有的知识，特别是历史学科，承担着更多的核心素养。如何实现这些目标，我非常茫然。

感谢那个炎炎夏日，感谢那次培训，让我遇到了贾雪枫老师，那场精彩的讲座，那刻骨铭心的交流，我至今犹记。贾老师告诉我：教师的成就感具有延迟性，因为学生的成才需要时间，古语说“十年树木，百年树人”，所以教师要找准自己的定位；教师不能只专注于教材，还要学会拓宽视野，要多看书，要多学习，要能走出去，还要能学进来，要实现在理解的状态下教学。

从此开始我知道教学不是只关注于教材，还有许多许多我需要学习的东西。我的拓宽视野之旅开始了。

二、开始从只专注于教到不仅专注于教还专注于学

一直以来，大家都强调教书育人，教师的专注点一直在如何教，怎么教，教什么上面。我也不例外，天天都在备课，但是天天备的是一样的课，年复一年重复着备课上课出卷模式。加入贾雪枫名师工作室后，在工作室中，贾所不仅要求教师会上好课，能上好随堂课，也要能随时上好公开课，而且更多地注重对学生能力的培养。特别让我印象深刻的是贾所主张的让学生动起来的课，第一次清晰感受是贾所的“法国大革命”教学。他不仅让学生在学习法国大革命过程中把握时空观念，更是要求学生学会自我总结提高，这是我们老师很多时候缺乏的，害怕自己没讲到，所以在教学的时候更多以讲授法为主，过多地专注于教。但是我相信通过调动学生的学，使学生有更深刻的体会。而这一体会印象最深的是 2020 年 7 月的一次实践课，5 月的时候贾所不顾新冠肺炎疫情的危险，来南充亲自指导我组的教研教学工作，给我们的初三复习传经送宝。当时贾所说到他的一个复习课例“改革开放”，我非常感兴趣，于是大胆找贾所要了这一课件，自己尝试上。才知不入深山不知山之深，才真正领会到贾所备课的精妙。教师教书最终的评价是考试，考试是学生去考，如何让学生考好，除了教给学生知识、答题的技巧，贾所还告诉了我一个更好的方法，让学生去扮演出题者，面对这个知识点，我们如何去出题，如何去完成考点内容。而对这一要领的领悟，使我的教学目标实现了一个新的提升，从专注于教师的教到专注于学生的学。

另一方面就是从专注于教师的教到专注于教师的学，很多时候我们总认为自己已经是老教师了，在听公开课的时候可以看出很多的不足，也知道如何去上好一堂课，但是要想达到一个高度，却总是做不到，但是又不知道如何去改进。工作室给了我一个非常好的契机，提供了很多的学习机会，聘请了很多专家，给我们进行专业知识的提升、试题命制的培训、论文写作的指导。这些看似与平时的教学无关，但伴随着专业知识的丰富，对于教材知识的把握、整合，对中国历史前后的联系、中外历史联系的把握，对历史知识

的串联，教师教得更顺畅了，学生学起来也更轻松，可以实现把教材教薄到教厚的自由切换。加入工作室的这一年，工作室要求加上教学的需要，看书也是最多的一年，也是对以前的不懂理解最多的一年，感谢这种释惑，把专注点转移，这种自然的释惑是我从教以来最大的收获。

三、开始由粗糙型教师向专业型教师发展

一直以来一线教师都只是教书,很多时候说得最多的是没有时间写论文。其实内心深处我深知我是写不出来，刚工作的时候写过一些不能登大雅之堂的随笔，教书久了，感觉自己积累了许多，但是却无从下手，不知如何组织语言，理论修养也严重欠缺，却不知如何去弥补。自从加入名师工作室，在贾所的带领下，感觉看书更有目的性了，会自己选择适合自己的书，会试着多元化学习，并且会学着总结一下东西，特别是参加工作室几次交流活动，让我收获颇多。

渐渐地，我学会了动笔，今年有幸在贾所的指导下，文章见于《教育导报》。虽然仍然很稚嫩，但是这毕竟是一个进步，我想也是一个开头，我会在鼎兴工作室的平台上，在贾所的指导下走出我自己的路。正如贾所所说一样：做一个能教好书的教师是比较容易的，做一个会教育的教师则比较困难，我会向着这条路一直努力的。

研修路漫漫，学习无止境

周　均
（攀枝花研修组　攀枝花二中）

在去年春暖花开的日子里，我在一种既激动又忐忑的心情中，成为四川省首批名师名校长工作室——初中历史贾雪枫名师工作室的一名成员。回首这两年的时光，在贾雪枫老师的带领下，我们开展了一系列的活动，既有全员集中研修，也有每个研修小组自己的活动，更有借助信息化的技术，多个小组同时开展的活动；既有专题讲座、学术研讨，也有各类观摩课；既有线下活动，也有线上活动……各类活动丰富多彩，精彩纷呈。带给我们的既有教育教学观念上的洗礼，也有教育教学理论上的提高；尤其是同课异构的呈现，带给我们的既有知识上的增长，也有教学技巧、教学方法的增长。我们跟随着贾老师敏锐的学术与思想触觉，一直在努力前行。

一、师友资益

“师友者，学问之资也。”（李惺《西沤外集》）为师为学，必须借重师友的指导和帮助，这是教学相长规律的客观反映。这也应该是2018年四川省出台《四川省中小学省级名师名校长工作室建设实施办法》的初衷吧。因为我们都知道，一个人是走得更快，但一群人才能走得更远。贾老师按照省上的指示和要求，组建了自己的团队，以期带动多地的发展。为此，贾老师不停歇地奔波在泸州、内江、自贡、宜宾、南充、成都、凉山、攀枝花，每一次到会东县以及攀枝花都需要乘坐十几个小时的汽车。这份辛劳，不是一般人所能承受的。贾老师这样的教育情怀，不正是我们需要学习的吗？“师指一条路，烛照万里程”，我相信，有贾老师这盏明灯在前面引领我，在平时的工作中，我会时刻以名师的标准来要求自己。如果我们所有的教育者都能像贾老师这样，我们的教育梦何愁不能实现呢？

二、阅读深读

从工作室成立之日起，贾老师就告诫我们要读书。因为苏霍姆林斯基说过："读书不是为了应付明天的课，而是出自内心的需要和对知识的渴求。如果你想有更多的空闲时间，不至于把备课变成单调乏味地死抠教科书，那就要读学术著作。应当在你所教的那门科学领域里，使学生教科书里包含的那点科学基础知识，对你来说只不过是入门的常识。在你的科学知识的大海里，你所教给学生的教科书里的那点基础知识，应当只是沧海一粟。"我们教师作为教育工作者，这就决定了我们应该是个阅读者。我们只有通过不断地阅读，不断地给自己"补充能量"，才能使自己的知识面广而深。现在国家提倡全民阅读、终身学习，其实就是在告诉我们要做到"生命不息，读书不止"。阅读应该成为我们的一种生活习惯，因为无论在什么时代，阅读都影响着一个民族思想的深度和高度。在今天要求学生都要群文阅读的时代，作为老师更有必要去深度阅读。从今年 7 月份举行的读书会可以看出，我们工作室的很多老师都在认真读书学习，然后思考、践行，最后写出文章来，让自己的读书得到概括和升华，让自己的智慧成长起来。可以说做到了博约兼顾，"资之深，则取之左右逢其原"，教师的专业造诣愈深，在教学中的回旋余地也越广，贾老师亲自执教的每一堂课都体现出了这一点。如今信息化时代，过去的"一杯水""一桶水"已经远远满足不了要求了，我们现在需要的是滔滔不绝的"长流水"。作为老师只有不断地充实自己，筛滤过去的旧知识，活化新知识，积淀各类学识，才能培养出善于终身学习的新一代。

三、反思提升

叶澜教授曾经说过：一个教师写一辈子教案不一定成为名师，如果一个教师写三年的反思，有可能成为名师。波斯纳在总结人的发展时也曾得出这样的公式：经验 + 反思 = 成长。教学反思就犹如一位向导，带领我们从经验迷宫走向智慧殿堂。当然，教学反思既有教学前的反思，也有教学中和教学后的反思。贾老师一直鼓励我们写反思，其实就是一直在鼓励我们自我觉悟、自我提升，不能让我们的大脑成为别人思想的跑马场。

新课程理念认为：教师个人的自我反思，教师集体的同伴互助，教育专家的专业引领，是教师专业成长的三条有效途径。我相信，在专家贾老师的带领下，在十五个研修小组的合作下，我们的工作室的全体成员都能取得长足的进步和发展。贾老师身上值得我们学习的地方太多太多，但总而言之，贾老师使我们找到了方向感、使命感、担当感和信服感。

百花成蜜，感恩名师

唐　莉
（自贡研修一组　自贡市蜀光绿盛实验学校）

一个人走路或许可以走得很快，但一群人走路才可能走得更远！在青年教师的专业成长之路上，起步的平台、团队的协作和名师的引领，都是极为可贵且必不可少的。

我的专业成长道路的起步从绿盛学校开始。在绿盛，我感受到了集体备课的真正魅力。也正是因为在这样的团队中获得成长，我才有幸加入了四川省鼎兴贾雪枫名师工作室。

一、论文撰写促提升

2019 年 1 月，成功加入工作室的那一刻，我是兴奋、骄傲的，但同时也是忐忑的。因为贾所要求我们每人提交一份论文——考查我们的基本素养。

论文，历来就是我的弱项，现写一篇已经不现实了，原来的论文又拿不出手，怎么办呢？后来还是把原来的论文找出来，稍作修改，就提交了。

3 月 1 日，四川省贾雪枫名师工作室正式揭牌那一天，贾所把我们所有人的论文展示出来。他看出了我们现在的问题，所以以此为记，欲通过工作室三年的培养，让成员们获得成长。

为此，根据贾所的安排，截止到目前，我们已经进行了四次有关论文写作方面的培训，已经提交了三篇论文。

在这个过程中，虽然我的论文写作水平还是不高，但是对于论文的撰写要求有了清晰的认识。在王继平主编、代显华主编的讲座里，从论文的标题、摘要、关键词，再到正文、参考文献、资源搜索，专家们都做了非常细致的说明，这些极大地弥补了我在论文写作这方面的空白。然而，纸上得来终觉浅，绝知此事要躬行。为此，在今年暑假，贾所组织了一次论文集中研讨，每三个来自不同地市州的老师组成一个小组，并有一名专家现场指导。我有幸与成都的刘影、凉山的刘琳均老师一组。两天的时间里，我们围绕“学生参与备课”“助推教师课改”的话题，开展了深入的讨论，并梳理了我们的纲要。

一、写作背景（理论依据、现实意义、研究综述）

写作目的：

锻炼学生能力（史料实证、唯物史观、历史解释）；

实现学生主体地位；

提高学生兴趣，主动学习；

改善师生关系。

二、具体实施过程

第一步：问卷；

第二步：材料上交，出处（史料实证能力）；

第三步：教师筛选材料，根据学生根据备课，教学设计。

三、总结

学生主体备课带来的观念的变化、实践研究。

首先，我们期待通过本次三人共同撰写的论文，能解决一个教学中的问题，并可以推广、实践。所以，我们最先考虑到的是学生参与备课能解决他们历史课堂被动学习、参与度不高、复习阶段死记硬背的问题。设想，如果我们授课的资料展示出某某同学提供，那么除了调动学生上课的积极性、化被动学习为主动参与、提高课堂效率外，还能在课前准备环节和授课环节，加深他们对历史知识的理解，从而避免死记硬背。

围绕这个内容，考虑到凉山州在长征中“彝海结盟”这一历史事实，便于当地学生搜集资料、利于本土历史的开发和学生家国情怀的培养。所以，我们先确定了具体的课文《中国工农红军长征》，并安排了相应内容，让学生搜集。

内文：

1. 任选一个方面来搜集材料：

遵义会议、四渡赤水河、巧渡金沙江、飞夺泸定桥、翻雪山、过草地。

2. 资料的形式（任选）：

文字、录音、视频、采访亲历者或后人、图片、诗歌、故事、民谣、实物、遗址、博物馆。

3. 要求：

你所选择的资料必须标明出处。如果是来自百度，请标明网址。

如：红军不怕远征难，万水千山只等闲。

五岭逶迤腾细浪，乌蒙磅礴走泥丸。
金沙水拍云崖暖，大渡桥横铁索寒。
更喜岷山千里雪，三军过后尽开颜。

——毛泽东《七律·长征》

4. 时间：

8 月 16 日 20:00 前。

5. 提交方式：

老师邮箱。

其次，在实践的过程中，我们发现：成都、自贡、凉山三地的学生提供的材料都是在网络中直接复制的，没有进行甄别和筛选，更没有标明出处。而且，在进行问卷填写的时候，部分学生根本不认真审题或者概念不清，以致在提交的问卷里出现下图反映的情况——14 人填写“有亲人参加长征”（见图 1）。

12. 你身边是否有亲人参加长征[单选题]

选　项	小　计	比例
A 有	14	5.05%
B 没有	189	68.23%
C 不清楚	74	26.71%
本题有效填写人次	277	

图 1　调查问卷反馈

在我们逐一打电话与学生联系，了解具体情况时，有的孩子说听说“有亲人参加了长征”，但具体是听谁说、谁参与了，又都不知道（凉山州）；有些学生说“江姐参加了长征”，“江姐是我们身边的人”，也有人说填的时候没注意。这种情况与我们预设的差距颇大，所以，在第二阶段的讨论时，我们反思了自己的教学：是什么导致教师已经教了的史学方法，学生却半点没有掌握？面对暴露出来的问题，我们今后的教学要注意什么？为此，我们的论文研讨方向和论文题目也随之改变，最后定为《初中历史教学中学生参与备课的路径及实践研究——以〈中国工农红军长征〉为例》。

这篇论文的最终成稿是由刘影老师提笔的。在这整个探讨的过程中，我感受到了成都老师的钻研精神和实干作风，也从同伴身上学到了论文写作的要领。这个过程中的感悟与收获，对我来说是最宝贵的。

二、课堂教学助反思

在工作室的这两年，贾所每学期都安排了课堂教学环节，这是教师立足的根本，也是教师专业素养的体现方式之一。这个方面我对自己还是有自信的，加入工作室之前，我已经获得了2016年全国初中历史优质课竞赛的一等奖，在自贡市的各类比赛中，也多次获一等奖。所以，当我第一次要与贾所同课异构时，我更多的是好奇。当时我挑选了“北宋的政治”一课，这篇课文对七年级的学生来说枯燥、难懂。为了突破难点，同时又调动学生的主动参与，我通过年代尺的对比、表格填写、故事讲述、微课剖析等方式，来实现我的教学目标。实际教学过程中，可能是我的问题设置过难，也可能是听课教师多导致学生紧张，有些问题学生们无法答出，参与度低，课堂的氛围也很低迷。所以，压轴出场的贾所吸引了全场的目光。他通过鼓励学生讲历史故事——“陈桥驿兵变”“杯酒释兵权”引入，以问题为导向，环环相扣，循序渐进，带领学生探究学习北宋中央集权的建立、巩固与效果，指导学生评价重文轻武的政策，最后设计能否从众多论点中选择一个论点，尝试写小论文，既培养了学生学习历史的方法，又体现了历史课堂的味道，呈现了完全不一样的视野和精彩，给我留下了深刻的印象。

第二次听贾所现场授课是“文艺复兴”，更是让我拜服。贾所以暑期热片《哪吒》的预告来导入新课，从“魔童”“魔咒”入手，将这一课重构为“魔童”现世、“魔咒”束缚、自由抗争，极具新颖性。在整个课堂中通过层层设问，问题由浅入深，引导深入浅出，使学生逐步理解什么是文艺复兴运动、为什么会出现文艺复兴运动、文艺复兴实质是什么和文艺复兴运动有何影响。还带领着学生欣赏文艺复兴美术三杰和文学三杰的杰出作品，使学生在学习过程中懂得什么是艺术欣赏，怎样欣赏，在欣赏中如何体会到文艺作品所带有的时代特征。整堂课生动地为学生呈现出文艺复兴运动的整体与细节，进而引导学生自发地问出心中所问，说出心中所想。这种充分体现学生主体性的课堂，彰显了一个名师的历史底蕴和积淀。

也正是贾所的课堂，让我看到了自己的问题，反思未来的规划——我想成为什么样的老师？我想打造什么样的课堂？我想培养什么样的学生？

三、导师引领迎成长

一个青年教师如果没有遇到赏识他、帮助他的专业导师，其智慧灵光和飞翔勇气很可能转瞬即逝。我比较幸运，先遇上了刘老师，然后遇上了贾所。

我参加过4次市级比赛，承担过1次市级九年级复习公开课。每一次站上讲台，心底都是紧张、发虚的，是刘老师在评委席上不停地微笑、点头，给我鼓舞，让我能够平复过快的心跳，更好地展示自己。

加入四川省鼎兴贾雪枫名师工作室后，我是兴奋的，也是不自信的。在每一次的交流中，看到其他同伴侃侃而谈，不用稿子随性演说，我是羡慕的，也是自卑的。这种不自信被贾所看出来了。2019年11月30日，在凉山民族中学的年度总结会结束后，贾所找到我，说：唐莉，我的工作室没有弱者，你说自己不够好，是说我的眼光不好吗？

对话很简短，但我明白贾所的意思了，也开始正确看待自己的优势与不足，更加明确我未来的人生规划，我要把握住现在的、未来的各种机会，锻炼自己、磨炼自己。导师，不仅帮助我的专业成长，也给了我昂首的勇气！

四、内驱助力寻改变

美国作家弗格森认为:“每个人都守着一扇只能从内开启的改变之门，不论动之以情还是晓之以理，我们都不能替别人打开这扇门。”是的，教师的专业发展固然需要外在的鞭策力量，但更为可贵的是内驱力，因为只有来自内心的前行愿望，才会促使其主动持久地谋求发展。加入贾所的工作室，看到团队里同伴的优秀，现在的我，开始主动谋求专业发展，从“要我发展”到“我要发展”。

导师的言传身教加上多年的教学实践让我逐渐理解了英国哲学家怀特海对教育的诠释:“当一个学生毕业后，把学校学到的知识忘掉，剩下的那一部分才是教育。”是的，教育教学的实质是一种发展和提升人性、人格及人品的实践。而这种实践，是由一个个细节连接构成的，教师一点一滴的努力，都不会白费，它的价值体现在未来。新时代的历史教育工作者天然地承担着涵养公民的使命和责任。所以，现在的我正在朝着这个方向努力、尝试，以期达成历史教育的根本价值。

我要珍惜工作室这最后一年的时光与机会，跟随团队，坚持专业阅读、教育科研、论文写作，促进专业成长！

下车便要开始你热情洋溢的工作

刘琳均
（凉山第二研修组　凉山州民族中学）

晚上 9 点，刚下了晚自习，我回到家中，喝点水、在沙发上稍坐，缓一缓一天的疲乏，打开电脑开始写我加入四川省贾雪枫鼎兴名师工作室的成长故事。加入工作室以后，这个时间点对我而言，不是一天工作的结束，而是意味着工作室工作的开始，发生在这个时间点的故事也很多。

这是 2019 年 6 月的一天。

已经是晚上 9 点了，盐源县教师进修校的食堂已经熄了火，但灯还亮着。进修校办公楼一楼的一间办公室也亮着灯，学校的校长、办公室主任在里面，而我则坐在办公楼外面的一张石桌，通过微信处理我所带班的班主任工作。我下午 7 点到了盐源，明日工作室在盐源教育扶贫活动上献课。和食堂、办公室的人一样，此刻我在这里找着事做，等着一辆黑色轿车的出现。车里有来自泸州的工作室领衔人贾老和其他几位工作室成员。虽然已是 6 月，高原夜晚的风仍然透着凉气。我不禁一哆嗦，朝昏黄路灯下的进修校大门望去，仍然没有看见一辆黑色轿车的影子。已经这么晚了，怎么还没有到？黑夜在崇山峻岭中蜿蜒盘行，不免让人担心。

“看见直一点的路了吗？如果看到直路就说明已经到了平坦的盐源坝子，最多就半个小时的车程了。”我配上调侃的聊天表情发给工作室宜宾组的成员江茹。她和我一样，是明天上午要在县民族中学献课的老师。

手机振动了两下，江茹回复：还没有看到。问了他们此时的地点，我算了算，还有 1 个小时左右。我不免有些困了，中午还在学校办公，下午便坐着西昌到盐源的班车来到这里，5 个多小时的山路盘旋，摇得人晕头转向，差点吐了，加上近日工作太多，有些累了。

又过了一些时候，大约快 10 点了。终于盼到那辆黑色轿车出现在进修校的门口，在学校里等候的人迎上去。一行四人下了车，从副驾驶位下来的是工作室领衔人贾雪枫先生。

“贾老，辛苦了，早上几点出发的？”

“早上6点就出发了，然后到宜宾内江接江茹和王勤。不好意思，让大家等得太久了！”贾老满脸笑容，神采奕奕地与大家寒暄，脸上丝毫没有我以为会有的疲态。我不免有些吃惊和佩服，暗自决定一会儿得向他取经。

江茹和王勤从后座下来，我开玩笑道：“脚肿了没？”江茹笑道：“肿了！”

一行人直接来到食堂，不管是等的人还是被等的人，这个时间点都还没吃晚饭。简单而用心的工作餐已经摆在了桌上，后厨又开了火，热饭热菜。

碗筷摆好，又来了两人，一男一女，大约四十岁的年纪。经人介绍，女性来人是县教育的局长，来接待大家和了解工作。男性来人是局长的丈夫，估摸着是因为县进修校的位置地处较偏，窄路深巷，又这么晚了，不放心妻子一个人前来，便送妻子过来。大家边吃饭边谈明日工作，没有丝毫劳累疲惫之气，反而气氛活跃，热情洋溢。

快11点了，大家沟通和交流也差不多了。看着局长夫妻二人，我想问问他们孩子多大了，此时是何人在帮忙看管，话在嘴边又问不出来。又不免想起了家里，我和爱人都在出差，婆婆一个人在家带着孩子，婆婆又感冒着。不由得掏出手机看了看，这个时间点，估计孩子已经睡了吧。

去酒店的路上，我趁机会赶紧向贾老取经：“您早上6点就出发了，坐了16个小时的车，还能一下车便谈笑风生、神采奕奕，怎么做到的？”

贾老淡然地笑道：“在车上要抓紧时间休息。”

“我可不行，山路盘旋，让人难受，睡不着。”

“慢慢习惯，要求自己必须好好休息，因为下车便要开始你热情洋溢的工作。”

“下车就要开始你热情洋溢的工作。”这句话印在了我的心上，同时我又想起了另外一句话。那句话是我刚进工作室，工作实在太多无暇分身兼顾，叫苦又叫累时，工作室的一位如兄如友的同仁用浓浓的川东口音勉励我的：“能干人都是累出来的！”

又是晚上10点，2019年12月底的一天，车上仍然有我和贾老，不同的是，这一次是到会东教育扶贫返程的路上。下午5点30分结束会东的讲座。匆匆吃过饭，便要星夜兼程赶往西昌，因为第二日在西昌还有十分重要的工作。会东到西昌的车程5个小时，我们预计在深夜12点前达到西昌。大家上车就商量和安排好了明日的工作。此时，已经驱车3个小时，大家都不免有些困倦了。车里十分安静。漆黑的车窗玻璃外，一束束灯光疾驰而过。我靠着车身，右前方的天空闪烁着星星点点。我轻轻咧嘴一笑，慢慢地合上了双眼，我得睡了。

贾老的那一句话回想在我的耳畔：慢慢习惯，要求自己必须好好休息，一下车便要开始你热情洋溢的工作。因为研修组的老师都在从会东返程的路上，一下车大家就得奔去门卫处拿钥匙布置明日的会场。

进入工作室前，我对那些总能在工作中保持旺盛体力、精力与热情人的敬佩不已，不知他们怎会永远都那样精力充沛。现在我已懂得，不是因为他们壮如牦牛，更不是因为他们不知累，而是因为他们不怕吃苦，对工作充满了热情。工作室给我注入了这种品格和热情，然后，未来可期。

又是一个深夜，已经过了 12 点，我仍然思如泉涌，还想写几个故事，但应该去睡觉了。因为明日的我还要精神百倍、热情洋溢地工作，晚安。

工作室助力，名师引领成长

罗青燕
（凉山第一研修组　西昌俊波外国语学校）

四川省贾雪枫名师工鼎兴工作室是四川省首批名师工作室中唯一的一个初中历史名师工作室，于 2018 年 11 月 16 日由四川省教育厅发文（川教函〔2018〕667 号）公布成立，2019 年 3 月 1 日正式开班运行。

工作室由省教育厅先在全省范围内选取领衔人。初中历史选出的领衔人是泸州市教科所的副所长贾雪枫老师。工作室聘请了川师大、西华师大的 3 位教授做理论指导专家，聘请了各市州的教研员及特优教师 8 人做实践指导专家。我幸运地成为了四川省贾雪枫名师鼎兴工作室的全省 14 名成员中的一名。

2019 年 3 月 1 日，四川省贾雪枫名师鼎兴工作室正式在泸州市举行了开班仪式，省教育厅为贾雪枫名师工作室授牌及为 14 名组员颁发证书，贾雪枫老师及专家对 14 名组员进行了培训，要求 14 名组员按相关文件要求回到各市州选取优秀教师组建自己的工作室，成立研修组。 2019 年 3 月中旬，在万校长的大力支持下，罗青燕工作室即凉山州第一研修组在西昌一中俊波外国语学校成立。

一年来，在万福兴校长的大力支持下，在四川省贾雪枫名师鼎兴工作室的大力支持下，凉山州第一研修组顺利开展了一系列多元的学习活动，促进了教师的交流与发展，一定程度上提升了学校的知名度和影响力，也提升了教师们的科研、教研能力。2019 年 3 月底，凉山州第一研修组为来自全州 16 个县的历史老师做专题讲座并申报了州级课题研究，4 月，凉山州第一研修组为西昌市初三历史教师做中考复习备考的专题讲座，5 月，凉山州第一研修组在万福兴校长的大力支持下，在四川省贾雪枫名师鼎兴工作室的大力支持下，全体成员的协作下，由州教师培训中心推动州教育局发文，在西昌一中俊波外国语学校为全州 17 个县市及攀枝花的 60 余位历史老师进行了一天的课堂研修活动，名师专家进课堂、交流探讨促成长，历史教师的情怀和感悟在俊波飞扬，一场思想的盛宴、智慧与灵感在俊波碰撞。此次活动得到了参会老师、万福兴校长、贾雪枫领衔人及州级领导的高度认可，此次活动让领衔人再次考察了俊波人较高的素质及敬业精神，最终确定由我担任凉山三个研修组的大组长，此次活动极大锻炼和彰显了我的策划能力、沟通协调组织能力、接待能力、领导力，用万校长的话说“这是我校第一次大范围的大型研修接待”。6月，贾雪枫工作室带领研修组到盐源送教研修，盐源县教育局行文，全县历史教师、班主任、教学副校长主任参与了此次活动，我在会上做了教科研讲座的交流发言。7月，凉山第一研修组5位老师到泸州合江参加工作室集中研修、研讨交流了来自全省各校的优秀课例，聆听了《中学历史教学》主编王继平等专家教授的讲话，优秀同行的展示及名师大家的指点让我受益匪浅。11月初，四川省贾雪枫名师鼎兴工作室选取6个研修组到成都参加政史地等学科领衔人的高级研修活动，向来自教育部的专家、重庆教育学院的院长、华中师范大学的教授组成的评审团展示汇报工作室的活动成果，聆听了省教育科学研究院刘涛院长及教育部专家的讲座。这次活动开阔了我的眼界，让我看到了不同学科的教学风景。11月 28日，贾雪枫工作室带领研修组到会东送教研修，会东县教育局行文，全县历史教师、班主任、校长参与了此次活动，我和杨波老师一起赴会东参加“四川省贾雪枫名师工作室会东送教研修活动”学习。

本次活动分为历史研修、班主任研修及学校调研三部分内容。历史研修由来自会东参鱼中学的蒋海燕老师、凉山州民族中学的郭刚老师和贾雪枫老师带来“三国鼎立”的同课异构教学。首先上课的是来自会东参鱼中学的蒋海燕老师，蒋海燕老师在上课过程中，知识点衔接十分精准，将本课的所有知识点都很好地串联在一起，使学生对于本课的知识也有了很准确的理解，并且在授课过程中，选取的材料非常贴合本课的教学需要。整节课内容充实，课题氛围活跃。然后是来自凉山州民族中学的郭刚老师。郭刚老师十分重视对学生的知识拓展，在上课过程中，自学和小组学习探究运用得灵活得当，完完整整地将课堂交给了学生。最后便是贾雪枫老师。贾老师在上课过程中，首先构筑本课的课魂“历史和小说之间的关系”，在上课过程中，运用自己老练的教学经验，不断与学生进行互动，对教材和《三国志》以及《三国演义》进行对比和分析。会东县的历史老师全部参与了此次听课评课活动。

此次活动让我在教学和教研上都受益匪浅。

会东学习回来，11月30日周六，“四川省贾雪枫名师鼎兴工作室年度总结活动”在凉山州民中举行，来自泸州、宜宾、自贡、南充、内江、攀枝花、凉山等地的四川省贾雪枫名师鼎兴工作室的14个组长将本组本年度的工作进行了展示汇报，所有组长和领衔人贾雪枫老师又一起制定了下一年度的工作计划，工作室将在新的一年为促进各地的教师成长、促进教研活动开展作出自己的贡献。民中苏校长高度重视此次活动，从头至尾参与了此次活动，还希望工作室将课题的开题活动也安排在民中，以此促进学校的课题开展。

2020 年 5 月，在万福兴校长的大力支持下，在四川省贾雪枫名师鼎兴工作室的大力支持下，我和我的组员们一起编辑出版了《问道历史》，贾雪枫老师为我们写了序言，陈辉教授、陈倩教授、张天明教授、凌生刚老师为我们提供了文章。

2020 年 12 月 4 日下午，我在西昌一中俊波外国语学校主持召开主题为“课题研究促教研，推动教学质量再上新高”的课题开题会，凉山州教育科学研究所理论室课题指导专家徐淑霞、西昌市教师发展中心副主任平旭红、教师发展中心教育科研室负责人贾贵德、学校校长万福兴等行政领导出席开题会，四川省贾雪枫名师鼎兴工作室凉山第一研修组组员，四川省贾雪枫名师鼎兴工作室凉山第二研修组，俊波全体教研组长、备课组长共 60 余人参与了此次开题会。

三位专家从课题研究的必要性、可行性等方面进行了论证指导，并对课题组汇报要点逐项进行合理性评估，提出需进一步完善和细化的意见。俊波学校校长万福兴作总结发言。万校长指出俊波学校要不断创新课题研究，促进学校教育教学质量再提升。

一年多来，工作室助力，名师引领我成长，一个人走得远，一个团队才走得远走得快，我相信，在省教育厅的指导下，在贾雪枫名师专家团队的引领下，我将走得更远更快，对四川省贾雪枫名师鼎兴工作室我将永存感恩之心。

路虽漫长，吾其求索

王江茹

（宜宾研修组　宜宾市龙文学校）

我是一名来自宜宾的历史老师。作为一名正在成长的青年教师，刚得知加入名师工作室时，我的心情既激动又紧张。我怀着诚惶诚恐的心情与贾老师及各市州工作站的老师们见面，在交流研讨的过程中，我发现老师们都特别亲切，对历史教学也有自己的见解。在后来的工作室的工作中，我感受到了工作室领衔人贾老师的底蕴深厚、热心教学的魅力，感受到了工作室勤于实践的精神，感受到了这个集体给我带来的快乐与收获。

贾雪枫老师是四川省历史名师，更是工作室的主持人和领导人。贾老师不爱笑，表面上给人的印象比较严肃，但在工作室成立以来的这些日子里，每当我在工作室工作中遇到困难时，他总是不厌其烦地帮我解决，哪怕是在假期时间贾老师也会和我在线上讨论教学心得与思考。记得在疫情期间，我们工作室开启了 2020 年的工作室电子期刊，从来没有办刊编写经验的我，被安排承办期刊的第一期（见图 1）。记得当时给贾老师审稿时已经深夜了，但没有想到贾老师居然在线，还连夜帮我修改，写卷首语，并且鼓励我。当时我不禁十分感动。

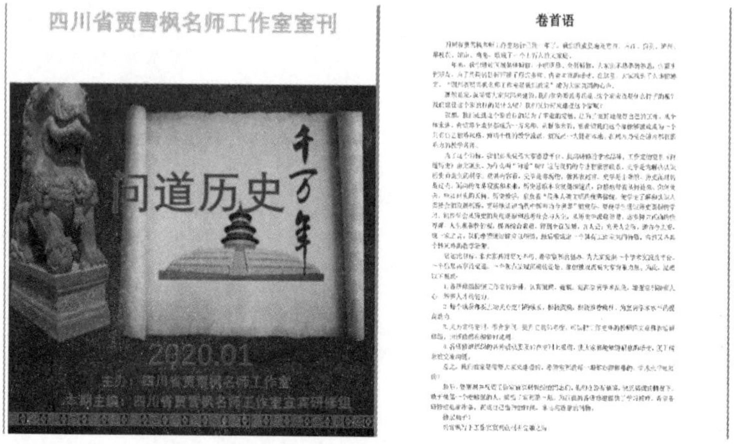

图 1　工作室第一期室刊封面、卷首语

在历史教学上，贾老师也会积极地同我们探讨，并以身作则，深入实地教学，上好每一节初中历史课。我们认为，以贾老师的年龄，他大可不必亲自授课，交给我们便是。但他却说，他这样做只是想给我们一线教学多留下一些思考。回顾工作室成立来，上的示范课、公开课，总是让我在困惑中找到新的方向，总是让我在思考中又负重前行。贾老师为我的教学提供了方法，为我今后的发展提供了方向。

贾老师来宜宾，我和他同课异构那节“钢铁长城”，让我对“课魂”有了更新的认识（见图 2）。让我对怎样去设计一节课，怎样去教学立意有了新的认识。如在设计本课时候，先对课文有宏观的架构，在教学立意时，要根据课程标准，结合学情，并在分析教科书文本的基础上去确定一节课的主题思想。确立一节课的教学立意是为了使学生对历史学习有更深入的认识，充分发挥历史学科的教育功能。教学立意是一种价值判断，通过思维碰撞，润物无声。

图 2　工作室宜宾研修组活动现场

在工作室成立后，围绕历史教学开展了形形色色的活动，最让我印象深刻的要数同工作室成员一并去凉山州盐源精准扶贫活动了。因为在这次活动中，我了解到边远山区的历史教学情况，思考教育的意义，贾老师的精神与在那里坚守的那些老师也让我肃然起敬。

在工作室中，我所属的宜宾研修组也给我带来成长与收获。我们是一个团结合作、乐于学习的团队。成员们虽然工作繁忙，但是大家都积极参加工作室的活动。在组内的研修中，我们会去用心评课，每一次探讨，总能感受到小伙伴们闪耀智慧的思维火花，让我视野开阔，思想升华。每一次活动都是自己成长的经历，每一次活动也让自己更能反思自己的不足，每一次活动都赋予了我历史教学中新的意义。在工作室我们不仅能够学习到知识，也会有回家的感觉（见图 3、4）。

图 3　工作室宜宾研修组教学探索活动留影

图 4　工作室 2019 年度总结会西昌留影

回顾工作室成立以来的历程，那些经历，那些感触，每一幕幕都浮现在了眼前。作为一名青年教师，我仍然感到自己的不足，深知我离“名师”一词还有很远的距离，但我会不断地努力，刻苦钻研，希望在以后工作室的日子里，能有更多机会和贾老师及其他历史名师学习，不断提升自己，完善自己！路漫漫其修远兮，吾将上下而求索！

工作室研修二三事

曾宏伟
（内江第二研修组　内江七中）

2019 年 3 月，四川省贾雪枫名师鼎兴工作室正式启动，我非常荣幸能够成为其中的一员。平时工作室的领衔人积极引领我们这些一线教师有效地开展教学，针对教学中遇到的问题积极进行教学研究。

为进一步促进历史教师专业水平的提高，充分发挥骨干教师的示范和辐射作用，为广大教师搭建相互学习、共同提高的平台，加快专业发展步伐，2019 年 3 月 20 日、21 日，内江二中在录播室开展了四川省贾雪枫名师鼎兴工作室内江研修组集中研修活动。来自泸州、内江、自贡、宜宾、攀枝花、凉山六个地市州的专家和历史骨干教师共 30 多位参加了此次研修活动。内江第一研修组组长内江二中王勤老师展示的新授课“伟大的历史转折”和研修组成员内江二中徐敏老师展示的复习课“俄国废除农奴制改革”和“日本明治维新”给与会专家和老师们留下了深刻的印象，并获得一致好评。

2019 年 7 月 6 日，我参加了四川省贾雪枫名师鼎兴工作室在泸州合江县中学校举行的暑假研修论坛活动。四川师范大学陈辉教授、合江县进修校李小平副校长、合江县中学万清海校长等专家领导，以及来自省内各市县的优秀教师 80 余人参加了本次活动。在工作室领衔人贾雪枫老师主持下，活动有序开展。在工作室领衔人贾雪枫老师的指导下，各研修组汇报了研修工作。工作室领衔人贾雪枫老师对各研修组工作汇报进行了简要的评价，同时对教学新技术的运用、学科理论性和实践性的结合等方面进行了总结。陈辉教授就工作室成员的责任、中高考衔接、部编教材的研讨、核心素养的落实等方面做出了具体的指导。我细心聆听、认真记录，受益匪浅。这次活动，为我们以后研修发展明确了方向。

2020 年 5 月 31 日，在四川省教师培训项目办公室的组织下，由西华师范大学历史文化学院师范教育教研室和四川省贾雪枫名师鼎兴工作室共同筹划了四川省基础教育历史学科线上教学模式及教学实施的线上研讨会。我们有幸参加了这次会议，借助 CCtalk“川越视界，天府师说”云端平台，泸州、成都、凉山、攀枝花、自贡、内江、宜宾、南充等地的贾雪枫名师工作室成员和各地的优秀历史教师300余人跨越山水，在云端交流互鉴。研讨人员由贾雪枫名师工作室各组成员和来自高校的学科教学法教师、教育技术教师共同组成。通过研讨前（任务布置）—研讨中（问题反馈）—研讨后（总结反思）的形式进行了秩序安排，讨论由高校学科教学法教师介绍线上教学的发展、有关地区研修组线上教学经验介绍、基层教师线上教学实践问题探讨和高校教育技术教师对信息技术在教学中的运用展望四个部分构成。高校师范教育教学专家与基础教学教师同台讨论教学问题，在一定程度上拓宽了研讨的理论空间，扩展了学科发展的前沿视野；主动对接了线上教学的特点，既提升了本次教研的理论高度，又结合了实践教学的情况。讨论由学院师范教育教研室主任陈倩老师《从电化教学到信息化教学》的专业发言为开端。陈老师从疫情下教学方式、学习方式、教学场所的转变，提出疫情下的教学其实不是特殊的教学，而是日常教学的重要组成部分。然后由工作室各地区研修组分别交流线上教学的经验，提出存在问题，探讨解决策略。在教师研讨之后，由西华师范大学教育信息技术中心师范技能实训部主任、西南大学教育博士郭磊老师对老师们提出的主要问题进行了理论的分析梳理，对具体操作层面如何改进进行了反馈，提高了研讨的效率。讨论达到了所有小组及成员有效参与、讨论有序组织、时间有效管控的目的。就参与线上发言的教师来看，他们都努力立足于本学科特点，结合地域特色、生源状况、网络教学环境等主客观情况，对线上教学进行了有效的思考。提出的“网络教学学生中心论”“知识种草”“做学生学习的促进者”等观点值得关注。从现场交流来看，每位参与教师其发言稿以及课件呈现都经过了会前的精心打磨与准备，特别是代表小组进行汇报的老师更显示出集体打造的特色，其认真及专业的程度大大超出预期效果。通过研讨，大家在一些问题上达成了共识：首先，影响在线教学效果的问题是一个综合性的因素，教师只是其中的一个环节。教学环境的改变，教育主管部门、家长的管控等因素都影响着线上教学的质量与持续性。其次，信息化教学的发展是一个循序渐进的历程，也是未来教学面临的挑战与机遇。作为教师要敢于直面这场挑战，并不断提升自身的信息化素养，积极融入这个时代。最后，在琳琅满目的教学资源和平台中，要有自己的判断和选择，要学会利用最简单和最便捷的操作平台与方式实现教学效果的最大化。

有您，我们一路不孤单

王　勤
（内江第一研修组　内江市第二中学）

2007 年，我从内江师范学院政法与历史系毕业，从事历史教学工作至今已 13 年了，其间送走了六届学生，从川教版老教材上到了部编版新教材。经过十来年的磨砺，岁月沉淀了我青春的迷茫与冲动，让我学会冷静观察与思考，在以后的历史教育教学中，我要做一位怎样的历史老师？我们的历史教育到底要给学生什么样的东西？作为一个学历史、教历史、爱历史的人，我们该做些什么、可以做些什么、能做些什么……在从事历史教学十多年，特别是担任了初中三届班主任工作后，这样的思考和疑问更常使我困惑。

2018 年 11 月，学校交给了我一份四川省名师工作室学员遴选通知，填了表后，在等待结果公布时，我既期待又忐忑，期待的是我渴望有专家有老师引领我找到困惑解决的办法，我太需要这种学习和交流的机会了；忐忑的是怀疑自己能否入选？2018 年是我幸运和幸福的一年，我通过了遴选。

2019 年春，成立大会上，我们相遇在酒城泸州，从那刻开始，我找到了组织，找到了家……

一、教学中，工作室助我们提高

1．突破思想禁锢，放开手脚，重新反思教学手段和教学内容的关系

在现代多媒体发展的今天，上课不用课件似乎落后了，但一堂课展示多少张课件才算好的课堂设计？如何让学生产生与课件的共鸣，落实教学目标？有了多媒体教学，传统教学尤其是黑板板书多余了吗？

2019 年，在内江市秋季集中研修活动中，贾老师为内江七中的同学和研修老师们上了一堂八年级历史“甲午中日战争”。这堂课贾老师没有用 PPT，但是整堂课下来，课堂设计环环相扣、层层深入，不仅吸引了学生，更让老师们仿佛回到了自己的学生时代，感受到了那种久违的课堂亲切，尤其是在战争的讲述中，贾老师徒手画出甲午海战形势图，以图讲解战争的精彩，深

深吸引了在场的每一位师生。那次的研修活动使我知道了 PPT 只是教学的辅助，教学最本真的还是根据我们学生的实际需要完成课程标准的教学要求，我们不能被课件牵着走，而是让课件成为我们教学的辅助；即使没有课件，只要我们的教学实际是遵循课标要求，紧扣学生的，我们依然能呈现一堂高质量的“吸睛课”！

2. 同课异构，让我们在集体教学中碰撞出智慧的火花

罗树庚老师在《教师如何快速成长》一书中写道：“不试着去上一堂公开课，去打磨一节示范课、优质课，其实你不知道，你的课堂还可以如此灵气逼人；不试着去写一点教学心得，收集整理一些教后反思，其实你不知道，这些眨眼而过的教育瞬间，蕴藏着教学理论的精彩和智慧。”每一位老师都上过公开课，也都参加过公开课的评课和反思，可是很多时候我们都评得很谦虚，甚至缩手缩脚。工作室的公开课采取同课异构的形式，特别是贾老师亲自和我们一起上课，给了我们更多学习、探究和思考的空间。至今我还清楚地记得，2019 年 3 月，我和贾老师一起上的那堂同课异构课“伟大的历史转折”。在准备这堂课的时候，如何让八年级的学生更深刻地知道中共十一届三中全会是中华人民共和国成立以来伟大的历史转折，一度让我费尽心思；而贾老师在解决这个问题时非常巧妙地通过随手摊开、合上一本书，从而形象地使学生们理解：事物方向发生的变化就是转折。生活中事例的引入，既让生活贴近课堂，又巧妙地让学生理解国家发生的变化就是转折。在分析十一届三中全会的背景时，贾老师没有就教材而教，而是从历史学习的角度，教给了学生历史事件分析的方法：从背景入手，既分析了十一届三中全会召开前的国内背景，也分析了国际背景。国际背景的分析中，贾老师利用了教材第 85 ~ 86 页外交事业的发展为线索，从而高屋建瓴地将教材整合，也打开了学生历史学习的思维空间。

3. 敢想、敢做，远程同步云教学，让我们在网络教学中走在了前面

2020 年，一场突如其来的疫情改变了我们的生活，在“停课不停学”的指导下，全国各地网上教学如火如荼地开展起来，这时，贾老师又大胆地提出一个设想，我们的历史教学能不能通过网络技术，实现远程同步云教学，不同地区，不同班级，不同教师，实现同时同堂互动云教学，从而改变当下云教学中一方被动接受的局面。很快，尝试这一大胆设想的任务，分配给了我们内江研修一组和南充研修组。从课题选择到形式商讨，在两地网络在线交流后，我们对这堂远程同步云教学有了个初步的规划。技术条件如何实现，成了我们第二步亟待解决的问题。在两地学校和技术部门的大力支持下，我们整合现有技术条件，一步步解决远程同步中遇到的问题。最后，在贾老师

和内江、南充两地历史教研员以及一线历史教师的共同努力下，2020 年 10 月，名师工作室胜利地完成了远程同步云教学的第一次尝试，实现了工作室成立初提出的“充分发挥骨干教师的示范和辐射作用，为广大教师搭建相互学习、共同提高的平台，加快专业发展步伐”的初衷。

二、论文写作指导，让我开拓思路

在历史教学、班主任教育工作中，作为一线老师，很多时候我们有着丰富的教学教育实践，但往往欠缺历史教学教育的理论，甚至苦于论文写作的选材、立意。因此，不可否认，论文的写作很多时候成了我们一线教师的短板。在加入名师工作室后，在工作室的安排下，我们非常幸运地在几次寒暑假的集体研修中，听到了《中学历史教学》主编王继平教授、四川师范大学博士生导师陈辉教授、工作室学术指导专家绵阳师范学院张天明教授和西华师范大学陈倩副教授关于论文选题和论文写作的讲座。这些讲座不仅使我有幸再次成为一名学生聆听专家的讲座，更让我在论文写作方面打开了思路。

在贾老师的指导下，目前我有一篇调查报告正在写作中，我相信有了这些学习和提高后，在教学总结和教育教学论文写作方面，我敢于出手了。

三、担任电子期刊的编辑，是给我们研修组的锻炼，更让我终生难忘

2019 年年底，工作室向各研修组发出了《关于创办和分组编辑工作室电子室刊的通知》，根据通知要求，我们内江研修一组将承担 2020 年 3 月份第四期《问道历史》电子刊物的编辑任务。

编辑这期电子刊物时，正值疫情肆虐，我们在居家防疫中。在困难面前，我们研修一组的姐妹们克服困难，群策群力，齐心办刊，而这一切被我记录在了《问道历史》第四期编后小感中：

“忐忑中，《问道历史》第四期的接力棒传到了我们手中，忐忑是因为确实没有办刊物的经验，更怕在我们手中把第四期办砸了。感谢像家一样的工作室，总在需要时给我们关怀与温暖，一篇征稿启事发出后，我们陆续收到了来自泸州、南充和自贡的来稿，这是我们前行最大的动力和支持，更坚定了我们挑战自己的决心。

这场疫情，让我们看到了国家的力量，看到了逆行者的伟大与可爱，更

让我们深感‘今生无悔入华夏，来世还做中国人’的自豪与骄傲。作为历史教师，我希望在我们的教育中我们不光教给孩子们正确的历史知识，更要教给他们民族的责任感，教给他们对社会的善良与感恩，我希望我们都能做一位有温度的历史老师。”

凉山州盐源县精准教育扶贫活动，使我有机会走进大山，更让我在教学相长中，思考我该做一名怎样的历史老师。

2019 年 6 月初，我接到了贾老师参加赴凉山州盐源县开展精准教育扶贫活动的电话，根据工作室工作的安排，我在本次教育扶贫活动中承担的送教内容是围绕“如何充分发挥学科资源优势和学科育人功能”组织开展主题班会，我所执教的是盐源县民族中学初二的学生。在班会主题班会设计中，我结合初二学生的实际，首先用两则来自家长的微信，直击孩子的心灵，引发他们的共鸣和思考——“青年该不该立志有理想”；再通过历史伟人的视频、名人的经历和学姐的事例，一步步使同学们清楚理想的重要性；接着用俞敏洪的话和蜗牛坚持奋斗终达梦想的视频引导学生思考如何通过正确的方法、量化的行动，冲破实现理想的障碍；最后通过小组讨论“为理想，定目标”，用贴近学生学习生活的一个个小目标、小规划，引导学生认识到在实现理想的过程中，我们该用坚持、奋斗、努力和拼搏去助力理想的实现。第一次走进凉山州，走近大凉山孩子们的我，被孩子们的真诚与朴实感动着，一堂班会课下来，我竟忘了这些孩子是我第一次见面的学生。孩子们在班会中积极参与，和我分享他们的理想，坦诚他们的不足。从孩子们带着光的眼里，我读出了他们的感动，也反思我们历史教学的育人功能，深思我们该做一位有温度的历史老师，教授历史知识的同时，更教给祖国未来的接班人民族的责任感、时代的使命感，以及对社会的善良与感恩。

在四川省贾雪枫名师鼎兴工作室的这两年，时光真的太匆匆了，在写这篇文章时，太多离愁别绪涌上心头，感谢贾老师和同伴们对我的帮助，感谢内江市历史教研员代焰明老师和吴国桥老师的指导，感恩有机会聆听专家的教诲。同时我也有点小小的内疚：连续两年初三毕业班班主任工作中，我有好多学习内容、好多书籍、好多文章没有静下心来仔细斟酌，但是我相信，有了这段在四川省贾雪枫名师鼎兴工作室学习、工作的经历，有了在这里认识的专家、老师的指导，有工作室兄弟姐妹们的帮助，今后历史教育教学路上，我将不再孤单，我向前冲的干劲和拼劲将更足了！

最后，我想发自内心地对一路伴随我们成长的四川省贾雪枫名师鼎兴工作室所有家人们说一句：“有您，我们一路不孤单！”

学员故事

我的成长故事

赵富生
（泸州第二研修组　泸州市合江县城关中学）

人生需要一种精神，人生需要一种信仰。追寻着名师的足迹，一如既往地在书山上攀登，无怨无悔地在教海中泛舟！不同的是，在名师精神学识的导引下，我的教师之魂悄然回归，视域更加开阔，方向更加明确，知识更加系统，行动更加有力，一系列有意思的改变正在悄悄发生，这就是我自 2014 年 1 月 20 日起成为四川省贾雪枫名师工作室研修员的最大感悟。

时光如梭，又是一个 1 月。平一平激动的心跳，回望，岁月已经过去 6 年。参加四川省贾雪枫名师工作室，我倍感荣幸，倍感温馨，倍为感恩。6 年，随贾雪枫及其他名师一起研修，从对课题研究懵懵懂懂，到现在能基本掌握课题研究方法并可单独展开课题研究实践，其间改变，完全不亚于枯木逢春再少年。

6 年前，我参加工作已经 15 年余，一直从事初中历史教学的工作，对教材和课堂比较熟悉了，不知不觉中产生了些许暮气和惰性，教学的热情也开始减退，因此还被我的高中班主任李世怀老师批评。虽然，课照上，书照看，可我感觉到，这一生可能就这样虚度了。然而，就在工作上快要陷入亦生亦死、半生半死的僵持状态的时候，经合江县教师进修校遴选推荐，我成了贾雪枫名师工作室室员。贾雪枫老师，我是清楚的，是我一直非常钦佩的一位知名历史教师、历史教育教学研究员、专家学者，本市的教本——泸州历史教材、地理教材就是他与叶绿野先生等人多年前编撰的。记得当时天气很冷，我有点感冒，连读两遍通知，似乎感冒都好了几分。

就这样，我开始跟着贾雪枫名师工作室的步伐，上课不再仅仅是上课，而是开始有了“教育科学研究”的影子，与这影子相伴随的是光，照亮了我的课堂，从此，我的初中历史课堂，平添了“在观察中研究，在研究中进步。

在切磋中学习，在互助中同乐”的思想，教学中开始注意发现问题、实践探索问题、为课题研究准备题材和数据等。可以说，参加四川省贾雪枫名师工作室后，科学研究的光，渐渐照亮了我的心头，我的课堂，开始闪耀科研的光辉。

还记得那一次一次的研修活动，贾老师讲教学实践的困惑、实践研究、行动研究、对历史思维的认识、构建基于核心素养视域下的现代初中历史教育学实践体系研究等。

还记得，2015 年在贾老师的悉心指导下，我初步完成由名师工作室承担的四川省普教科研资助金课题“西部欠发达地区名师工作室运作机制研究”开题报告撰写，并参与了该课题的部分研究；完成“城镇化视域下规模初中内涵发展策略研究”等。

最难忘记的是由我负责的我校承担的 2019 年度市级普教科研重点课题“初中历史教育培育学生家国情怀核心素养实践研究”，本课题组拟从家庭、家乡、国家和世界四个层面展开研究。目前，课题组已完成了家庭层面素养培育途径研究，并在 2020 年度泸州市教育科研课题阶段成果评审中获奖。该课题研究过程中，贾老师多次亲自前来指导，指导内容包括课题的选题论证、概念界定、研究目标设定和研究内容确定、研究思路和方法探究、研究措施和活动的开展、路径选择落实、预期研究成果和效果设想、过程意识、档案意识、及时总结意识等。

几年来，我在课题研究方面能力明显提升，树立起了课题研究的清晰观念，基本掌握了历史课题研究的方法，能渐渐将课题研究与日常教学进行有机融合，发现问题、认识问题、解决问题的能力、水平、方法、技能均有大幅提升。有时候想想，如果没有遇见你，我将会是在哪里？谢谢贾老师，谢谢名师工作室，参与别人，成就自我。

贾雪枫名师工作室让我的教学观念也从为分数而教学彻底转变为培养历史素养和历史情怀、传授历史研究方法而教学。我也渐渐养成围绕专题进行自觉主动地学习的习惯，在教学实践中自然就站得更高，看得更远，教学能力和水平也随之高涨，无论是对教学立意的关注还是教学手段的合理选择以及教学方式的优化，都渐渐脱离经验型教师的俗套，催生出一套属于自己的教学效率更高、学生素养的发展更具持久性、教学评价能力和诊断能力更强的崭新而清晰的初中历史教育教学方式方法。

贾雪枫名师工作室让我的教师之魂得以重生。可以这样说，这个工作室，根植于提升历史教育教学理念、提升育人方法技能的厚土，用历史教育人的热情和智慧，演绎出了一段又一段共同进步相互学习的教研之歌，在提升教师专业化水平的路上，大大地往前探了一步，教师的专业素质和学习动力出现了实质性变化。

歌曰：春天来的风，秋天悄悄吹过。崭新的2021年正迎面向我们走来，愿四川省贾雪枫名师工作室持续立于教育教学科研之正道,一路行来一路歌，在教育科学研究的波澜壮阔中，引领更多如我的追梦人，你追我赶，奔涌奔腾，以梦为马，追梦不歇！愿四川省贾雪枫名师工作室及雪枫老师，像那香山的红叶，历经岁月洗礼的那一片片红，精彩自己，美好他人，绚丽世界！

名师引领助我进步 同伴互助伴我成长

倪桂英
（自贡研修二组　自贡市盐滩区盐滩中学校）

有幸成为四川省贾雪枫名师鼎兴工作室成员已经两年了，最先加入时的情景历历在目，当区教研室吴跃老师邀请我加入时，我以自己年龄大了、成长空间有限为由拒绝过，现在回望过去这两年，除了感谢还有感恩，感谢吴跃老师的不放弃，感恩四川省贾雪枫名师鼎兴工作室的引领，让我从最先的迷茫、被动变成现在的充实、快乐！

两年的时间里，得益于名师工作室专家的引领，我不管是在学科理论上还是教学实践中都收获了许多。我先后聆听和观摩了工作室领衔名师贾雪枫老师，西华师范大学陈倩教授，四川师范大学陈辉教授，华南师范大学历史文化学院教授、《中学历史教学》杂志主编王继平等专家的专题讲座或课堂教学，对如何组织课堂教学、如何撰写论文、如何做好专题讲座等都有了更加深入的理解。对我影响最深的是贾雪枫老师，两年里，我有幸观摩了贾老师三节课："北宋的政治""文艺复兴""勿忘国耻——南京大屠杀"。每节课，贾老师的设计都十分新颖，既符合学生认知水平和年龄特点，又有历史的深度和温度。通过观摩学习，我对教学设计有了更多的思考，过去自己的教学更多地侧重于知识的落实，历史线索的梳理，课堂教学也设计问题，但很多是就问题而问题，没有深度的思考，整个课堂没有魂。而贾老师的问题循序渐进，环环相扣，步步深入，更加有利于培养学生的思维。现在的我在落实基础的同时也更加关注学情，更注意预成与生成的关系，也更关注能力的培养和价值的引领。两年来，我先后上了两节公开课："日本明治维新"和"宋元时期的都市和文化"，每节课反响都不错，老师们对我的教学设计和课堂组织教学都给予了高度评价。名师的引领除了促进我的课堂教学外，还扩展了我的理论知识。两年的时间里，我聆听了多位专家的专题讲座，也认真拜读了工作室群里专家们推荐的文章，通过学习，自己的专业理论有了大幅度的提升，尤其是在论文的写作和专题讲座方面思路更加开阔。特别是贾老师的几次讲座，除了理论的阐述外，还通过大量实例加深老师们的理解。很多观点都是老师们第一次接触的，让人有醍醐灌顶的感觉。作为专家，贾所长的敬业态度、独特的专业视角和浓厚的学科情怀深深地感染了我们。我自己历来不善于表达，以至于疫情期间的线上交流我都不敢面对大家，只得请求贾老师特殊照顾，让我只录声音，不露人面。但在工作室的大环境里，尤其是几次交流活动中，大家高涨的情绪渐渐感染了我，我也开始有胆量面对大家发表自己的看法了，2020 年 9 月，在全市开学工作会上我做了专题发言《多元情景交融　厚植家国情怀》，2020 年 11 月，在全市新教材培训中，我做了《新情景 新材料 新挑战》的专题发言，一次比一次更加放松，效果也不错。专家的引领促进了我的进步。

两年的时间里，同伴间的互助也让我收获了许多。尤其是自贡二组的几个同伴，在组长吴跃老师的带领下，大家相互学习、取长补短、共同进步。每月的课例研讨、每次磨课，大家都认真准备，积极发言，提出自己的思考。尤其是疫情期间，为了录制自贡市的网课，大家在做好各种防范措施的基础上，聚在一起磨课，一次，两次，反反复复，其中的很多问题都是第一次遇到，比如录制和剪辑，过去不知道怎么操作，然后大家边通过各种途径学习、交流，边自己尝试，最终成功地完成了任务。还有，在市区的各种比赛中，为了赛出成绩，大家随叫随到，群策群力，充分发挥团队的力量和优势，这一过程中，大家累并快乐着！也共同学习和成长着！两年的时间里，我们组先后在工作室自贡组的联合教研活动以及自贡市新教材培训活动中献课，在自贡市的优质课竞赛中获奖，我自己的教学设计也在沿滩区历史学科教学设计和课件制作中获奖。是同伴的互助让我们一起成长。

两年来，我的教学设计《海峡两岸的交往》《艰辛探索与建设成就》获沿滩区初中历史教学设计教学 PPT 设计比赛一等奖；《隋朝的统一与灭亡》获沿滩区初中历史教学设计教学 PPT 设计比赛二等奖；论文《历史学科核心素养之家国情怀教学策略浅探》获自贡市教育科学研究所论文评比三等奖；课堂教学“中华人民共和国成立”获 2019 年自贡市“课堂教学大比武”评选活动三等奖；微型课题“农村初中历史教学中中国优秀传统文化教育的‘一二六’策略”获自贡市教育和体育局第四届微型课题成果评选一等奖；在区内做了《自贡市近三年中考试题分析及中考历史复习策略》专题发言，先后在自贡市历史学科培训中做了《多元情景交融　厚植家国情怀》以及《新材料 新情景 新挑战》专题发言；在四川省贾雪枫名师工作室线上交流中做了《线上教学实践问题之学习效果差的反思与解决策略》专题发言；在自贡市历史学科优质课比赛活动中担任评委；参与了 2020 年自贡中考历史试题命制工作；

被自贡市沿滩区教育和体育局评为“沿滩区名教师”。这些成绩的取得离不开工作室的引领和指导，离不开同伴们的帮助和鼓励。

除此之外，还有很多东西将无形地影响我一生，比如贾老师的敬业态度、学科情怀同伴之间的团结合作、真诚以待。今后的日子里，我深知从“知”到“行”，还有很长的路要走，但我始终相信：道阻且长，行则将至；心有所信，方能远行！

名师工作室个人成长故事

李利兴
（自贡研修二组　自贡市第二十六中学校）

时间在繁忙而有序的生活中悄然而过，加入“四川省贾雪枫历史名师工作室”已经有两年多时间了。在名师工作室的学习、培训和研讨，让我感受到这个集体给我带来的欢乐与收获，也让我在这个团队中不断成长。也许这两年多我并没有值得夸耀的荣誉、值得炫耀的成绩，但工作室领衔名师贾雪枫老师及历史同行们好学上进、乐于创新、勇于开拓的精神给予我很大的动力。成长是一个过程，是一份快乐，两年来我收获了很多。

一、学科理论积淀，专业素养提升

自从我参加“四川省贾雪枫历史名师工作室”开始，就感到有一种压力。因为工作室的每位成员都是那么优秀，他们大多是四川省各市、区各个名校的业务领导或骨干精英，综合素质都非常好。而自己一直都工作在一线，每天备课、上课、批改作业，周而复始，很少有时间静下心阅读书籍。自己又不是历史专业的毕业生，相关理论素养非常缺乏，与他们真的还有一段距离。于是我阅读了大量与教育教学相关的书刊，如《中国通史》《史学月刊》《中学历史教学参考》等。再加上利用网络学习平台，不断开阔自己的视野，丰厚自己的知识底蕴，提升自己的学科知识储备和专业素养。使我能站在更高的角度审视自己的教育教学活动，更增强了自己关注课堂、关注孩子的意识。

二、名师引领，积极向上

作为一线教师，自我提高的途径不仅仅是读书和网络学习，更需要得到专家的指导和引领。从名师身上我看到了什么是“孜孜以求”。贾雪枫老师通过专题讲座和课例研究，给工作室的成员灌输一些先进的教学思想和理念，用实际行动教会了我们“为人师者要有大爱，为人师者要志存高远，为人师者要从心做起”。工作室的成员虽然工作繁忙，但是大家都积极参加工作室的活动。我们喜欢工作室，这里团结、充满学术氛围，使人体会到相互学习的快乐。工作室学员各有特色，每一次活动，我们都互相问候、交流谈心、畅所欲言。通过互动、研讨和交流，相互启发、相互促进、共同进步。

三、立足实践，完善自我

加入了名师工作室后，我获得了很多与专家、同行交流的机会，进行了很多理论上的探讨，积极探索新的教学路子，不断完善自我，促进了自己专业知识的提升。我将这些成果运用到自己的教学实践中，也取得一些成绩，如：教学论文《浅析课本插图在初中历史教学中的应用》获自贡市一等奖，承担沿滩区“友善用脑”历史公开课等。通过理论—实践—理论等一系列活动，自身在此中也逐步得到完善。

在学习中增长智慧，在求知中净化灵魂

张　伟
（宜宾研修组　宜宾市江安县汉安初级中学校）

2019 年，我们宜宾研修小组一行六人怀揣着憧憬和期待，参加了四川省贾雪枫名师鼎兴工作室研修。贾雪枫老师是四川省历史名师，更是工作室的主持人和领导人。两年的接触和交流中，我被贾老师渊博的学识、高超的教学技巧所折服，被他对历史教育教学的热爱所感动，更被他高尚的人格魅力所感染。我为能遇到如此亲切、博学的导师，能进入这样优秀的团队，能认识这么多优秀的教师而欣喜激动。

这两年的学习，让我感受到了名师的底蕴深厚、热心教学的魅力，感受到了工作室伙伴们勤于实践的精神，感受到了这个集体给我带来的快乐与收获。虽然目前为止只有两年的学习，但是我仍感觉收获颇多。名师工作室的经历，对我们来说无疑是经验积累，更是一笔可贵的精神财富。

一、与名师对话，洗涤心灵

犹记得贾老师课堂上灵动智慧的教学策略、亲切民主的师生交流。“钢铁长城”“文艺复兴”等示范课上，贾老师独特的教学方法、教学见解使我深刻地认识到，自己需要提升和改进的地方还非常之多。与工作室导师的交流活动更是让我拓宽了视野，增长了见识。我更深刻地认识到了上一节好课多么不容易，需要不断去试讲，不断地思考，更需要名师的指点。

二、与学员对话，交流成长

我们的工作室是一个团结合作、乐于学习的团队。我们喜欢像工作室这样团结、充满学术氛围的团队。贾老师经常通过组织各种活动为大家提供展示、交流、学习的机会——在合江，全省历史教育界精英荟萃，专家云集；在攀枝花学习交流，共话发展；在自贡同课异构，精彩纷呈……每一次活动、每一次交流，总能感受到导师及伙伴们闪耀智慧的思维火花，让我视野开阔，思想升华。

三、与网络对话，与时俱进

当新冠肺炎疫情突然袭来，课堂教学无法正常实施之时，如何让孩子在家也能不影响学习，成为工作室重点研究的问题。在贾老师带领下，工作室征求意见，多方了解，集思广益。贾老师要求大家积极开展网络教学并研讨适应形势的教学方式，不断总结、提炼。于是各种线上教学活动蓬勃开展起来，各种网络教学的研讨热闹起来，从此网络教学成为一线教师的重点思考和必备技能，也成为今后教学的发展方向，“顺势而为，应时而生”，我佩服贾老师的眼光，更欣慰能和这样一群智者一起走在时代的前列。

四、与细节对话，在做中学

贾老师是一个极其关注细节的人。两年的学习交流中，从贾老师身上，我认识到，关注细节，其实就是关注新课程的理念是否落实到位；就是关注教学行为能否根据新课程的要求重新塑造；就是关注每堂课有没有“课魂”；就是追求教学的高品位，就是追求教学的智慧。把握细节，更是提升教师教学智慧的必经之路。常言道：教学有法，教无定法，贵在得法。在教学过程中，或许我们会取得成功，或许我们会有失败，但只要我们认真钻研教材、挖掘教材，热爱学生，苦心寻求激发学生兴趣的手段，教学的趣味性自然会生发出来，教学的理想境界就能达到。

我认为：名师应该是“学生最喜爱、家长最放心、同行最佩服、社会最敬重”的教师。其标志有四：一是人格完善，二是学识渊博，三是教艺精湛，四是业绩超群。细细品之，教学技艺只是其中的一个环节而已，真正意义上的名师，乃是一个综合素质的化身，内心无不保持一份宁静，一份谦逊，往往都具有志存高远的人格特质、丰富的知识和深厚的学养，贾老师正是这样的典范。回顾这两年来的工作，我知道自己离“名师”的要求和标准还有很大的差距，特别是在深入开展教学研究方面做得很不够，但我相信，融入精英团队、拥有一颗进取心，不断地总结、研究、学习、交流，我的教学素养与能力定会与日俱增。

名师引领　助力成长

李丞丞
（攀枝花研修组　攀枝花二中）

时光飞逝，加入贾雪枫名师工作室已经有将近两年的时间。看着这两年来在贾老师的带领下我们开展的一系列丰富多彩的活动和工作室各成员获得的累累硕果，欣慰、激动、不舍等情感复杂地交织着。在工作室的学习，我感受到了名师的底蕴深厚、热心教育的魅力，感受到了工作室伙伴们孜孜以求、勤于实践、勇于探究的精神，感受到了这个集体给我带来的欢乐与收获。两年来我收获了很多，丰富了很多，成长了很多。

一、与名师对话，涤荡心灵

贾老师为人亲切，从他身上我们看到了学术大家的内涵和修炼。虽然名师工作室是以学科教学为目的建立的，但是我们不仅学到了历史教学的专业知识，更从名师身上看到了什么是“人格魅力”，什么是“孜孜以求”，什么是“毫无保留”。在学科上、做人做事方面，贾老师从来不和我们说大道理，而是用自己的亲身经历启发引导我们，他不辞辛劳地到各研修小组所在地亲自献课，认真敬业的态度让我们逐渐明晰了要成为优秀教师应具备的各种涵养。我们攀枝花研修小组所有成员在组长周均老师的带领下，不断努力提高自身的教师专业素养，积极参加讲课比赛，积极撰写科研论文，大家都以贾老师认真负责的工作态度作为自己努力奋斗的榜样。他就是我们教师生涯中的指路明灯，让我对教师这个职业有了更深刻的认识。是贾老师让我在教学瓶颈期重新找到了教书育人的乐趣，因为他告诉我们优秀教师的课堂绝对不是简单的知识传授，更多的是给学生设置问题，用问题引导方式启发学生的求知欲，让学生在探索中学习，在切磋中成长，真正学有所乐。这样的课堂才有生成，这样的教师才是优秀的教师。而我正在这条路上不断摸索，争取向名师看齐。

还清楚地记得，2020 年春节，突发的新冠肺炎疫情席卷武汉，无数医务工作者奔赴前线，与时间赛跑，从死神手里抢救万千生命，却从不顾及自身的安危。而我们这些普通群体都在积极响应国家号召，宅家抗疫。我每天从各大网站、各种视频中了解前方的情况，在担忧和欣慰中，总想着自己能做点什么呢？恰巧，贾老师找到我，他说可以做一个有关抗疫的《开学第一课》短视频。一瞬间我的脑海中涌现出了无数英雄人物，于是我着手写作，找视频和图片资料，编辑录制，反反复复，有时弄到深夜，虽然感到辛苦，但想想奋战在一线的医护人员，自己做的这些又算得了什么呢！结果很荣幸的是自己制作的短视频居然被省平台选中作为线上教学时事课堂课例在全省同步学习。接着我又在贾老师的鼓励下撰写歌颂英雄人物的文章，在贾老师不厌其烦的帮助下，我受益匪浅。所以说在工作室的两年，名师助推我们的专业成长，同时，以他高尚、优雅的人格涤荡我的心灵。

二、与学员对话，激发小宇宙

我们的工作室是一个团结合作、乐于学习的团队。学员们虽然工作繁忙，但是大家都积极参加工作室的活动。在这样一个团队中能时时感受到热切的学习氛围、学习思辨的快乐，因为值得学习的对象就在身边。工作室学员各有特色，每一次活动、每一次探讨，总能感受到伙伴们闪耀智慧的思维火花，分享学习成果让我视野开阔，思想升华。每一次聚会，都是我们互相问候、交流谈心、畅所欲言、相互学习的机会。在这里，我们不避讳自己工作中遇到的问题和烦恼，因为同伴们一起讨论一起帮助，可以消除困惑，给予支持和鼓励；在这里，我们一起学习，一起研究，交流感想，共同提高；在这里，我们经常争论，各抒己见，却又仔细聆听他人的想法，博采众长。

三、与活动对话，开阔视野

工作室除了常规的活动如听课、评课、教法探讨等内容外，最大的特色是走出工作室学习，如 2019 年暑假我们全体工作室成员齐集泸州进行集中研修学习，贾老师充分利用他的关系网络，邀请教学名师做讲座，让我们更深刻地领悟到知识和实践之间的联系。还有众多一线优秀教师分享他们的教学心得，成员们进行教学沙龙、热烈讨论。大家都很珍惜这难得的学习机会。

感恩教学道路上遇到了名师，让我们的眼界变得更加开阔，让我们教书更加有章法，让我们教学更加有乐趣。我很欣慰现在的自己又重新找到了奋斗的方向，我要为做一个幸福的历史教师而努力奋斗，我要让我的学生因我的课堂而收获满满。我要为做一个称职的班主任而勤奋学习，我要让我的学生因我的存在而感到温暖。我要为做一个合格的名师工作室成员而不懈努力，我要让我的学生因我的进步而受益良多。我一定会谨记“把平凡的事情做好就是不平凡，把简单的事情做好就是不简单”这句话，在平凡的生活中寻找快乐的源泉，在平淡的工作中寻找幸福的把手，做一个在教书育人这条道路上乐此不疲的幸福工作者，并把这种能量传递给我的孩子们，激励他们为实现他们人生中的各种目标而努力奋斗，不虚度光阴，不碌碌无为，哪怕只能影响一部分人，都是值得欣慰的一件事。我会牢牢记住不忘初心，方得始终。

我和伙伴们在贾雪枫名师工作室这个大家庭中度过了快乐而又充实两年的时光，多么希望这只是一个起点，未来的日子里我们依旧能够这么幸福地一起学习、交流、体验和提高。

名师团队研修　促教学专业成长

胡　艳
（攀枝花研修组　攀枝花市密地外国语学校）

2019年3月，我有幸成为四川省贾雪枫名师工作室攀枝花研修小组成员。在周均组长的带领下，攀枝花研修小组开展了一系列课例研讨、试题分析、课改交流等活动，尤其是贾雪枫老师不辞辛苦两次赴攀指导，让我受益匪浅，专业技能和教科研能力有很大的提升。

一、增强了对教材的解读和把控能力

通过聆听贾老师的示范课以及专题讲座，我明确了课魂和教学立意的重要性，在教学设计中应以“课魂”为核心，抓住提升教学立意，整合教材资源，优化教学设计。如在学习“苏联的社会主义建设”一课时，我将“第9课　列宁与十月革命”“第11课　苏联的社会主义建设”“第18课　社会主义的发展与挫折”三课内容进行整合，抓住“社会主义道路的探索”这一课魂，以“战时共产主义政策”到“新经济政策”再到“苏联模式”作为课堂主线，引导学生掌握苏俄（联）探索社会主义建设道路的曲折以及对中国的借鉴作用，更深刻地体会到疫情当下的中国特色社会主义道路自信、理论自信、制度自信、文化自信。

二、增强问题意识，提炼教学主张，锻造自己的教学风格

通过贾老师的指导，我明确了教学问题的功能包括：激发学习动机、提示学习重点、发展思维能力、培养参与能力、诊断学习成效。问题的类型包括：认知记忆性问题、推理性问题、创造性问题、批判性问题、常规管理性问题。那么，在教学设计中，我们对问题的设置就要根据教学重难点，注重“问”的艺术，关注问题的针对性和实效性。

教学风格是教师在教学过程中形成的又别于他人的教学方式，是教学独特性和教学个性的结合。教学风格的形成，标志着教师教学艺术的成熟。我们可以通过入格（模仿）—立格（探索）—破格（个性化）—无格（不拘一格）的发展过程，逐步摸索适合自己的教学方式，形成自己的教学特色。

三、在疑惑和阅读中发现问题，找到写作的方向，提高自己的教学研究能力

贾老师提出，教学研究有重要的三部曲，即写经历、写经验、写论文。写经历，是写自己亲自做过的教学实录，把一节课的过程如实记录下来，从中发现问题，进行反思。写经验，是对经历进行总结，通过案例分析，归纳提炼共同点。写论文，是对教学问题进行讨论，形成理论认识。论文写作的规则是主题明确，直接体现在标题之中；结构清晰，背景—内容—结论，逐次推进；语言精练，准确表达主题。论文写作发表要具备新颖性、深刻性、独创性。论文选题可以是自己的心得体会，也可以从别人选题中得到启发。

对我来说，如何将自己的日常教育教学工作进行理论提升，形成教学论文或科研课题，是亟须解决的难题。贾老师对我的论文《如何提高“线上课堂教学”的有效性》从标题、论文结构到论据论点的提出进行了全面的批阅和修改。在贾老师的帮助下，我将修改前和修改后的论文进行了前后对比，发现自己的很多不足和欠缺，我深感震撼，这样的实践经验对今后的论文选题、写作表述都有很大的帮助。

贾雪枫老师严谨治学的态度、卓越的专业知识都让我由衷地佩服。我不禁感慨于在当今物欲横流的社会里，还有这样一批教师能沉下心来，以孺子牛的精神，感受教学的魅力与快乐，团结携手推动教育的发展。想改变世界很难，要改变自己则较为容易，我会在学习和挑战中，不断成长。

学习中创新，创新中学习

罗　勇
（凉山第三研修组　凉山州会东县参鱼中学）

作为一名有多年教学经历的历史老师，我在教学中不断总结，努力提高教育教学效果。但是，随着社会的发展，我越来越发现知识体系和教学方法不适应新形势下的教育教学，感觉旧的问题没有完全解决，新的问题却层出不穷。如何与时俱进，适应高速发展的现代社会下的教育教学工作，成为我们中年教师迫切需要解决的问题。幸运的是我能成为四川省贾雪枫名师工作室的一名学员，在工作室学习到新的教育教学理念，交流教学心得，研讨教学方法，更新教育理念，为自己的教育教学工作注入新的活力。

一、开眼界，明不足

我加入贾雪枫名师工作室后的第一次集体研修活动是在西昌一中进行的。进入校园，看到的是整洁干净的校园环境，丰富多彩的校园文化，先进完备的设施以及学校师生积极向上的精神面貌。来自全凉山州二十多个县、西昌市还有攀枝花市的历史老师参加了此次活动。本次主题活动的主题是《明朝的科技和文化》，而我们需要进行的就是听课和评课。来自教学一线的刘晓育老师、王静老师和教育专家贾雪枫老师分别上了一节同课异构的示范课。我作为一名偏远民族地区的教师，还是第一次观摩这样高质量的、各具特色、互动性强的教研课。刘晓育老师是一名年轻教师，在教学中能熟练应用先进的教学手段，与学生交流互动，并善于创新，根据学生的实际情况和自己和教学需要对教材进行编辑，以达成更好的教学效果。王静老师则是一名有丰富教学经验的教师，教学功底扎实，知识丰富，语言亲切，灵活地运用图片、音乐、影像，突破各个教学重难点。使我得以从中认识到自己的不足以及努力的方向，大大开阔了眼界。

二、变思想，注方法

最具特色的是贾雪枫执教的示范课。这是一堂完全不同于传统教学方式的历史课，特点鲜明。在教学中，着重强调调动学生的主动性。由教师提出一系列问题，引导学生自主学习，相互讨论，在教师的指导下思考问题，解决问题，从而达到培养学生自主学习的目的。在教学中非常重视师生交流，鼓励学生之间相互交流，讨论学习。这样的教学方法，与我们所使用的传统教学方法有极大的差异，最大的不同在于传统教学方法是教师向学生传授知识，而贾老师则是以学生为主体，引导学生自主学习，使学生学会自己解决问题，向学生传授的是学习方法和能力。

贾老师的课，使我了解在教学中怎样真正贯彻新课改要求的具体做法，明白了如何促进学生的全面发展。学生是学习活动的主体，教师在课堂教学中不再是唯一中心，更多地成为一位平等交流的主持人、引导者，成为课堂活动的有效组织者，正确地引导和促进学生发展。在教师的引导下，充分调动学生的积极性，激发学生主动参与、乐于探索、勤于动脑的意识和能力，培养学生收集和处理信息的能力、获取新知识的能力、分析和解决问题的能力以及交流与合作的能力。

这种教学方式下，在短期内学生获取知识的效率并没有传统的教学方式好，但是长期坚持，有利于培养学生自主学习、语言表达、与人相处、合作探究、相互交流以及应用知识解决问题的能力，并进一步培养学生创新精神和实践能力。但也对教师的专业素养提出了更高的要求，要求教师有很高的课程驾驭能力。能很好地对课堂教学进行组织、管理和监控。根据课堂上不同的情况调节课堂教学节奏、教学内容与教学结构，合理分配教学时间等。教师要具有实践操作能力，能灵活运用现代教学技术手段，演示实验以及教具应用适时适度，要有较强的语言表达能力。教学语言规范、精练、简明、生动、教师还要具有热情、真诚、民主、平等以及换位思考等品质。

三、改方式，注效果

通过名师工作室的引领，我开始在自己的教学活动中改进教学方式。如在课堂教学中更多地引导学生自主学习。刚开始的时候总是感觉这样的教学方法效率低下，一节课解决不了几个问题，而且部分基础较差、自主能力弱的学生难以参与到教学活动中去，课堂纪律也难以保持。于是我在设置问题和引导学生上狠下功夫，由浅到深地进行训练，并根据学生的具体情况进行分层教学，加强师生互动，生生互动，让学生有更多的自主时间。经过一段时间的训练，也取得了一些较好的效果。如上课时发呆、睡觉、没有事干的现象没有了，学生的参与度提高了。并且一些学生感觉上历史课更加轻松有趣了。通过讨论理解，原来需要死记硬背的内容能够轻易地记住，感觉学习轻松了，学习兴趣更高了。这使我深刻认识到，教师的水平在于自己钻研了多少，了解学生的实际情况怎么样，每个学生能够掌握的层次如何，没有对学生充分的了解和心中有数的教学其效果是不好的。

另外，传统的教学方式是不能少的，讨论探究学习也不是万能的，必须根据学生的实际情况、教学目的，针对学生的培养目的灵活地采用各种教学方法以促进学生的发展。

通过研修学习和自己的实践，我更加充分地认识到学生是“发展的人”，学生的身心发展具有规律性，学生的发展具有巨大的潜能。作为教学活动的组织者，教师更是“发展的人”，只有活到老学到老，不断充实提高自己的能力，才能适应未来的教育教学工作，成为一名优秀的教师。

名师引领促进个人成长

伍仁会

（凉山第三研修组　凉山州会东县参鱼中学）

有幸能加入贾雪枫名师工作室，在这几年的时间里，由名师贾雪枫老师亲自领航，多位专家引领，工作室各位伙伴相互协作，使我在个人专业成长方面获得成长，让我遇见了一个更好的自己。

一、学习让我们丰厚

加入名师工作室以后，我读书多了，处理学生问题方法多了，而且会想一些更加科学、巧妙的办法来处理学生问题。特别是看到自己的想法被学生认可以后，更加有信心，希望我的星星之火能为别人带来帮助。贾老师积极的工作态度和责任感，让我十分有感触，他的授课方式十分特别，让我开阔了自己的眼界视野，丰富了自己的教育思想，温暖了自己的教育情怀，坚定了自己的执着坚持，收获了自己的思想升华。贾老师也常与我们交流，结合他的独特观点与见解，给我们带来思想上的二次洗礼。贾老师就像一盏明灯，照亮了我们成长的道路，对我教育理念的更新、教学态度的转变、教学方法的更新都有促进作用。

二、让课堂成为传播幸福的地方

贾老师深深热爱教育，热爱学生，我深深被贾老师的这份热情感染和打动，也更全情地投入我的课堂中去。为了上好一节课，除了充分备好课，我更会不厌其烦地思考，查阅相关资料，反复推敲，推翻、重构，再推翻、再重构，前后几易其稿。我严格要求自己必须有针对性地用心做好课前各种准备，力争使我的课达到情境性强、知识性强、趣味性强的目标，使整个课堂轻松愉快、自由平等、妙趣横溢，使学生在课堂上踊跃参与学习活动，积极思考，主动交流、发言，真正乐学、会学，收获知识，体验成功，浸润幸福。在此过程中，我的课堂教学水平不知不觉提高了，对于课堂的整体操控能力也增强了，上课也感觉得心应手多了，幸福满足感也与日俱增。课堂成为了我向学生传播幸福的主渠道。

三、走上幸福的教育科研之路

苏霍姆林斯基曾说过，如果你想让教师的劳动能够给他们带来乐趣，使天天上课不至于变成一种单调乏味的义务，那你就应引导每一位教师走上从事研究的这条幸福的道路上来。贾老师是这样想的，他也是这样做的。我以前从不知课题为何物，后来因为贾老师，才对其略有所知，但也仅限于表面上的理解，因从未涉足，所以有无从下手之感。有幸再一次得到贾老师的引领，他不仅给我们推荐阅读有关如何开展课题研究的书籍，更带着我们踏上了幸福的教育科研之路，让我们成为他所主持的省课题的课题组成员，跟随着他开展相关的研究工作，一步一步地走进教育科研的探索殿堂。

四、让榜样的力量带来无穷动力

作为贾老师工作室的成员，我们荣幸地得到了更多的学习和锻炼机会，其中之一就是跟随工作室进行研讨活动。我先后几次随工作室去到泸州、西昌、攀枝花，有时是听个人讲座，有时是听公开课，有时是作为观课评课人，在这过程中不断学习，不断尝试，不断挑战，不断进步，个人综合能力不断提升。更重要的是，通过一次次的调研活动，将贾老师的敬业、乐业、爱生等正能量传递，将贾老师的工作经验、教学方法、心得体会、科研成果传递……把贾老师的榜样影响力扩大到更宽广的范围，以在全州范围形成各大的教育合力，推进整个凉山教育事业的发展。

成长路上，能有如此恩师领航，可真幸运至极！今后将继续跟随名师的足迹，以求获得更大的进步！

工作室成长故事

余传梅
（凉山第三研修组　凉山会东县参鱼中学）

2018 年是我人生当中的一个新起点，我从乡镇考进了县城，各种不适应，就连上一堂公开课我都感到非常迷茫，不知道从何着手。也就在这时，黄校给我们提供了这个平台，我加入四川省贾雪枫名师工作室团队，开始学习、研讨、实践。

曾记得有一段时间里，我对教学工作颇感迷茫，迷茫于每次滔滔不绝地讲完一节课后学生还是不懂；我也困惑，困惑于对学困生的辅导越来越多却好似对牛弹琴般无效。

工作室领衔人的平易近人、治学严谨和敬业精神，给了我灵魂的洗涤。更有幸的是在工作室我结识了充满才气和睿智的各位专家，他们集思维辩证和严谨于一身，还有充满激情的很多很多有理想、有内涵的历史老师。跟他们在一起，我也很快走在了追求教育的路上。

两年多来我借助名师工作室的平台认真阅读了近十本教育教学著作，写下了几本读书笔记。名师工作室的平台让我有更多的机会去听课，去学习优秀教师的课例，去聆听专家、学者的讲座。使我渐渐悟到教学的艺术，拓宽了我对课堂内涵的认识。

给我印象最深的一次听课是 2018 年在西昌俊波中学听到三位历史老师上的同课异构："明朝的科技、建筑与文学"。一般来说文化课是很不好讲的，但是在观摩了几位老师的同课异构课后，我感触很深。他们课前对课文的研究、探索，课堂中对学生的驾驭能力，教学过程中对知识的自如运用、融会贯通，使历史课有血有肉有灵魂，彰显了一个专业老师的魅力。反思自己的历史课，却有太多不足，而名师工作室给予了我这个平台，一个提升自己的平台，通过学习、研讨，我更加明白了，要做一个专业的历史老师。人们常说：教而不研则浅，研而不教则空，只有在教与研的紧密结合中，才能促进教的进步，践行研的结果。

在内江学习期间，我也得到很大的提升，与各位同仁的交流与研讨中，更加坚信了历史学科的价值，相信历史学科里面的民族魂。我们的整个研讨过程围绕着寻找课魂这一中心而进行，各组老师踊跃发表自己的观点，同时也提出了自己的困惑。大家在交流中成长，在研讨中进步，时刻反思自己的不足，明确努力的方向。这些收获提高了教研水平，也使我得到了锻炼，在教学中默默地成长。

历史学科被边缘化，作为一个历史老师多多少少都会面临这样的尴尬处境。我也听到很多老师经常这样埋怨：历史课时间分配少，学生不学，学校不重视等。但是我们是历史老师，历史学科里面汇聚了最多的家国情怀，涵盖了最深远的民族灵魂。历史的发展就是一个国家的发展，了解了国家的兴衰发展，屈辱强盛，才能更加珍惜今天的来之不易。近代的中国风雨飘摇，任人欺凌。也是这部屈辱史中崛起了一个又一个的爱国救国人士，他们的精神璀璨明亮，受到后人的永远敬重。所以我们怎么能如此沮丧，如此唉声叹气呢？法国的历史学家马克·布洛赫说过：历史以人类的活动为特定对象，它思接万载，视通万里，令人销魂，因此它比其他学科更能激发人们的想象力。我们同组的李腾勇老师也说，我们应该站在历史的高度来教历史，不要带功利之心，不要戴着近视眼来对待历史。

贾雪枫名师工作室这个大家庭里，有互帮互助的兄弟姐妹们，浓厚的学术氛围，扎实的课堂研讨，这些无不让我浸润在阳光雨露之中。对我，一个正走在教育的路上平凡人，名师工作室犹如黑夜里的一盏明灯，指引我前行……

以梦指路，不忘初心

刘晓育
（凉山第一研修组　西昌一中俊波外国语学校）

从大学步入社会已经两年多了，在我短暂的教学生涯中，即将送走我带的第一届学生。回首过去的两年，有遗憾也有收获，有辛苦也有感动。过去的已经过去，即便是有遗憾，更重要的是从过去的事情中汲取经验，避免同样的错误再次发生，做好现在，展望未来。

这两年可以说是我在教学上飞速进步的一个阶段，大学里学习的大多是理论知识，虽然经历了试讲、赛课、实习的阶段，但真正步入学校课堂后发现还是有许多不同。例如时间的不可控性、学生的不可控性，在教学实践中的方式还需要自己不断摸索。摸索的过程中离不开前辈的指导与帮助。我非常有幸加入了“四川省贾雪枫名师工作室”这一平台，通过这一平台我与其他学校的几位老师对“明朝的科技、建筑与文学”一课进行了同课异构。这一课的内容属于文化史部分，多且繁杂，没有明确的串联线索，在寻找课魂的过程中让我非常苦恼，一直没有明确本课的课魂。最后在我们工作室老师的帮助下，让我确定了“继承与创新”为弘扬传统文化的“课魂”。在磨课的过程中，整个教研组的老师都非常耐心地听我上课，给了我许多建议。在这一次准备同课异构的过程中我不论在教学方式、思考问题的角度还是个人的教学素养方面都取得了一定的进步。在学期末，我们又借由贾雪枫名师工作室这一平台去往泸州合江县进行学习，听了《中学历史教学》杂志主编老师的讲座，其中有一点让我印象非常深刻，那就是当前的历史教学方式正在由单课教学向单元整合教学转变。八年级上的历史课本课程内容非常多，再加上这一学期放假时间多，如果想为学生留出充足的复习时间，那么采用单元整合教学的方式不失为一种好的尝试。除此之外，我们在合江还听了许多来自其他学校优秀教师的示范课，从中获得了许多新观点、新思路、新想法，受益匪浅。通过这几次教学方面的学习与探索，我个人的教学能力得到提升，在八年级的期末考试中，我所任教的八个班历史平均成绩均在西昌市前四十名，我也从这一学期结束开始担任学校 2021 级历史备课组长。

在个人成长方面，我通过工作室这一平台也收获良多。一个是学术研究的能力，在工作室罗青燕老师的帮助下我参与了州级课题的申报，这对于刚出社会的毕业生来说是一个非常好的锻炼机会。通过课题的申报、开题报告的写作，我认识到教学研究对实际教学的促进作用。在实际教学中遇到个人不好解决的问题，通过集体的探索以及各种资料的借鉴，能够将问题做出整合并且更有利于突破。另一个是在对待学生方面，一开始我可能只想做一个学生喜欢的老师，和他们处好关系，通过这样来让他们认真听我的课。这样的方式第一年可能管用，但是在第二年就暴露出一些问题，比如学生上课开始不遵守纪律，我安排的任务开始不完成。在其他老师的指导下我开始认识到自己的问题，逐渐调整与学生的相处方式，用专业知识让他们信服与尊重。

过去的两年多，无论是在思想、心态、教学方法上我都成熟了不少。当老师一直都是我的梦想，我不敢奢求自己成为多么优秀的教师，只希望踏实做好自己的每一件事，认真对待每一个学生，先成为一名合格的老师，然后再一步步地争取向优秀看齐。希望自己在这条路上，不忘初心，保持学习的状态，把每一步路都走稳、走好。也希望我的每一个学生都能健康快乐地成长，多年后他们或许不记得如今我教给他们的知识，但一定知道我在他们生命中留下过正面的影响。

成长故事

廖海霞
（凉山研修一组　西昌一中俊波外国语学校）

作为一名教师，我知道，只有不断学习，才能使自己跟上课改的步伐，才能以全新的思想、观点指导自己的教育教学实践。非常幸运的是，学校给了我这个来之不易的机会，让我加入了四川省贾雪枫历史名师工作室凉山研修一组。转眼间，我参加四川省贾雪枫历史名师工作室凉山研修一组已经一年了，在这一年中里我学习了很多，也收获了很多。

这一年以来，贾雪枫老师、攀枝花以及凉山州各县的初中历史老师参加了 2019 年 5 月在我校举办的初中历史集中研讨会，听了由我校刘晓育老师、凉山民族中学吕显平老师、会东参鱼中学王静老师以及贾雪枫老师带来的同课异构“明朝的科技、建筑与文学”，并参与了课后教研探讨，我受益匪浅。同年 7 月，我们研修组集体到泸州合江县参与了工作室为期三天的教师培训和集中研修活动。合江之行让我感到了路漫漫其修远兮，吾将上下而求索。

在初中，历史学科将参加中考，不同地区有不同的历史考试大纲。在凉山州中考中，历史学科考试属于闭卷考试，分值为五十分，与政治合卷。在中学历史教学中，历史的应试教育要求大过其素质教育要求。大部分学生家长以及老师与学校甚至是社会都将历史看作一门“背多分”的学科，这导致在初中历史课堂文化的建构上出现了一系列问题，如死记硬背的学习方法、追求高效率背书的课堂活动等。但在新课改的号召下，中学历史教师在不断探索，不断进行课改，以不断改善现阶段中学历史学科教学与学习现状。

一、营造民主、平等、激励、和谐的课堂氛围

新课改提倡以学生为主体，教师为主导，初中历史课堂文化也随之转变。在初中历史课堂上应该注重营造民主、平等、激励、和谐的课堂氛围，在由学生和老师组成的学习共同体中进行平等的交流与对话以及对问题的探究，努力创设平等而和谐的课堂教学环境。历史教师要对教材进行不断的深究，

并且要结合学生的实际需要，尊重学生的个体差异，体现“以学定教”的教学理念。老师在初中历史的实际教学过程中通过“问题导学”的教学模式来塑造初中历史课堂文化，通过对学生的问题启发来提高课堂教学的有效性，以培养学生的历史信息提取能力、归纳总结概括能力、历史学科自主学习能力。老师通过创设相关教学情境，引导学生探寻历史，从历史的角度来了解自我，通过对历史人物和历史事件的了解，更好地以史为镜，教师通过自己的言传身教以及教学活动的组织，来体现历史课堂文化的建构，从而达到培养学生的历史文化素养的教育教学目的。

二、对学生的历史文化素养以及历史观的培养

学生学习历史不仅仅是了解具体的历史发展进程、历史人物、历史事件，更重要的是学生在历史学习中形成一定的历史文化素养以及历史观。因此要培养学生学习历史的兴趣，应该从学生在历史学习过程中感受到的历史学习的意义和价值入手。老师应该有选择性地为学生设计学习探究任务，使学生逐渐对历史学习形成一种主动的态度和良好习惯。

老师在组织课堂教学时要从学生的兴趣点着手，并及时抓住学生讨论时的闪光点加以鼓励和总结，通过启发和诱导，使得讨论不断发展，营造更加民主和谐的氛围，使得学生在相互碰撞和交融中产生新的思想，生成新的文化，促进教师与学生的文化交流。在“明朝的科技、建筑与文学”一课中，关于明朝的科技名著的教学活动组织中，老师可以先抛出问题：明朝时期的科技成就有哪些？这些科技著作是在怎样的情况下面世的？《本草纲目》《天工开物》与《农政全书》的内容是什么？通过这几个问题的设定，引起学生关于明朝科技的兴趣。基于我所教学的班级是民族地区学生，学生学习勤奋踏实，但对历史学习方法的掌握有所欠缺，因此，我带领学生解决《本草纲目》的著作背景、内容与特点，以此为例，再让学生自主学习《天工开物》与《农政全书》。通过对这些科技著作的学习，抛出更深一层次的问题：明朝的科技总体上呈现出怎样的特点？明朝科技的发展说明了什么？通过这两个问题的思考加强学生对明朝科技的思考，认识明朝的科技成就，培养文化自信。

三、学会如何设计课堂话题

教师在设计课堂话题时，可以从教学的重难点问题入手，或从学生所

感兴趣的问题出发。如在七年级下册《宋元时期的都市与文化》一课中，其话题的设计可以选择宋元时期的都市与文化的发展主要体现在哪些方面？学生带着这个话题进行小组探究，总体得出都市、勾栏、瓦子、杂剧、传统节日、宋词、元曲、史书《资治通鉴》等关键词，再通过对这些关键词一一解读以了解宋元时期的都市与文化，然后通过此话题引出本课的难点：为什么宋元时期的都市与文化会如此繁荣？引起学生的思考。学生各抒己见，部分学生能够结合所学内容分析出与宋代经济的发展有很大关系，有的同学联想到了宋代重文轻武的政策，有的同学想到宋元时期的民族关系……学生这些观点都与前课所学知识相联系，不论正确与否，学生的这些思考都体现了渐渐形成的知识体系完整性的养成，老师都应该鼓励。老师根据学生的思考，不仅可以回顾前面的知识，并且可以进一步提问以解决教学难点问题。

现在又是一个起点，我更深知自己的责任。在之后的师徒结对活动中，我仍会多听、多看、多学，不断努力学习，不断总结反思，更上一个台阶。在此，也很感谢我们名师工作室和研修组给我提供这样珍贵的机会。学高为师，身正为范。我会在成为一名优秀人民教师的路上不断努力。

工作室的成长历程

何　晏
（凉山研修一组　西昌一中俊波外国语学校）

2019 年 5 月，我有幸加入“四川省贾雪枫名师工作室”，成为工作室的成员之一。真是时光飞逝，参加工作室快两年的时间了，非常感谢贾老师和我校领导给我提供了这样一个优秀的交流和学习平台。

名师工作室开展了形式多样的活动，每一活动就是一个充满正能量的磁场，深深地吸引着我。不管是从工作室的理念，还是从工作室的目标、工作室的活动来看，都很具代表性和时代性，真正能为我提供跟研、跟学和交流的平台，让我跟其他工作室的成员共同成长，让不同地方的教师之间互相学习，取长补短，从而推进优质教育资源共建共享，促进落后地区的教育发展。

2019 年 5 月，我校承办了“四川贾雪枫名师工作室攀凉研修集中活动”，全州有 60 多位历史老师参加了这次活动。俊波中学刘晓育老师、凉山州民中杨超老师、参鱼中学王静老师同课异构七年级下册《明朝的建筑、科技和文学》这一课。每一位老师都把握教材到位，精心设计、准备充分。课堂上师生互动活跃，精准的语言，大方的教学姿态，清晰的教学流程，合理的知识拓展，美观的板书设计等，从不同的角度充分展现了明朝的成就。贾雪枫专家也上了这一课，从更高更深的层次去挖掘明朝的各项成就。本次示范教学活动中，参加的各位老师都积极地进行了互动交流，各抒己见，优缺尽显。本次活动开展得很成功，意义非凡，让我认识了这么多热情风趣的历史老师，从他们身上我学到了很多有益于教学的方法和技巧，让我感慨良多，受益匪浅。他们对历史教学的热情，让我深受感动；对于历史教学的勤勉钻研，让我敬佩；彼此之间共享智慧、交流经验的真诚，让我倍感温馨。通过这次学习，我既有观念上的洗礼，也有理论上的提高；既有知识上的沉淀，也有教学技艺的增长。

2019 年 7 月，贾雪枫名师工作室全员集中在合江研修。第一天各个研修小组汇报研修工作的开展情况，各位专家对每个小组的工作进行了高度评价。第二天上午，教授专家们进行了精彩的讲座，合江县中学历史老师都来参加了这次学习。教授通俗易懂的讲座，使我受益匪浅，让我开阔视野，充实了自己。特别是专家团队对教材的章节进行灵活整合做法，让我对教材的认识得到一次洗礼。讲座现场每一位教师若有疑惑都可以发言，并与专家们一对一地交流讨论，整个活动呈现出一种积极的学习氛围。这样的活动让我看到自身的不足、与名师之间的巨大差距。我感慨良多，在今后的日子里只能加倍努力，不断前行。第二天下午至第三天，展示了各研修小组推荐的优质课，并分组进行了观摩、讨论、学习。各位老师睿智的语言，独到的见解，热情洋溢的讨论，慷慨激昂的发言，无不深深地震撼着我。老师们的见解，不仅清晰明了，而且使人有一种跃跃欲试的冲动，更解开了一直压在我心头的许多迷惑，解决了我们在教育中一些感到束手无策的问题。从而给我的教学注入了许多新的启发、新的活力，也让我找到了努力的方向。通过本次研修活动的开展，新的理念在我心中越发明晰。非常感谢贾老师、专家们和工作室的兄弟姐妹们对我的帮助、鼓励，激励我勇敢前行。我也会多渠道学习，主动与优秀老师们交流，吸取他人经验，增强自己。

名师工作室的活动开展给我带来了机遇，给我提供了锻炼自己的舞台。2020 年 5 月，贾雪枫名师工作室成员进行了网上研修，主要讨论网上教学的利与弊。我代表研修一组积极参加发言，并听取了工作室其他成员的精彩发言，本次活动开展得很成功。通过这次活动，我深深地认识到教师要终身学习，平时要勤读书。只有及时充实自己，提高自己，面对竞争、压力和挑战，我们才可能从容面对，才不会被社会所淘汰。

名师工作室的学习让我逐渐成长，更让我发现了自己的不足。真的很感谢这个平台，感谢贾雪枫老师，把这么多热爱历史的人汇聚在一起。每每看到群里大家针对某一个问题讨论得热火朝天的时候，我都有一种莫名的感动。感谢工作室给我思想上的洗礼、心灵的震撼、理念的革新。在今后的学习中，我要积极参加活动，一定要用学习来改变自己，提高自己，常常反思自己的不足，不断更新教学方法，总结经验，缩短差距，激发自己不断前进的斗志。

风雨学行，师生共长

杨　利
（自贡研修一组　自贡市解放路中学）

2019 年 3 月加入工作室以来，不知不觉中已经过去了近两年。这两年里，通过大组集体研修学习，小组集中讨论等多种形式，我有了很多次学习的机会，收获很多。

一、学无止境，与时俱进

学习应该是终身的。虽然知道这个道理，但是在十多年的工作中，自己似乎渐渐忘记了前行的方向和驱动力。很多时候自以为是，让自己不看、不听、不想、不学，当然不前进，甚至退步。很庆幸自己有这样的一次机会，能够和有前进之心、有理想的朋友们一起，主动学习，了解最新的史学研究动态，学习观摩别人的教学思想。参加工作室的这两年，我参加了一次全员的集中研修学习，两次跨市的大组集中研修学习，五次小组集中学习活动。每次学习中，大家讨论、分析、评价教学设计的时候，就是我丰富吸收能力，充实自己的时机。只有多看，多听，多想，走出去，才知道要进步，怎么进步。

二、师生共情，同长同行

时代在改变，现代教育的理念、教育的方式都在发生日新月异的变化。所以，在强调老师要与时俱进、不断进步的同时，学生的学习也要追随时代发展的脚步，同频率地向前。教师和学生之间的共情，除了“教学相长”“教学同步”，还要“有效互动”。当今的学生接受知识的途径是多元的，知识获取的量和面都是很丰富的。但是如何在快速经济、快速文化中找到有用的、适合这个年龄段的学生的知识，也变得尤为重要。因此，我认为师生的共情，是要求教师用新的观念、理念走近学生，感受学生的认知。然后用自己的理解，将学习的方法、学习的意义教给学生，引导学生树立正确的世界观、人生观、价值观。“授之以鱼，不如授之以渔”的道理，大概就是如此吧。只有学生和老师双方都在进步，赶上时代的发展，才能在互动中携手向前，同长同行。

三、心怀梦想，心有情怀

教师的工作是神圣的，是伟大的，但是也是劳心的。改革开放带来经济飞速发展的同时，也带来了社会评价的多元化。在这些多元化中，有很多是糟粕，所以近些年对教师的评价有不理解的，有偏激的，甚至有恶意解读的。因此，始终保持一颗正面向上的心和为教育甘愿的心，成为端正自己行为的引领力量。不管外面如何风云变幻，内心始终阳光明媚。心中有赤诚的心，心中有向善的心，心中有向上的梦，才能更好地完成“育”的理想。

学习是无止境的。我很庆幸自己有这样的机会，和一群有梦想、有追求的人一起，向前，向上。学习路漫漫，前行不停歇。

学无止境，心思践行

蒲晓丽
（内江研修二组　内江市东兴镇初级中学）

孔夫子言“三人行，必有我师焉”，强调了善于向他人学习的重要性，教师承担着传道授业解惑的职责，再加之授业群体的特殊性，我们更需要广阔的发展空间以提升自己的专业水平。作为一名经验欠缺的年轻教师，我非常荣幸能够加入工作室，在过去的两年中通过聆听专家讲座、教授发言、同行分享等诸多活动，最终满载而归。

一、全员研修，集体发展

相对于在职教师每年参加的网络个体研修活动，此次集体研修优势更加明显。它搭建了一个难得的平台，在这样的学习环境里，我们不仅能接受前沿的教育教学理论知识，而且可以面对面地接触到一些名师、专家，观摩各种类型的优质录播课，和同专业的优秀教师、经验丰富的前辈学员探讨交流、取长补短、互利共赢。

例如通过观看录播课“中国人民站起来了”，我对这一课教材内容的处理技巧和讲授方法都有了崭新的认识。首先，我觉得采用关键词法“筹备建国”“万众庆国”利于学生整体上把握本课知识脉络及内在联系，促进历史逻辑思维的发展。其次，我认为本课构思对细节知识的处理很到位，像国旗、国歌等信息容易被省略，实际上学生仅有粗浅的了解，通过师生讨论最终帮助学生深刻理解了国旗、五角星等背后蕴含的历史意义，也进一步升华了师生的爱国情感。最后，通过现场观摩，我对课堂教学活动方式的合理运用有了全新的体验。比如，如何利用多媒体信息技术激发学生的学习热情，何时采用独学、对学、群学、小组合作完成不同难度的课程目标。

二、以学促教，终身学习

俗话说“活到老，学到老”，这句话对一个教师来说是很有现实意义的。

如果我们教师僵化了自己的思想，丧失了学习的热情，就无法成为一名合格的教师，更谈不上成长为一名优秀的人民教师。因此，教师不仅要成为学生学习的组织者，更要成为学生学习的合作者，并且要在工作中不断加强自身业务学习，让自己的知识结构与时俱进地得到调整和改善。现代社会，各种知识更新换代快，旧知识迅速老化，新知识飞速生成。假如我们教师仍然坚持自己的传统观念，不愿意学习，势必跟不上形势，因而随着新一轮课改的进行，教师应树立终身学习的理念。

三、落实初中历史新课程标准要求

历史课程的设计与实施应有利于学生学习方式的转变，培养学生的创新精神和实践能力。在现阶段，我国大多数的学校教育还是以传统的传授教学为主，这在我们农村中学中更为普遍，中学生采用的仍然是以被动接受、死记硬背为基本特点的历史学习方式。这种注重机械记忆的学习方法，严重制约了学生的思维主动性、新颖性，限制了学生创新思维的发展，不利于学生的长远发展。这也是我们的课题研究中围绕的中心话题。

四、转变理念，勇于创新

新课标下，要求培养学生的创新精神和探究能力体现了教学的阶段性和过渡性、培养全面发展的人才的观点。教师要发挥历史学科的特有功能，转变教学理念，转变教学手段，培养创新型学生。

五、在教学中以培养学生的创新精神和实践能力为主要目标

教师要更新教学观念，营造良好的创新环境；培养学生的历史兴趣，激发学生的创新意识；善于培养质疑意识，形成创新精神；适时运用讨论法教学，提高创新能力。历史新课标强调面向全体学生，突出体现义务教育的普及性、基础性和发展性，为学生进入和适应社会打下基础，为学生进一步接受高一级学校教育打下基础；使学生获得基本的历史知识与技能，培养良好的品德和健全的人格。

通过参加工作室组织的诸多教研活动，我在如何提高教师个人专业素质、专业技能以及新媒体新技术的应用等方面获益良多。

我的教师专业成长

陈　静
（内江研修一组　内江市第十三中学）

眨眼间，工作已经是第三个年头，回顾这段匆忙而慌乱的日子，从初为人师的兴奋与激动到第一次站上讲台的紧张与不安，一切仿佛就发生在昨天，仍然历历在目。加入贾雪枫工作室已经两年，虽然在这两年一直能保持一种饱满的激情，但是缺乏了一种有计划、有步骤的引导。为了能让自己更快更好地成长和发展，我必须对曾经的自己做一个好好的回顾，对未来有更多的计划。

高中毕业的时候，为了能进入更好的学府学习，我填报了四川师范大学免费师范生，进入了历史专业学习。2014 年我从四川师范大学历史系毕业，被分配到内江十三中进行历史教学，并有幸加入了贾雪枫名师工作室。

当我听到有机会加入工作室的时候，我很感谢组长给我的机会，也感到非常荣幸，也十分期待可以在工作室中学习。带着这样的期待，我参与了贾雪枫名师工作室的研修活动。

2019 年 3 月，“四川省贾雪枫名师工作室内江研修活动”顺利开展，在会上听到了让人受益匪浅的三堂课，贾雪枫所长对课堂的新颖理解、与学生的交流、对学生的引导都让我印象深刻，也让我思考了许多。作为一名历史教师，必须努力学习教育理论知识，使自己的教育教学理论更加丰富，认真学习《新课程标准》，加深对教材的理解。多读些教育教学方面的杂志、书籍，通过阅读别人的文章，丰富自己的教育教学理论知识；也要努力提高自己的专业知识水平，在吸取别人的经验中让自己得到更大的提高。勤听课，然后与授课者进行沟通，让自己从中受益；勤质疑，在各种交流活动中，要勇于提出自己的问题或不同的观点，在共同探索中得到提高。勤钻研，认真研究教材，正确把握教学新课标，领会教学意图和教育目标。以此来练就自己扎实的基本功，把自己的教学水平提到更高的高度。

2019年7月,“四川省贾雪枫名师工作室2019年上期期末全员集中研修”在泸州顺利召开。在这次活动中，我见到来自四川省各地的优秀教师们，他们带来了他们学校的优秀教育经验，分享了他们从业以来的经验教训。我们一起讨论、探究，提出自己对于历史教学的疑惑。

2019年9月，是我非常紧张的一个月，“贾雪枫名师工作室内江研修组集中研修活动”开展，但这次与以往不同，我需要在这次活动中上一堂公开课，我十分紧张，但也带有兴奋，因为可以得到贾所长和小组成员的建议和指导，可以进一步提升自己。虽然这次公开课没有交给我自己一个满意的答卷，但是在课后的教研过程中，各位老师都给了我非常中肯的建议，给予了我在历史教学方面争取进步的信心，也让我看到了自己离成为一名真正的历史教师的差距。

贾雪枫名师工作室一直在不断地进步和发展，与时俱进。为带动四川省各个地方的历史教师共同发展，工作室采取了很多手段，比如采用钉钉直播，让大家可以跨地区交流，积极推动教师自身能力的提高。同时让各组进行室刊的制作。2020年4月，经过内江小组各位成员的共同努力，我们完成了室刊的发表，在收集论文的过程当中，我接触到了很多优秀论文，有关于课堂研究的，也有关于历史理论研究的，更加让我认识到，理论与实践的结合是多么重要！在2020年10月，贾雪枫所长到访内江二中，开展了一堂极具特色的课程,内江二中的历史教师与南充市五星中学老师邓丽华共同执教了“灿烂的青铜文明”一课，采用的是异地同堂同课“云教学”模式。大家在这个课堂当中体会到了一种新颖的教学方式。同堂异地师生互动，两地学生在好奇中思考，在合作中探究。将现代科技与真实课堂相结合，促进了信息技术与课堂教学的深度融合与创新发展，也提醒每位历史教师在今后的课堂中与时俱进、勤加思考。

贾雪枫名师工作室一直都在不断地进步，也在提醒我、促使我必须加强自身的学习，为自己的专业成长定下更多的计划与目标。首先，要保证天天阅读，教师的专业成长离不开学习，不学习跟不上社会前进的步伐，就不能适应教育改革的形势，就适应不了学生的内在需求，就驾驭不了生成性的课堂教学。坚持钻研教材，阅读参考书，读专业报刊杂志，学习各种文件，让学习成为一种内需。其次，勇于课堂实践，成长靠实践去探索总结，课堂是老师实践的最好舞台，认认真真地上好每一节课，争取多上教研课。在教学实践中努力形成自己的教学风格，努力走出一条属于自己的教改之路。再次，坚持经常反思，教学反思是老师专业发展和自我成长的核心因素。坚持反思可以总结实践，升华经验；可以发现不足，渴求新知；可以摆脱匠气，增长悟性，使我们的教学愈教愈新。继次，勤于动笔，坚持把教学中的得与失写下来，是进一步思考、挖掘、提升的过程。要坚持写教学案例、教育叙事、教学随笔、教研论文等。最后，坚持科研，坚持科研先导，起到专业引领作用。以先进的教育理念为指导，直面教育的现实问题，努力探索教学中各种问题解决的对策，做一个积极的行动研究者，以教育科研促进教学质量提升。

作为贾雪枫名师工作室的一员，希望以后可以随着贾雪枫名师工作室的步伐，一点点进步，成为一名更好、更专业的历史教师！

参加贾雪枫名师工作室的感受

李　强
（南充研修组　阆中中学）

时光荏苒，参加贾雪枫名师工作室一年有余，感谢工作室这一平台，让我认识并走近这么多热情智慧的同行。他们对初中历史教学的热爱让我感动，对历史教学的勤勉钻研让我敬佩，彼此之间共享智慧、交流所长的真诚又让我倍感愉悦。特别是今年我一直生病，参加工作室活动比较少，得到南充罗剑容老师的关心帮助，备受感动。回首过往，我感觉既忙碌又充实，感受颇深，收获也颇多。

一、阅读教学专著，提升个人专业素养

作为一名历史教师，我经常在课堂上对学生侃侃而谈：读一本好书，就如同交一位好友，爱上读书，就如站在巨人的肩头……书的好处自己再清楚不过，可平时总有各种借口，一有闲暇时间总被电视、手机侵占。参加名师工作室以后，有贾老师的要求，同仁们的感召，书和专业杂志又重新回到我的生活，读书又成了我自己生活的一部分。在不知不觉中学习了更多的理论知识、教学技巧，也让我明白了阅读是教师专业成长过程中必不可少的一条途径。我边学习边思考，在不知不觉中，教育教学的方式也在潜移默化中发生了改变，经常站在学生的角度思考问题，师生关系也融洽了。在学习过程中，虽然我有了一些进步，但发现了自己更多的不足。我不会漠视自己的缺点，“让学习成为自己的习惯”将成为我的目标，只有成为学习型的老师，才能够不断超越自我，让自己的工作更扎实，更高效。

二、在聆听中成长

名师工作室的活动丰富多彩，时不时有专家讲座，有名师授课，执教者们睿智的语言、独到的教材见解无不深深地震撼着我。几次培训更是解开了

一直压制在我心头的迷惑，让我找到了努力的方向。每一次聆听都给我新的思想、新的启发，不断更新我的教学教育理念，这一切为我的教学注入了新的活力。

名师工作室的学习让我沐浴着关爱成长，也让我发现了自己的不足，感谢工作室给我的思想上的洗礼，心灵的震撼，理念的革新。

三、在锻炼中提高业务水平

名师工作室的学习培训，给了我带来了机遇，给我提供了锻炼自己的舞台。

我被聘为本市初中历史专家组成员，每年教研室和师训中心都要给我安排培训历史老师的任务。每次接受任务后要花费大量的时间收集资料，写讲稿，制作 PPT，自己先学习提高；遇到难题时，我虚心向名师工作室的同仁请教，得到了他们无私的帮助，然后利用培训课将新的教育理念、新的教学方法、中考信息传递给老师们。虽然准备过程很辛苦，但能提高自己的业务水平，并且有机会展示自我、体现自身价值，我感到无限快乐。

今后，我会始终不忘在工作室中“学习经验，提升自我”的初心，牢记自己教书育人的使命，克服各种困难，砥砺前行，更加积极地参与到工作室活动中。在名师工作室这个平台，继续向贾老师和其他同行请教学习，不断反思自己的课堂，积极撰写专业论文。在今后的教育教学工作中，我将以更高的标准来严格要求自己，力争使自己在教学、科研上都取得更大的进步，真正成长为一个优秀的历史教师。

在名师引领下一路前行

龙 力
（泸州研修二组 泸州市江阳区况场中学）

转眼间，2020 年已接近尾声，这也意味着我从教的第 18 个年头即将过去。从 2003 年大专毕业被分配到江阳区况场中学起，我一直坚守在这块农村教育的前沿沃土上。在这近 20 年的岁月里，我也取得了些许成绩：所教班级（跨年级）的历史成绩在全区乡镇学校中一直名列前茅，撰写的论文多次在市区级比赛中获奖，多次在区级教师技能大赛、优质课竞赛中获奖，获得江阳区历史骨干教师的称号……更让同行们艳羡的是年仅 29 岁就已取得中级历史教师资格。也许正是这些看起来比身边人优秀的成绩，让我有点飘飘然了，甚至有些迷失方向了。

直到 2018 年 9 月，我遇到了人生中的良师益友团队——四川省贾雪枫鼎兴工作室泸州研修二组。研修二组组长欧阳老师问了我一个看起来很普通的问题："评上高级教师是不是所有老师的终极目标？"我不假思索地回答道："当然！"她继续问道："那评上高级以后就不想再提升自己的教学和科研吗？""高级都评了，还有什么提升的必要？"我脱口而出。是啊！我无意识的两句话，恰恰是现今教育界绝大多数教师内心的真实写照。但这种想法真的对吗？我们从小就被教育"活到老，学到老"，如今自己做了教育者，反而忘了这条亘古不变的真理。除了职称，我们是不是更应该追求自己日常教学的精进、教育科研的提升、教育理念的改进呢？答案是肯定的。我也是幸运的，在工作室的引领下，我开启了自己新的人生。

2018 年 10 月，我主动承担了由况场中学承办的江阳区历史教研活动中的一节教研课。我选定的课题是八年级上册第七课《抗击八国联军》。在教学设计中，我还是延续日常教学中的惯性思维，以八国联军侵华的背景（义和团运动的兴起、发展）、侵华的过程（义和团和清军抗击联军史实）、侵华的影响（《辛丑条约》签订）三部分构成整节课。首先带领学生共同回忆自鸦片战争以来的三次主要侵略战争给中国社会带来的伤害一步步加深，从而引入课题；接着引入书上"材料研读"，带领学生分析义和团"扶清灭洋"的口号以及局限性；然后利用书上图片说明联军侵华的暴行；最后将重点放在对《辛丑条约》内容及危害的分析上。课后，研修二组老师们作了简明扼要的评价："书上的材料基本上都用到了,但在体现联军的残暴和中国军民的拼死抵抗方面还做得不够。"我也认真地进行了反思，诚如欧阳老师所说，整堂课虽然思路清晰，重难点突出，但却显得空洞。学生对列强侵华暴行的愤怒之情、对爱国官兵舍生忘死挽救国家命运的崇敬之情，没有被课堂教学充分地激发出来。不得不说这是本堂课的遗憾，也成为我心中的一大遗憾！

没想到，两年后，工作室研修二组给了我再来一次的机会！2020 年 9 月初的一天，我突然接到欧阳老师的电话，被告知将于月底代表研修二组到纳溪龙车中学为全纳溪历史老师献课，课题由我在八年级上册中任选。听到这个消息，我既感到激动又有些胆怯，压力可想而知。欧阳老师似乎看出了我的心思，在电话那头不住地为我打气、鼓劲儿。"好！保证完成任务！"我终于下定了决心。为弥补我两年前的遗憾，我选定的课题仍是八年级上册第七课《八国联军侵华与〈辛丑条约〉签订》（部编版新教材）。研修二组的老师也煞费苦心，让我大胆选择、取长补短。但也提出了要求——用我自己的思路来决定取舍，而不要被别人的套路影响。接下来迎接我的便是漫长而又焦灼的思考、设计、修改、定稿。终于，2020 年 9 月 28 日，我站在了纳溪龙车中学阶梯教室的讲台上。这一次我以"义和团之兴起""义和团之抗争""义和团之湮灭"三个主题为主线贯穿课堂教学；以庚子年巨变引入课题；接着用《时局图》和史料文字引导学生分析义和团口号由"反清复明"转变为"扶清灭洋"的原因，让学生明白"论从史出"。在第二主题中，为充分展示侵华联军的残暴和中国军民的殊死抵抗，我不仅展示了《廊坊战役》《聂士成雕塑》《八国联军在北京杀戮组图》等图片，还配以翔实的史料文字和七言律诗，我的讲述和学生齐声朗读穿插其间，一时间，学生们对侵略者的仇恨、对爱国将领的崇敬之情达到了高潮！看到他们脸上凝重的表情和湿润的眼眶，我也感动得几乎哽咽。在孙中山先生"天下为公"的题字和《咏志》诗的烘托下，"革命之火即将燃起，中华之夜迎来光亮"出现在大屏幕上，我顺利地将课题过渡到第三单元，本课教学圆满结束！

作为一名专职历史老师，我又得到了不小的提升。与此同时，纳溪区的同行们对本课给予了充分肯定，比两年前的同一课有了不小的进步。我是幸运的，在贾雪枫名师工作室的不断带领和指引下，我会更加充实，提升自己的专业素养，精进教学技能，提高教育科研能力，在中学历史教育的征途上一路前行！

我在磨课中成长

蒲晓丽
（泸州市研修二组　泸州市合江天立学校）

我是一名初中青年教师，从教四年，一路走来，是四川省贾雪枫名师工作室给予了我充足的养分，浇灌我茁壮成长。两年前，我有幸成为四川省贾雪枫名师工作室的一员。回忆自己第一次参加工作室泸州片区研修的场景，与会的都是泸州市历史教学一线名师，而自己只是刚从大学毕业的新手，感到紧张和忐忑。同时心里又为拥有更多可以向优秀同行和名师面对面学习的机会而窃喜，于是暗下决心，抓住工作室提供的机会，勤奋学习，实践探索，在学习实践中提升自己的专业素养。

两年多来，名师工作室举行过多次集体或片区研修，有陈辉教授、张天明教授、陈倩老师等学术专家悉心指导我们一线教师如何提高写作能力；也有来自川内各地名师现场授课，让我们领会课堂教学设计的策略方法；有幸聆听工作室领衔人贾雪枫老师现场授课，开阔了历史教学视野。工作室活动具有实用性和有效性，给我感触最深的是团队的凝聚力和培养青年教师的责任心。

2019 年 12 月，我代表合江县参加泸州市初中历史课堂教学展评活动，贾老师得知消息后，同县教师进修学校历史教研员李世怀老师集结县内名师多次来到学校对我进行指导。从课题选定，到课题立意，再到整个课的教学设计，贾老师和李老师都是亲自把关，让我深深感受到来自团队的温暖，也成为我在每一次失败后顽强站起来的坚强后盾。

为了找出最适合我的风格的课题，李老师找了各种机会让我尝试中国古代史和近代史的课，最后才确定市级展评课为“秦统一中国”。课题确定后，为了让我的课有自己的思想，李老师和贾老师先让我根据自己的设计上一节课。那节课让我印象深刻，课件拷错，一体机不能识别 U 盘，一切准备都显得那样不充分，最后我用导学案干巴巴地结束了一堂课。评课议课的时候，我因为自己的不够细致导致第一次磨课完全失败，浪费了大家的宝贵时间而自责愧疚，也特别沮丧气馁。本以为李老师和贾老师会因为我的粗心大意而严厉地责备我，认为我态度不认真，不重视。但是他们告诉我，我应该感到高兴，因为今天暴露了问题才会有更好的解决办法。上课本就是天时地利人和，无论在哪儿，都可能会出现很多我们无法预设的问题，上课是师与生的互动，不是提前准备好剧本去演戏，竞赛除了看课的设计，更主要的是看教师如何将整堂课的设计自然地在与学生的互动中呈现出来。

听两位老师这样说，我心里的担心和害怕慢慢消失，开始沉下心来，脚踏实地为市级比赛做准备。从 2019 年 11 月初到 12 月参加比赛的一个多月时间里，我已经记不清多少次贾老师和李老师到学校指导，更记不清他们是一天的哪个时候来。有时候是工作时间，更多的时候是工作中的休息时间，一遍又一遍不厌其烦地看我的教学设计，大到知识点的呈现方式，材料的选择，小到语言自然的过渡，斟字酌句，一分一毫，从不敷衍。两位老师公务在身，十分繁忙，但是他们从没忘记帮助我成长，除了亲临现场，花了更多的时间在线上给我指导。我经常将修改后的教学设计、课件发给他们，第二天，准会收到布满两位老师耐心批注的文件，一看收到文件的时间，往往是凌晨。每当那时，除了收获专业知识以外，还有对教师这个职业新的认识，那就是专研、专注、严谨和实干。

2019 年，泸州赛制变成两轮，第一轮是说课，只有通过说课的选拔才有机会现场授课，也就是说除了准备教学设计、授课课件以外，更重要的是要准备说课内容。说句实话，作为一名师范生，我从来没有规范地训练说课，新的赛制让我更加紧张。两位老师为了让我放松心态，坦然面对，多次鼓励我，我也慢慢认为认真准备一定可以，是他们的鼓励让我越来越自信。比赛前一晚，说课“1 号”选手的身份让我彻夜难眠，第二天站在赛场上看到李老师对我微笑的时候，我瞬间不紧张了，只想放手一搏。我全身心投入，顺利通过说课，进入第二轮。

在第二轮现场授课时，突发状况我基本上都遇到了，视频格式错误，大屏闪现，翻页笔没有反应，等等，但现在回忆起来，我是不紧张的。因为两位老师告诉过我，所有的工具都是辅助，即使什么都没有，我也要有精彩上完一堂课的信心。经过多次打磨，课件上的每一个字、视频中每一句话我都烂熟于胸，这些都成为我临危不惧的底气。虽然最后没能获得期待的名次，留有遗憾，但是准备比赛的这个过程令我终生难忘。当最后站在授课台上，我根本没有想自己获得什么名次，我只想不负众望，把自己最好的一面呈现出来。对课题的准备，千锤百炼地磨课，促进了自己在专业知识和教学技能的进步。教学专家们常说，上公开课是促进青年教师成长最快的方式，我想正是因为有一个团队反复打磨高质量的优质课，才会促进我的专业成长。

现在的我，正带着从教以来的第一届毕业班，秉承着老师们“实干，专研”的精神行进在成长的道路上。成长的道路没有终点，只有起点，感恩在我教育事业刚刚起步时遇到了专业的团队——四川省贾雪枫名师工作室，是工作室让我在三尺讲台上越站越稳，且将越走越远！

教学实录

中国古代史

部编版七年级上《汉武帝巩固大一统王朝》教学实录

宋　丹
（自贡市沿滩中学）

一、教学过程

课前对学生进行分组，6 人一组，共 9 组。

【导入】

师：在中国历史上，有一位雄才大略的皇帝，他建立了一个国家前所未有的尊严；他给了一个民族挺立千秋的自信；他的国号成为一个民族永远的名字，那么他是谁呢？我们将通过一段视频来了解。 播放视频《汉武大帝》片头曲，播放完视频，提问：这位雄才大略的皇帝是谁呢？

生：汉武帝。

师：对，汉武帝就是我们这节课的主角，汉武帝究竟是何许人也？让我们一起走进 12 课《汉武帝巩固大一统王朝》，感受汉武帝的丰功伟绩吧！这节课我们将以小组为单位，通过回答问题积分的方式，进行一场友谊赛。同学们准备好了吗？

生：准备好了！

师：那我们进一步来学习本课。首先，我们来了解一个概念，什么是大一统？（课件展示）大一统就是中央加强对政治、经济、军事、思想等各方面的统一领导，形成高度中央集权的政治局面。现在我们来看一下本节课同学们需要掌握的知识点，同学们齐读学习目标。

（师展示学习目标，生齐读）

师：汉武帝 16 岁即位，他即位时，承接的是一个怎样的国家呢？我们来回忆一下前面所学的内容：汉初，国力疲弱，汉高祖为巩固政权，采取了什么措施？（生：休养生息。）经过前几代皇帝的治理，到了文帝、景帝期间出现了治世局面，称为？（生：文景之治。）所以汉武帝时，国家是一个怎样的局面呢？

生：国家富强的局面。

师：但是这位少年天子，却发出了这样的感叹（课件展示：我太难了），汉武帝究竟难在了哪里？我们来进行进一步探讨。

材料展示：

师：同学们，看一下材料一（见图1），汉武帝在政治上遇到了什么难题？（培养学生分析归纳材料的能力）

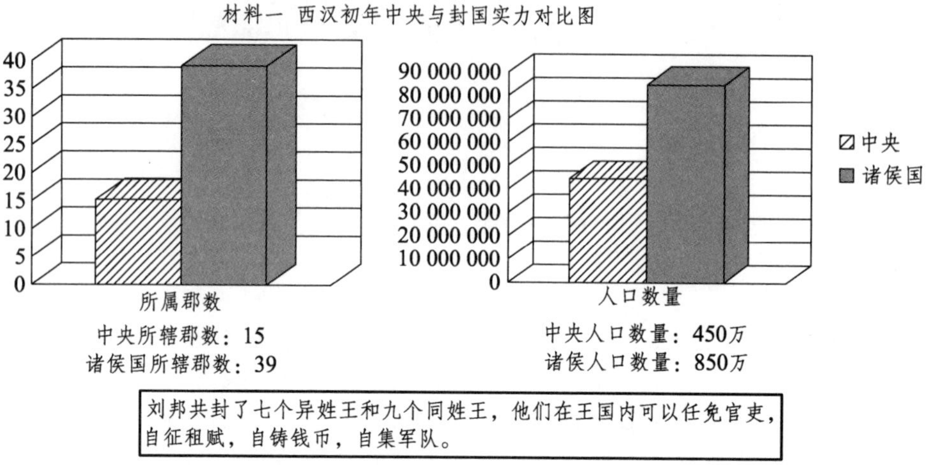

图1 西汉初年中央与封国实力对比

生一：诸侯王的势力太大。（加1分）

师：诸侯王的势力太大，威胁到了谁的统治？（生：皇帝或者中央。）此时，除了诸侯势力过大威胁到中央的统治，还有哪股势力威胁中央的统治呢？

（课件展示材料二："地方豪强地主兼并土地，聚敛财富，横行乡里……"）

生二：地方豪强地主。（加1分）

师：所以在政治方面，汉武帝遇到了两个难题：诸侯势力过大，地方豪强发展起来，威胁到了中央的统治。面对这样的难题，汉武帝是怎样解决的呢？请同学们阅读教材。面对诸侯王势力过大，汉武帝通过什么方法，将权力牢牢地掌握在自己手中呢？

生一：汉武帝接受（主父偃）的建议，允许诸侯王除以（嫡长子）继承王位外，可将封地再次分封给（其子弟）作为侯国，由皇帝制定封号。（加1分）

师：对，我们这个措施叫作“推恩令”，（主父偃的“偃”读音纠正）颁布推恩令以后，汉武帝非常开心，如果古代有朋友圈，下面哪个表情会出现在汉武帝的朋友圈里？（展示图片）为什么？

生二：第一个表情，通过推恩令后，诸侯的土地越来越少，权力也更小了。（加 1 分）

师（总结）：（展示图片）推恩令的作用：通过推恩令，不费一兵一卒削弱诸侯势力，加强中央集权，而其他获得土地的子弟，对皇帝感恩戴德，培养起侯国对皇帝的忠心。为了进一步打压诸侯势力，汉武帝还想了什么办法？

生一：刺史制度（教师提醒：打压诸侯势力）。

生二：找借口削爵、夺地甚至除国，使诸侯一蹶不振。（加 1 分）

师：现在王国问题基本解决了，还有哪个政治难题没有解决？

生：地方豪强。

师：面对地方官员、豪强的为非作歹，汉武帝采取什么措施加强对地方的控制？

展示材料：“武帝元封五年初置部刺史，掌奉诏条察州，秩六百石，员十三人。”——《汉书·百官表》

生一：刺史制度，将全国划分为 13 个州。（加 1 分）

师：看看黑板上对刺史的解释，找出刺史的主要职能。

生：专门负责监察本州的主要官吏和豪强地主的不法行为。（师强调关键词“监视”）

师（总结）：通过一系列的措施，汉武帝加强中央集权，从政治上巩固大一统。汉武帝政治上大一统的美梦实现了，是不是就高枕无忧了？此时汉武帝还有哪些难题尚未解决？

生一：（阅读教材）西汉初年，诸子百家的各派人物还很活跃。诸王门下聚集许多宾客，常常批评皇帝的政策，指责中央。（加 1 分）

师：诸子百家活跃，说明汉武帝在哪一方面遇到难题了？

生：思想。

（课件展示道家、法家、儒家的治国思想）

师：思想不统一，那么汉武帝应该采取哪家思想来治理国家呢？（大部分学生回答：儒家思想）那到底是不是儒家思想呢？我们通过视频了解。（创设情境，使学生集中精力）

师：一边观看视频，一边思考旁边的问题。

（生观看视频）

师：好，视频看完了，我们来回答第一个问题：谁提出了解决措施？

生一：董仲舒。

师：他提出了怎样的解决措施？

生一：罢黜百家，独尊儒术。（强调“黜”字的读音和写法，加 1 分）

师：现在，我们来看看什么叫作“罢黜百家、独尊儒术”。罢黜：贬低、排斥的意思。（课件展示概念，学生跟着读，强调其他学派学说只是地位较低，并没有完全消灭）接下来看一道选择题：

从春秋战国的“百家争鸣”到汉武帝的“罢黜百家”，以下各项理解错误的是（　　）

A. 中央集权加强　　B. 大一统得到发展

C. 对社会发展起到推动作用　　D. 儒家学说外的各家学派消亡

生二：D。（师：为什么？）其他学派学说并没有消亡。（加 1 分）

师：此时的儒家学说和孔子的儒家思想是不是完全一样？

生：阅读相关事实进行了解。

师：第三个问题，同学可以在书上找一个词概括“罢黜百家，独尊儒术”的思想内涵。

生一：忠君守礼。（教师简单解释，加 1 分）

师：为了推广儒家学说，使大一统思想深入人心，汉武帝采取了哪些措施？

（展示图片和文字材料）

生二：兴办太学。（加 1 分）

师：太学里面教的是什么？（学生齐读）通过太学，培养儒学人才，并选拔儒士进入政府机构，所以在那时候，老百姓想要进入仕途，可能会采取什么方法？

生：学儒学。

师：所以在民间会形成一股学儒学的社会风气，逐渐地儒家思想居于主导地位。秦始皇在思想方面也采取了相应的措施，是什么？

生：焚书坑儒。

师：现在小组合作，比较汉武帝“罢黜百家，独尊儒术”和秦始皇“焚书坑儒”的异同点，完成下列表格（见表 1）。（培养学生合作交流的能力）

表 1　汉武帝“罢黜百家，独尊儒术”和秦始皇“焚书坑儒”异同点

措施		焚书坑儒	罢黜百家、独尊儒术
相同点			
不同点	方式		
	结果		

生：小组讨论。

师：哪个小组来分享你们小组讨论的结果？

小组一：目的——统一思想；方式——焚书坑儒方式比较残暴，遭到百姓的反对，罢黜百家只是贬低其他学派的地位，人们易于接受。（加 1 分）

（其他小组进行补充，教师总结）

师：政治、思想的难题已经解决，但那时候，在经济方面还存在很多问题，同学们小组合作，阅读教材，找出经济问题，并找出相对应的政策，完成下列表格（见表 2）。

表 2　经济问题及相应对策

经济问题	汉武帝的政策

生一：经济问题——私人铸币。政策——铸币权收归中央，统一铸造五铢钱。（加 1 分）

师：（展示五铢钱图片）秦始皇也曾经统一货币，叫作——？

生：圆形方孔钱、半两钱。

师：（展示秦半两图片）同样是圆形方孔钱，如何区分秦半两和五铢钱？

生：五铢钱中间的孔更大，文字不一样……

师：最明显的区别是什么？（生：文字）经济方面还有哪些问题？

生二：经济问题——盐铁私营。政策——盐铁专卖。（加 1 分）

师：面对富商大贾唯利是图，低买高卖，汉武帝又采取什么方法解决？

生三：调配物资，平抑物价。（抑字读音，加 1 分）

师：在经济方面采取一系列措施后，国家经济方面发生什么变化？

生：改善财政情况，为政策推行奠定经济基础。

过渡：政治、思想、经济这些内部问题解决了，看看书上，汉武帝有没有面临外部危机呢？

生：有，匈奴南下。

师：匈奴南下侵扰，威胁汉朝的统治。请同学们自行阅读匈奴南下这一部分。

师：匈奴问题由来已久，秦朝为抵御匈奴，修筑了什么？（生：长城）那汉朝对匈奴的态度是怎样的？

生一：汉初态度——和亲（国力疲弱），汉武帝时期，反击匈奴（国力强盛）。

师：反击匈奴的主要将领是哪两个？

生：卫青、霍去病。

师：霍去病在反击匈奴的战争中，多次功冠全军，后被封为冠军侯，后来冠军成为第一名的代名词；霍去病更是留下了“匈奴未灭，何以家为”的千古绝唱。在多次反击匈奴的战争中，哪一次最为著名？

生二：漠北战役。（加 1 分）

师：漠北战役的结果怎样？

生：卫青、霍去病大败匈奴，部分匈奴开始西迁，基本解除对北边的威胁。

师：本节课我们讲到汉武帝从哪些方面巩固大一统？

生：政治、思想、经济、军事。

师：每一方面具体的措施是什么？请同学们回忆一分钟。

生：政治上，推恩令；削爵、夺地、除国；刺史制度。

生一：思想上，罢黜百家，独尊儒术；兴办太学。（加 1 分）

生二：经济上，铸五铢钱；盐铁官营；调配物资，平抑物价。（加 1 分）

生三：军事上，北击匈奴。

师：汉武帝在政治、经济、思想、军事方面采取措施后，西汉王朝经济发展，权力集中，思想文化趋于一统，疆域空前辽阔，使西汉进入鼎盛时期。形成新的大一统局面。

师：在中国，大一统有着悠久的历史，早在先秦时期，大一统思想出现；秦灭六国后，建立起中国历史上第一个统一的多民族的封建国家，并建立了一套中央集权制度，实现了大一统，在政治、文化、经济上的融合，更是给人民带来强烈的认同感和民族凝聚力。此后汉承秦制，进一步巩固国家统一，可以说是一次真正意义上的大国崛起。两千多年以来，中国历史上既出现过大一统的全国性王朝，也出现过地方割据的分裂政权。但在各族人民的努力下，统一始终是历史的主流。

（完成课后练习；总结这节课小组积分情况，并给予表扬）

二、教学反思

（1）本课内容较多，时间分配不够合理，重难点不够突出。

（2）没有及时对学生的表现进行评价，对学生的关注度不够。

（3）在某些内容过渡时比较生硬，衔接不够自然。

（4）对王国问题的由来有所遗漏，应补充相关知识。

部编版七年级上《东汉的兴衰》课堂实录

陈　浩
（自贡市仙市中学）

一、教学过程

课前对学生进行了分组，8 人 1 组，共 6 个组。

引导学生背诵“朝代歌”前四句：夏商与西周，东周分两段，春秋和战国，一统秦两汉。然后教师发问秦是指哪个朝代？两汉是指哪个朝代？（学生回答秦朝和西汉，少数学生能回答东汉）

教师在黑板上板书“东汉的兴衰”。

教师继续发问：东汉是怎么建立的呢？（学生能依稀回答）

教师出示 PPT“西汉帝王世系表”。

教师结合 PPT 简单讲述汉高祖、汉武帝、文景之治，引出汉成帝时期的王莽专权，以及建立新朝灭亡西汉的史实，说明王莽的外戚身份，为后文讲述外戚宦官专权做铺垫，同时在黑板上板书“王莽”“新”。教师再简单叙述王莽改制没能解决西汉末年的社会危机，反而导致社会危机更加严重，由此导致天下大乱，农民起义风云而起，刘秀进入历史舞台。

教师提示学生在教材上寻找刘秀建立东汉的史实，并勾画。教师在黑板上板书“光武帝”“刘秀”“公元 25 年”。

教师发问：为什么刘秀重建的汉朝史称东汉？提示学生翻阅两汉的地图，从西汉、东汉的都城位置进行比较。

学生：因为西汉的都城在长安，东汉的都城在洛阳，洛阳相对于长安位于东方，所以史称东汉。

教师表示赞同，再补充，历史上西汉又称前汉，东汉又称后汉，并在黑板上板书“后汉”。

出示 PPT“光武帝刘秀”（见图 1）。

公元前 5 年—公元 57 年

图 1　刘秀画像

教师通过引领学生解读《后汉书·光武帝纪》，让学生初步感知到光武帝是一个优秀的君主。

世祖光武皇帝讳（huì）秀，字文叔，南阳（今河南）蔡阳人，高祖九世之孙也……光武年九岁而孤，养于叔父良，身长七尺三寸，美须眉，大口，隆准（高鼻梁）。性勤于稼穑（农业劳动）……

二月戊戌，帝崩于南宫前殿，年六十二。遗诏曰："朕无益百姓，皆如孝文皇帝制度，务从约省。刺史、二千石长吏皆无离城郭，无遣吏及因邮奏。"

——《后汉书·本纪·光武帝纪》

然后，教师简单讲述刘秀在位期间励精图治使东汉呈现出社会安定、经济发展、人口增长的局面，史称"光武中兴"（板书"中兴"）。然后教师发问：光武帝采取了哪些措施？（出示 PPT，展示学习目标，要求学生自主学习、合作学习，见图 2）

学习目标——"光武中兴"
1. 了解光武帝的治国措施。（不讨论） 2. 比较秦始皇、汉高祖、"文景"与光武帝的统治。（不讨论） 3. 讨论"他们"之间的异同。 4. 讨论"中兴"的概论。

图 2　学习目标之"光武中兴"

学生开始自主学习、相互讨论。

数分钟后，教师鼓励学生回答以上问题。

各小组先后进行了回答，老师进行点评。

教师采用问答的方式提炼出光武帝的治国措施，然后播放音乐《二泉映月》，在音乐的伴随下，学生反复自由小声读教材第 64 页“光武中兴”。

本环节体现友善用脑课堂的分段式教学和营造轻松愉快的氛围。

教师：光武帝一系列措施使东汉出现了“中兴”的局面，然后，到了中后期，东汉出现了一个严重的政治问题，这个政治问题以及其他问题导致了东汉走向衰亡，这个问题是什么？

学生：外戚和宦官的交替专权。

师：是的，东汉后期政治最严重的问题就是外戚和宦官的专权，接下来请看第 65 页右上角梁冀的故事。

（学生默读“相关史事”，随后，教师出示 PPT“梁冀的故事”）

教师对照 PPT 讲解“梁冀的故事”。

梁冀字伯卓。为人鸢（yuān）肩豺目，洞精睕眄，口吟舌言（说话含糊不清），裁能书计（勉强能写字计算）。少为贵戚，逸游自恣。……冲帝又崩，冀立质帝。帝少而聪慧，知翼骄横，尝朝群臣，目翼曰：“此跋扈（bá hù）将军也。”翼闻，深恶之，遂令左右进鸩（zhèn）加煮饼，帝即日崩。复位恒帝……

扶风人士孙奋居富而性吝，翼因以马乘（shèng）（四匹马）遗（wèi）之，从贷钱五千万，奋以三千万与之，翼大怒，乃告郡县，认奋母为其守臧婢，云盗白珠十斛（hú）、紫金千斤以叛，遂收考奋兄弟，死于狱中，悉没资财亿七千余万。

——《后汉书·梁统列传》

师：下面请同学们跟随老师学习“东汉的衰亡”。（出示 PPT，展示学习目标，见图 3）

学习目标之“走向衰亡”
1. 了解东汉中期后外戚宦官专权局面出现的原因。（不讨论） 2. 讨论外戚宦官专权带来的影响。 3. 了解黄巾起义的相关史实（原因、爆发时间、领导人、结果、影响）。

图 3　学习目标之“走向衰亡”

（学生看书、展开讨论，教师提示学生在教材上进行圈点、勾画，随后各小组同学进行发言展示，教师着重强调了外戚宦官交替专权带来的影响）

师：同学们，本课主要讲述了东汉的兴衰，由此，我们想到了什么呢？（出示 PPT，展示本课小结，见图 4）

小　结

秦汉两朝的兴亡带给我们那些思考和启示？（讨论）

思考方向：

1. 政治的好坏与社会发展之间的关系。

2. 在朝代的兴与亡给人民群众带来的影响。

3. 人民群众在朝代更替中所起的作用。

……

图 4　本课小结

（学生思考开始讨论，各小组讲述自己的观点，老师点评）

教师小结：同学们，从历史的经验和教训中，我们发现，当一个时期政治良好的时候，社会就出现安定团结、经济发展、人民安居乐业的局面，而当政治败坏的时候，社会就会出现动荡，人民群众的生活极端困苦。当人民群众无法忍受这种痛苦的时候就会进行反抗，从而推翻那个腐朽的王朝。

二、教学反思

（1）需要重视思维训练与“双基教学”协调统一，本节课重视思维训练，对基础知识的落实略显不足。

（2）难度较大，如比较秦始皇、汉高祖，汉文帝、汉景帝与汉光武帝的统治比较复杂，对于学生而言偏难。

（3）讲述“交替专权”不够深入具体，需补充“宦官专权”的史料。

部编版七年级上《三国鼎立》教学实录

郭　刚

（凉山州民族中学）

2019年11月29日，在攀凉地区集中研修暨教育扶贫活动中，我有幸代表凉山第二研修组上了一堂公开课，并有幸得到贾雪枫先生的亲临指导。这堂课令我收获颇多，对自己以后的教学大有裨益，课堂实录如下。

一、教学过程

【导入】

师：七嘴八舌猜猜看，历史上谁跑得最快？

生：曹操。

师：对，同学们反应真快。俗话说，"说曹操，曹操到"，简直比火箭都还要快，那么，同学们，你们心目中的曹操是怎样的呢？下面我们就通过本课的学习来认识一下曹操的故事。（板书："第16课　三国鼎立"，展示《东汉末年州郡割据形势图》）

师：这形势图说明东汉末年怎样的社会情况？

生：东汉末年，政局混乱，军阀割据。

师：对，我们可以用一个字来形容——乱。那么这样的政治局面，会给社会带来什么影响呢？我们来看一段材料。

合作探究一：结合材料，分析军阀割据对当时社会造成什么影响？

材料一　经"光武中兴"到105年，全国人口达5 300万，可东汉末年，只剩下760万。

材料二　白骨露于野，千里无鸡鸣。生民百遗一，念之断人肠。

——曹操《蒿里行》

生：经济凋敝，人口减少，百姓生活困苦。

师：非常好，面对苦难，老百姓最渴望的就是国家统一，社会稳定，那么谁能横空出世，救民于水火呢？接下来，主角就要一一登场了。

（图片展示：曹操，袁绍）

曹操简介：20 岁被举为孝廉，先后担任过洛阳北部尉、济南相和典军校尉。通过镇压黄巾军和讨伐董卓，势力日益强大，成为当时割据势力一支举足轻重的力量。

袁绍简介：出身名门望族，自曾祖父起四代有五人位列三公，自己也居三公之上，其家族也因此有“四世三公”之称。190 年袁绍占据冀州，又先后夺青、并二州。199 年击败割据幽州的军阀公孙瓒，势力达到顶点。

（一）官渡之战

自主学习：阅读课本 80 页内容，完成下表（见表 1）。

表 1　官渡之战概况

时间	
交战双方	
结果	
影响	

合作探究二：曹操的崛起与统一北方。

材料　今天下尚未定，此特求贤之急时也。……二三子其佐我，……唯才是举，吾得而用之。

——《三国志·魏书·武帝纪》

（1）阅读课文第 80 页及材料，概括曹操崛起的主要因素。

生：借皇帝名义号令天下，招揽人才，采用屯田，发展农业生产。

（2）曹操能够统一北方的关键一战是什么？说明曹操胜利的原因以及此次战役的历史意义。

生：官渡之战；战术运用得当，偷袭袁绍军粮；为统一北方打下基础。

师：207 年，曹操基本统一了北方，当他得胜还朝途经渤海边时，留下了豪情满怀的诗句：“老骥伏枥，志在千里。烈士暮年，壮心不已。”（《龟虽寿》）

师：当时已经 53 岁的曹操，他的“壮心”到底是什么呢？他的愿望实现了吗？他将遇到的对手会是何许人也？

生：曹操想要统一全国的愿望；没有；孙权和刘备。

（师展示《天下形势示意图》）

刘备简介：祖先是西汉宗亲，但到刘备时已经没落，幼年贫困，曾以贩鞋织席为业。东汉末年，刘备曾起兵参加镇压黄巾起义。在荆州投奔刘表时，三顾茅庐而得到诸葛亮相助。

孙权简介：东汉末，继其父兄孙坚、孙策基业而据有江东六郡。

他在张昭、周瑜的支持下，团结旧部，多方面延揽人才，使江东的统治日益巩固。播放视频：孔明的对策，三分天下、联吴伐曹。

（二）赤壁之战

自主学习：阅读课本第 81 ~ 82 页内容，完成下表（见表 2）。

表 2　赤壁之战概况

时　间	
交战双方	
结　果	
影　响	

合作探究三：对比官渡之战和赤壁之战。

师：官渡之战中，曹操以少胜多，事隔八年，为什么兵强马壮的曹操却在赤壁之战中失败了呢？

生：曹军来自北方，不习惯水战；曹军远道奔走，兵士疲惫；曹操骄傲自满；孙刘联军战术正确。

师：你从这两场战役曹操的胜败中得到什么启示？

生：要谦虚谨慎，骄兵必败；学会利用自然条件；培养观察思考的习惯；事在人为，团结可以战胜强大敌人等。

合作探究四：如何看待这种不同？说说你的想法。

赤壁火攻：

草船借箭后，诸葛亮不谋而合地与周瑜一起提出火攻曹操的作战方案。

——《三国演义》的描述

瑜部将黄盖曰："今寇众我寡，难与持久。然观操军船舰首尾相接，可烧而走也。"

——《三国志》等记载

草船借箭：

用奇谋孔明借箭　献密计黄盖受刑

——《三国演义》的描述

建安十八年（213 年）……（孙）权乘大船来观军，公（曹操）使弓弩乱发，箭著其船，船偏重将覆，权因回船，复以一面受箭，箭均船平，乃还。

——《三国志》等记载

师：曹操是不是三国时期的人物?

生：不是，他是东汉末年的人物。

（播放视频：曹丕建魏。展示《三国鼎立》地图，完成表格）

（三）三国鼎立

自主学习：阅读教材第 82 ~ 83 页，完成表格（见表 3）。

表 3　三国鼎立概况

国名	建立时间、建立者	都城	措施	影响
魏				
蜀				
吴				

合作探究五:从东汉末年到三国时期,是历史的进步还是历史的倒退呢?

材料　群雄并起、政权林立——三个局部统一政权。

师：三国鼎立局面的形成，实现了较大范围的局部统一，有利于社会的安定与发展，而且三国都注重发展经济，促进了生产力的发展，为后来的统一奠定了基础，因此是历史的进步。

（四）课堂小结

三国鼎立是东汉末年封建割据势力混战的结果。官渡之战使曹操大败袁绍，从而奠定了统一北方的基础。赤壁之战使三国鼎立的局面得以形成。魏、蜀、吴三国统治者为了发展自己的势力，都致力于经济的恢复和发展，为后来全国的统一提供了物质基础。

（五）课堂练习

1. 奠定了曹操统一北方的基础的战役是____________。
2. 奠定了三国鼎立局面的战役是（　　）

A. 赤壁之战　　B. 昆阳之战

C. 官渡之战　　D. 巨鹿之战

3. 三国鼎立局面开始形成的时间是（　　）。

A. 220 年　　B. 222 年　　C. 221 年　　D. 229 年

4. 东汉末年“挟天子以令诸侯”的是谁？

5. 说出东汉末年的两次以少胜多的战役。

6. 三国时期，诸葛亮带兵攻打曹操，曹操率军迎战。这句话有没有错误？为什么？

（六）课后探究：如何评价曹操？

宁教我负天下人，勿叫天下人负我。

——[明]罗贯中《三国演义》

到如今出了个奸曹操，上欺天子下压群僚。

——京剧《击鼓骂曹》

治世之能臣，乱世之奸雄。

——曹操同时代的评论家

非常之人，超世之杰。

——[西晋]陈寿《三国志》

他是拨乱世的英雄！

——现代史学家范文澜

曹操……至少是一个英雄。

——现代文学家鲁迅

二、教学反思

在课堂上与同学们的互动不够，有些时候讲得太多，没有充分调动学生，课件内容制作繁杂了些，可以把文学作品和史书对比略讲。

三、教学点评

教学设计中教学目标引领课堂，课堂围绕教学目标展开，重视知识的落实和学生历史学科素养的培养，教学设计体现了学生的主体地位。

教学中引用了较多材料，注重培养学生论从史出的历史学习方法。但同时增加了课堂教学内容的难度。教学过程中可将史料中需要学生注意的地方加横线标注，引导学生更好地研读史料。

（凉山第二研修组）

部编版七年级上《三国鼎立》课堂实录

蒋海燕
（凉山州会东县参鱼中学）

由于我刚才调入参鱼中学，按学校要求要上一节汇报课，我校名师工作室的老师对我的录像课进行观摩和评议，促进教学进步，提升教师素质。

一、教学过程

【导入】

师：大家还记得前面我们学习东汉末年朝政腐败，加上自然灾害频繁发生，引起了一场农民起义叫——？

生：黄巾起义。

（师带领大家回忆黄巾起义的领导人，时间，结果，然后导入东汉末年军阀割据，农民困苦，曹操、刘备和孙权的实力是如何崛起的，进而形成魏、蜀、吴三国鼎立局面的）

（师展示图片《东汉末年军阀割据形势图》，让学生看到当时有很多的军阀，当时北方主要有两个军阀，一个是袁绍，简单介绍他的情况，另一个是曹操，介绍曹操的情况，并说明曹操实力不如袁绍，从而引出“曹操的势力是如何强大起来的？”，引导学生从书上找出答案）

生：借皇帝的名义号令天下，招揽人才。

生：采用屯田的措施，组织军队和流民从事农业生产，既解决了大批流民的生计，又筹集了军粮。

师：总结，通过这些措施，曹操势力壮大起来。曹操和袁绍都在北方，所谓“一山不容二虎”，曹操和袁绍打了一场大战叫——？

生：官渡之战。

（师播放视频，让学生总结官渡之战的时间，交战地点，交战双方，结果，战争特点，以及影响）

生：时间是公元200年，地点在官渡，交战双方是曹操和袁绍，结果是曹操胜利。

生：战争特点是以少胜多。影响是为曹操统一北方打下了基础。

（师简单总结，并让学生思考为什么曹操能打赢袁绍）

生：战术正确。

生：曹操善于听取人家的建议，袁绍不善于用人。

（师简单评价，适当鼓励学生）

师：（展示曹操统一北方后的图）曹操统一北方后，他想干什么呢？

生：统一全国。

师：曹操写了一首诗《龟虽寿》，“老骥伏枥，志在千里。烈士暮年，壮心不已”，表达了想要统一全国的愿望。曹操要统一面临着什么人的威胁呢？

生：孙权和刘备。

师：（简单介绍孙权和刘备）提到刘备，必须要说到的一个人物是谁？

生：诸葛亮，三顾茅庐。

师：诸葛亮给刘备提出了著名的《隆中对》，三分天下。回到刚才的话题，曹操率领了二十多万大军想要南下统一全国，于是与孙权和刘备爆发了哪场著名战役？

生：赤壁之战。

（师播放《火烧赤壁》的视频，然后让学生总结赤壁之战的时间，地点，交战双方，结果，战争特点，影响）

生：时间是208年，地点在赤壁，交战双方是曹操与孙权、刘备联军，结果是曹操失败。

生：特点是以少胜多，影响是为三国鼎立局面的形成奠定了基础。

（师简单总结，分析为什么说赤壁之战为三国鼎立奠定了基础。出示材料领导学生分析为什么赤壁之战曹操失败了）

生：骄傲自满，轻敌。

生：曹操军队是北方人，不习水战，加上水土不服，流行疾病。

生：曹操把战船连起来这个战术错误，孙刘联军用火攻这个战术很正确。

师：大家回答得非常好。（过渡）赤壁之战后，曹操经营关中，完成了北方的统一，孙权经营江东地区，刘备经营西南地区，都没有实力去完成统一，于是形成了三国鼎立的局面，三国是怎么形成的呢？（画一个图形，表明三国的地理位置，让三个学生来回答）

生：魏国，时间是 220 年。建立者是曹丕。都城是洛阳。

生：蜀国，时间是 221 年，建立者是刘备。都城是成都，史称蜀汉。

生：吴国，时间是 229 年，建立者是孙权。都城是建业，就是今天的江苏南京。

师：结合图片，给大家看一下三国的地理位置。（强调吴国的建立，标志着三国鼎立局面的正式形成）

师：三国为了加强国力，都积极发展，三国怎么发展各自的经济呢？请三个同学回答。

生：曹魏重视农业生产，大力兴修水利。

生：孙吴开发江东，造船业发达，发展了海外贸易。230 年，孙权派将军卫温到达了夷洲，加强了大陆和台湾的联系。

生：蜀汉在丞相诸葛亮的治理下，发展经济，改善民族关系，加速了西南地区的开发。

（师展示一些三国发展的图片，重点强调，台湾自古以来就是中国的领土，任何人任何地区、任何国家想要分裂中国的领土都是不行的，作为一个中国人要坚决捍卫国家的主权和领土完整）

（师小结本堂内容，完成课堂作业）

二、教学反思

今天上午，我上完《三国鼎立》这课，觉得好的地方还是有的。

1．教学难点的突破

官渡之战和赤壁之战是本节课的教学难点，针对官渡之战这一难点，我放了一个视频给学生看，从中可以结合课本找出官渡之战的时间，交战双方，结果影响等，既可以调动学生的积极性，也可以锻炼学生的观察概括能力。针对赤壁之战，我播放了一个火烧赤壁的视频给学生看，学生感觉震撼，总结出孙刘联军用火攻计打败了曹操。最后对比两场战役，让学生讨论为什么曹操两场战役一胜一负。

2．教学过程的设计

我对教材知识的过渡进行了大胆的处理，在讲完官渡之战后，中间过渡使用了曹操《龟虽寿》中的“老骥伏枥，志在千里”来显示曹操的野心不仅仅是统一黄河流域，他想做的是统一全国，因此他挥师南下，发动了赤壁之战。这让学生对两场战争之间的衔接不会显得突兀。此外，在讲三国鼎立局面形成这一知识点时，我采用一张需要让学生改错的"火眼金睛"的地图让学生自学这部分内容,并让学生在本课上的地图旁边画出三国鼎立的简易图，提高学生的自主学习能力。

3．教学手段的使用

教学中一方面结合历史学科考试的特点，知识点交代清楚，教材勾画清晰；另一方面又充分利用了多媒体这一教学手段，增强了教学内容的直观性、形象性，加深了学生对教材内容的理解，有利于学生对知识的掌握，也激发了学生的兴趣，调动了学生的积极性。板书的设计也尽量直观易懂，利于学生对整堂课的内容形成一个较好的逻辑框架，也便于课堂小结。

回想整节课，也有几点不足之处。

课件准备不够熟练，跟学生的互动有点少，留给学生思考问题的时间不够，有的地方讲得过细，显得有点啰嗦，语速有点过快。导入本课时，趣味性不强，不能很好地调动学生学习这课的积极性。

缺乏适当练习以及试题缺乏趣味性，其实做完课堂总结后，应该选取一些典型例题作为当堂教学效果反馈，或许能更好地提高学生的学习效率。

反思让我看到自己的优点，有了进步的自信，但也让我看到自己更多的不足，找到了进步的方向，上完本课，我懂得了教会学生阅读课文和分析问题的方法，提高学生阅读课文和分析问题的能力是学习历史的关键一步。

三、教学点评

没有哪一堂课是完美的，每一节课都有自己的优点与瑕疵。蒋海燕老师的课导入自然，知识点落实到位，多媒体教学增强了内容的丰富性和直观性，从三国史实加强了对学生的爱国主义教育。

这堂课问题也不少：

（1）整堂课时间分配不合理，显得前松后紧，缺少学生练习。

（2）在教学过程中教师的主导作用明显，给学生自主学习的时间和空间较少，学生的主体性表现不足，思维没有完全打开，没有很好地激发出学生的主动性、积极性，一些疑问难以有效解决。

（3）教师语言表达不合理，讲课语速较快，讲课过程重复的话语较多。

（4）板书设计显得杂乱，过多依赖多媒体。

（5）细节处理不到位，导入回忆黄巾起义比较平淡，激情不够，不能很好地吸引住学生。核心素养体现不足，三国的位置学生学完后不是很清楚。以少胜多的战役可以在赤壁之战讲完后进行总结，不应每个战役都去讲，总结后应要求学生写在书上。我国到底是什么时候进入三国时期的，曹操是不是三国时期的人物学生不清楚。

希望在今后的教育教学工作中加强学习，大力提升自己的专业素养和教学水平。

部编版七年级上《唐朝的中外文化交流》教学实录

宋孟霜
（自贡市富顺二中）

部编版七年级下册《唐朝的中外文化交流》一课，内容相对烦琐，既有唐朝的主动走出去，也有其他国家积极走进来。但重难点比较清晰，了解玄奘西行和鉴真东渡，并在此基础上探究唐朝对外交往活跃的原因。本课教学实录如下。

一、教学过程

在学习以前，我们一起听首音乐。请同学们猜猜音乐的出处。

（放音乐《敢问路在何方》）

师：听出来了吗？一起回答老师，这首音乐出自哪里？

生：《西游记》。

师：对，同学们说得不错。大家对《西游记》应该并不陌生。它讲述了唐僧一行在西天取经路上的经历。里面有各种妖魔鬼怪、神仙人物。让人觉得荒诞离奇、匪夷所思。不过，《西游记》里面就全是假的吗？到底有没有真实的历史事件呢？

生：是真有唐僧去取经。

师：对，同学们说得不错。唐僧的历史原型叫玄奘，他的确去过天竺求取佛经。玄奘西行也是唐朝对外文化交流中浓墨重彩的一笔。这节课我们所学的唐朝的对外文化交往主要是玄奘西行与鉴真东渡。一西一东，体现了信仰与坚持。现在先来了解一下玄奘西行。在《西游记》中，师父取经之路有弟子护送，一路斩妖除魔到达西天。那实际上又是怎样的呢？我们看个短片，了解一下。

在看的过程中，请同学们结合教材，思考上面的问题。

（播放视频）

师：好了，短片看完了。有哪位同学说一下西行时间是什么时候？

生：公元七世纪。

师：不错，是哪个皇帝在位时期？这个书上有，看一下。

生：唐贞观年间。

师：很好，请坐。那他为什么要西行呢？请这位同学说一下。

生：他为了寻求佛法，而且当时的佛经卷本太少，译文错漏太多。

师：对，非常正确，把短片和书上的内容都总结出来了。最后一个问题，西行之后的影响。请这位同学说一下。

生：玄奘翻译了很多佛经，促进了佛学的传播。还写了《大唐西域记》，是很珍贵的历史文献。

师：对，非常准确，分析得很到位。现在我们看一下这幅地图，图中 A、B、C 中，哪个是玄奘的目的地天竺？

生：B。

师：正确。天竺就是古印度。在这里要注意，古印度与今印度的区别。从刚才的短片中可以看出，虽然玄奘西行路上没有蜘蛛精、白骨精，但同样也没有神通广大的徒儿保驾护航，仅有一人、一马。生死大海何为舟，无明长夜何为灯。面对上无飞鸟，下无走兽，漫天黄沙只有影子相随的死亡之地，他也曾犹豫过。在巍峨的雪山脚下，他也曾迟疑过。行走于辽阔无际的草原时，他也曾茫然过。但最后，他还是选择了继续前行，用自己的脚步去丈量向佛的路。而且，他还把西行途中的所见所闻记录下来，写成了《大唐西域记》，成为研究各地风土人情的重要历史文献。他既能读万卷经书，也能行万里路，是我国古代著名的高僧、旅行家、佛经翻译家。在中印文化交流中，他以一人毕生之所学架构起了沟通两国文明的桥梁。西行的是玄奘，那东渡的是谁呢？

生：鉴真。对。现在我们一起来了解一下鉴真东渡日本的情况。虽然中日之间距离比较近，但是行程路上的风险一点不比玄奘低。鉴真曾经六次东渡日本，前五次都失败了。在过程中，鉴真会遭遇哪些磨难呢？我们通过一个短片来了解一下。请同学们在观看过程中思考一下上面的问题。好了，短片看完了。哪位同学能说一说过程中遇到了哪些困难呢？

生：首先是官方的不同意，鉴真还遭到了逮捕。而且海上风浪很大，非常危险。鉴真他还双目失明了。

师：同学们的观察很到位。在造船技术并不是那么高超的情况下，海上的变幻莫测已经够让人担忧了。可鉴真他还双目失明。真是屋漏偏逢连夜雨呀。同学们觉得鉴真东渡困难吗？

生：困难。

师：可见鉴真东渡非常不易，玄奘西行也是如此。同学们觉得是什么，让他们能够继续走下去呢？

生：对心中信念的坚持，不放弃的决心，敢于克服困难。

师：对，同学们提到了很多，也很完整。我们回顾一下玄奘与鉴真的出行。他们都能为了自己的信念背井离乡，走向远方。而走得远是因为志在四方，能走完，只因初心不改。不忘初心，方得始终。佛法云“大雄无畏，勇猛精进”。人一生，只做一件事又何妨呢？马克思曾说，生活就像海洋，只有意志坚强的人才能到达彼岸。玄奘、鉴真都用自己的坚持达到了理想的彼岸。而同学们，如果能在平时生活和学习中，多一份坚持，少一点懈怠。那离自己的目标不也就更近了吗？他们的坚持都没有白费，玄奘的坚持促进了佛学的传播。而鉴真逝后，弟子为他塑的坐像也被日本奉为国宝。那鉴真对日本又有怎样的影响呢？我们一起来了解一下。鉴真之后，唐风洋溢奈良城。请同学们看一下这三幅图，说说分别体现了哪些方面的影响？

生：佛学、医学、建筑。

师：对，同学们说得很正确。除此之外，鉴真逝后，弟子为他塑的栩栩如生的坐像，也促进了日本雕塑水平的提高。由此可以看出，鉴真在日本讲授佛学理论，传播博大精深的中国文化，促进日本各方面的提高，受到中日两国人民和佛学界的尊敬。不得不说，唐朝对日本文化的发展有着重要作用。

但为什么唐朝时期对外交往会如此活跃呢？我们一起来探讨一下。请同学们根据所学知识，结合材料讨论。在阅读材料的时候，要学会看出处和抓关键词。现在讨论开始。看同学们讨论得差不多了，有没有同学愿意说说从材料一中得出了怎样的信息呢？好，请这位同学回答一下，先告诉我们你找到的关键句。

生：珍国也，常须达。

师：这句话是说，中国是个珍贵的国家，应该常往来。那他们为什么觉得中国珍贵呢？看看前面那一句。

生：法式备定。

师：法，是法律制度，由此可以得出政治上是怎样的？

生：政治制度完备。

师：回答得很好，请坐。

师：那材料二又能体现什么信息呢？请同学回答。

生：允许他们长期居住。

师：那是谁允许的呢？

生：唐政府允许的。

师：说明当时唐朝实行怎样的对外政策？

生：对外开放、交流的政策。

师：对，回答得很好，请坐。

以上是我们通过材料一、二所得出的结论。而唐朝，作为中国封建社会鼎盛时期，经济发达，文化也很繁荣。正是因为制度完备，经济发达，文化繁荣，所以吸引了其他国家，让他们愿意来。唐朝实行对外开放的政策，也允许他们来。而在明清时期，因为自诩为天朝上国，实行闭关锁国的政策，所以对外交往非常少。使得中国文化的活力也逐步下降，最后走向衰落，挨打受辱。可见，闭关锁国则逐渐落后，对外开放则走向繁荣。当然，唐朝对外交流的繁荣还得益于便利的交通，请同学们看图。

在唐朝时期，陆上和海上交通都是十分便利的。向西最远可到达非洲沿岸和欧洲地区，向南可达东南亚，向东还包括朝鲜和日本。中国正是在这些交通路线上，不断加强与其他国家的交往，促进文化的繁荣与发展。如佛学，通过玄奘西行在中国得到更好的传播，又借助鉴真东渡远播到了日本。由此可以看出，唐朝不仅有吸收借鉴世界文化精华的潜力，也有为人类文化发展做贡献的魄力。体现了一个大国的责任与担当。而这种精神，也一直传承到现在。当今的中国以更主动的姿态展开全方位外交，积极活跃在国际舞台上，展示我国开放包容、热情友好的形象。特别是在2013年习近平总书记提出“一带一路”倡议，大大增进沿线各国人民之间的人文交流与文明互鉴。而这种互利共赢的态度也正是大国魅力的体现，体现了开放包容、责任与担当。今天我们学习了两个问题：玄奘西行、鉴真东渡，一西一东，既有引进来，也有走出去，说明唐朝对外交往极其活跃。

二、教学反思

本课内容重点在讲述玄奘西行和鉴真东渡。但讲完有个整体感受就是大多注重于对知识点的讲授，提升和拔高的内容不多，没有真正达到从一个更高的角度把握教材。立意也不够新颖。很多地方都需要进一步的探究和学习。

三、教学点评

（1）打造这堂课的时候考虑到了公开课的实用性。授课过程中提出将易错字马上书写，减少了过失性丢分，实用性很强。（永年中学　杨秀玲）

（2）留给学生的问题从量和质的角度来讲都合适，问的问题都是学生能完成的问题。（永年中学　杨秀玲）

（3）抽问的方式（从第一排轮流回答）值得推广借鉴。这样的方式带动了课堂气氛，学生相对来说比较容易接受。（永年中学　杨秀玲）

（4）可否让学生自己完成对人物的评价，顺便可以将评价人物的方法告诉孩子们？（永年中学　杨秀玲）

（5）人物精神的升华方面可做延伸：这些人物历经艰辛做的事情究竟值不值得？学生对这些事情是怎样的看法？比如，孩子们觉得鉴真东渡传道日本是否有意义。因为日本侵略过我们，给我们带来过巨大的伤害。借此帮孩子们树立正确的价值观，引领学生认识到大国的风范，以及和平与发展的世界主题。（富顺县历史教研员　王旭忠）

（6）每个知识点的衔接，整合了知识点，贯穿了灵魂，既注重了细节又顾全了大局（富顺县历史教研员　王旭忠）

（7）阅读材料的方法，公开课上只能略提，但是在平时的教学过程中，肯定是需要反复提醒的。（富顺二中　舒浩）

（8）课后知识的处理忽略了。（富顺二中　应敏）

（9）总结简洁、关键。（富顺二中　徐洋）

部编版七年级下《北宋的政治》教学实录

唐　莉

（自贡市蜀光绿盛实验学校）

七年级下《北宋的政治》一课内容相对简单，教学难点疑点比较集中，如何在40分钟的课堂教学时间内完成教学任务的同时，落实学科核心素养，培养学生的分析能力，对教师来说是很大的挑战。笔者在2019年4月11日四川省贾雪枫名师工作室自贡组的研修活动中，执教了本课。教学实录如下。

一、教学过程

师今天我给同学们介绍一个小说人物，他是《水浒传》中的梁山好汉，武艺高强，他是原东京八十万禁军的教头，威名赫赫，但却被太尉高俅的养子陷害。他就是林冲。在这部以北宋末年为故事背景的小说中，安排这样一个武官被欺负的情节，这符合历史吗？今天，我们就一起回到北宋，去探寻历史的真相。说到《北宋的政治》，什么是“政治”？不同学者观点不同，我理解的“政治”，简单来说，就是管理国家事务的各项活动。而要说到“北宋的政治”，就不得不提一个很牛的人物。同学们知道这个“王者”是谁吗？

生：赵匡胤。

师：那他是如何建立北宋的呢？

【自主学习】

看书说说“北宋的建立”。注意“黄袍加身”的名词解释。

【教师点拨】

这场陈桥兵变，由于事前的精心谋划、多数将领的支持，基本没有遇到太多的阻碍，并且，攻入后周都城后，赵匡胤下达一个命令：所有将士必须保护周朝太后和幼主，不许侵犯朝廷大臣，不许抢掠。和平夺权，善待前朝宗亲遗臣。这可是跟以往的帝王不一样呢。可谓开创了史上最温和的宫廷政变——说明他的仁厚、气度。

于是赵匡胤在960年通过陈桥兵变，颠覆了后周，以东京为都城，建立了北宋。北宋建立时，南方地区还有并立的诸多政权，宋太祖和他的后继者依照先南后北的统一方针，陆续消灭了南方割据政权，所以北宋实现了全国统一吗？（给出地图分析）

没有。它只是结束了中原和南方的分裂割据局面。在它的周围还有诸多少数民族政权的威胁。然而，这些对于宋太祖赵匡胤来说都不是最亟待解决的问题，那么目前最让他头疼的是什么呢？我们一起来看看材料（见图1、表1）。

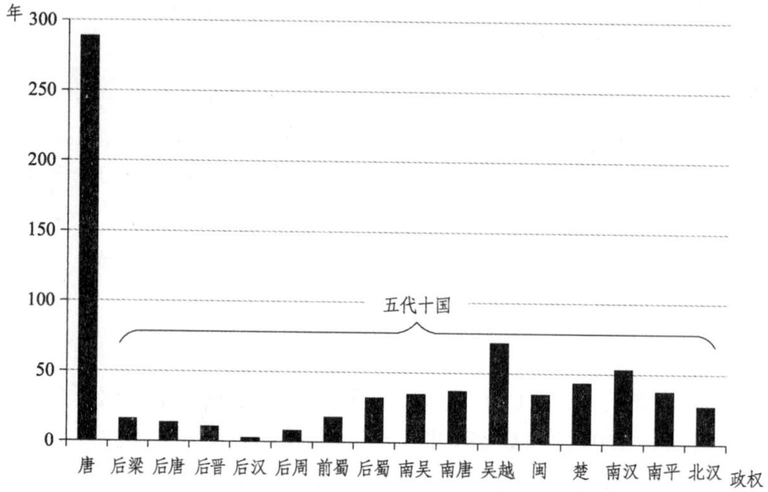

图1　五代十国政权存在时间

同学们发现什么问题了吗？——五代十国的每个政权存在时间都非常短。

表1　五代十国政权建立者及其原官职

五代					
政　权	后　梁	后　唐	后　晋	后　汉	后　周
建立者	朱　温	李克用	石敬瑭	刘知远	郭　威
原官职	唐宣武军节度使	唐河东节度使	后唐北京（今太原）留守、河东节度使	后晋河东节度使	后汉天雄军节度使

十国										
政　权	前蜀	后蜀	南吴	南唐	吴越	闽	楚	南汉	南平	北汉
建立者	王建	孟知祥	杨行密	李昪	钱镠	王审知	马殷	刘隐	高季兴	刘崇
原官职	唐西川节度使	后唐剑南东西川节度使	唐淮南节度使	南吴镇海、宁国节度使	唐镇东、镇海节度使	唐威武军节度使	唐武安军节度使	唐清海军节度使	后梁荆南节度使	后汉河东节度使

我们再看表1，发现什么了吗？——每个建国者都是节度使、武将。

对，就连宋太祖赵匡胤都是禁军统帅，手握重兵！所以，他最担心什么？

【自主学习】

那他该怎么做，才能维护统治？（一般孩子能答出“杯酒释兵权”）

请你来给大家说说这个故事。注意引导对照之前说的名词解释几要素。

为什么不像某些皇帝一样，直接杀了这些手握重兵的开国功臣？杯酒释兵权，平和削权显仁义——仁厚、谋略、人格魅力。

那解除了中央禁军的兵权，皇帝就可以高枕无忧了吗？

面对“方镇太重，君弱臣强”的局面，大臣赵普提出怎样的建议以“君强臣弱”、强化中央集权的？

材料 “此非他故，方镇太重，君弱臣强而已。今欲治之，亦无他奇巧，惟稍夺其权，制其钱谷，收其精兵，则天下自安矣。”

请用材料中的原文来回答问题。

【自主学习】

请根据赵普的建议，完成表格（见表2）。

表2 宋太祖维护统治的措施

		目的	措施	影响
军事方面（收其精兵）		消除武将专权的积弊	解除禁军将领的兵权（杯酒释兵权）； 统兵权与调兵权相分离； 禁军定期换防	积极： 加强中央集权
政治方面（稍夺其权）	中央	防止宰相权力过大	分化事权，削弱相权（二府三司制）	
	地方	加强对地方的控制	文臣任知州，三年一换； 设置通判	
经济方面（制其钱谷）		加强对地方的控制	取消节度使收税的权力； 设置转运使，把地方财富收归中央	

【教师点拨】

（削弱相权）宋朝的宰相不止一人，在宰相之下又设若干副宰相；同时还设立多重机构，如二府三司制，这与唐朝的三省六部制有很多的不同。通过枢密院和三司分割了宰相的军政、财政大权。不仅如此，针对宰相自汉以来的显赫地位，太祖皇帝又生一计。他做了什么呢？我们来看图（PPT展示图片）。

【自主学习】

从图中能看出什么变化？

【教师点拨】

有一天宋太祖在议政的时候，他跟宰相范质说，爱卿，这个奏章上写的什么内容啊，我看不太清，你来看看。等范质一走过去，就有人悄悄地把板凳撤走了。从此，宰相就站着议政了。

这有什么深意吗？分权与制衡，立制大智慧。

在地方，宋太祖派文官任知州的同时，还在地方设置通判，这个“通判”是干什么的啊？

【材料研读】

阅读第30页。

跟唐朝相比，宋朝的节度使既没有兵权，也不能收税，实力大大削弱。不动声色，巧破困局。

就这样，通过杯酒释兵权、分化相权、巧撤凳子等方式，宋太祖赵匡胤牢牢地把军权、行政权和财政大权掌握在手中。他在不动声色间，破解了唐末以来的困局。

后来，北宋出现了这样的谚语，你们能据此判断出北宋的政治特点吗？

对，就是“重文轻武”！

【自主学习】

“重文轻武”的政策具体体现在哪些方面？他是怎么“重文”，又如何“轻武”呢？

【教师点拨】

文臣掌握军政大权，地位、待遇高于武将。武将受多方面牵制。兴文教，改革和发展了科举制度。开创文官体制，创新科举制度。

宋太祖还立下誓碑：不得杀士大夫及上书言事人。所以，《水浒传》中林冲的这个情节，一定程度上尊重了历史。

【自主学习】

观看微课，并结合所学知识，说说重文轻武的影响。记录关键信息。

师：通过同学们的分析，我们不难看出，重文轻武有利有弊，而这也是我们一直强调的分析历史人物和历史事件的方法。

由于北宋独特的文官体制，所以宋朝出现了很多有别于其他朝代的社会变化。大家看看第二单元的目录，可以发现它们之间的联系。

【合作探究】

英国史学家汤因比说："如果让我选择，我愿意活在中国的宋朝。"那你想生活在这个时代吗？

师：同学们都很真实地表达了自己的感悟。宋朝这个时代，由于太祖赵匡胤的大智大勇、顾瞻千里和非凡大度，开启了一个"前所未见的发展、创新和文化繁盛"的时代。当然智者也留有遗憾。为此，毛主席曾写道："唐宗宋祖，稍逊风骚。……数风流人物，还看今朝！"所以，未来的中国，交给你们。

二、教学反思

本课授课是借班上课，授课对象是仙市中学七年级的学生，由于该校是乡村学校，上课之前已经预设了学生学习水平的差异，但实际上课还是预估不足，导致了部分问题的设问超出了孩子们的接受能力，如"请根据赵普的建议（稍夺其权，制其钱谷，收其精兵），从政治、经济、军事三个方面的角度分析，完成表格"。他们能从书中找出改革的部分措施，但是无法理解"政治、经济、军事方面"这个概念，不能对应填表。导致孩子们回答不了，越答越紧张，以致课堂氛围越发沉闷。本课的设计本意是想初步培养学生历史叙述、时空观念的核心素养，但教学设计有些脱离学生的实际，教学目标中的能力培养还未实现。以后教学，一定要更加注意对学情的分析，学习的主体是学生，只有适合学生的，才是最好的教学。

三、教学点评

这堂课的设计巧妙，从导入、到时间轴、再到人物的重要事件，都注意调动学生的学习兴趣，重视对学习方法的讲授。① 导入以林冲落草为寇的故事为切入点，问符不符合历史事实？引起学生兴趣。② 以人物故事“黄袍加身”“杯酒释兵权”“站议朝政”等分析赵匡胤的智慧，且引导学生进行历史叙述能力的培养。③ 对北宋重文轻武的影响，用目录进行联系分析，让学生更全面地了解。

（四川省贾雪枫名师工作室自贡研修组）

《明朝的对外关系》教学实录

王玉菲
（泸州市纳溪区打鼓镇初级中学）

2019 年 5 月 14 日，在纳溪区棉花坡镇初级中学开展工作室集中研修和“国培计划”初中历史第六次活动。在此次活动中，我执教了部编版七年级下册第 15 课《明朝的对外关系》，现将本节课我的教学构思简要说明如下。

本节课主要围绕郑和下西洋、戚继光抗倭等史实讲述了明朝时期对外的交往和冲突，教材共有三个部分，这些史实所反映的交往和冲突基本上都在海上进行，海洋见证了那一时期历史的荣耀和伤痛，并且随着全球史背景下资本主义的兴起和随之而来的对外扩张，一系列活动都与海洋有关，所以我以“海洋”作为贯穿三个部分的主题，以“海权”为课魂，使学生体会到海权的重要性，也侧面为后来海禁的实施造成的深远影响打下知识背景铺垫，培养学生多角度认识、分析历史现象的能力。

第一部分郑和下西洋，通过简单的引入后，用自主探究的方式调动学生主动性，让学生自主把握郑和下西洋的概况（见表 1）。其中，我注重对学生历史解释能力和时空观念的训练，让学生明确“西洋”的概念，根据地图把握下西洋路线和所经地区。

表 1　郑和下西洋概况

目　的	宣扬国威，加强同世界各国的联系
起止时间	1405—1433 年
次　数	7 次
所载货物	丝绸、瓷器、茶叶、漆器、金银货币
到达地区	先后到达亚洲和非洲的 30 多个国家和地区，最远到非洲东海岸和红海沿岸
交流内容	访问赠送物品，表达通好之意，进行贸易；回国时，一些国家还派出使者随行

为了让学生更真切、生动地感受郑和下西洋，我将郑和下西洋 3D 模拟历史剧的现场视频部分截取，通过高度还原模拟海航遭遇狂风巨浪的真实环境，让学生感受到下西洋壮举的艰辛，体会到郑和一行人的勇敢和大无畏精神。

第二部分戚继光抗倭，由于这一部分教学内容较为冗长和枯燥抽象，为了让学生更深刻地感悟历史，调动其学习兴趣，我将整个戚继光抗倭过程设计为由文字、图片动画以及背景音乐相结合的数字故事，并全程由我以抑扬顿挫的音调为学生现场讲述。从故事背景到戚继光抗倭斗争的高潮，整个数字故事采用 2 段不同的音乐，并根据情节需要，适时加入音效予以渲染，使学生最大化地理解感知这段历史。出示图片及文字材料：

明朝中期，国办减弱，海防松懈，倭寇与中国海盗、奸商等相互勾结，对中国沿海的武装抢劫日益猖獗。

经过数学故事的讲述，学生对戚继光抗倭有了深刻的感知，对于讨论问题的解决更得心应手，在讨论戚继光抗倭胜利原因一环节，我注重对学生唯物史观和史料实证能力的培养，提供相关材料让学生进行分析，做到论从史出。

思考讨论：戚继光抗倭战争为什么能够取得的胜利，原因有哪些？

提示：从战争目的、性质、军队实力、人物精神等方面进行分析，以小组为单位，讨论交流 3 分钟。

材料　继光至浙时……请召募三千人，教以击刺法，长短兵迭用，由是继光一军特精。又以南方多薮泽，不利驰逐，因地形制阵法，审步伐便利，一切战舰、火器、兵械，精求而更置之。“戚家军”名闻天下。

——《明史·戚继光传》

最后，通过列举戚继光爱国诗文选，品味戚继光抗倭精神，升华情感，得出结论：戚继光是我国历史上一位伟大的民族英雄。

第三部分由于内容较简单，主要通过教师引导、讲述的方式完成教学。在这里，我略微拓展了一些相关史实，让学生感受从葡萄牙人以晾晒货物为借口到祖国痛失澳门这一荒诞的史实，并引导学生分析，这一现象，是当时明、清政府主权观念淡薄的产物，是曾经国力衰弱、海防松懈的产物，更是中国曾饱受凌辱的见证，从而回到对课堂主题“海权”问题的思考。

1887年，葡萄牙殖民者诱逼清政府签订了不平等的中葡《和好通商条约》，将澳门置于葡萄牙的“永居”“管理”之下。

最后，在课堂总结环节给学生播放相关视频，升华主题，让学生进一步感知到，在习近平总书记指示下，当今我国海洋事业、海军实力的蓬勃发展，今天的祖国已有足够的实力和自信维护领土完整，再也不会把辽阔的海洋拱手相让，从而紧扣主题，历史与现实结合，达到历史教学目的，爱国情怀油然而生，以此结束课堂教学。

《清朝前期社会经济的发展》课堂实录

江红梅
（内江七中）

【导入】

师：七年级上和下的书中我们学了哪些治世？治世就是书本中所称的盛世。

生：文景之治，光武中兴，贞观之治，开元盛世。

师：除开同学们回答的盛世之外，老师再给同学补充一个——康乾盛世。“康乾盛世”又称“康雍乾盛世”“康雍乾之治”“康乾之治”，是中国古代封建王朝的最后一个盛世，该时期经历了康熙、雍正、乾隆三代皇帝，是清朝统治的最高峰。这一阶段社会稳定，经济快速发展，人口增长迅速，疆域辽阔。

（展示这一时期的绘画——《盛世滋生图》）

师：我们今天跟着这幅《盛世滋生图》进入本课的新课学习。

（提出康乾盛世这个概念，有部分同学就会思考教材中为什么不再提出康乾盛世这个词，与小结后的拓展部分中国落后于西方和下一课清朝的腐朽相挂钩。）

师：展示本课的学习目标，让学生学习有一个目标性，知道今天的学习重难点。

（1）了解清朝初年农业生产恢复和发展的情况。

（2）掌握清朝前期手工业和商业的发展概况。

（3）知道清朝前期人口增长的原因及带来的问题。

【新课学习】

一、清前期社会经济发展之农业篇

师：展示《盛世滋生图》局部（见图 1）。（图中可以明显看见广袤的农田）

图 1　盛世滋生图（局部）

师：老师希望同学根据老师呈现的材料和书本内容了解清朝前期农业恢复和发展的背景。

材料　明末人口为一亿，到清世祖（顺治皇帝）时全国人口只剩下 1 400 万人了，锐减了 80% 多，损失人口 8 000 多万。

师：改朝换代常常经过大量的战争，战争引起的战乱对社会造成巨大的损坏，这就是我们农业恢复的大背景之一。

（学生虽然预习过课文，但一定要求学生及时做笔记）

师：清初，建立了新的王朝，那新的王朝又是在什么样的情况下恢农业的呢?

展示第二则材料及图片清朝垦荒执照。

材料　凡各处逃亡流民，不论原籍、别籍均广加招徕（lái，招揽），编入保甲（户籍），使之安心乐业。查本地方无主荒田，州、县官给以印信执照开垦耕种，永准为业。

——《垦荒令》

生：讨论后得出政府重视农业的结论，从图片看出皇帝强调农业重要性。

师：这是我们农业恢复的背景之二：康、雍、乾诸位皇帝重视农业发展，推行垦荒政策。

农业得到重视，它的恢复情况如何，表现在哪里呢？老师这里展示一些材料和图片，我们来仔细看看。首先看看下面这个表格（见表 1）。

表 1　顺治至乾隆年间耕地面积

年　份	耕地面积（顷）
1661 年（顺治十八年）	5 493 576
1685 年（康熙二十四年）	6 078 430
1724 年（雍正二年）	6 837 914
1766 年（乾隆三十一年）	7 414 495

生：耕地面积增加很多。

师：这时期的耕地面积比明朝时期增加了近 3 亿亩，这就是农业恢复的表现之一——耕地面积不断扩大。

师：表格看完，接着我们再来看看这几幅图。（展示《康熙治水图》局部和清《黄河治水图》局部，见图 2、3）

图 2　康熙治水图（局部）

图 3　黄河治水图（局部）

师：这两幅图出现了同一个词语是什么？

生：治水。

师：当时政府对黄河、淮河进行了治理，修建了堤坝、堰渠、海塘。同学们想想这应该是农业发展的哪个方面？

生：治水——水利方面！

师：对了，这就是农业恢复发展的表现之二——大力兴修水利。

接着我们继续看下面的图片。（展示图片玉米和甘薯）

师：看看这两幅很熟悉的图片，这是同学们日常生活中很容易就能吃到的食物。玉米和甘薯在明朝时期传入中国，到了康熙时期玉米和甘薯仅仅种植于西南和东南沿海地区，到了乾隆时期玉米传入整个陕南地区。整个秦岭山脉，汉水流域得到了开发，都种植了玉米和甘薯，甚至成为人们的主粮。

材料　甘薯：每亩可得数千斤，胜种五谷几倍。玉米：种一收千，其利甚大。

这是清朝时期人们对于玉米、甘薯的评价，同学们能从评价中得出玉米和甘薯有什么样的特点呢？

生：产量很大，是高产作物。

师：同学们再看课本中的相关史实部分，从“苏湖熟，天下足”（稻米）到“湖广熟，天下足”（玉米、甘薯），所以总结一下，有了新的品种，粮食产量大幅度提高，这就是农业恢复发展的表现之三。看完番薯和玉米，我们再来看看下面几幅图片。

（展示图片甘蔗、棉花、茶叶、烟草）

师：第一张图片同学们肯定很熟悉，我们内江曾经被称为甜城，那就是因为内江产糖，所以在内江很容易买到甘蔗吃。（历史学习中也要将乡土历史在合适情况下普及给学生）以甘蔗为例，农民种植甘蔗主要为了什么？

生：卖钱。

师：所以和粮食作物相比，种植甘蔗、棉花、茶叶、烟草主要是为了出售获取利润，它们就是经济作物。以前学过，宋朝时期经济作物在南方有了较大发展，南方开始普遍种植茶树，棉花的种植推进到江淮和川蜀，清朝时期这些经济作物的种植更是往北方发展，甚至花卉水果都有了较大的种植。所以粮食作物在增加，经济作物也有加大的发展。这就是农业恢复发展的表现之四。

师：我们归纳一下农业恢复发展的表现。耕地面积不断扩大；大力兴修水利；粮食产量提高；经济作物较大发展。在学习七年级历史时，老师就说过中国古代就是一个农业社会，农业发展了，那么整个社会就会随之发展、繁荣，那么同学们结合书本总结一下农业恢复发展带来的影响是什么呢？

生：有利于社会稳定和繁荣；推动手工业与城镇商品经济发展。

【课堂巩固】

清朝中期，江汉平原、洞庭湖和湘江沿岸地区，粮食产量有较大的提高，湖广地区成为新的商品粮基地，以至出现了“湖广熟，天下足”的谚语。该地区粮食产量有较大的提高主要是因为推广种植高产作物。那么，当地推广的高产粮食作物有（　　）

① 玉米　② 甘蔗　③ 甘薯　④ 棉花　⑤ 烟草　⑥ 茶叶

A. ①②③　B. ①③　C. ③④⑤⑥　D. ①②③④⑤⑥

答案：B

师：在这道题中同学们要注意的是粮食作物四字，错误答案都是经济作物。

农业部分学完了，我们继续来看《盛世滋生图》。

二、清前期社会经济发展之手工业篇

师：说到手工业，同学想到以前我们学过的哪些具体行业？

生：瓷器、棉纺织，丝纺织、制茶、制糖……

师：手工业部门很多，老师这里给同学看看手工业中具有典型代表的部门——制瓷业。

（展示 3 幅图片：康雍乾时期的粉彩瓷器和珐琅瓷）

材料　清代粉彩瓷器是中国传统彩瓷品种之一，康熙时，粉彩瓷器技术已问世，雍正时期，粉彩瓷器技术达到登峰造极的水平。

师：图 1 和 3 是粉彩瓷器，图 2 是珐琅彩，以瓷器为代表，同学们从中看到手工业怎样的情况？

生：产品精美，技术高超。

师：对的，这就是手工业发展的表现之一——手工业发展，品种繁多，产品精良。接着我们再看看下一幅图。（展示《清代纺织图》，见图 4）

图 4　清代纺织图

结合材料看看书本，同学们归纳下清代手工业出现什么新内容呢？

材料 （苏州）东城之民多习机业，机户名隶官籍。佣工之人，计日受值，各有常主。

——《长洲县志》

生：用机器，雇佣人工作。

师：这里出现一个新的词语——手工工场，注意写法“场”不是“厂”。那么什么是手工工场呢？我们通过以下材料来理解手工工场的特点。

材料：（展示图片《宋代纺织图》和《清代纺织图》）

佛山镇棉纺织业的织工超过5万人。

生：人数很多。

江宁著名的机户李扁担、李东阳等，都各自拥有织机五六百张。

生：有很多织机。

从江南丝织业的整个过程看，一个机房中，机工有络工、拽工、织工、牵经工，还有刷边、运经、接头等工，各有专门技术。

生：分了很多工。

师：总结特点：人数多、规模大、分工明确。其中织工和机户形成雇佣和被雇佣的关系。手工业看完，接着我们再来看看《盛世滋生图》。（展示《盛世滋生图》中的前门街市图）

三、清前期社会经济发展之商业篇

师：老师把《盛世滋生图》中几个具有代表性的局部展现给同学们看看，你们能从这些图中得到一些关于商业的什么信息？

师：同学们可以从三幅图中看到从村中的集市、镇上的市场、城中商业街，从村到城，从基层到全国的大城市都有着专门的商业交易场所，同学们能不能从书中找一个词来概括呢？

生：商业网。

师：对了，这就是商业发展的表现之一：商业发达，形成商业网。我们再看一幅清朝时期的地图。（展示《清朝行政区划图》）我们先来看看红圈中的城镇，其中有一个同学们很熟悉的城镇名称。

生：景德镇——瓷都。

师：景德镇全国闻名的制瓷业，使得它成为一个专门性的工商业城镇，汉口镇因为地处交通要道，也成为全国文明的商业城镇，号称是“人烟数十里，贾户数万家”，这些地方就这样由农村发展为工商业城镇。苏州城外商船外来的情形，那是一片繁忙。

师：总结一下商业发展的表现之二——一些农村地区发展为工商业市镇，大城市工商业繁荣。

师：这里出现了一个商业上新的词语——商帮。这就是商业发展的表现之三——形成大型商帮，在全国进行商业活动。同学们现在根据书本找到商帮中的代表。

生：晋商、徽商。

师：强调“徽”字。同学们再根据书本看看晋商、徽商的特点呢？

生：晋商，通常意义的晋商指明清500年间的山西商人，晋商经营盐业，票号等商业，尤其以票号最为出名。徽商为江南徽州府商人，经营行业以盐、典当、茶木为最著，其次为米、谷、棉布、丝绸、纸、墨、瓷器等。

师：徽商经营特点是什么？

生：经营行业多样。

【课堂巩固】

小明看完《乔家大院》后，了解到剧中主人公乔致庸是一名典型的晋商，晋商兴盛于（　　）

A. 秦汉时期　　B. 东晋时期　　C. 唐宋时期　　D. 明清时期

答案：D

师：商业学完了，我们继续看《盛世滋生图》。（展示《盛世滋生图》中苏州阊门的图片）这幅图画的是苏州阊门的情况，从图中我们可以看到挨挨挤挤的人群。

四、清前期社会经济发展之人口篇

师：明朝鼎盛时期人口1亿多，后期经济衰败，连年战乱，明末人口锐减，到清初人口又怎样呢？我们来看看图片（见图5）。

为什么人口会增长这么多？想想刚才我们讲的内容，农业恢复了，手工业商业发展，那么人口自然会增加，所以人口增加的原因是什么？

生：清初经济发展，国力增强，社会安定。

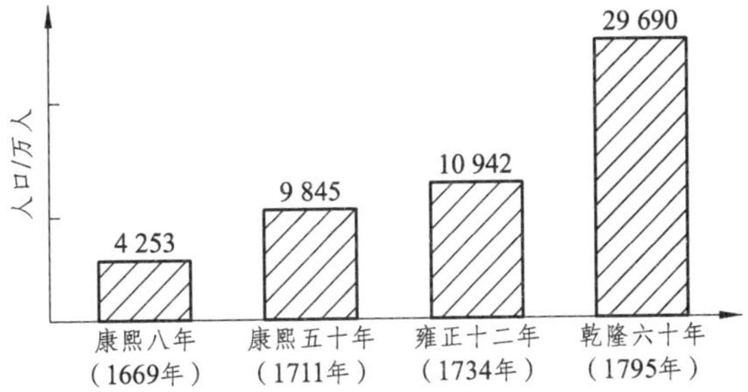

图 5　康熙至乾隆年间人口数量

师：乾隆时期人口将近 3 亿，是当时世界人口的三分之一。人口这么多，说明我们国家好啊，但是实际情况如何呢？来看看下面这个表格（见表 2）。

表 2　清代人口、耕地变化统计表

年　份	人口（亿）	人均耕地（亩/人）
1650 年（顺治七年）	1 ~ 1.5	4 ~ 6
1750 年（乾隆十五年）	2 ~ 2.5	3.6 ~ 4.5
1850 年（道光三十年）	4.1	2.95

师：同学们能从中看出什么危机？

生：人均耕地越来越少。

师：如果是你，你怎么办？

生：开荒或者抢别人的地。

师：总结一下，人均耕地越来越少，这就导致（展示 PPT，见图 6）——

人均耕地减少→人口与土地矛盾突出→垦荒破坏生态
争夺土地→人与人之间矛盾尖锐→造成社会压力
} 影响经济持续发展

图 6　人均耕地减少的影响

（以上教学环节都在让学生通过材料或者图片分析，然后和书本的知识点相结合，希望学生能理解知识）

【课堂巩固】

据估计，宋朝耕地面积为 5.6 亿亩，明朝增加到 8.5 亿亩，清朝又增至 11 亿 ~ 12 亿亩。在新增加的耕地中，不少是“瘠卤沙冈”“陡绝之地”。造成这一现象的主要原因是（　　）

A. 铁制农具的发展　　B. 水利灌溉的进步

C. 人口的快速增长　　D. 统治者的政策推动

答案：C

【本课小结】　（见图 7）

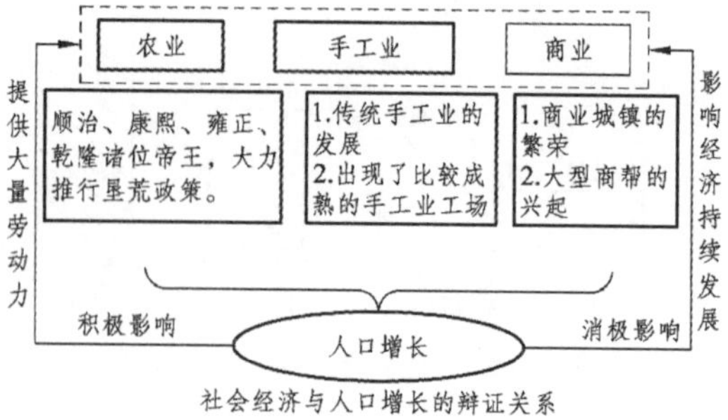

图 7　清朝前期社会经济的发展

师：清朝前期经济结束了，老师再给同学们拓展一个知识，来看相关人物。（展示乔治·马嘎尔尼图片）

盛世中的危机

乔治·马嘎尔尼（1737—1806），英国近代著名政治家，曾率领使团以给乾隆祝寿为名，于 1793 年抵达中国。

英国使臣团离开时，中国官员奉命送一些食物给他们，由于“有些猪和家禽已经在路上碰撞而死”，所以英国人就把一些死猪、死鸡从“狮子号”上扔下大海。岸上看热闹的中国人一见，争先恐后跳下水，“马上把他们捞起来，洗干净后腌在盐里”留着吃。

师：通过以上材料，同学们看到了什么信息？

生：百姓很穷，死猪、死鸡都在抢着吃。

师：盛世之下老百姓依然贫穷，又称“饥饿的盛世”。再来看看当时康乾时期清朝和西方的对比情况，同学们能看出什么（见图 8）？

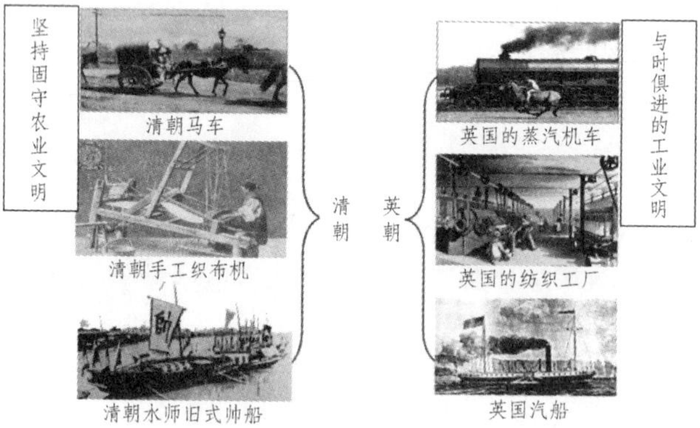

图 8　康乾时期清朝和西方的对比

生：清朝比西方落后很多。

师：马嘎尔尼曾说："清帝国好比是一艘破烂不堪的头等战舰……而它胜过其邻船的地方，只在它的体积和外表。"五十年后爆发的鸦片战争最终验证了这一切。

历史证明，选择的不同，命运也会不同！

我们从历史中走出来，展望今天，今天的我们应该怎么选择？

（拓展这部分知识是让学生对中国近代史产生兴趣，与下学期的教学有所连接）

【课后作业】

思考为什么清朝会比西方落后？现在的我们应该怎么选择？

中国近代史

《戊戌变法》课堂实录

蹇良凤
（泸州市第二中学校）

一、教学过程

【导入新课】

（师：展示崖山海战遗址图片）

师：这是位于广东省江门市的崖山，100 多年前的每年清明，一位少年总会陪同祖父来到崖山祭祖。每经过此地，祖父总会向少年讲述：1279 年，蒙古军队与南宋军队在崖山大战，南宋战败，南宋十万军民纷纷跳海殉国，南宋覆灭。爱国的种子由此播种在少年的心里，他学会的最初品格便是爱国，少年也用他的一生诠释了爱国这一使命与担当。这位少年便是梁启超。今天就让我们一起，走进“戊戌变法”，了解梁启超。

【讲授新课】

师：请同学们结合本课引言一起来回顾前面所学内容。19 世纪 60—90 年代，地主阶级引进外国器物，掀起挽救清朝统治的洋务运动。1894 年 7 月，日本蓄意挑起战争，甲午中日战争爆发；1895 年 2 月，威海卫战役中北洋水师全军覆灭，标志着中国战败，也宣告了洋务运动的破产；1895 年 4 月，中日《马关条约》签订。条约规定中国割地、赔款、开通商口岸等，对中国造成了什么后果？

生：主权受到侵犯，中国的半殖民地化程度大大加深，民族危机加剧。

师：民族危机的加剧使先进的中国人认识到，单凭引进外国器物已不足以挽救民族危亡。于是，谋求制度的变革被提到议事日程上来。正在北京参加会试的康有为，于 4 月 22 日写成一万八千字的“上今上皇帝书”即《上清帝第二书》，准备上书请愿。此次上书，康有为目的为何？请同学们根据材料指出。

为安危大计……迁都练兵，变通新法，以塞（拒绝）和款而拒外夷，保疆土而延国命。

——康有为《上清帝第二书》

生：康有为主张通过“迁都练兵，变通新法，以塞和款”达到“保疆土而延国命”，挽救民族危机，维护清朝统治的目的。

师：同学们在书上将上书目的勾画出来。

（一）公车上书：签与不签

师：康有为率先站出来表达个人意愿。请问同学们，如果你是一名正在北京应试的举人，面对康有为“反对议和，请求变法”的请愿书，你是选择签还是不签？（简单略过）

生一：我选择签。（学生回答不评价）

生二：我选择不签。（学生回答不评价）

师：历史上举人的选择是否和同学们一样呢？我们通过两则材料来了解当时的历史事实。

南海先生（康有为）联公车三千人，上书请变法。

——梁启超《三十自述》

既而合十八省之举人……与斯会者凡千三百余人。

——梁启超《戊戌政变记》

师：从材料中，同学们可以得出什么历史事实？

生：康有为准备联三千人，可实际与会签字者只有千三百人。

师：从“三千人”到“千三百人”，仍然有一半的举人没有选择签字。从不同考虑出发选择不签，这是人之常情。但是我们需要明白，在国家利益受到侵犯，民族危机严重之时，是更需要这些敢于签字、敢于承担责任的人。国难当头，应国家利益至上。正所谓天下兴亡，匹夫有责，这就是选择签的你们和他们的使命与担当。

师：此次上书十八省举人响应，一千三百多人连署。这就是著名的“公车上书”。5 月 2 日，十八省举人与数千市民集都察院门前请代奏事，都察院却以合约已成为由拒绝接受，上书失败，但康梁等人并没有选择放弃，他们通过哪些方式继续宣传变法呢？我们通过一段数字故事来了解。（播放视频）

生：康梁等人通过创办报刊、组织学会，继续宣传变法思想。

师：我们通过两则材料来具体分析康梁的变法主张。

布衣（百姓）改制，事大骇人，故不如与之先王（以先王的名义），既不惊人，自可避祸。

——康有为《孔子改制考》

变法之本，在育人才；人才之兴，在开学校；学校之立，在变科举。而一切要其大成，在变官制。

——梁启超

生一：康有为主张借助圣人孔子名义进行变法。

师：为什么康有为要借助圣人孔子名义进行变法？

生二："既不惊人，自可避祸"。

师：宣传变法过程中遭到了慈禧为首的封建守旧势力的阻挠。作为慈禧亲信、时任军机大臣的荣禄以"祖宗之法不可变"为由极力反对变法。康有为于1898年出版《孔子改制考》，借孔子名义进行变法，达到"既不惊人，自可避祸"的目的，减轻变法阻力。

生三：梁启超主张培育人才，改革科举制，建立新式学校，变革封建政治制度。

师：梁启超主张变法的关键在最终变什么？

生四：变法的关键在最终变封建政治制度。

师：康有为、梁启超共同主张要求变旧法、行新政的思想被称为维新思想。康梁等主张变法的人也被称为维新派。

（二）百日维新：变与不变

师：宣传变法过程中，遭到了慈禧为首的封建守旧势力的阻挠。面对慈禧亲信、时任军机大臣的荣禄的极力反对变法，如果你是生活在这个时代的知识分子，你会选择支持变还是不变？

生：我会选择变。

师：民族危机进一步加剧。此时，只有变法才有可能挽救中国。（选择支持变法的同学与维新人士一样，不畏艰难，敢于担当变法责任。）

师：因为此时国内局势愈发严峻。1897年11月德国强占胶州湾，12月俄国强租旅顺和大连，1898年，英国强租新界和威海卫，列强掀起瓜分中国狂潮。变法迫切需要从理论宣传转为政治实践。

师：在康梁等维新派的推动下，光绪最终决定变法。1898年6月11日，清政府颁布 "明定国是"诏书，宣布实行变法。"国是"本意指国家的大政方针政策。《明定国是》中的国是特指学习西方进行变法。

师：既然决定要变，措施有哪些？书上已经给大家归类列举出了变法内容。请同学们根据内容分析变法措施的积极作用。

生一："上书言事"有利于维新人士参政议政。

生二："兴办工矿企业、发展农工商业"可知有利于民族资本主义的发展。

生三："废除八股、办新式学堂"有利于培养新式人才，传播西学。（点明近代教育发展历程）

生四：训练新式军队有利于提高军队战斗力。

师：变法内容中裁撤"冗官冗员""废除八股""裁减绿营"等措施却触犯了顽固派的利益。从变法一开始，为限制光绪权利，慈禧便剥夺了光绪的用人权及军权。无人可用的光绪只能寄希望于在天津小站练兵的袁世凯。7月26日，光绪密召袁世凯进京，不料被顽固派荣禄等截断了进京路线。此时的京城已是草木皆兵、风声鹤唳，光绪帝明确感到危险即将来临，于是在7月28日密电康有为、谭嗣同，要求康梁妥速密筹，设法相救。接到密诏后的康有为等人自觉事情不妙，反复商议后，决定派谭嗣同于9月18日夜访住在法华寺的袁世凯，策动袁世凯发动兵变，诛杀荣禄，包围颐和园。

师：谭嗣同走后，袁世凯在权衡了慈禧与光绪的实力后，决定偷生自保，投靠慈禧。第二天袁世凯赶到天津向荣禄告密，荣禄得到消息后立即转告慈禧。在袁世凯抵达天津的第二天，也就是9月21日，慈禧发动了震惊中外的"戊戌政变"，囚禁光绪帝于中南海瀛台的涵远楼，对外宣称光绪抱恙不理政事，同时大肆逮捕维新人士，维新变法失败，资产阶级维新派改良道路在中国行不通。由于此次变法只维持了103天，所以又称"百日维新"。

（三）戊戌政变：留与不留

师：面对顽固派的大肆搜捕，如果你是维新人士，会选择留还是不留？（重点探讨）

生一：留下。（理由略）

师：留下是对使命的坚守，是敢于担当的体现。

生二：我选择离开。（理由略）

师：离开之后要干什么？离开是为了保存实力，继续为宣传变法努力，继续担当自己的使命。离开是另一种形式的坚守与担当。

师：在当时，维新派有选择离开的，也有选择留下的。康有为、梁启超选择了离开，但在国外的他们仍然关心国内局势，宣传维新变法思想，在改良变法的道路上继续奔走。谭嗣同选择留下，最终与其他五位被捕遇害，史称“戊戌六君子”。无论是康梁等人选择离开，还是戊戌六君子选择留下，都是在特定历史时代坚守使命、负重前行的体现。

教师：谭嗣同本有机会逃走，但他毅然选择留下，请同学们阅读书上31页相关史事，分析谭嗣同留下原因。

教师：“不有行者，无以图将来”即大家所说的“留得青山在，不愁没柴烧”；“不有死者，无以酬圣主”是谭嗣同对光绪帝重用自己的回报；“各国变法，无不从流血而成，今中国未闻有因变法而流血者，此国之所以不昌也，有之，请自嗣同始！”谭嗣同选择用自我牺牲来唤醒国人的觉醒。

维新变法运动失败，但却在思想文化方面产生了广泛而持久的影响。请同学们根据材料简要归纳戊戌变法的意义并指出理由。

材料一　维新派在民族危亡的关键时刻，提出通过维新变法的方式，挽救民族危机，充斥着强烈的爱国主义激情。

——《普通高中课程标准实验教科书·历史必修·第一册》

材料二　横扫前进道路上的许多旧传统、旧观念，动员并号召人们解放思想……在中国历史上写下了资产阶级启蒙运动的一章。

——戴逸《戊戌时代的思想解放》

学生一：是爱国的，理由是材料一说戊戌变法是在民族危亡时候或者为挽救民族危机提出的。

学生二：是一次思想启蒙运动，理由是号召解放思想。

教师：何为启蒙？启蒙的本意是指普及新知，使社会接受新事物，摆脱愚昧和迷信。中国近代史上的启蒙特指用资产阶级思想将人们从封建思想中解放出来。

戊戌变法点燃了爱国、进步、启蒙的火炬，唤起了人们的近代民族意识，促进了中华民族的觉醒。不同的阶层在救亡道路上进行了多种形式的探索，用不同的方式诠释了同一种担当。戊戌变法失败后，康有为等资产阶级改良派继续宣传变法思想；1911年，以孙中山为代表的资产阶级革命派发动辛亥革命，以革命方式推翻了清王朝，走向共和；1915年以陈独秀为代表的资产阶级激进派掀起了以“民主”“科学”为口号的新文化运动。梁启超也转而支持新文化运动。正如梁启超所说：“人生须知负责任的苦处，才能知道尽责任的乐趣。”他虽然身份转变，但其爱国的使命不变。历史的抉择仍在继续，救亡的思想仍在传播。

一个时代有一个时代的主题，一代人有一代人的使命。今天的我们，又该肩负何种使命呢？

习近平总书记在今年纪念五四运动100周年的大会上，表达了对青年的寄语。（播放视频："新时代中国青年要担当时代责任。时代呼唤担当，民族振兴是青年的责任。在实现中华民族伟大复兴的新征程上，应对重大挑战、抵御重大风险、克服重大阻力、解决重大矛盾，迫切需要迎难而上、挺身而出的担当精神。"）

1900年，也就是在戊戌变法失败后的第2年，流亡日本的梁启超创作《少年中国说》，让我们在齐声诵读中感悟梁启超对中国少年的热切希望和期盼，明确我们今天的使命与担当。全体起立，齐读。

故今日之责任，
不在他人，而全在我少年。
少年智则国智，少年富则国富；
少年强则国强，少年独立则国独立；
少年自由则国自由，少年进步则国进步；
少年胜于欧洲则国胜于欧洲，
少年雄于地球则国雄于地球。

——梁启超《少年中国说》

二、教学反思

在本课的教学设计中，充分考虑到了初中生的实际情况，根据历史发展的脉络，以历史学科素养为目标重新整合教材内容，将历史学科核心素养的落实融入三个情境创设中，培养学生的历史共情之理解；但以"个人抉择"为主题设计本课，能否很好地贯彻新课标理念，还需继续探讨。

部编版八年级上《洋务运动》教学实录

陈　静
（内江市东兴区第十三中学）

导入：上课后，利用 PPT 向学生展示问题："回忆：1840 年的中国发生了哪些重大事件？"

学生共同回答：鸦片战争。

教师：英国通过鸦片战争打开了中国的国门，那近代中国受到的侵略只有这一次吗？还有什么？

学生：第二次鸦片战争。

教师：1856 年，第二次鸦片战争爆发，法国也加入了入侵中国的行列。1851 年国内还发生了什么事情？

学生：太平天国运动。

教师：太平军在南京建立了政权，直接威胁到了清政府的统治，在这样一个内忧外患的局面下，清政府不得不依靠当时的两支军队湘军和淮军来主持大局，而当时的一位政府官员李鸿章则是淮军出身，他在与太平天国的争斗和与西方列强的较量过程中，他所看到的、感受到的都让他为之称奇，那他究竟看到了什么？（出示《李文忠公朋僚函稿》中李鸿章对西方军队、武器的描写，要求学生阅读材料并思考问题："李鸿章用了哪几个词语来形容西方的军队？"）

学生：精诚、细巧、鲜明、雄整。

教师：从这几个词语可以看出李鸿章对西方军队是什么样的态度？

学生随机回答：夸赞、钦佩、羡慕……

教师总结规范：我们可以看到李鸿章认为西方的军队武器精巧、先进，是中国远不能及的，那同学们思考一下为什么中国和西方会有如此差距呢？

教师带动学生回忆前面知识：西方当时处于资本主义的上升时期，进行了工业革命，对它自身的发展可谓是如虎添翼，但中国在当时却长期实行闭关锁国政策，闭关自守，逐渐落后于西方发展的进程。所以中西方一碰面、一较量，就显现出了双方的差距。那面对这样的时局状况，作为一个中国人，包括李鸿章就会去思考，中国的问题出在哪里？应该怎样去改变现状？那我们进入今天的第一个板块：“观时局，求改变”。

出示材料并齐读，了解李鸿章对时局思考后的结论。

教师发问：李鸿章认为中国什么落后于西方？

学生随机抽问：火器（武器）装备落后于西方。

教师紧接着提问：那中国落后于西方，应该如何去改变现状呢？

学生结合材料回答：向西方学习他们的利器，学习制作利器的方法。

教师总结：李鸿章思考之后，认为应该学习西方的器物（军事技术），而当时有李鸿章这样想法的人绝非他一个，还有清政府的一些开明官员，请同学们看课本 20 页第 1 自然段，找到还有哪些开明官员？

教师随机抽学生回答。

学生甲：地方以曾国藩、李鸿章、张之洞、左宗棠为代表。

学生乙：中央以奕䜣为代表。

教师总结名词概念：这些主张学习西方器物、和洋人打交道的人物，称为洋务派。

过渡：这些洋务派的代表人物，不顾朝廷内部顽固派的阻挠，毅然决然地展开了这场运动——洋务运动。

教师：请同学们通过对课本 20 页第 1 自然段的阅读，完成这份洋务运动小档案（见表 1）。

表 1　洋务运动小档案

时间	
主张	
目的	
口号	

要求学生阅读教材，填写洋务运动小档案。学生看书过程中，教师巡回查看。

随即抽问学生完成档案情况。

学生甲：洋务运动的时间是 19 世纪 60 年代至 90 年代中期。

学生乙：洋务运动的主张是学习西方先进技术。

学生丙：洋务运动的目的是富国强兵，维护清王朝统治。

学生丁：洋务运动的口号是前期“自强”，后期“求富”。

教师：洋务运动主要分为两大阶段，前期以“自强”为口号，发展军事工业，后期以“求富”为口号，发展民用工业。

请学生阅读课本 21 页第 1 自然段，找到 19 世纪 60 年代起兴办了哪些军事工业（见表 2）。

表 2　洋务派兴办的军事工业

<table>
<tr><th>创办时间</th><th>企业名称</th><th>创办人</th></tr>
<tr><td rowspan="3">19 世纪
60—70 年代</td><td></td><td>曾国藩</td></tr>
<tr><td></td><td>曾国藩
李鸿章</td></tr>
<tr><td></td><td>左宗棠</td></tr>
</table>

学生共同回答：安庆内军械所、江南制造总局、福州船政局。

教师：洋务派为了达到自强的目的，投入了大量资金兴办军事企业，而军事工业在后期的投入生产中也需要花费大量的资金，面对这样一个状况，洋务派在 19 世纪 70 年代又提出了“求富”的口号，开办了一批民用工业，以辅助军事工业。

请学生阅读课本 21 页第 2 自然段，找到 19 世纪 60 年代起兴办了哪些民用工业（见表 3）。

表 3　洋务派兴办的民用工业

<table>
<tr><th>创办时间</th><th>企业名称</th><th>创办人</th></tr>
<tr><td rowspan="4">19 世纪 70—90 年代</td><td></td><td rowspan="2">李鸿章</td></tr>
<tr><td></td></tr>
<tr><td></td><td rowspan="2">张之洞</td></tr>
<tr><td></td></tr>
</table>

学生（抽回答）

学生 1：李鸿章兴办的民用工业有轮船招商局、开平煤矿。

学生 2：张之洞创办的民用工业有汉阳铁厂、湖北织布局。

为了方便学生记忆，在背诵的时候可以记李鸿章兴办的民用工业为“李、船、矿”，张之洞兴办的民用工业为“张、铁、布”。

过渡：洋务运动的开展是通过兴办这些近代军事和民用工业来学习西方先进技术，请同学们思考一下，中国要学习西方肯定要阅读西方的书籍和与洋人交流，所以要学习西方我们会面临一个什么问题？

学生：语言问题。

教师：所以当时洋务派在教育方面也做出了一些举措。

出示京师同文馆的和清政府派遣留学生出国的图片，让学生简要了解洋务派在教育方面所作出的努力和改变。

洋务运动的目的是要改变中国内忧外患的状况，但在洋务运动开展的过程当中却还是出现了新的外患，西方列强并未放松侵略中国，他们仍在一步步蚕食中国的领土，而为了抵抗西方列强的侵略就必须建立新式的军队来保卫我们的祖国，那就进入我们今天的第二个板块：“建军队，卫国家”。

请学生阅读课本 22 页，思考出以下问题的答案：

（1）19 世纪 60 年代，洋务派组建了什么样的新式陆军？

（2）19 世纪 70 年代，中国的哪些地区受到了西方列强的侵略和威胁？

（3）19 世纪 80 年代，洋务派组建了哪些新式海军？

学生 1：洋务派建立了新式的洋枪队。

教师：洋枪队的组建，淘汰了传统兵器，使用洋炮，中国使用的兵器从冷兵器变为了热兵器，并且还采用了西式兵操练兵，大大提高了军队的战斗力。

学生 2：中国的西北边疆和东南沿海地区受到了威胁。

教师：19 世纪 70 年代，西方列强将目光放在了我国的西北边疆地区，他们妄图利用阿古柏政权，在新疆扶植代理人，也就是建立一个傀儡政权，统治新疆，并将新疆作为桥头堡，进而入侵中国内陆。面对如此状况，清政府是如何应对的呢？

学生 3：派遣爱国将领左宗棠督办新疆军务，收复新疆。

教师：左宗棠到新疆督办军务后，大力加强西北塞防，不负众望，采用了先北后南，缓进急战的策略，带领着洋务派筹办的新式陆军，成功收复了新疆伊犁地区，并在新疆建立了行省，保卫了祖国的统一。

而与此同时，西方列强对中国的东南海疆也虎视眈眈，给中国造成了严重的威胁，于是在李鸿章的倡导下，洋务派决定兴建新式海军，加强海防。在洋务派的努力下，19 世纪 80 年代初步建立起了哪几支近代海军？

学生 4：北洋、南洋、福建、广东海军。

教师：北洋海军是当时中国规模最大、实力最强的一支海军。

我们可以通过学习了解到，当时的中国人面对西方列强的威胁，并没有一味退缩，中国的爱国将领在和爱国民众一起在谋策略，寻找保卫国家的办法，这种爱国精神是同学们作为当代中国人必须要学习的！

这场洋务运动让这些近代的军事和民用工业在中国发展起来，是中国历史上第一次近代化运动。轰轰烈烈的洋务运动在 19 世纪 90 年代就走到了尾声，而洋务运动究竟是成功的还是失败的呢？进入我们今天的最后一个板块“忆往昔，论成败”，同学们和老师一起来讨论。（在讨论过程中，老师提示学生判断一场运动成功与否，关键在于它的任务也就是目的有没有完成。）

发问：洋务运动后，中国有没有走上富强之路？

提示同学们简单翻阅目录部分，了解到洋务运动末期，中国和日本之间进行了一场甲午中日战争，中国的北洋水师虽然强大，但仍在甲午海战中全军覆没，所以洋务运动并未使中国走上富强之路，这场运动最终的结果是失败的。

发问：那为什么洋务运动没有使中国走上富强之路呢？

（学生阅读第 21 页相关史事，思考）

学生：可以看到福州船政局管理十分腐败。

教师：福州船政局只是当时军事和民用企业的缩影，当时学习西方的绝大部分企业都存在这样的问题，大量的资金都进了腐败的清政府的腰包，这样的行事作风是不能真正让这些企业发展起来的，在这场洋务运动中，洋务派没有找到问题的关键，只是对中国表面的修补，并未涉及根本，没有对封建制度进行变革，所以这场运动注定是失败的。

总结：中国近代史是一段屈辱史、抗争史、探索史。而洋务运动作为这段历史的重要一环，是中国发展道路的第一次探索，那在洋务运动之后，中国又进入了一段怎样的状况？我们下节课来进行学习。

下课！

部编版八年级上《五四运动》教学实录

罗剑容

（南充市三原实验学校）

2019 年 11 月 8 日，在南充市顺庆区教育科学研究室的组织下，我参加了送教下乡活动，在活动中我上了公开课“五四运动”供大家参考学习。课堂实录如下。

一、教学过程

（一）导入新课

播放《中国共产主义青年团团歌》视频，师生齐唱。（初步感受爱国）

师：这是什么歌？

学生：中国共产主义青年团团歌。

师：为何说五四的火炬，唤起了民族的觉醒？今天就让我们一起走进五四。

（二）新课讲授

1. 目标导学一：五四运动的爆发

师：同学阅读教材第一段，看看五四运动爆发的背景是什么？

（生齐读教材第一段）

学生甲：巴黎和会中国外交失败。

学生乙：还有新文化运动后民主思潮的传播，特别是马克思主义思想的传播。

老师：这位同学回答得特别好，懂得了知识的前后连贯，懂得把历史放在时代背景中去分析原因。

老师：为重新瓜分世界，德国 1914 年挑起第一次世界大战，历时 4 年的战争最终以德国的失败告终，1919 年 1 月至 6 月，由英、美、法把控的巴黎和会召开，作为战胜国的中国也参加了，会前顾维钧说——（PPT 展示顾维钧的话）

从顾维钧的话中我们可以看出他对这次会议期望很高，那在会议上中国提出了哪些合理要求，结果怎样？

生：取消帝国主义在华特权，收回青岛主权，废除“二十一条”，结果中国的合理要求被拒绝了。

师：为何作为战胜国的中国还是成为列强宰割的对象？

学生回答：弱国无外交。

教师概括：弱国无外交。在中国历史的紧要关头，北京青年学生凭借着一种对祖国无比诚挚的爱和胸腔中燃烧的青春热血，勇敢地走上历史舞台，吹响了革命求存的号角——五四运动。请同学们阅读教材，回答问题。

导火线：巴黎和会中国外交失败；

时间：1919 年 5 月 4 日；

地点：北京；

参加者：北京 3 000 多名学生；

主力：学生；

口号：“外争主权，内除国贼”“誓死力争，还我青岛”“废除二十一条”“拒绝在和约上签字”。

师：让我们为了捍卫祖国主权的完整，同北京学生一起喊出口号。（通过口号激发学生爱国之情）

师：广大学生要求：严惩亲日派卖国贼曹汝霖、陆宗舆、章宗祥。广大青年学生为了捍卫主权进行着不屈不挠的斗争，但是当时的北洋政府怎么做的？

生：北洋政府出动军警镇压，逮捕了许多爱国学生。面对北洋政府的镇压，我们的青年学生没有屈服。第 2 天北京的学生举行了总罢课。

在陈独秀的积极号召、宣传下，全国 200 多个地方的学生罢课，6 月 3 日至 4 日北京学生罢课，800 多名学生被捕，消息传出，上海工人举行了声势浩大的罢工。五四运动扩大。

2．目标导学二：五四运动的扩大

师：同学们齐读教材，回答五四扩大的原因。

生：陈独秀的积极号召、宣传；日本帝国主义的进一步威胁。

师：6 月份，五四运动的扩大有哪些表现？有何特点？

生：除了学生罢课之外，还有工人罢工、商人罢市活动。

（学生回答后，教师总结）特点：五四运动发展成以先进知识分子为先锋、广大人民群众参加的彻底反帝反封建的伟大爱国运动，发展成中国人民为拯救民族危亡、捍卫民族尊严、凝聚民族力量而掀起的伟大社会革命运动。

师：面对民族危机，上海工人积极罢工，声援学生的爱国斗争。工人阶级成为五四运动的主力，运动的中心也由北京转移到上海（见图 1）。

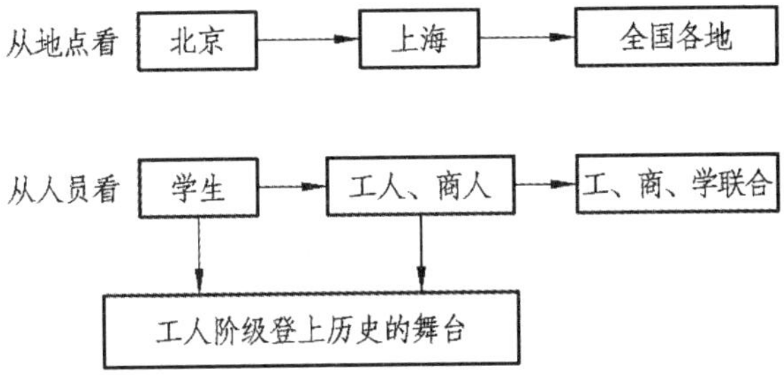

图 1　五四运动的三个阶段

师：商人罢市、工人罢工的结果怎样？

生：北洋政府被迫释放被捕学生，罢免了曹汝霖等人的职务，中国代表拒绝在和约上签字。五四运动的直接目标实现了，这是中国人民反帝斗争的一次重大胜利。

师：说明了什么问题？（出示材料回答）

材料　学生罢课半月，政府不惟不理，且对待日益严厉。乃商界罢市不及日，而北京被捕之学生释；工界罢工不及五日，而曹、章、陆去。

——《上海学联告同胞书》

生：工人阶级力量强大。

师：五四运动的“直接目标”实现了？

生：实现了。

学生甲：罢免了曹汝霖、章宗祥、陆宗舆等人的职务。

学生乙：中国代表团也没有在巴黎和会上签字。

学生齐声补充：释放了被捕学生。

师：五四运动的直接目标实现了，但是没有改变中国半殖民地半封建社会的性质。

3．目标导学三：五四运动的历史意义

师：五四运动是什么性质的运动？

生：齐读五四运动意义。

师：哪句最能体现运动的性质？

生：“外争主权，内除国贼。”

师：为何说口号体现了五四的性质？外争主权为何体现了反帝的要求？

生：巴黎和会上中国提出取消帝国主义在华特权，收回青岛主权，废除“二十一条”，这体现了反帝的要求，所以具有反帝的性质。

师：内除国贼为何体现反封建的要求？

生：国贼指的是曹汝霖、陆宗舆、章宗祥，他们代表着北洋政府，北洋政府实行封建统治，要求罢免他们的职务体现了反封建的要求。

师：非常好，哪句话体现了这一要求？

生：“誓死力争，还我青岛。”

师：所以我们说五四运动一场彻底的反帝反封建的爱国运动。

师：同学思考一下，哪一点最能体现五四运动同时是一场中国人民为拯救民族危亡、捍卫民族尊严、凝聚民族力量而掀起的伟大社会革命运动？

生：五四扩大的表现。

师：在运动中促进了马克思主义的传播，促进了马克思主义同中国工人运动的结合，是一场传播新思想、新文化、新知识的伟大思想启蒙运动。

师：为了纪念青年学生发起的这场爱国运动，为了让五四的火炬代代相传，我国政府把每年的五月四日定为“五四青年节”。从中你悟出了哪些五四精神？作为当代青年的我们该如何弘扬五四精神？

生：爱国、进步、民主、科学，以天下为己任。我们要热爱祖国，热爱人民，热爱家乡，把祖国和人民的利益摆在至高无上的地位，忧天下之忧，乐天下之乐，以天下为己任，甘愿在国家民族面临生死危亡的关头义无反顾，挺身而出。好好学习、天天向上、锻炼身体、健康成长。

师：五四的核心精神就是爱国主义，今年是五四运动 100 周年纪念日，习近平总书记在纪念五四运动 100 周年大会上对我们青年学生提出了要“树立远大理想”“热爱伟大祖国”“要担当时代责任”“要勇于砥砺奋斗”“要练就过硬本领”“锤炼品德修为”的要求。让我们高举五四的火炬，用青春拥抱时代，用生命点燃未来。

（三）课堂总结

师:今天我们一起学习了 100 年前由北京的青年学生发动的反帝反封建的爱国运动，本课知识结构如下（见图 2）。在这场运动中，无产阶级作为独立的政治力量登上了历史舞台，显示了伟大的力量，中国历史进入了新民主主义革命时期。“五四精神”就是伟大的爱国主义精神，我们青年学生应该继承和发扬五四精神，为中华民族的振兴而努力奋斗，勤奋学习。（再次升华爱国）

- 五四运动
  - 五四运动爆发的导火线：巴黎和会上中国外交的失败
  - 五四运动的过程
    - 时间：1919年5月4日开始
    - 地点：北京
    - 参加者：北京3 000多名学生
    - 口号：“外争主权，内除国贼”等
    - 发展：北京（学生）——上海（工人）
    - 直接目标实现：（略）
  - 五四运动的历史意义

图 2 “五四运动”知识结构

（四）课堂练习

1. “当凡尔赛的调停人没有将这个丢失的省份归还中国时，在北京的学生和知识分子中间爆发了声势浩大的示威游行。”材料反映的事件是（　　）

A. 洋务运动　　B. 公车上书

C. 五四运动　　D. 新文化运动

2. 在新民主主义革命的历史中，天安门是一个特殊的“见证者”，在它见证的 1919 年 5 月 4 日的游行示威中，青年学生呐喊出的口号是（　　）

A. 驱除鞑虏，恢复中华　　B. 外争主权，内除国贼

C. 联俄联共，扶助农工　　D. 停止内战，一致抗日

下课铃声响起，老师：同学们让我们高举五四火炬，发扬五四精神，你们努力学习，老师认真工作。下课，同学们再见！

二、教学反思

这节课的难点是五四爱国精神的体会和发扬，为了让学生能够充分感受五四青年的爱国之情，我在课堂上设计了四处爱国感受点，开篇视频团歌一起唱，激情的歌声不仅能让学生领会爱国之情，而且能活跃课堂，让学生能够积极参与到课堂中来。然后跟北京学生一起高声喊出五四口号，感受那种因为国家弱而被欺负的不平，为了捍卫祖国的主权，我愿意奉献一切，哪怕是生命。接着回到现实，今天我们应该怎么做，好好学习，天天向上，锻炼身体，健康成长。时刻准备着，在祖国需要的时候挺身而出。最后再次总结，强调爱国要行动，要坚持，爱国需要我们继承和发扬五四精神。然后我根据不同班级的学生情况进行适当的调节。课堂氛围活跃，学生掌握情况较好，轻松完成了教学目标任务。

三、教学点评

本课课程标准要求“简述五四运动基本史实，理解五四精神”。由此可见，掌握基本史实并进一步提炼其精神不仅是本课教学活动的出发点和归宿，还是教学评价的重要参照。

综观全课的教与学、全面要求和因材施教、教学目标的有效达成等方面，本课的主要亮点有：

1. 创设情境，激发学习动机

本课导入时播放《中国共产主义青年团团歌》这一青春乐章，将学生的注意力集中到五四青年节与100年前发生的历史事件的联系上来。联系顾维钧的讲话，创设接近真实的学习情境，激发学生参与巴黎和会上中日辩论的焦点问题（即事件背景与导火线）的讨论。

2. 教学环节，紧扣学习主线

教师精心设计了“外交失败，点燃星火”“爱我中华，誓死捍卫”“五四精神，争做有志少年”这三个环节，环环相扣，层层递进，由浅入深，前后联系，在对五四口号的不断理解中，理解了五四精神。

虽然学生基础较差，但是课堂氛围调动好，在教师深入浅出的讲解中，实现了教学目标，是一堂非常成功的课。

（南充市顺庆区教育科学研究室　王全荣）

《中国近代化的探索》教学实录

杨秀玲
（自贡富顺永年中学校）

2019 年 5 月，自贡第三研修小组在永年中学进行了一次初三历史中考复习研修活动。我上了一堂复习课“中国近代化的探索”，主要涉及四篇课文，也就是四个大事件，《洋务运动》《戊戌变法》《辛亥革命》和《新文化运动》。在导入新课方面，我采用的是图片组合滚动的方式，类似于图片小视频，背景音乐采用的是比较雄壮、悲怆的曲子，从而营造一种国家局势陷入危机的气氛。图片选用的是本课涉及的、中国近代一些代表性的图片，包含的内容有武昌起义，《新青年》封面，江南制造总局等。通过图片展示的方式开启本课的思路。音乐和图片相结合，从而奠定本课的基调，就是忆屈辱之痛，兴崛起之梦。

一、教学过程

通过展示四张图片，引入四个历史事件，即鸦片战争、第二次鸦片战争、甲午中日战争、八国联军侵华。这里设计的是直接展示，问题比较简单，同学们一起回答出来就可以了，不用抽问和讨论。展示这四个历史事件的目的其实是为了引出我国近代化探索的背景。紧接着，对四次战争进行简单的回忆，点出中国是怎样一步一步陷入深渊的，中国该何去何从，这个时候 PPT 展示的是四个历史事件代表人物的照片。预设问题：在内忧外患的情况下，近代中国的时代主题应该是什么呢？是的，如同学们所说，应该是救亡图存、反帝反封建，或者外争独立，内争民主。接着和同学们一起解读近代化的含义，设问：什么叫作近代化呢？然后给出近代化的含义，从而延伸到四个事件分别在经济、政治、思想方面的探索。

紧接着，我提出，清朝在两次鸦片战争失败后也进行了一些思考：为什么会战败呢？我引用了李鸿章的原话：“中国文武制度，事事远出于西人之上，独火器万不能及。”这句话究竟反映了李鸿章怎样的思路呢？只认识到技术的落后性，没有意识到根本问题是在制度上面，所以，他所能做到的，也就只能是器物层面的革新了。接下来请同学们分小组将本课关键词提炼出来，老师到各组间来回巡视，看看同学们讨论的过程，是否在围绕着老师的问题在讨论。然后抽了最先讨论出结果的小组进行成果展示，别的组并不是说就没有任务了，而是要进行查漏补缺的。因为只要发言的小组都能有加分，答对了又能加分。在小组展示环节结束之后，我用一张 PPT 对同学们的发言内容进行了总结，分别从内容、结果、评价三个方面对洋务运动进行了解析。那么，我们反思一下，为什么洋务运动会失败呢？请同学们观察了一幅漫画，个人探究一下。失败的原因是没有改变封建制度，李鸿章竭尽全力去维护清王朝的统治。

洋务运动的复习结束后，紧接着用了梁启超的话来引出第二个知识点“昙花一现之戊戌变法”。首先在此强调戊戌两个字的写法，避免过失性丢分。再一一展示与这次变法相关的人物。接着请同学们再次以小组为单位，对本课基本知识点进行概括。然后小组进行成果展示，别的小组进行补充和点评。在同学们对基础知识概括完之后，老师再次对课文进行深化讲解，提出变法者的身份是资产阶级维新派，所以变法的目的肯定是要在中国建立什么样的制度呢？是资本主义制度。那么在当时的中国资产阶级有没有足够强大的实力来建立这样的制度呢？当时的中国又有没有建立资本主义制度的经济基础呢？没有，所以，这次变法最终的结果也是失败的，但是六君子的牺牲还是有很多价值的，抽同学说说对这个事情的总体看法，以培养学生在基于史实的基础上进行评价和分析。

戊戌变法血的教训告诉我们，改良这条道路是行不通的，只有暴力推翻清政府，只有革命，才能为中国带来生机。从而过渡到“柳暗花明之辛亥革命”。还是分组对基本知识进行关键词提炼，然后别的组进行点评，老师进行总结。这个过程基本是愉快的，发言也是积极的。老师在总结的时候，主要是对辛亥革命的成功之处和失败之处进行知识的深化。PPT 展示了一则材料，“革命尚未成功，同志仍需努力”，请同学们进行解析。

辛亥革命就像一道闪电，划破夜空，随即，中国再次陷入黑暗，为什么呢？就像同学们说的，因为中国陷入了北洋军阀的黑暗统治。甚至袁世凯还想当皇帝，还甚至有辫子军复辟等丑闻。这说明了什么呢？思想还需要解放。

引出近代化探索之“旭日东升之新文化运动”。请同学们以“一个阵地，两面旗帜，三种思潮，四个人物”为提示，对本课基本内容进行关键词提炼。鲁迅先生在《狂人日记》里提到“吃人”，同学们想一想，踏实能干的祥林嫂是不是被封建礼教“吃”掉的人呢？其实，在十一届三中全会的时候，我们要做工作重心的转移，是不是先进行了思想上的解放呢？

接着，PPT 展示了两则材料，展示了近代化从器物到制度层面，再到观念层面，的确是一个不断提高的过程。国人每向前一步，异常艰辛。同时 PPT 展示了西方近代化探索的过程，并抽同学来回忆了一下西方近代化在思想、制度、器物、技术方面的相关情况，做一个对比。

有很多仁人志士想要挽救中国，但是最终经过千难万险，让中国屹立于世界民族之林的是谁呢？是中国共产党，PPT 展示“没有共产党，就没有新中国”。从南昌起义，到遵义会议，到攻占南京，到开国大典，一路走来，风雨兼程。最后以一曲嘹亮激昂的乐曲，配上香港回归，改革开放成就，举办奥运会等相关事件的图片，展示中国人民在共产党的领导下，为实现中华民族复兴而取得的巨大成就。激励同学们在中考中取得佳绩。

二、课后反思

在对具体每个事件进行基础内容复习的时候，我采用的是分小组讨论的方法，提炼关键词的方法。然后小组分享自己的成果，其他小组查漏补缺。

在设计本堂复习课的时候，我用了四个小标题，“举步维艰之洋务运动”“昙花一现之戊戌变法”“柳暗花明之辛亥革命”“旭日东升之新文化运动”。老师们在磨课的时候也提到过，用柳暗花明来指辛亥革命是否恰当。因为我也确实在授课的时候提到过，辛亥革命犹如一道闪电划破夜空，随即黑暗又来到。因此，老师们提出，可否把柳暗花明改为曙光初现，毕竟，辛亥革命把民主共和的观念深入了人心。这里，也体现了我对历史事件的理解并不是很到位，不能因为我的理解不到位，造成学生认知的缺失。说实在的，还是觉得自己想法上和做法上，局限性比较大，不敢突破。还是需要多学、多思、多做。

在中外历史类似事件对比方面，我采用的图表对比的方法，分别从经济、政治、文化方面进行对比。用了一张 PPT，比较简单。因此锡月老师提出可以加入一道具有针对性的题，来简单检测一下教学效果。

总体来说，老师们都提出，本堂复习课只是复习了相关的知识点，没有做题，可以一边复习一边做少量练习。而我主要设计的是本堂课要复习四篇课文，容量比较大，相关练习放在自习课来完成和讲解。

以上都是在知识层面的讲解，总体来说课魂立意体现不够充分。我用了一页 PPT 来说明“没有共产党就没有新中国”这个道理，不过因为时间的原因，显得有些仓促和生硬，这在评课过程中王旭钟老师和舒浩老师都提到了。就是说立意是好的，不过没有有效地展示出自己的立意。

三、教学点评

（1）发现有几个同学不参与老师布置的任务。这个情况反映出来的问题是学习任务没有落实到每一个学生身上。（富顺县历史教研员王旭钟老师）

（2）四篇课文的基础知识都只是用到了小组合作学习，提炼关键词的方法，形式过于单一。后面两篇课文的基础知识是否可以用另外的方法总结。（富顺县历史教研员王旭钟老师）

（3）可以加入一道具有针对性的题，来简单检测一下教学效果。（板桥中学白锡月）

（4）最后的情感深化有点强行加入的感觉，过渡不够自然。（富顺县历史教研员王旭钟老师）

历史的选择

——《中国共产党诞生》教学实录

曾莉萍

（自贡蜀光绿盛实验学校）

《中国共产党诞生》这一课分三个部分：成立条件、一大、全国工人运动高涨，因果联系很明确，难点在于如何确立一个“课魂”贯穿其中，笔者从“选择”入手，将三部分分为时代的选择、道路的选择、人民的选择。课堂实录如下。

一、教学过程

播放一段视频，回顾19世纪40年代—20世纪初中国被西方国家侵略以及农民阶级、地主阶级、资产阶级等领导的救亡图存运动都失败的史实。学生看完提问：视频里“人民的选择”是什么？

生：共产党。

由此导入新课：历史的选择——中国共产党诞生。中国共产党的诞生不是偶然的，是适应近代以来中国社会进步和革命发展的客观需要，是近代历史选择的必然结果。

展示李大钊人物像、《新青年》《我的马克思主义观》、杂志《劳动界》等图片，向学生介绍共产党成立的三个条件——思想、组织、阶级基础。观察图片，分析回答宣传马克思主义的方式。学生阅读史料分析知识分子向工人宣传马克思主义的原因是工人阶级在五四运动中开始登上政治舞台，展现了伟大的力量。请学生观察工人数量变化数据图回答变化趋势，以得出工人阶级队伍壮大的结论。请学生观察各地共产党早期组织分布示意图，上讲台指出陈独秀在上海建立了第一个共产党早期组织。请学生在导学案完成中国共产党成立的历史条件连线题，并举手回答。

通过对中国共产党成立条件的梳理，认识到中国共产党是时代背景的选择。

板书：一、时代的选择——中国共产党成立的条件

此时，具备了思想、阶级和组织基础之后，时代便呼唤一个新的统一的政党——中国共产党的诞生。那么，中国共产党诞生的标志是什么呢？新生的中国共产党又将带领人民走一条什么样的道路呢？

板书：二、道路的选择——中共一大

请同学们阅读教材第65页和第66页1、2自然段的内容，在导学案上补充完成中共一大召开的概况的表格（见表1）。时间2分钟。填完请一位学生回答。

表1　中共一大概况

时间	1921年7月
地点	上海→浙江嘉兴南湖
代表	毛泽东、董必武、李达等13人
主要内容	党纲：奋斗目标是推翻资产阶级政权，建立无产阶级专政，实现共产主义
	中心工作：领导和组织工人运动
	中央领导机构：中央局：陈独秀任中央局书记
意义	标志着中国共产党诞生

之后展示一大会址图，师提问："为什么会有两个？"

生：一大在上海举行，一大的第六次会议期间因遭到法国搜查人员介入、逮捕，会议被迫终止，最后一天的会议转至嘉兴南湖一艘船(红船)上进行，所以有两个。

师追问：为什么要抓捕共产党人呢？

生：因为共产党人要推翻资产阶级政权，建立无产阶级专政。

师：所以这个代表着人民根本利益的政党成立具有怎样的意义呢？请大家看一小段视频回答。

生：中国共产党的成立，是中国历史上开天辟地的大事，自从有了中国共产党，中国革命的面貌就焕然一新了！

追问："新"在哪里？结合表格小组讨论（见表2）。

表2　从太平天国运动到中国共产党诞生

事件	太平天国运动	洋务运动	戊戌变法	辛亥革命	中国共产党诞生
领导阶级	农民阶级	地主阶级	资产阶级	资产阶级	
指导思想	绝对平均主义	中体西用	变法维新	三民主义	
奋斗目标	四有两无社会	维护清朝统治	君主立宪	民主共和	
结　果	失败	失败	失败	失败	1949年中华人民共和国成立

学生先填表格，再根据表格比较容易回答出三个“新”：新的领导核心——中国共产党；新的指导思想——马克思主义；新的奋斗目标——实现共产主义。

师：中共一大制定了实现共产主义的奋斗目标，共产主义简单来说是一种完全没有阶级制度、没有剥削、没有压迫的社会状态，要实现这个远大的目标，首先必须完成当时中国最为迫切的革命任务，是——？

生：反帝反封建。

师：所以，为了解决这一问题，在 1922 年又召开了中共二大。请同学们阅读教材第 66 页第 3 自然段，找一找中共二大的内容，并与一大内容相比较，看一看有什么不同的地方。

生：重申了最终奋斗目标，同时制定了最低革命纲领。

师：所以，最低革命纲领正是为完成当时中国最为迫切的革命任务而制定。这也是中国历史上第一次提出彻底的反帝反封建的民主革命纲领。还有没有火眼金睛的同学发现其他的不同呢？

生：党员人数从中共一大的 50 人增加到中共二大的 195 人。

师：追问：这说明了什么呢？

生：越来越多的人开始支持和选择了中国共产党。

师：对。而在当时反映出越来越多人民选择了共产党的最突出的事件，是全国工人运动的高潮。在共产党的组织和推动下，从 1922 年初至 1923 年春，全国掀起了第一次工人运动的高潮，共举行了大小罢工 100 多次，参加人数达 30 万人以上，我们来看一组罢工运动的图片。其中，京汉铁路工人大罢工更是将这次工人运动高潮推向了顶峰。

板书：三、人民的选择

师：有没有同学能够来给大家分享一下你所知道的京汉铁路工人大罢工？

生：因为遭到帝国主义和直系军阀吴佩孚的血腥镇压而失败。

师：嗯，谢谢这位同学的分享。京汉铁路工人大罢工失败后，工人运动也暂时转入低潮。但是，我们的共产党人有因为流血牺牲而放弃奋斗、放弃我们的革命理想、放弃我们的奋斗目标吗？

生：没有。

师：我们的共产党人没有因为流血牺牲而放弃，而是吸取经验教训，认识到单枪匹马不能取得革命的胜利，必须团结一切可能的同盟者，才能战胜强大的敌人。林祥谦等人身上最令你感动的品质是什么？

生：不怕牺牲、勇敢、无畏……

师：正因为中国共产党始终坚定地代表最广大人民群众的根本利益，越来越多的人民更加坚定地选择了中国共产党。而中国共产党也始终坚持带着人民在革命的道路上继续奋斗。不畏艰辛，不惧流血牺牲，推翻了军阀统治、抗击了日本侵略、阻止了国家的分裂，直到中华人民共和国屹立于世界之东方！向全世界宣告中国共产党是无悔、骄傲的选择！学习了这一课后，能不能分享一下在这一节课当中，对你来说印象最深刻的画面或者说地点呢？

生甲：上海，因为这是一大召开的地方。

生乙：红船，因为共产党人在很艰难的情况下还坚持召开大会，而且通过了一大纲领。

师：嗯。谢谢这两位同学的分享。正是当时在这艘红船上参会的一大代表们所展现的精神，我们把它叫作“红船精神”。给大家 2 分钟时间，根据我们这节课所学的内容，小组讨论、归纳一下“红船精神”的内涵。也就是你认为这些代表党员们身上所具备了哪些精神？

生：创新、奋斗、坚持、奉献、勇敢、无畏……

师：而今天的共产党人也始终秉持着首创精神、奉献精神和奋斗精神。不忘初心，牢记使命，带领着全党全人民进行社会主义现代化建设，并取得了世界瞩目的成就。下面我们通过一个视频来欣赏一下中华人民共和国的成就。

中国共产党的成立，给灾难深重的中国人民带来了光明和希望，它像光芒四射的灯塔，指明了中国人民的斗争道路。中国共产党自从诞生后，领导中国革命走向胜利，领导中国人民取得了社会主义现代化建设的伟大成就，今后还将继续带领中国人民走向更加光辉灿烂的明天！

二、教学反思

我在设计的时候，将“选择”作为这一课的课魂，并围绕课魂将这一课整合为三个部分：一、时代的选择——中国共产党成立的条件；二、道路的选择——中国共产党的诞生；三、人民的选择——全国工人运动的高涨。这算是一个亮点，预设学生能够通过这种整合将中国共产党的诞生放到整个时代背景下，并能够联系过去和现在，理解中国共产党诞生的条件，认识中国共产党诞生后带领中国人民取得民族独立，走向繁荣富强，体会到中国共产党是一个伟大的政党，落实核心素养中的时空观念和家国情怀的培养，从而实现立德树人的目标。

但是在实际教学过程中，“选择”这个课魂并没有很好地体现出来，小标题的解读也比较弱化，反而把这个亮点给抹杀了，呈现出来的效果还是更贴近传统的教学思维模式。在课堂教学中，设问的技术和提问的技巧还需要进一步加强；合作探究式学习中，学生活动比较少，只有“新”在哪里和“红船精神”两处，而且其实学生参与度不是特别高，大多比较拘谨，只有那么几位学生参与度高，应该设计更多的既能吸引绝大部分学生又能培养学科素养的小组活动。然后，环节之间的过渡衔接还不够流畅自然，铺垫不够；点评学生还多是“好”“很好”，对学生的回答点评不够具体；对学生回答问题的深度挖掘不太够，反映出经验不足带来的教育智慧欠缺的问题。最后的课后思考问题“在国际形势瞬息万变的今天，中国共产党能够继续带领中国人民实现中华民族伟大复兴的有利条件有哪些？”换成“请大家畅想：中华民族伟大复兴，在中国共产党的带领下将会是一幅怎样的社会图景？”让学生表达一种期待或许更贴近本课的“选择”这个主题。

三、教学点评

在导入的时候改编、运用了学生较熟悉的音乐视频，回顾中国共产党成立之前三个阶级救国之路的探索都失败的时代背景，能够引发学生的兴趣。强调李大钊的“钊”的读音和写法，注重语言规范、读音规范、写字规范。引导学生对史料《吴玉章回忆录》进行解读，叙述历史事件：“你所知道的京汉铁路大罢工”，合作探究：小组讨论中国共产党成立的历史意义，这些都体现出注重对学生学习方法的具体指导和培养。“红船精神”的内涵让学生来总结，突出学生主体；最后一个视频剪辑得当，使学生能够强烈地感受到中国共产党的伟大，达成家国情怀的培养。

（四川省贾雪枫名师工作室自贡唐莉研修组）

指向"知史爱党"的初中历史问题推进式教学

——以《毛泽东开辟井冈山道路》为例

沈鹏程

（自贡市蜀光绿盛实验学校）

习近平总书记指出："中国共产党的历史是一部丰富生动的教科书。"为了更好落实立德树人的根本任务，中小学要充分利用党史学习教育这个契机，引导青少年从党的百年历史中，重温革命的历程，弘扬优良的传统，赋能前进的智慧和力量，增强青少年的历史使命感，从小树立为实现中华民族伟大复兴的中国梦而努力奋斗的理想。

作为历史教师，党史教育更应责无旁贷。那么如何在初中历史教学中，立足课堂主阵地开展好党史学习教育呢？我认为：中小学党史学习教育的目的是"知史爱党"——以学史陶养青少年爱党、爱国、爱社会主义的情怀。围绕这一目标，需要教师依据初中历史课程标准，立足初中学生的现有知识能力和思维水平，在宏阔的历史视域下，以问题为牵引，层层预设教学。通过对学生已知生活经验与兴趣点的嫁接，营造强烈的史实还原感；甄选直观史料与之对细节的深度挖掘，培养初中学生的史料实证素养；借助真实的问题情境创设，让学生在情感跌宕体验中完成价值思考。从而促进党史学习中史实、史论与史观的三结合，实现学生"知史爱党"的入耳入脑、入眼入心。现以《毛泽东开辟井冈山道路》为例，探讨如何通过问题推进式教学落实"知史爱党"的目标。以下为课堂实录。

一、课堂过程

【时事导入】

师出示材料，请学生依据材料发现并提出问题。

材料 毛泽东在党的八大开幕词中指出："我国革命和建设的胜利，都是马克思列宁主义的胜利。把马克思列宁主义的理论和中国革命的实践密切地联系起来，这是我们党的一贯的思想原则。”

——《建国以来重要文献选编》第九册

教师引导学生思考，并提出问题：中国革命的道路是一条什么道路？怎么走出的路？这条路为什么有如此重大的意义？……

（以上环节，教师借助材料设置开放性问题，既满足了学生的差异化学习需求，也将本课的主要内容做了主问题铺垫。）

（过渡）师：针对同学们的问题，现在就让我们寻一寻这条路的前世今生，共同进入《寻路——毛泽东开辟井冈山道路》一课的学习。

师：首先让我们通过一个数字故事回到那个血雨腥风的时代。

播放：数字故事《路在何方》。1927 年 4 月 12 日，蒋介石在上海发动了震惊中外的“四一二”反革命政变。4 月 15 日，广东的国民党反动派在广州发动了“四一五”反革命政变。此时，中国共产党内以陈独秀为代表的右倾投降主义者却采取妥协退让政策，放弃革命领导权，压制工农运动。7 月 15 日，汪精卫在武汉召开“分共会议”，随即对共产党员和革命群众实行大屠杀，还提出了“宁可枉杀千人，不可使一人漏网”的血腥口号。大批共产党员和工农群众遭到杀害。我们不禁感叹：中国革命路在何方？

师追问：中国共产党还有“活”路吗？中国革命的道路，路在何方？

生思考。

（以上环节，教师运用数字故事构建问题情境，既实现了本单元各篇目知识点的衔接，又让学生身临其境地从近代中国民主革命的宏阔视野下，去思考中国革命的方向，去体验中国共产党的艰难历程。）

（一）武装抵抗找活路

（过渡）师：在此危难之时，一些共产党人提出了这样的主张，请看材料。

师出示材料：

中国共产党人的面前只有一个榜样，这就是已经成功的俄国革命，而俄国革命正是从城市开始的，并在城市首先胜利的。

——陈旭麓《近代中国社会的新陈代谢》

师：中国共产党人找到了怎样一条“活”路？

生：学习俄国成功经验，发动攻打中心城市的武装起义。用武装抵抗找“活”路。

师：接下来中国共产党人都做出了怎样的选择？

生：发动南昌起义。

（以上环节，教师借助材料，既是对前面问题的回答，也更能使学生体会到中国革命的艰难，以及面对生死存亡，中国共产党人的不放弃和勇敢面对。）

【自主学习】

生阅读课本，找出南昌起义时间、地点、领导人、经过等相关知识并分享。

时间：1927 年 8 月 1 日；

地点：江西南昌；

领导人：周恩来、贺龙、叶挺、朱德、刘伯承、陈毅等；

经过：南昌起义—占领南昌—主动撤离，南下广东—途中受挫—转战湘南，坚持斗争。

【角色扮演】

生扮演周恩来在南昌起义后发表的讲话：

革命靠军阀的部队是靠不住的，我们必须建立自己的武装来打倒反革命。现在，我们起义成功了。这里的军队归共产党领导。

师：感谢同学声情并茂的演绎，从周恩来的话语中，你读出了什么信息？

生分享：南昌起义打响了武装反抗国民党反动统治的第一枪。是中国共产党独立领导武装斗争的开始，也是中国共产党创建革命军队的开始。

师：非常准确，这正是南昌起义对中国革命道路的意义。

（以上环节，教师通过设计角色扮演，有助于学生实现从感性到理性的认识，理解南昌起义的意义，特别是对我党领导独立武装对于中国革命的重大意义。）

师拓展：八一建军节的由来。1933 年 7 月 11 日，中华苏维埃共和国临时中央政府根据中央革命军事委员会 6 月 30 日的建议，决定 8 月 1 日为中国工农红军成立纪念日。1949 年 6 月 15 日，中国人民革命军事委员会发布命令，以“八一”两字作为中国人民解放军军旗和军徽的主要标志。中华人民共和国成立后，将此纪念日改称为中国人民解放军建军节。

（过渡）师：南昌起义之后，中国共产党召开了八七会议，八七会议上中国共产党做出了什么重大决定？

【自主学习】

生阅读课本，找出八七会议时间、地点、内容等相关知识并分享。

时间：1927 年 8 月 7 日；

地点：汉口；

内容：会议批判和纠正了陈独秀右倾机会主义错误，撤销了他在党内的职务，选出了新的临时中央政治局，确定了土地革命和武装斗争的总方针，决定发动秋收起义。

师解读：土地革命是党在革命根据地开展打地主、分田地、废除封建剥削和债务、满足农民土地要求的革命。

（过渡）师：八七会议使中国共产党领导中国革命实现了两个转变：①国共合作的大革命→独立领导土地革命。②片面强调民众运动→重视军事运动（毛泽东提出了“枪杆子里出政权”的著名论断）。这为今后革命斗争指明了正确方向。会议还决定，毛泽东去湖南，在湘赣边区领导秋收起义。

（以上环节，教师通过教学法，引导学生通过对比得出中国共产党领导中国革命的两个新的变化，从而让学生认识到中国共产党已经开始从自身和中国的国情出发来思考中国革命道路。）

【自主学习】

生阅读课本，找出秋收起义时间、领导人、地点、经过、结果、影响等相关知识并分享。

时间：1927 年 9 月；

领导人：毛泽东；

地点：湘赣边界；

经过：秋收起义→文家市决策→三湾改编→井冈山；

结果：损失较大，放弃攻打城市的计划，向敌人防守薄弱的山区进军；

影响：1927 年 10 月，毛泽东率部队到达井冈山，建立了中国第一个农村革命根据地——井冈山革命根据地。

【乡土拓展】

师结合历史地图、图片向学生讲解秋收起义的战斗历程与卢德铭事迹。

卢德铭（1905 年 6 月 9 日—1927 年 9 月 23 日），四川自贡人，中共党员。1927 年，卢德铭担任秋收起义总指挥，为掩护部队突围而壮烈牺牲。2009 年卢德铭被评为 100 位为中华人民共和国成立作出突出贡献的英雄模范人物之一。

（以上环节，教师通过对乡土资源的运用，使学习更加贴近学生，也更能促进学生对中国共产党人坚定信仰的理解。）

（二）转战农村走新路

（过渡）师：面对敌人的围追堵截，毛泽东在文家市果断决定放弃攻打长沙，转而挺进井冈山。

【论从史出】

生结合材料思考：毛泽东为什么选择进军井冈山？

材料一　当时起义军损失惨重，从5000余人锐减到1500余人，而且弹药缺乏，没有给养。因此有人说，继续攻打长沙，无异于鸡蛋碰石头。

材料二　俄国是独立的资本主义国家，资本主义经济不断发展，工人阶级力量较强。中国是半殖民地半封建社会，资本主义不发达，工人阶级力量弱小，占人口绝大多数的是农民，国民党反动势力则集中在大城市。

材料三　井冈山离广东、福建不远。俗话说："一声鸣叫传四省。"这里反动力量薄弱。此地地势险要，森林茂密，只有几条狭窄的小路通往山内，进可攻，退可守。

材料四　大革命时建立过党的组织、工会、农会和农民武装，党和革命的影响仍然存在。

生得出答案：当前敌我力量悬殊，中国革命要从我国的具体国情出发，井冈山敌人力量薄弱，井冈山有一定的革命基础。

师追问：这体现了中国革命怎样的转变？体现了中国共产党怎样的革命思想（精神）？

生：① 从走别人的老路（苏俄模式）到走自己的新路（符合中国国情的革命道路）。② 实事求是，不惧挫折，不畏艰险，勇于自我革命……

（以上环节，教师通过材料的运用，既还原了秋收起义前后艰难的中国革命历史细节，又使学生认识到中国共产党不断总结经验教训，用实事求是的精神探索中国革命道路。）

师：1927年9月29日至10月3日，毛泽东针对官多兵少、部队思想混乱、组织纪律性差等问题，在江西永新县三湾村领导了"三湾改编"。三湾改编初步解决了如何把以农民及旧军人为主要成分的革命军队建设成为一支无产阶级新型人民军队的问题，保证了党对军队的绝对领导，奠定了政治建军的基础。三湾改编的核心是党指挥枪。措施是支部建在连上。

（过渡）师：毛泽东领导工农革命军到达井冈山，开展游击战争，1928年2月，在井冈山创立了第一个农村革命根据地——井冈山革命根据地。同年4月，朱德、陈毅率领南昌起义军余部和湘南农军编成的工农革命军到达宁冈县同毛泽东率领的部队会师。两支部队合编为工农革命军第四军，朱德任军长，毛泽东任党代表。之后，中国共产党领导的工农革命军开展了哪些革命斗争活动？农村革命根据地何以巩固？

【图说历史】

师出示图片，生学习理解工农武装割据的内容。

生：建立革命政权，进行土地革命，开展游击战。

【合作探究】

工农武装割据对中国革命道路有什么意义？

生：这是大革命失败后，中国共产党不断探索，将马克思主义普遍原理与中国革命具体实践相结合形成的农村包围城市、武装夺取政权的中国革命新道路。

（以上环节，教师通过历史图片，既培养了学生对历史图片的分析和解读能力，同时也让学生形象化地认识和理解了工农武装割据的内涵和作用，促进了学生对“新路”新在何处的认知。）

（三）工农割据闯出路

（过渡）师：在工农武装割据思想的正确指引下，红四军粉碎了敌人对井冈山革命根据地的多次围攻。随着形势的发展和革命队伍的扩大，加上环境险恶，战斗频繁，生活艰苦。因此极端民主化、重军事轻政治、不重视建立巩固的根据地、流寇思想和军阀主义等非无产阶级思想在红四军内滋长严重。1929年12月28日，红四军在福建古田，召开了古田会议，确定了“思想建党、政治建军”的建党建军原则。

【图说历史】

师出示历史图片，生简要介绍农村革命根据地的发展情况。

生：1929—1933年，中央、湘赣、鄂豫皖、川陕、左右江等根据地相继建立，工农武装割据的星星之火渐成燎原之势！

师：1931年冬，中华苏维埃第一次全国代表大会在江西瑞金召开。会议宣布成立中华苏维埃共和国临时政府，定都瑞金，毛泽东当选为临时中央政府主席。毛泽东开辟的井冈山道路使中国革命有了新的出路，之后中国共产党带领全国人民夺取了革命的胜利，建立了中华人民共和国，实现了民族独立，人民解放，民族复兴。

（过渡）师：今天，在伟大的中国共产党成立百年之际，通过同中国共产党一道重走寻路之旅，我们全面了解了毛泽东开辟井冈山道路的背景原因，经过发展和影响意义。相信同学们一定有很多收获和感悟。

【交流分享】

填空并简要说明：毛泽东开辟的井冈山道路是一条________的道路。

生：① 神奇的道路，使中国革命转危为安，为中国革命找到了新的道路，是一条指向成功的道路。② 自己的道路，是中国共产党带领全国各族人民不断探索、实践形成的道路，是我们自己选择的道路。③ 崭新的道路，不再是照搬别国的革命老路，是立足中国国情思考革命斗争的道路，是马克思主义的中国化。④ 复兴的道路，井冈山道路的开辟，不单是形成了一条新的革命道路，更是中国共产党走中国特色道路的开端，以此方法为指引，中国共产党实现了民族独立、国家富强，还将带领着中华民族走向复兴。

（以上环节，教师通过设计开放性问题，一是为了培养学生论从史出的历史思维，二是为了促进学生的历史叙述能力，三是检验学生的学习状况。）

【游戏巩固】

师出示本课主要史实的图片，生整理排序，并以时间轴的方式呈现出来。

二、教学反思

1. 问题推进式教学，有助于艰苦奋斗历程的生动呈现

本课的课标要求是：知道南昌起义，讲述毛泽东、朱德在井冈山会师的故事，认识中国共产党创建工农红军和农村革命根据地的意义。通过问题推进式教学，教师借助对教学目标、内容、重难点、生情等教学元素与情境、程序、资源、方法等教学策略的整合，立足南昌起义到中华苏维埃共和国临时中央政府成立这一宏阔的历史视域，环环设置“中国革命路在何方？苏联老路何以不通？新路何以巩固？”等问题，构建起“武装抵抗找活路”“转战农村走新路”“工农割据闯出路”三个层层递进的“寻路”历程。借助富有启思性、逻辑性的探究问题推进，将南昌起义、八七会议、秋收起义、三湾改编、井冈山会师、古田会议、各地农村革命根据地建立、中华苏维埃共和国

临时中央政府成立等史实细节逐一客观呈现，又在其发展进程中揭示其内在关联，避免了史实呈现的片面化、碎片化。从而让学生在整体的、理性的剖析中，认识形成井冈山道路是中国共产党对独立领导武装斗争道路的抉择、实践检验与理论认定这一结构化理解与逻辑建构。

2．问题推进式教学，有助于先进思想力量的直抵心扉

通过引入问题推进式教学，教师将本课的学习内容有机串联，并以真实问题情境的创设同多样化的学习活动相融合，循循善诱，牵引学生的情感思维。借助数字故事，让学生贴近历史现场，去感知中国革命的艰难困苦；借助角色扮演，让学生身临其境，去感受中国共产党人的英勇不屈；借助乡土拓展，让学生感同身受，去体会家乡英雄人物的视死如归；借助论从史出，让学生设身处地，去领会中国共产党人实事求是的革命思想；借助图说历史，让学生结合图文，去领略工农武装割据的组织智慧、政治智慧和军事智慧。学生在情感跌宕体验中，在积极参与，亲身体验和深入探究中，一次次产生对伟大中国共产党先进思想和革命精神的共鸣与共情，继而完成并形成自身血肉丰满的价值思考与思想塑造。

3．问题推进式教学，有助于红色文化基因的厚植浸润

育苗先育根，育人先育心。初中历史教学开展党史学习教育的目的是“知史爱党”，就是以学习中国共产党党史来陶冶青少年爱党、爱国、爱社会主义的情怀。具体到本课就是要让学生理解和共情井冈山道路的意义和井冈山精神，认同中国共产党的正确领导。通过问题推进式教学，教师将本课内容置于本单元乃至整个新民主主义革命史的广阔视野中去审视和考量，以“寻路”这一主题来统领全篇。教学伊始，教师以时事导入，引导学生去发现问题并提出“这是一条什么路？怎么走出的路？这条路为什么有如此重大的意义？”等问题，之后围绕这些疑问，教师借助预设的问题串，让学生在动手动脑间、层层剖析中得出结论，回应自己的疑问。课后的交流分享环节，以头脑风暴的形式，让学生完成“毛泽东开辟的井冈山道路是一条________的道路”的填写并简述理由。此时，学生的答案不拘一格，却又言之有理，论之有据。整个学习过程没有灌输和说教，学生不仅提高了史论素养，增进了对伟大中国共产党的情感认同，增强了对中国特色社会主义的道路自信，更坚定了听党话、跟党走的决心，立志肩负起民族复兴的时代重任。

《中国工农红军长征》课堂实录

廖海霞
（西昌一中俊波外国语学校）

一、教学过程

（一）新课导入

1．展示西昌标志雕塑——彝海结盟纪念

展示图片。

2．引言

矗立在西昌月城广场的彝海结盟雕塑，展现了两个伟大的历史人物——刘伯承和小叶丹，这个雕塑于1986年1月1日在西昌落成，其中“彝海结盟纪念”几个大字由胡耀邦题写。大家知道彝海结盟的由来吗？

3．定向导学

（1）识记红军长征的原因、路线、结果、意义，以及遵义会议召开的史实。

（2）理解遵义会议是党的历史上生死攸关的转折点。

（3）体会红军的革命英雄主义精神，认识中国革命的艰难曲折历程。

4．课前预习

展示课前预习案照片，指出学生在自主学习时存在的问题，请同学讲课前预习案的问题。

（二）教师引领，合作探究

1．长征（战略转移）原因

小组探究：

国民党反动派为什么要“围剿”革命根据地？

国民党反动派何时开始“围剿”革命根据地？重点“围剿”哪个革命根据地？

“这场仗这么难打”的原因是什么？ 最终结果如何？

将前四次反“围剿”与第五次反“围剿”进行比较：

国民党：出动兵力 50 万人；“堡垒主义”新战略；军事委员会委员长南昌行营；庐山召开军事会议；聘请德国军事专家。

红军：兵力 10 万人；博古、李德军事指挥“御敌于国门之外”“不让敌人侵占寸土”；战争物资与生活必需品短缺。

学生回答，老师总结。

原因：客观上，敌人势力强大；主观上，中国共产党临时中央负责人博古和军事顾问李德的错误指挥（“左”倾冒险主义错误）。

结果：红军第五次反“围剿”失利，党中央被迫放弃中央革命根据地进行战略转移。

教师：中央红军为什么离开家乡和亲人进行长征呢？

学生：由于博古和李德等人的“左”倾错误导致红军第五次反围剿失败了，中共中央和中央红军被迫放弃中央革命根据地，进行战略转移。

2．长征的经过

我们从瑞金出发，一路上敌人围追堵截，我们拼死冲杀，但有更多同志倒下了。我们不知路在何方，要走向哪里。红军面临着生死存亡，我们能摆脱敌人吗？

为什么说当时“红军面临着生死存亡”？在这一时刻，毛泽东提出怎样的建议？

教师：长征初期红军面临的主要问题是什么？

学生：国民党数十万军队的围追堵截。

教师：博古、李德是如何指挥红军作战的？

学生：连冲四道封锁线，血战湘江，红军损失巨大红军，面临着生死存亡。

教师：湘江之战是关系中央红军生死存亡的一战。突破湘江，粉碎了蒋介石围歼中央红军于湘江以东的企图。但是，中央红军也为此付出了极为惨重的代价。部队指战员和中央机关人员由长征出发时的 8 万多人锐减至 3 万余人。

教师：渡过湘江后，博古、李德仍固执地命令红军向湘西进军，而国民党军队早在红军的必经之路重兵布好了“口袋”，一旦钻进去，其后果不可想象。何去何从，危急关头考验着年轻的中国共产党。在这一时刻，毛泽东提出怎样的建议？

学生：毛泽东提出不去湘西，改向敌人薄弱的贵州前进。

自主思考：遵义会议的时间、内容、意义（见表1）。

表1　遵义会议的时间、内容、意义

时间	1935年1月
内容	集中全力纠正博古等人在军事上和组织上“左”的错误，肯定毛泽东的正确军事主张；选举毛泽东为中央政治局常委，取消博古、李德的军事最高指挥权
意义	确立了以毛泽东为核心的新的党中央的正确领导，挽救了党，挽救了红军，挽救了革命，成为中国共产党历史上一个生死攸关的转折点。遵义会议是中国共产党从幼年走向成熟的标志

教师：想一想，为什么说遵义会议是党的历史上生死攸关的转折点？

学生：遵义会议之前，博古的“左”倾错误指挥导致了红军第五次反围剿的失败和长征初期的失利。

学生：遵义会议后，毛泽东指挥红军跳出了敌人的包围圈，最终完成了长征的胜利。

教师点拨：遵义会议纠正了博古等人在军事上和组织上的“左”倾错误，肯定了毛泽东的正确主张,实际上就是确立了毛泽东在中共中央的领导地位。遵义会议后，在毛泽东的英明领导下，中国共产党不但取得了长征的胜利，而且最后建立了伟大的中华人民共和国。所以说，遵义会议挽救了红军，挽救了党，挽救了中国革命，所以说是中国共产党历史上一个生死攸关的转折点。

教师：巧渡金沙江跳出敌人的包围圈后，红军长征途中面临的主要敌人还是国民党军队吗？

学生：不，红军面对的主要“敌人”是严酷的自然环境。

教师：我们今天的安宁和幸福是革命先烈用鲜血和生命换来的。所以我们应该倍加珍惜今天的幸福生活。

教师：虽经历了千辛万苦，付出了很大代价，但我们却保存了党和红军的基干力量，摆脱了蒋介石的追击。我们同红二、红四方面军会合了，这是一个值得庆贺的日子。我们相信只要保存下革命的火种，星星之火，可以燎原，胜利一定属于我们！红军经历了千辛万苦，付出了很大代价，终于取得了长征的胜利。

红军长征胜利结束的时间与标志性事件是什么？

学生：1936年10月，红军三大主力在甘肃会宁会师。

教师：回顾历程，从瑞金出发后，他们又经过了哪些地方（或经历了什么事件），才取得了红军长征的最终胜利？

学生：瑞金出发→冲破四道封锁线渡过湘江→渡过乌江→遵义会议→四渡赤水河→巧渡金沙江→强渡大渡河→飞夺泸定桥→爬雪山，过草地→吴起镇会师→会宁会师

教师：中央红军由几万人锐减到几千人。那么，长征到底值不值得走？为什么？

教师：毛泽东这样评价长征的伟大历史意义：长征是历史纪录上的第一次，长征是宣言书，长征是宣传队，长征是播种机……总而言之，长征以我们胜利、敌人失败的结果而告结束。

3．长征胜利的意义

小组探究：长征胜利的意义。

材料一　它不是一般意义上的“行军”……它是一曲人类求生存的凯歌，是为避开蒋介石的魔爪而进行的一次生死攸关、征途漫漫的撤退，是一场险象环生、危在旦夕的战斗……长征却使毛泽东及其共产党人赢得了中国。

——[美]哈里森·索尔兹伯里

材料二　倒下的是一座座丰碑，活着的是一面面旗帜。人数虽少些，但留下的都是中国革命的精华。

——毛泽东

材料二　长征是历史纪录上的第一次，长征是宣言书，长征是宣传队，长征是播种机……长征是以我们胜利、敌人失败的结果而告结束。

——毛泽东

结合材料分析长征胜利的伟大意义：红军长征的胜利，粉碎了国民党反动派消灭红军的企图，保存了党和红军的基干力量，使中国革命转危为安。红军长征播下了革命种子，铸就了长征精神，打开了中国革命的新局面。

课堂活动：我们的红色记忆——长征故事会。

教师：震人心魄的二万五千里长征结束了，凉山州作为红军长征路上重要的节点，我们身边就有许许多多的长征故事，请同学们讲一讲你所知道的长征故事。

学生：红军巧渡金沙江是在会理县皎平渡；在会理召开了会理会议，进一步肯定了毛泽东的正确主张；彝海结盟是在冕宁县，冕宁县有中国工农红军纪念馆；长征这个概念是在我们西昌礼州的文昌宫由朱德最先提出来的。

教师出示资料：

据美国著名记者斯诺《红星照耀中国》中统计：红军一共爬过了 18 条山脉，其中 5 条终年冰雪覆盖；渡过 24 条河流；经过 12 个省份；占领过 62 座城市；突破 10 个地方军阀组织的包围，此外还打败或躲过追击的中央军。平均每天行军 71 华里（相当于步行 35 千米），一支大军及它的辎重要在一个地球上最险峻的地带保持这样的平均速度，可说近乎奇迹。”

教师：你认为长征精神是一种什么精神？

学生：是对革命理想和革命事业无比忠诚的坚定信念；是不怕牺牲、勇往直前的英雄气概；是顾全大局、严守纪律、亲密团结的高尚品德；是实事求是，一切从实际出发的务实作风；是艰苦奋斗、全心全意为人民服务的崇高精神。

教师：习近平总书记在纪念红军长征胜利 80 周年大会上的讲话指出：“长征是一次理想信念的伟大远征。崇高的理想，坚定的信念，永远是中国共产党人的政治灵魂。……党和红军几经挫折而不断奋起，历尽苦难而淬火成钢，归根到底在于心中的远大理想和革命信念始终坚定执着，始终闪耀着火热的光芒。”

长征精神永放光芒！

（三）课堂小结

老师发送互动题板，学生拖动填写长征经过（见图 1）。

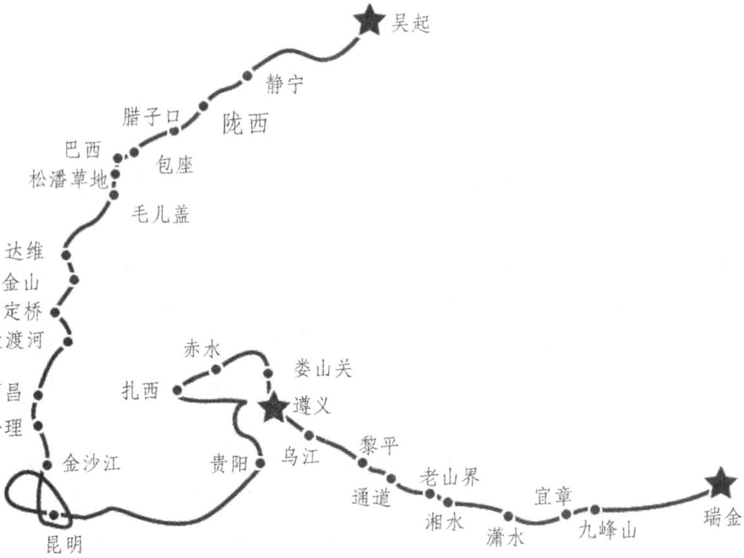

图 1　长征的经过

二、板书设计

中国工农红军长征

一、长征的原因　　二、长征的经过　　三、长征胜利的意义

三、教学反思

这一节课的教学内容围绕长征的开始到长征的胜利这一主题展开。通过本课的讲授，引导学生们学习中国红军战胜困难、勇往直前的革命英雄主义，培养学生热爱祖国、热爱中国共产党的感情。本节课注重学生课前预习，学生课前完成导学案中的预习问题以后，老师检查完成情况并进行批改，让学生预习，自主学习；教师提供学习网络。在教学设计上，以乡土史料彝海结盟为切入点，引起学生知识共鸣并增强了学生的学习兴趣，此外联系学生已有知识情况开展学生活动长征故事会，学生讲述了巧渡金沙江、会理会议、彝海结盟等故事，增强了学生对长征过凉山的认识，这节课的教学气氛变得活跃，学生们积极主动，师生之间互动和谐，达到了教学预期目的。

这堂课同样存在着很多问题，教师在进行精讲时应更加精彩丰富，应该有课堂的生成，问一个问题看学生有什么感受，对问题进行追问，增加学生印象。课堂用语应严谨。此外，历史学科必须遵循严谨性、准确性的原则，历史事件、历史评价可以通俗解释，但语言不能过于随意，特别要注意杜绝口头禅。

中国现代史

部编版八年级下《中华人民共和国成立》教学实录

周　梅
（自贡市沿滩区仙市中学校）

一、教学过程

（一）导入新课

教师：同学们，老师给大家准备了一首歌曲，你们听一听熟不熟悉？（引导学生齐唱国歌）

教师：这首歌曲大家再熟悉不过了，这是我们的国歌，你们能大声地说出歌词的第一句吗？

学生：起来，不愿做奴隶的人们！

教师：那不愿做奴隶的中国人什么时候站起来的？让我们带着疑惑进入这节课——“中华人民共和国成立”。

（二）讲授新课

1. 筹备建立中华人民共和国：中国人民政治协商会议

教师：任何一个历史事件都离不开历史背景，请同学们结合幻灯片上的两幅图，回忆思考中华人民共和国成立的背景。

（学生回答）

教师：中华人民共和国成立前，人民解放战争已在全国范围内基本胜利，国民党反动政府被推翻；全国人民希望迅速成立中央人民政府。在这样的背景下一场有关中华人民共和国成立的筹备会议——中国人民政治协商会议第一届全体会议就此召开。接下来我们一起去了解这次会议的具体情况。

（学生自主阅读教材，找到会议召开的时间、地点、代表、职权、决议、意义；简单的内容由学生展示即可。）

教师：请同学们仔细看一看，出席本次会议的代表们有什么特点？

（学生回答）

教师：本次会议出席 600 余人，是由不同身份、不同地区、不同党派、不同民族的人共同组成的。那为什么出席的代表要这么广泛复杂呢？

（学生思考交流片刻后回答）

教师：会议具有代表性和广泛性，能够代表和反映全国人民的意愿，体现了中国人民空前的团结。

教师：本次会议通过了哪些决议？（引导学生积极抢答，活跃课堂气氛）

（学生回答）

教师：谈到国家标志，老师最想和大家交流的是我们的国旗、国歌。（要求以小组为单位，阅读教材 6 页知识拓展，组织语言，讲一讲国旗有什么象征意义）

（学生回答）

教师：同学们讲得真好。（总结补充）

教师：同学们知道国歌原名是什么吗？是在什么背景下创作的？

（学生回答）

教师："起来，不愿做奴隶的人们……"从歌词中，我们能感受到，为摆脱奴隶身份，为了打倒侵略者，让中国人站起来，革命先辈们用他们的血肉为我们筑起新的长城，在最危险的时候，他们用尽全力发出吼声，同学们，他们在吼什么？

学生：起来！起来！

教师：起来！起来！让中国人站起来。这首歌是在日本步步紧逼、民族危机日益加剧的背景下创作的，在那个历史背景下，激励着无数的中国人为站起来而前仆后继。但是在本次会议中，有人问"中华民族到了最危险的时候"是否过时。同学们怎么看？请小组交流回答。

（学生回答）

教师：居安思危。还有最后一个决议是什么？

学生：会议还决定在北京天安门广场建立人民英雄纪念碑。

教师：碑身正面是毛泽东书写的"人民英雄永垂不朽"八个鎏金大字。碑身背面是毛泽东撰、周恩来书的碑文，我们一起来朗诵一下。

三年以来，在人民解放战争和人民革命中牺牲的人民英雄们永垂不朽！

三十年以来，在人民解放战争和人民革命中牺牲的人民英雄们永垂不朽！

由此上溯到一千八百四十年，从那时起，为了反对内外敌人，争取民族独立和人民自由幸福，在历次斗争中牺牲的人民英雄们永垂不朽！

教师：请大家分析“三年以来”“三十年以来”“一千八百四十年”分别指的是什么重要的历史事件。

学生：分别指代人民解放战争时期、从五四运动开始的新民主主义革命时期以及从鸦片战争一直到中华人民共和国成立的近代史时期。

教师：纪念碑底座有 8 幅汉白玉浮雕，镶嵌在大碑座四周。从东面起，浮雕的主题按着历史顺序排列，概括表现了中国 100 多年来的革命历史。正是无数革命前辈的前仆后继才有了中国人民站起来。接下来，让我们一同来了解下政协会议召开的意义。

学生：中国人民政治协商会议的成功召开，初步建立了中国共产党领导的多党合作和政治协商制度。

2．万众庆国：开国大典

中华人民共和国成立的蓝图已经绘就，筹备工作已经完成，中国人民终于迎来了最激动人心的时刻——开国大典的举行。请同学们观看《开国大典》的视频，思考一下上面的两个问题。

（学生回答）

教师：1949 年 10 月 1 日（点明中华人民共和国成立的时间，也是国庆节）下午 3 时整，盛大而隆重的开国大典开始。参加这次典礼的有中国人民政治协商会议全体代表，有首都各工厂、各大专院校、各机关的代表，有市民、近郊农民和城防部队等，共约 30 万人。毛泽东向全世界庄严宣告：“中华人民共和国中央人民政府今天成立了！”

教师：开国大典的举行标志着中华人民共和国的成立，对老师而言，毛主席宣布中华人民共和国中央人民政府成立的那一刻，是让我最激动、印象最深刻的一刻。毛主席宣布的那一刻，我脑海里浮现的是曾经中国人遭受屈辱、挨打的画面，而这一刻，中国人民终于扬眉吐气，终于站起来了！所以，同学们，现在你知道中国人民是什么时候站起来的吗？

学生：中华人民共和国成立的时候。

教师：根据 PPT 上的资料想一想，中华人民共和国的成立有着怎样的历史意义？

学生：开辟了中国历史的新纪元。

中国人民经过一百多年的英勇斗争，终于推翻了帝国主义、封建主义和官僚资本主义的统治。中国真正成为独立自主的国家，占人类总数四分之一的中国人从此站起来了。

教师："中国人从此站起来了"怎么理解？

学生：推翻了三座大山（帝国主义、封建主义和官僚资本主义）的压迫，从此中华民族屹立于世界民族之林。

教师：在国际上，中华人民共和国成立，壮大了世界和平民主和社会主义的力量。占世界人口四分之一的国家加入社会主义阵营无疑壮大了社会主义力量。

3．大陆统一：西藏和平解放

教师：但是，就在中华人民共和国成立之时，西南、东南沿海、海南岛、新疆等地仍盘踞着大量的国民党军队，为解放全国领土，中国人民解放军总司令朱德在开国大典上命令人民解放军继续进军。到 1950 年年底，除西藏外的大陆全境基本解放。西藏自古以来就是中国的一部分，请从以往的学习中找到历史的证据。

学生：唐太宗时文成公主入吐蕃，唐蕃和同为一家；元朝设宣政院，管辖今天的西藏地区，西藏正式归属中央政府；清朝顺治帝册封五世达赖为达赖喇嘛；康熙帝册封五世班禅为班禅额尔德尼；雍正帝设置了驻藏大臣；乾隆帝时形成了金瓶掣签制度。

教师：所以，中国自元代以来就重视对西藏地区的管辖。我们应该用什么方式来解放西藏呢？

学生：用和平的方式。

教师：1949 年开国大典时，西藏宗教领袖十世班禅就致电毛主席表示拥护中国共产党和中央人民政府，希望早日解放西藏。当时的西藏人民还生活在农奴制的社会中，受到奴隶主的压迫，也希望早日解放。人民解放军一面向西藏进军，一面力争和平解放西藏。中央人民政府多次希望西藏地方政府派代表到北京谈判。

西藏地方政府派出以阿沛·阿旺晋美为团长的代表团赴北京进行和平谈判，于 1951 年 5 月 23 日签订了《中央人民政府和西藏地方政府关于和平解放西藏办法的协议》，西藏宣告和平解放。PPT 上的图片是 1951 年 5 月 24 日，毛泽东在庆祝《关于和平解放西藏办法的协议》签订的宴会上致辞。1951 年 10 月 26 日中国人民解放军在张国华、谭冠三率领下进驻西藏拉萨，进藏人民解放军受到西藏各界人士的热烈欢迎。西藏人民终于从封建农奴主的压迫中解放出来。西藏的和平解放有什么重要的意义？

学生：祖国大陆获得统一，各族人民实现了大团结。

（三）小结新课

筹备建立中华人民共和国——中国人民政治协商会议。
万众庆国——开国大典。
大陆统——西藏和平统一。
教师：以上是我们学习的三个方面，本节课围绕中华人民共和国的成立展开，中国人民政治协商会议为中华人民共和国的成立做好了准备；开国大典标志着中华人民共和国的成立；西藏的和平解放巩固了新生的政权。

（四）随堂测验

略。

（五）情感升华

教师：今年是2019年，我们即将迎来中华人民共和国成立70周年，在座的同学们是幸运的，成为这伟大时代的见证者和实践者，中国要从站起来、富起来最终到强起来还面临很多的挑战，为实现中华民族伟大复兴的中国梦，我们还要继续前进！前进！前进！进！同学们，讲到“前进！前进！前进！进！”你想到了什么？
学生：国歌。
教师：让我们在课堂的最后，为了我们自己的梦想，为了中国梦，再一次齐唱我们的国歌。
（学生全体起立，唱国歌）
教师：千里之行，始于足下，不忘初心，坚定前行。今天的课就上到这里，同学们再见。

二、板书设计

筹备建国：中国人民政治协商会议
万众庆会：开国大典
大陆统一：西藏和平解放

部编版教材八年级下册第三单元第 8 课《经济体制改革》教学实录

谢贞兰
（泸县二中外国语实验学校）

《经济体制改革》是部编版教材八年级下册第三单元中国特色社会主义道路中第 8 课，在内容上承接第 7 课《伟大的历史转折》——中共十一届三中全会，讲述十一届三中全会上的伟大决策——改革开放的具体实践，开创了我国社会主义建设的新局面，逐步开辟出了中国特色社会主义道路，因此，本课在本单元结构和中国特色社会主义发展道路上均具有承上启下的作用。笔者在 2021 年 5 月 14 日四川省贾雪枫名师工作室课改成果展示活动中执教了本课。教学实录如下。

一、设疑激趣，引入课题

播放视频：《改革开放四十周年纪念活动》，创设情境，活跃课堂氛围。（幻灯片 2）

师过渡：站在改革开放的历史节点上，回望过去，我们感慨万千，豪情满怀。习近平总书记也有这样一段感慨：（幻灯片 3 展示习近平语）

“实践充分证明，改革开放是党和人民大踏步赶上时代的重要法宝，是坚持和发展中国特色社会主义的必由之路，是决定当代中国命运的关键一招，也是决定实现‘两个一百年’奋斗目标、实现中华民族伟大复兴的关键一招。”

师：这段话的核心观点是什么？（请抓材料关键词：关键一招、必由之路）

生 1：改革开放是坚持和发展中国特色社会主义的必由之路！

生 2：改革开放是决定当代中国命运的关键一招！

师：这条必由之路从何而来，又将带领我们走向何方？通过今天的新课学习我们一起回望这条来时的路。

展示课题 《经济体制改革》。（幻灯片 4）

二、问道教学，培养素养

师过渡：路走得再远，不能忘了走过的过去；路走得再长，不能忘了当初为什么出发！

（一）寻路——绝处求生（幻灯片 5）

设置探究一：当时的中国为何要寻路？（请结合下列材料分析）（幻灯片 6）

展示材料，引导学生阅读文字材料，解读文字材料，思考中国寻路的原因。（幻灯片 7 ~ 9）

师：从这段材料看，当时的中国面临严重的什么问题？（幻灯片 7）

生：逃港问题此起彼伏。

师：逃港问题严重性有何体现？

生：次数多、区域广、人数多……

师：为何当时这么多人要逃港？

（生疑惑）

师：这是安徽凤阳县的农村和广州城区：同学们住过这种房子吗？如果让你住你愿意吗？但这在当时的中国，农民普遍都住这样的房子，城市也普遍是这样的状态。从这两段材料看，逃港的原因是什么？（幻灯片 8）

1978 年全国有 2.5 亿绝对贫困人口（年人均纯收入低于 206 元），1.4 亿人口平均口粮在 300 斤以下，处于半饥饿状态……

——《中国经济发展路径》

生：人民极度贫困（穷得过不下去了）。

师：根据材料分析当时的中国人民生活如此贫困的主要原因是什么？

到 1978 年，中国 GDP 总量仅为世界平均水平的 5%，中国人均 GDP 水平为 224.9 美元，是发展中国家平均水平的 34%……1957 ~ 1978 年这 22 年中国经济基本上处于徘徊、停滞状态……

——《环球风云》

生：当时整个中国经济发展水平严重落后。（幻灯片 9）

师：导致人民生活处于穷困、国家经济如此落后的主要原因是什么呢？请从这则材料找答案。

改革以前，农村实行政社合一、统一经营、集中劳动、统一分配，吃“大锅饭”……工矿企业被统得过多过死，分配中平均主义严重……

——部编版历史八下教材

生：吃大锅饭、平均主义严重挫伤了人们的生产积极性。

师：概括得很精炼。吃大锅饭、平均主义严重是什么体制造成的？

生：人民公社体制。

师：对。人民生活困顿、国家经济落后主要是因为人民公社体制在经营方式、分配方式上存在严重弊端。该怎么办？

生1：改革。

生2：改变体制，改变经营方式、分配方式。

师总结：人民生活困顿、国家经济落后主要是因为人民公社体制在经营方式、分配方式上存在严重弊端。改革是国家和人民的求生之路！（幻灯片10）

【设计意图】通过补充材料，不断追问引导，发散学生思维，培养时空观念、史料实证、家国情怀的素养，提升归纳概括的能力。

（二）开路——天翻地覆（幻灯片11）

设置探究二：绝处求生的中国怎样逢山开路？（幻灯片12）

师：这条路首先在哪个区域开？哪个地区的农民是开路先锋？

生：首先在农村开路，安徽凤阳小岗村的农民是开路先锋。（幻灯片13）

师：为何说他们是开路先锋呢？他们签订了全国第一份包干合同书，在当时被称为“生死状”，为什么这份协议被称为“生死状”？

生：阅读“生死状”内容，思考得出原因，人民公社体制下土地是国家的、是集体的，分田单干是违背国家政策的、要坐牢杀头的。

师：他们的具体做法是什么？

生1：分田到户。

师：产品怎么分配？

生2：交够公粮，自负盈亏、多干多得。

师：后来这种干法被称为家庭联产承包责任制。谁向谁承包？

生3：家庭向国家、向集体承包。

师：是否改变了土地所有制？改了什么？

生：没有改变土地所有制，只改了经营方式和分配方式。

师：他们的做法成功没有呢？

生：观察图片，得出认识：成功了，小岗村的粮食获得大丰收！（幻灯片14）

师：不仅如此，小岗村的成功推动分田到户、包产到户的做法向全国推广。哪些省份的实践是走在前面的？

生：安徽和四川。

师：请阅读材料及表 1，概括家庭联产承包责任制产生的作用。（幻灯片 15）

材料　交够国家的，留足集体的，剩下都是自己的。

——《大包干歌》

表 1　农业总产值和农村人均可支配收入增长表

年　份	农业总产值/亿元	农村居民人均可支配收入/元
1978	1 397	133.6
1990	7 662.1	686.3
2000	24 915.8	2 253.4
2016	112 091.3	12 363.4

注：表格数据出自部编版八年级下册教材。

生：激发热情，促进生产效率的提升，促进经济的发展。

师补充：随着生产效率的提升，农村的富余产品和劳动力也就多起来，也就推动了乡镇企业的发展。

【设计意图】通过阅读文本、观察图片，解读“家庭联产承包责任制”的含义，培养论从史出的历史意识、史料实证和历史解释的学科素养，掌握从多种史料中获取历史信息的方法。

师过渡：改革之路在农村的成功开辟，推动了以城市为重点的改革步伐。现在请同学们认真观看视频，获取关键信息，回答以上问题。

观看视频，思考问题：视频中介绍的重庆宁江机床厂是什么性质的企业？改革前存在怎样的问题？采取了怎样的解决办法？起到了什么样的作用？（幻灯片 16）

师小结过渡：根据学生理解情况进行点拨。国有企业——重庆宁江机床厂是第一批改革示范企业，通过扩大企业生产自主权，企业实行经营责任制；实行以按劳分配为主，多种分配方式并存的制度，增强了企业的活力，由改革前的“一潭死水”变得“充满生机”。如何让整个城市经济都获得活力呢？

师展示全国工业总产值的所有制结构图，引导学生观察图片思考：1978—2002 年我国所有制结构发生了怎样的变化？（见图 1）

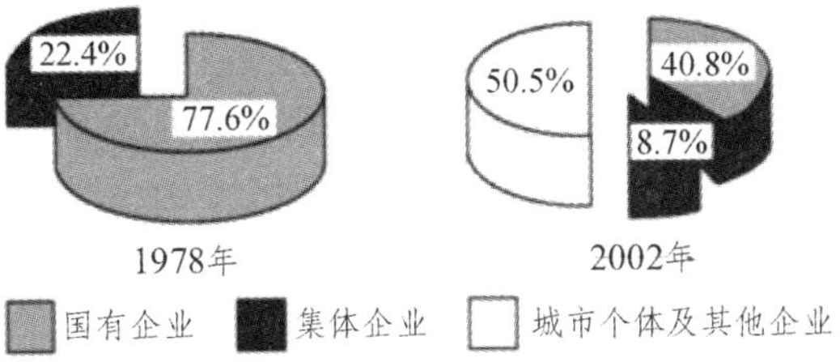

——国家统计局《中华人民共和国五十五年统计资料汇编》

图 1　全国工业总产值的所有制结构

生：1978 年前只有国有企业、集体企业等公有制经济成分，2002 年时国有企业、集体企业等公有制成分占主体，还包含了城市个体及其他企业。

师：也就是由单一的公有制变为以公有制为主体、多种所有制经济共同发展。由此看，无论是农村还是城市，经济体制改革改了些什么？

生：改了经营方式、分配方式。

师强调：农村的土地所有制没有改，城市的所有制成分有所改动。这样改的实质是什么？（幻灯片 18）

（生表示不理解）

师引导：计划经济体制的弊端改了吗？社会性质改没改？

生：弊端改了，社会性质没改。

师：对。所以这次改革的实质是改革与生产力不相适应的生产关系，是对社会主义制度的完善和发展。改革的效果如何？

生：1987 年，我国工农业生产总值、国民生产总值、国家财政收入和城乡居民收入都比 1978 年翻了一番。

师总结：无论是农村还是城市，经济体制改革改了经营方式和分配方式，其实质是改革与生产力不相适应的生产关系，是对社会主义制度的完善和发展。改革之后带来了城乡经济大发展的局面。

【设计意图】通过阅读材料与教材内容，归纳总结农村和城市改革的措施，理解改革的实质。培养唯物史观的学科素养，提高史料解读、获取信息、归纳概括的能力。

过渡：正当改革之路日渐促进国民经济的发展之时，改革之路却放缓了，为什么呢？

（生困惑）

师展示两则材料，引导学生了解当时中国面临国际国内形势的巨大变化。（幻灯片 19）

材料一　1990 年，东欧开始发生剧变；1991 年，苏联局势也开始发生动荡，到年底也解体了。美国一些“战略家”认为中国也挺不了多久了。一时间，“中国崩溃论”甚嚣尘上。

——《为了世界更美好　江泽民出访纪实》

材料二　1991 年 4 月 20 日，某重要杂志发表《改革开放可以不问姓“社”姓“资”吗？》一文，说“不问姓‘社’姓‘资’，必要把改革开放引向资本主义道路而葬送社会主义事业”。

——吴晓波《激荡三十年》

生：东欧剧变、苏联局势动荡，让中国人对改革之路产生了疑惑。

师：为什么东欧剧变和苏联局势动荡会影响到中国？

（生表示不理解）

师：所谓东欧剧变和苏联局势动荡，是指 1990—1991 年，东欧、苏联都因社会主义改革的失败而导致了剧变、解体，由社会主义国家退变成了资本主义国家；与此同时，美国等国家开始恶意诋毁社会主义的中国，在这样的形势下，正在改革的中国开始疑惑改革之路是否正确，是否该坚持。是谁打消了中国人民的疑虑？

生：邓小平。

师：具体是哪一事件？

生：南方谈话。（幻灯片 20）

师：南方谈话极大地解放了人们的思想，推动了改革之路的进程。经济体制改革的目标是什么呢？

生：1992 年 10 月，中共十四大在北京召开，会上明确提出我国经济体制改革的目标是建立社会主义市场经济体制。

师：你认为什么是社会主义市场经济体制？（引导学生阅读教材，找到其含义）

生：社会主义市场经济体制是要使市场在国家宏观调控下对资源配置起基础性作用。

师：是否理解这一含义？

（学生大多摇头，表示不理解）

师展示宁江机床厂的生产案例，引导学生理解社会主义市场经济体制的含义和作用。（幻灯片 22）

师：重庆宁江机床厂原本生产能力是五百台，但因广告刊出，订单增多，增长到一千台，这是市场灵活调节的促进作用；如若企业受市场刺激而盲目生产则会引起市场混乱，此时国家出台对机床产业的一系列调控措施，也就保证了市场秩序的稳定。由此，社会主义市场经济体制是将市场调节和国家调控两种手段相结合，发挥两种手段的作用合力，有利于实现经济的协调发展和稳定高速增长。

师：改革给我们、给国家带来了怎样的变化？展示一组图片改革前后的泸州、内江、教室，播放视频——改革开放以来中国 GDP 变化。

生：观察图片，观看视频，认识到改革是强国富民之路！

【设计意图】将地方史（泸州、内江）融入历史课堂，让学生有近距离接触历史之感，结合视频感悟改革之路给国家和人民带来的巨大变化，从而坚定走改革之路的信念，培养家国情怀的素养。

教师小结：40 年春风化雨、春华秋实，改革之路极大改变了中国的面貌、中华民族的面貌、中国人民的面貌、中国共产党的面貌！忍饥挨饿、缺吃少穿、生活困顿这些几千年来困扰我国人民的问题总体上一去不复返了！中国也用几十年的时间走完了其他国家几百年走完的近代化进程，改革是强国富民之路！有人说，从出发到这里，走了那么远，可以了！有人说，从昨天到今天，走得这么快，很好了！我们可以就此止步了吗？

师展示两段材料，引导学生分析材料，了解当前改革路上面临的新形势。从而思考在改革之路愈进愈难、愈进愈险的情况下进一步拓宽改革之路的办法。

师：当前改革路上面临怎样的新形势？从内部和外部两个角度思考。

生 1：产生了很多改革新问题如发展质量效益不高、区域发展不平衡等。

生 2：中国的发展让美国感受到威胁，为此美国不断制造摩擦如贸易战。

师：现在的中国进入了千帆竞发、百舸争流的时代，改革之路愈进愈难、愈进愈险！这些问题如何解决，改革之路如何进一步拓宽？

（三）拓路——永不止步（幻灯片 27）

设置探究三：新时代的中国如何拓宽改革之路？

师：展示三组材料：中共推进改革之路的历程、100 位改革先锋人物、改革开放新成就。

学生解读材料，小组讨论，结合教师引导点拨得出认识。

师：点拨。从开启改革开放新时期到制定党在社会主义初级阶段的基本路线，再到建立社会主义市场经济体制；从以经济体制改革为主到全面深化经济体制、政治体制、文化体制、社会体制、生态文明体制和党的建设制度改革，一路走来，是谁在发展大局处把握时代发展脉搏、制定一系列路线方针政策，是谁在一路引领改革开放的正确方向？

生 1：党的领导是改革开放取得成功的关键和根本！新时代，我们必须坚持和加强党的全面领导！

师：点拨。一路走来，这条路上涌现出一大批勇立时代潮头、锐意改革创新、敢于实践探索的先锋模范：既有顶尖学者、管理者和企业家，也有看似普通却勇于奉献的基层代表；既有声名赫赫的知名人物，也有埋头苦干的幕后英雄。他们都有一个共同的特点：人民群众的优秀代表，国家民族的先锋模范。他们敢闯敢干，从荆棘中开辟新路，带领广大中国人民走上奋斗之路；他们为坚定改革之路作出了杰出贡献。

生 2：人民是改革开放伟大奇迹的创造者，人民是推动改革开放的力量源泉！人民有所呼，改革有所应！

师：点拨。从开启新时期到跨入新世纪，从站上新起点到进入新时代，我们以敢闯敢干的勇气和自我革新的担当，闯出了一条新路、好路，实现了从“赶上时代”到“引领时代”的伟大跨越。

生 3：改革开放是实现中华民族伟大复兴的必由之路！改革不停顿，开放不止步！

生 4：新时代、新形势，改革之路要坚定不动摇，要坚持中国共产党的全面领导，要坚持以人民为中心等！

师：同学们的回答非常精彩。我们有理由相信：有党的坚强领导，有历史积累的宝贵经验，有持续增长的强大实力，有人民的鼎力支持，坚定改革之路不动摇，中华民族在前进道路上必定会成功渡过激流险滩，闯过难关险隘，实现伟大复兴。

播放视频改革开放 40 周年宣传片《道路》——点题。

【设计意图】观看视频，再次回顾改革之路的风风雨雨，坚定改革之路才是实现中华民族伟大复兴的必由之路的认识！培养归纳概括的能力和家国情怀的学科素养。

三、课后反思，领悟本课之“道”

1. 设计思路

本课以“改革开放是实现中华民族伟大复兴的必由之路”为教学立意，围绕立意整合教材，分为寻路——绝处求生、开路——天翻地覆、拓路——永不止步三个板块分别讲述改革的背景、过程、成就和新时代对改革之路的坚守与拓展，让学生认识改革是国家和人民的求生之路！改革是强国富民之路！新时代，改革是实现中华民族伟大复兴的必由之路！

2．执教之获

（1）以“问道”为教学理念的教学设计要有明确的教学立意和清晰的教学思路。确定适合的教学立意（课魂）是进行历史教学设计的首要前提和根本，一课一中心，有适合的课魂才能串联起教材中零碎的知识点，保障课堂思路的清晰性、连贯性。本课以改革开放是实现中华民族伟大复兴的必由之路，通过寻路—开路—拓路较好地将经济体制改革的背景、过程、成就以及新时代下改革的全面深化串联成一个有机整体，教学思路较为清晰。

（2）以“问道”为教学理念的历史课堂的教学宗旨是立德树人，课堂教学中要落实学科素养培养，如史料实证、家国情怀，选取教学史料应该具有真实性、贴切性、典型性、多样性等特点。本课教学中选择了文字、图表、视频等多种真实、典型的史料，引导学生对各种史料进行研读、学习，目的在于培养史料实证的学科素养；通过展示改革开放以来中国共产党制定一系列推进改革之路的方针政策，引导学生认识到坚持党的领导是改革开放取得成功的关键和根本，从而感悟到改革之路的坚守必须坚持党的领导，也就凸显本课的家国情怀。

（3）以“问道”为教学理念的历史课堂应该体现“生本观”，重课堂的教学生成。教师是教学的设计者和引导者，学生是课堂学习的主体，课堂教学中应该以教师的层层追问推进学生的深度学习，师生、生生之间进行有深度的互动，方能体现较好的教学生成。本课教学中设计了三个探讨问题：当初的中国为何要寻路？绝处逢生的中国怎样逢山开路？新时代的中国怎样拓宽改革之路？通过一系列史料的补充与追问，引导学生认识改革是国家和人民的求生之路！改革是强国富民之路！改革是实现中华民族伟大复兴的必由之路！

（4）以“问道”为教学理念的历史课堂应体现地方历史课程资源的开发与运用，使学生感悟到历史就在身边，历史是真实可触可看的。本课在讲述城市经济体制改革之路的开拓部分时选取了重庆宁江机床厂的改革作为典型，在讲述社会主义市场经济体制的含义时选取了重庆宁江机床厂发布广告和国家出台措施调控市场的案例作为典型，在讲述改革开放带来的农村城市面貌的变化时选取了泸州、内江及铁路中学教室改革前后的对比图，将身边的地方历史资源融入本课教学。

3．执教之惑

（1）按教学进度，本课是已学内容，故在重难点把握和知识新颖度上出现了一定偏差。

（2）设计时以本校学生为参考，学情把握上有一定差异，课堂氛围没有达到预期。

（3）由于教学时间较为紧张，故时政中的历史还未较好地融入本课教学。

四、教学点评，引领教学航向

第一，本课教学设计理念较为新颖，教学立意明确，以“寻路—开路—拓路”来展现中国共产党人领导改革开放的艰辛历程；较为充分地体现了“问道教学”的核心理念，“改革开放是实现中华民族伟大复兴的必由之路”作为本课之道，通过问题式启发教学，通过“寻路”讲述背景，引导学生体会到改革开放是绝处求生之路！通过“开路”讲述经济体制改革在农村和城市的开展及成效，让学生体会到改革开放是强国富民之路！再从“拓路”讲述改革开放面临的新形势，让学生意识到在新形势下必须坚持党的全面领导，改革不停顿、开放不止步的理念！

第二，教师按照知识线索层层递进，始终以饱满的热情感染学生，引导学生入情入境地学习改革的背景、经过、结果、影响。

第三，本课设计教学难度较高，运用大量图文表格等史料来创设教学情境，引导学生得出、理解结论，做到论从史出、史论结合，还有较多知识的拓展延伸，适合优等学生学习。

第四，本课教学中挖掘了乡土历史资源，讲述改革开放前后变化时展示泸州、内江西林大桥、内江铁中教室的变化图片，让学生感受改革开放取得的巨大成就，增加学习历史的兴趣。

《独立自主的和平外交》教学实录

周　霞
（泸州市第十八中学校）

2021 年 5 月 14 日，在贾雪枫名师鼎兴工作室组织下，我参加了“文轩教育杯”初中历史新教材研讨暨四川省贾雪枫名师鼎兴工作室教学成果展示活动，在活动中上了一堂展示课。课堂实录如下。

一、导入

师：1901 年，那是一个辛丑年，八国联军强迫清政府签订了《辛丑条约》。穿越时空，我们去看看现场。播放《辛丑条约》签订视频。你能用一个词形容此时的外交吗？

生：屈辱。

师：屈辱的外交，卑微的中国，这个辛丑年，中国耻辱达到顶峰。经过中国人民的顽强奋斗，1949 年 10 月 1 日，中华人民共和国成立了，结束了我国百年的屈辱外交，翻开了外交事业的新篇章。中华人民共和国应该制定怎样的外交政策来维护新生的政权呢？

【设计意图】根据 2021 年（辛丑年）3 月 18 日至 19 日，中美高层举行战略对话的热点，回望 1901 辛丑年，清政府成为列强统治中国的工具，引出中华人民共和国外交独立自主的重要性，暗示课魂为“独立自主”。

二、新课

（一）中国之中国

【设计意图】重构本课，分为三个部分，中国之中国，亚洲之中国，世界之中国，将中华人民共和国成立后如何巩固独立并冲出亚洲、走向世界，循序渐进地展示出来。中国之中国为第一部分，通过外交政策的学习，学生明白独立自主是中华人民共和国外交区别于旧中国外交的根本特征。

师：看两则材料，概括中华人民共和国的外交政策。并说说你们是如何理解这个外交政策的。

材料一　中国一百年来的外交史是一部屈辱的外交史。我们不学他们。我们对外交问题有一个基本的立场，即中华民族独立的立场，独立自主、自力更生的立场。

——周恩来

材料二　本政府为代表中华人民共和国全国人民的唯一合法政府。凡愿遵守平等、互利及互相尊重领土主权等项原则的任何外国政府，本政府均愿与之建立外交关系。

——毛泽东

（生据材料概括中国外交政策）

师：面对旧中国的屈辱外交。新生的中国，我们的外交底线是什么？根据材料一，你能找出来吗？

生：独立自主、自力更生。

师：独立自主，说明我们与旧中国的屈辱外交划清了界限。此时，我们应该在什么样的基础上，与其他国家建立外交关系呢？（学生看材料二回答）

生：平等、互相尊重领土主权。

师：是的，中华人民共和国是在平等、互相尊重领土主权的基础上，与他国建立友好的外交关系，坚持和平外交。也就是说，在此立场和基础上，从国家利益出发，中国制定了独立自主的和平外交政策。你们是怎样理解这个外交政策的呢？

（生自主回答）

【设计意图】学生从材料中得出独立自主的外交政策，培养学生论从史出、史论结合的素养。

过渡：维护民族独立、不干涉他国内政。但世界上其他国家是怎样处理与中国的关系呢？

师：展示国际背景：1949 年 9 月 2 日，第二次世界大战结束。但此时的国际形势并不和平。德、日、英、法等大国衰落，美、苏强势崛起。两者在社会制度、意识形态和国家利益上矛盾突出，逐渐形成以苏联为首的社会主义阵营与以美国为首的资本主义阵营，两者针锋相对，采取以冷战为主要形式的对抗。这是 1949 年的国际形势特点。美国对中国采取敌视态度，并对中国实行封锁和禁运，苏联对中国伸出援助之手，由此，中华人民共和国作何选择？

生：社会主义。

师：我们选择了社会主义道路，坚定地“一边倒”。在独立自主和平外交政策的指导和国际形势下，1949 年 10 月 2 日，苏联正式与我国建立外交关系，1949 年 12 月，毛泽东访问苏联，于 1950 年签订了《中苏友好同盟互助条约》，条约中明确提出依据平等、互利、互相尊重国家主权与领土完整及不干涉对方内政的原则，发展和巩固中苏两国之间的关系。体现了两国之间的交往，遵照独立、自主、平等的原则，说明中国奉行独立自主的和平外交政策，并且在条约中，苏联承诺贷款 3 亿美元给中国。苏联在中华人民共和国的经济建设上提供了极大的帮助，有利于加强中苏两国的友好合作和共同对付可能的外来侵略，在特殊的形势下，巩固了人民民主政权。

在苏联影响下，中华人民共和国掀起第一个建交热潮。中华人民共和国成立的第一年，有 17 个国家和中国建立了外交关系，甚至包括周边的印度和缅甸等资本主义国家。

【设计意图】二战后的国际形势是九年级内容，是八年级学生短板，通过这个知识点的补充，学生充分理解中华人民共和国外交的艰难处境，理解中国制定外交政策的正确性。同时，通过国际背景，过渡到中苏建交及第一个建交热潮，让学生更好地理解中苏结盟必要性。通过史实，学生知道特殊的政策是特殊历史条件下的产物。

总结第一板块：在开国大典上，毛泽东向全世界宣布：“凡愿遵守平等、互利及互相尊重领土主权等项原则的任何外国政府，本政府均愿与之建立外交关系。”这和旧中国的屈辱外交相比，跨越了历史一大步。但独立自主只是我们的底线，国家发展，才是外交活动的关键。根据 1949—1953 年与中国建交国家数据简表得出此时中国必须打破外交僵局的结论，点出独立自主这一课魂。

（二）亚洲之中国

过渡：1953 年，中国经过土地改革和抗美援朝，巩固了新生的政权，接下来中国需要大规模进行经济建设，这需要一个和平的环境。此时外交出现了怎样的僵局，如何打破？周恩来创造性地提出了什么原则？

生：提出了和平共处五项原则。

（师播放视频“和平共处五项原则”）

（生观看视频并改正材料错误；熟记和平共处五项原则内容，并上台完成小游戏）

【设计意图】视频讲解和平共处五项原则，激发学生继续关注课堂的兴趣。改错题，培养学生观察能力和运用能力。

师：和平共处五项原则如何体现独立自主和平外交政策？

（生自主回答）

师：国家与国家之间的外交活动，首先是在互相尊重主权和领土完整的基础上进行的，这是外交活动的前提。在此前提下，国家之间应该做到平等互利、和平共处，发展本国经济。这是我们外交活动的目标。怎样才能确保这个目标实现呢？那就需要在外交活动中，国家与国家之间互不侵犯，互不干涉内政，这是外交活动的保障。互相尊重主权和领土完整，这和中华人民共和国成立初期的外交立场独立自主是一致的，互不侵犯、互不干涉内政、平等互利、和平共处，体现了中华人民共和国与他国遵循的是和平外交，由此可以看出，和平共处五项原则是独立自主和平外交政策的完整体现，是我国外交政策的基石。中国的外交从强调社会制度、意识形态到超越社会制度和意识形态的束缚。

【设计意图】梳理和平共处五项原则的关系，并讲解如何体现独立自主的和平外交政策，让学生认识到和平共处五项原则与我国外交政策一脉相承。

过渡：1954 年，应印度总理尼赫鲁和缅甸总理吴努的邀请，周恩来总理率领代表团对两国进行了访问。

（师展示材料）

（中印）两国总理重申这些原则，并且感到在他们与亚洲以及世界其他国家的关系中也应该适用这些原则。如果这些原则不仅适用于各国之间，而且适用于一般国际关系之中，它们将形成和平和安全的坚固基础。

——《中印两国总理联合声明》

师：和平共处五项原则仅仅适用于这三个国家吗？结合材料，你能谈谈和平共处五项原则对推动国际关系的作用吗？

（生自主回答）

师：和平共处五项原则不仅适用于中、印、缅三国，而且适用于世界各国。它为不同社会制度的国家提供了交流和沟通的前提，有利于处理国与国之间的关系，推动世界和平与发展，逐渐被世界上越来越多的国家接受，成为处理国与国之间关系的基本准则，中国的国际影响力逐渐增强。从关注社会制度到超越社会制度和意识形态，中国外交政策越来越成熟。

【设计意图】通过材料和史实，从国内和国际两个角度思考意义，培养学生多角度思考问题的习惯和史料实证意识。

总结第二板块：2014 年 6 月 28 日，和平共处五项原则发表 60 周年纪念大会在北京召开。中国、印度、缅甸三国领导人再一次聚在一起，共同出席纪念大会，甚至设立了和平共处五项原则友谊奖，更加体现了中国在新时期继承和弘扬和平共处五项原则，并且致力于和平发展的态度和决心。随着国际形势的变化，中国不断地对其充实完善，注入新鲜的血液，使其具有更强的现实意义。习近平曾在亚信峰会上提出了“亚洲安全观”，这是在新时期对于和平共处五项原则的继承和发展。

（三）世界之中国

过渡：在独立自主和平外交政策和和平共处五项原则的指导下，中国运用外交智慧巩固了中华人民共和国的独立，提高了实力，提升了国际地位，逐步走出亚洲，走向世界，中国开始在国际舞台上展示一个新的国家形象。

师：1954 年 4 月，为解决朝鲜和印度支那问题，中国第一次以世界五大国之一的身份参加日内瓦会议，会上重申了和平共处五项原则，得到与会各国拥护，大大提高了中国的国际地位，为打开中华人民共和国的外交局面做出了巨大贡献。

（生阅读知识拓展）

【设计意图】突出日内瓦会议中国是以世界五大国之一的身份参加，呼应世界之中国。

师：虽然中国以世界五大国之一的身份参加了日内瓦会议，但亚洲许多国家对中国仍然不了解。而国际上，由于以苏联为首的社会主义阵营和以美国为首的资本主义阵营尖锐对立，世界局势仍然紧张。新兴独立的亚非国家为维护自身独立，反对殖民主义的压迫，召开了亚非会议。为了积极发展同亚非国家的友好关系，我国参加了万隆会议。（展示图片）

（图说历史，小组合作，结合教材内容对两幅图片进行解读）

【设计意图】结合目前中考新题型，从课堂上培养学生思路和解题技巧。

（师展示万隆会议“小插曲”）

伊拉克发言人：我认为当今世界上存在着三股扰乱和平和谐的国际性势力，而第三股就是共产主义，共产党已经创造了一种“新形式的殖民主义”，我们要号召非共产党国家认真对待共产主义危险的严重性。

巴基斯坦发言人：我认为，亚非人民当前的任务不是反对殖民主义、争取独立，而是同美国联合起来，反对共产主义。

提问：据材料概括万隆会议出现了什么“小插曲”？

师：参会的国家中，大多数还没有和中国建立外交关系，对中国缺乏了解。帝国主义国家便挑拨一些国家代表，攻击共产主义，甚至怀疑中国对邻国搞“颠覆”活动。面对如此棘手的问题，周恩来怎么做的呢？

生：提出求同存异方针。

师：周恩来随机应变，临时将原定的发言稿改作书面发言，发给与会代表，然后做了补充发言，提出求同存异方针，改变了会议的航向。

师：（展示周恩来在亚非会议上的补充发言）思考周恩来如何扭转会议航向？

> 在这个会议上用不着来宣传个人的思想意识和各国的政治制度，虽然这种不同在我们中间显然是存在的。
>
> 亚非绝大多数国家和人民自近代以来都曾经受过、并且现在仍在受着殖民主义所造成的灾难和痛苦。……我们的会议应该求同而存异。
>
> ——《周恩来在亚非会议全体会议上的补充发言》

提问：材料中的求同存异的“同”指的是什么？“异”在哪里？

（生自主回答）

师：求同存异之所以能够改变亚非国家对中国的态度，是因为它既照顾到了与会各国共同的历史遭遇和发展本国经济、维护民族独立的共同要求，也充分考虑到了各国不同的社会制度和意识形态的差异，充分表达了中国政府维护世界和平、反对殖民主义的正义态度，求同存异是一个充分兼顾了各方的要求和利益的智慧方针，获得了各国的认可。万隆会议后，许多亚非国家与中国建立了外交关系。

（师补充“万隆精神”）

【设计意图】通过“同”“异”的学习，引导学生，做此类题型时，先从“异”下手，然后得出“同”。

总结第三板块：2015 年 4 月 24 日，亚非各国领导人齐聚万隆，纪念万隆会议召开 60 周年。中国国家主席习近平和夫人彭丽媛出席纪念活动。习近平主席与参加本次会议的各国领导人沿着亚非大街步行前往万隆会议旧址，重演 60 年前亚非领袖的“历史性步行”，彰显大国风范。

【设计意图】通过今天的外交事件，点出中国运用外交智慧，获得世界各国的认可。

师：中华人民共和国初期周恩来等老一辈外交家们经历的外交风云已经成为过去，但这段历史，不应该被忘记。如今，中国的外交家在处理国与国之间外交关系时，遇到了怎样的问题？2021 年，又是一个辛丑年，3 月 18 日至 19 日，中美高层举行战略对话。美方在先致开场白时严重超时，并对中国内外政策无理攻击指责，挑起争端，中国代表如何回应呢，我们一起看看当时的现场。（播放 2021 年 3 月 18 日中美高层战略对话视频）

（生回答）

师：从现场可以看出，中国外交家字字铿锵、绝不妥协，不允许任何国家干涉中国内政，和 1901 年的《辛丑条约》相比，维护了国家主权和尊严，始终奉行独立自主的和平外交政策。从国际体系的旁观者到参与者、建设者、贡献者和引领者，中国一步一个脚印，走近世界舞台中央。

【设计意图】根据 1901 辛丑年和 2021 辛丑年的对比得出，中华人民共和国成立后，始终奉行独立自主的和平外交政策，首尾呼应。

师：展示时间轴，你知道中华人民共和国初期有哪些外交成就？

（生回答）

（师根据学生回答的内容，总结本课知识：穿越时空的长廊，我们感受了中国奉行独立自主的和平外交政策的坚决，结束了我国百年的屈辱外交，翻开了外交事业的新篇章；经历了提出和平共处五项原则，展现大国担当，和周边国家建立了友好的外交关系，赢得了亚洲国家的尊重和认可；在日内瓦会议上展示一个新的国家形象，推动世界和平，再到万隆会议积极化解矛盾，再迎建交高潮。独立自主的和平外交政策，同中华人民共和国一起成长起来。）

【设计意图】利用时间轴，增强学生时空观念。

升华：播放数字故事，回忆旧中国的屈辱外交，到中华人民共和国独立自主的和平外交，72 年的外交历程，中国人民始终奉行独立自主的和平外交政策，坚持在和平共处五项原则基础上发展同各国的友好合作。中国在国际舞台上贡献了很多中国智慧，从关注自我，到关心世界，有所作为，逐步赢得世界的认可；中国，并没有因为实力变化而恃强凌弱，推行霸权主义强权政治。正是中国有所为、有所不为，才造就了今天中国的有所作为。在当今国际形势下，中国提出共商共建共享的全球治理观，构建人类命运共同体。中国和世界一直在变化，但不变的是中国对世界和平与发展的担当。维护世界和平与发展，中国永远在路上。

【设计意图】引起学生共鸣，涵养学生家国情怀。

三、课后活动

收集关于周恩来总理的外交事迹，感受周总理的外交魅力。

四、牛刀小试

阅读材料，回答问题。

材料一　两国总理重申这些原则，并且感到在他们与亚洲以及世界其他国家的关系中也应该适用这些原则。如果这些原则不仅适用于各国之间，而且适用于一般国际关系之中，它们将形成和平和安全的坚固基础。

材料二　一位美国记者评论周恩来在某次重大会议中的作用时说:“周恩来并不打算改变任何一个坚持反共立场的领导人的态度，但是他改变了会议的航向。”

（1）材料一中的“两国总理”分别指的是谁？和平共处五项原则的提出有何历史意义？

（2）材料二中的“重大会议”指的是哪次会议？周恩来为什么能够改变会议的航向？这具有怎样的历史意义？

五、板书设计（见图 1）

独立之精神
自主之思想
- 中国之中国——独立自主的和平外交政策
- 亚洲之中国——和平共处五项原则
- 世界之中国——万隆会议

图 1　“独立自主的和平外交”板书设计

六、课后反思

本课是关于中华人民共和国外交的一篇课文，而初中学生对于外交这个定义还不够明白，因此在本课教学中，要注意对学生的正确引导，把难以理解的内容简单化、条理化、线索化、通俗化，便于学生更好地理解外交这一含义。

根据本课的内容，结合我的思考，我将本课课魂定位为“独立自主”，设置为暗线，全篇课文围绕“独立自主”展开。明线为中华人民共和国初期的外交成就，为更好地为暗线服务，我重构了本课，分为三个板块：中国之中国（独立自主的和平外交）、亚洲之中国（和平共处五项原则）、世界之中国（万隆会议），层层递进。中华人民共和国始终奉行独立自主的和平外交政策，和旧中国的屈辱外交划清了界限，通过外交政策巩固政权独立，并用外交政策走出亚洲，走向世界，逐步赢得世界各国对中国的尊重和认可，得出独立自主的重要性。

1．思所得，发扬长处，发挥优势

本课线索清晰，条理分明。一条外交新政策，两个国家表敌友，三国总理齐声明，四字方针万隆定，五项原则促和平。

体现了学生为主体，教师为主导。设计问题符合学生阶段特征，课堂活动激发学习兴趣，通过讲授法、情景创设法、问题导学法等，学生参与度高，实用性强，体现了本课的历史学科素养，如时空观念、历史解释、史料实证。

通过旧中国屈辱外交、中华人民共和国独立自主外交的对比，在气势磅礴的音乐和图片中，升华本课知识，使学生对独立自主的和平外交政策加深认识，培养家国情怀。

2．思所失，吸取教训，弥补不足

本课通过重组，分为三个板块，但第二个板块，亚洲之中国，不是很恰当。和平共处五项原则不仅是中、印、缅三国处理国与国之间的基本准则，也是世界各国处理国与国之间关系的基本准则，割裂了和平共处五项原则的世界意义，不够严谨。

在设计图说历史这一环节时，我预设的是学生能够根据我的要求，自主整理出一篇逻辑清晰、线索分明的小文章，但学生就根据我提示的第一幅图包含的时间、地点、特点、内容、意义等，一个问题一个问题地回答，或者照着书本回答，并没有达到我的目的。

在实施的过程中，语言还不够简练，过渡不够自然，学生回答错误后没有引导到正确答案上去，回答问题后并没有适时的评价等，值得商榷。

3．思所疑，加深研究，解惑释疑

学生的疑：对于中华人民共和国成立初期的国际背景，课堂上并没有深入，只是简单介绍，学生并没有深刻理解中华人民共和国外交所面临的困境。

教师的疑：对于中华人民共和国成立初期的三大外交方针，我在课堂上提到了“一边倒”，但并没有阐述“打扫干净屋子再请客”“另起炉灶”，我至今还疑惑，到底该不该补充？

4．思所难，突破难点，化难为易

和平共处五项原则的意义是重点，我采用的是通过材料解读，得到国际和国内意义，但学生不能从国际和国内两个方面解读，看问题的角度不够全面。也就是说，我设计的这个环节和选用的材料，并没有突破重点。对于“求同存异”的理解这一难点，学生完成挺顺利，达到了我预设的目的。

5．思创新，扬长避短，精益求精

整节课设计下来，还是比较传统，创新不够。问题的价值导向体现不够明确，问题的研究导向不够深入，问题的发展导向不够清晰，在问题引导三原则上还需要下足功夫，继续探讨。不过，提问三原则，即问题真实性、激趣性、符合学生年龄特征有所体现，应继续发扬。

思之则活，思活则深，思深则透，思透则新，思新则进。对于新手教师来说，教学反思尤为重要。反思自己本节课的教学行为，总结教学的得失与成败，对整个教学过程进行回顾、分析和审视，才能形成自我反思的意识和自我监控的能力，才能不断丰富自我素养，提升自我发展能力，逐步完善教学艺术，以期实现教师的自我价值。

部编版九年级上《文艺复兴运动》教学实录

何屏频
（泸州市江阳区枫叶佳德学校）

2019 年 9 月 17 日在四川省教科院和泸州市江阳区“领航教师”高级研修班活动中，我有幸代表江阳区和宜宾的尚倩老师同课异构了“文艺复兴运动”这节省级公开课。这堂课下来收获颇丰。课堂实录如下。

一、教学过程

【新课导入】

师：讲不完的故事，说不完的历史，各位好，欢迎来到何屏频说历史。

师：同学们，在正式上课之前，我们一起来看一部电影预告片。

（播放视频）

师：同学们，这部电影你们看过吗？

生：看过。

师：你们喜欢哪吒吗？

生：喜欢。

师：喜欢他什么呢？

（生回答）

（教师板书：价值、潜能、尊严……）

师：爆笑之余，是否有些画面也触及你内心最柔软的地方，感动到你呢？哪里感动到你呢？或者在他身上发生了什么事儿，说了什么话，引起了你的共鸣呢？

（生回答）

师：很好，哪吒是一个魔童，命运似乎让他逃不出这个魔咒，可他偏偏不认命，他通过自己的努力改变了自己的命运，他鲜明的个性和巨大的潜能在这部电影中被活灵活现地展现出来,《哪吒》虽取材于中国的神话，但又打破固有的哪吒形象，让哪吒成为不认命、不服输精神的象征，所以艺术源于生活，东西方皆如此。今天我们把目光投向西方，在西方中世纪真实地上演着一出“魔童”挣脱“魔咒”的故事，那么这个西方的“魔童”又是谁呢？他又是如何与命运抗争的呢？让我们一起走进第 14 课《文艺复兴运动》。

（一）魔童的出世

师：伴随着西欧经济发展，新的生产方式和经营方式产生了，是什么？

生：租地农场和手工工场。

师：很好，而随着工商业的发展，资本主义萌芽出现，新兴的资产阶级形成，新兴资产阶级犹如“魔童”一般出现于中世纪，那么，为什么新兴的资产阶级会被视为“魔童”一样的存在呢？我们一起来看一则材料。（展示材料）这些新兴资产阶级——大商人、企业主、银行家，他们要求物质享受、优美的艺术欣赏和现世生活的乐趣。他们追求物质和精神上的享乐，这不挺好的吗？但是我想说，新兴资产阶级的这些需求恰恰就是与当时的社会格格不入的地方。

（二）魔咒的束缚

师：因为此时的欧洲上空笼罩着一个魔咒，像魔丸束缚哪吒一样，这个魔咒也束缚着新兴资产阶级，新兴资产阶级追求财富、现实享乐等需求在魔咒下其实是不被允许的，那么这个魔咒是什么呢？

生：教会。

师：正如这位同学所言，那么教会和神权是如何束缚新兴的资产阶级的呢？或者教会神权要求人们应该是什么生活态度？

（生回答）

师：教材第 65 页，资产阶级的需求和神学形成矛盾。而教会神学对新兴资产阶级的束缚还不止于此，请看材料一，当时工商业者每一磅收入的两先令属于教会。这是从哪个方面束缚着新兴资产阶级的呢？

生：经济上。

师：教会对经济有绝对的控制权，新兴资产阶级在这种情况下，发展经济容易吗？

生：不容易。

师：教会还要收税，新兴资产阶级甘心吗？

生：不甘心。

师：材料二呢，又是从哪个方面束缚新兴资产阶级的？

生：文化上，新兴资产阶级追求精神上的满足和乐趣，但是教会是不允许的。

生：政治上，教会拥有至高无上的权力？新兴资产阶级也想获得权利。

师：对，这是教皇为国王加冕的图片，国王尚且受到约束，更何况新兴的资产阶级在当时还被视为“魔童”一样的存在，因此新兴资产阶级在经济上、文化上、政治上，甚至生老病死都要受到教会神学的种种束缚。你必须苦行禁欲，你必须诚服于神，你必须……你必须……你不可以有权利，你不可以有享乐。假如你也是当时的新兴资产阶级，甚至像哪吒一样有点叛逆，随着你力量的不断壮大，你还甘于受到教会神学“魔咒”的束缚吗？此时你最要获得的是什么？

生：自由。

师：哪吒生而为魔，但是不管环境多险恶，命运多不公，他依然与命抗争。不认命是哪吒的命，其实，这也是当时的新兴资产阶级的命啊，他们也要为自由而抗争，那么他们是如何抗争的呢？

（三）自由的抗争

师：新兴资产阶级此时还比较弱小，还不能与教会神学正面冲突，那么他们会采取什么方式抗争呢？

（生回答）

师：他们借助了一件外衣，借助了一件文化的外衣，这里的“文化”指的是复兴什么文化？

生：古希腊罗马文化。

师：很好。在代表新兴资产阶级的知识分子心中，古希腊罗马文化已经达到了高度繁荣和高度自由民主的程度，因此，他们披着这件外衣开始了他们勇敢的抗争。

师：那么，最开始起来抗争的新兴资产阶级出现在哪里呢？

生：意大利。

师：为什么意大利最先有抗争的条件呢？请同学结合教材和这幅地图谈谈你的观点。

生：因为意大利的佛罗伦萨等地工商业发达，最早产生资本主义萌芽。

师：于是这里出现了新兴的资产阶级，有一定的阶级基础，他们的思想与神学矛盾，冲突出现，他们要反对神学。

师：意大利的地理位置十分特殊，处于地中海的包围之中，经济发达，有经济基础。

生：同时拥有并吸收古代高度繁荣的希腊罗马文化。

师：有着文化基础。

师：因此，这里的新兴资产阶级开始利用文学、艺术等形式表达自己追求自由的情感，抨击教会或者反对神学，为自由而抗争。

例 1　文学之诗歌

师：而新时代的第一位诗人，第一个抨击教会的是谁呢？

生：但丁。

师：但丁的代表作？

生：《神曲》。

师：但丁的《神曲》叙述了但丁在梦游三界的经历。我们来看两个片段。

《神曲》片段一　但丁“发现”当时的教皇卜尼法斯八世正在地狱的一个火窟中永受煎熬。但丁对痛苦的教皇说：你留在这里吧，因为你的贪婪使世界陷于悲惨，把好人蹂躏，把恶人提升。

《神曲》片段二　在《炼狱篇》中，但丁明确宣称：“我是一人，当爱情鼓动我的时候，我依照它从我内心发出的命令写下来。”

师：从片段一可知，但丁对以教皇为首的“神”持怎样的态度？

生：反对。

师：为什么？

生：因为他的贪婪。

师：很好，再看片段二，从片段二中我们可以看出但丁提倡人应该具备什么人生态度呢？

生：应该追求爱情，追求自由，遵从内心。

师：对，爱情、自由是多么美好的向往啊，神如此贪婪，人为什么要听从神的旨意，人不是应该遵从自己的内心吗？但丁在为自由抗争。

例 2　文学之戏剧　《罗密欧与朱丽叶》

（展示节选）

师：提到文学的话，我们也不得不提到戏剧，提到戏剧又不得不提到谁呢？

生：莎士比亚。

师：莎士比亚的代表作有哪些？

生：《哈姆雷特》《罗密欧和朱丽叶》。

师：今天，我们节选了一段《罗密欧和朱丽叶》的片段，这是他们一见钟情后在阳台上约会时的甜蜜的对话，那么，莎士比亚又是如何利用戏剧作品进行抗争的呢？我们带着这个问题，一起来欣赏一下。

（生分角色读）

师：掌声。

师：谢谢两位同学很有感情地朗读，同学们听完之后，内心是否有一些青春的萌动呢？你们看，不管是但丁还是莎士比亚，在他们眼中“爱情”都是多么美好的词啊，可是当美好讯息传递给我们时，冲突出现，悲剧发生。两位主人公先后自杀。面对这样的悲剧，你有什么感受？请“罗密欧”或者“朱丽叶”来谈谈。

（生回答）

师：我们会想如果不是悲剧，王子和公主最后幸福地生活会多好啊，可是在当时中世纪的“魔咒”下，这样的结局，容易实现吗？

生：不。

师：若希望这样的美好继续在现世生活中真实上演，就必须要把魔咒怎么样？

生：打破。

生：打破魔咒，摆脱束缚。

师：对，打破这个词用得好。

师：因此，莎士比亚把美好展示给我们，又无情打破，就是要告诉我们要勇于为自由抗争。

例 3　绘画

师：画家也在抗争，这是拉斐尔笔下的圣母画像，咦，我发现拉斐尔笔下的圣母与中世纪的圣母图有很多不同，有哪些不同呢？

生：中世纪的画面严肃、色调暗，而拉斐尔的色彩鲜艳。

生：拉斐尔的有血有肉，栩栩如生。

生：由于受到神学的束缚，中世纪画中的孩子被包裹得严严实实，而拉斐尔笔下的婴儿是裸体的，皮肤柔嫩，展现了人真实的一面。

生：从场景的刻画来看，神的光环逐渐淡化。

生：背景由神性转向现世主义风格。

师：我们看到的圣母好像不是神，她就是两个孩子的母亲。

师：从圣母眼神中，你感受到了母亲对孩子怎样的情感？

生：慈爱、温柔。

师：是的，神开始走下神坛，圣母、天使都成了普通人的模样。（感同身受）正如一位学者所说："拉斐尔的圣母像是世俗的理想战胜基督的修道院的最突出的艺术表现形式之一。"因此，拉斐尔在抗争。

例 4　雕塑——《大卫》

师：艺术家们的抗争还表现在雕塑中，这是米开朗琪罗的《大卫》。大卫取材于《旧约》中的神话故事，大卫是以色列国王，少年时，正值外敌入侵，其中有一位敌人，在战场上所向披靡，大卫勇敢地把他斩杀，成为英雄。这幅作品刻画的是大卫准备战斗的状态，我细细地欣赏着这幅艺术品。

（出示 PPT 图片，上半身包括头部和手里拿的武器）

师：请你们来当一下艺术评论家，我们可以看他的眼神、躯干、手。他手里拿的武器很精巧，是一个投石器。面对强大的敌人，他先大声地痛骂敌人，等到敌人被骂得头昏脑涨时，大卫用投石器甩出石头，一击即中，这体现了他的什么？

生：聪明。

师：对，人的智慧。

（出示 PPT 图片，右手青筋暴起）

师：再看，你能感受到什么呢？

生：力量。

师：对，力量。

（出示 PPT 材料）

师：当《大卫》出现在广场，人们争先恐后奔向广场，争取先睹为快，人们被这位坚强的年轻人感动得热泪盈眶。"你给我们带来了自尊心！""作为佛罗伦萨人，我们感到自豪。""人类是最有力量的！"是啊，大卫一个少年尚且凭一己之力将强大的敌人击败，新兴的资产阶级虽然现在还是很弱小，但是也可以用自己的智慧及力量摆脱中世纪神学的束缚，为自由抗争。新兴的资产阶级在以文学的形式抗争，在以艺术的形式抗争，他们为自己而抗争，他们为自由而抗争。抗争中的他们发现，原来生活是多么美好，原来我们要活在当下，原来我们运用自己的智慧和力量是可以挣脱神学魔咒的。请问，在抗争中，"魔童"新兴资产阶级的什么在发生转变？

生：思想。

师：对，思想，不仅仅是转变，而且好像他们从神学的魔咒中什么出来？

生：解放。

师：是的，而这种提倡人性的思潮在当时被称为人文主义。人文主义的思潮逐渐流行，文艺复兴运动兴起。文艺复兴，以复兴为名，将人的思想从以神为中心转变为以人为中心，而这一转变的重要途径，是通过继承和创新以文学、雕塑、绘画为载体的文化。因此文艺复兴的实质就是什么？

生：一场反对教会“神权至上”和提倡人文主义的新文化运动。

师：在这场持续了三百多年的漫长的新文化运动中，在人文主义精神的指引下，“魔童”新兴资产阶级像哪吒一样，为自由抗争，他们上下求索，他们勇于创新，他们终于挣脱神学的魔咒。他们掀起的这场长达300年的文艺复兴的影响，不管是从当时来看，还是从后世社会的发展来看，其实比我想得还要深，还要远。

[播放PPT。(文艺复兴对中国的建筑也产生了影响,还推动了宗教改革)]

师：17、18世纪，英国、法国等相继进行资产阶级革命，欧洲迎来一个强大的资本主义时代！人类近代化进程开启新篇章！是啊，文艺复兴作为一场新文化运动，和欧洲的发展紧密相连，直到今天，我们仍然可从文艺复兴对“人”的核心表达中，体会到文化这一“武器”把欧洲引向强大的力量。文化兴，国运兴，文化强国，也已成为当下中国的时代热词。同学们，让我们以更加积极的姿态参与到中国特色社会主义文化建设中，让我们坚定文化自信，弘扬中华文化！最后，我命由我不由天，同学们，愿你们做自己的英雄，做时代的英雄。

二、教学反思

部编教材九年级上册第14课《文艺复兴运动》是我于本学期执教的一堂省级研究课，课后受到了许多老师的肯定，但是肯定背后凝结的是许许多多老师的智慧。

本课从当下学生们感兴趣的电影《哪吒之魔童降世》切入，并深挖电影中的“魔童哪吒”的精神品质，再和本课的涉及的“新兴资产阶级”相关联，找到二者的共性，从而设计了三个环节即魔童的出世、魔咒的束缚、自由的抗争，希望透过电影《哪吒之魔童降世》背后的人文主义去探寻西欧的文艺复兴运动。执教完本课后我受益匪浅、感受颇深。

首先，让“人物”(电影人物、历史人物等)贯穿历史课堂可以优化历史教学。苏东梅在《历史人物贯穿高中教学的策略》一文中讲道：“用人物作为主线，使课堂贯穿成为一个不可分割的整体，对于完善重视历史教学、提升学生接受效果具有非常重要的现实意义。”一方面，以明确的课标要求作为指导方向，从而整合教材；另一方面把“魔童哪吒”这个电影人物和学生们的认知水平联系起来，以“哪吒”贯穿整个课堂，让历史教学内容呈现得更为生动而灵活。而在实际的教学过程中，我们也确实看到了学生对“哪吒”的兴趣点和学生从“魔童”新兴资产阶级在持续了300多年的文艺复兴运动中对文化所做出的不懈探索和创新中学到了更丰富的精神品质，完成历史课堂教学由量到质的飞跃。

其次，历史教学中应注意问题引入的逻辑自然性和连贯性。叶建柱在文章《论教学中问题引入的逻辑自然性和连贯性》中提及：“教学中问题引入应该符合逻辑自然性和连贯性。逻辑自然性就是要求所提的问题与引入的课题有着必然的联系；逻辑连贯性则要求利用问题引出课题后还能够继续顺着原问题深入，并产生研究问题的思路。”10月25日，在古蔺二郎中学我很荣幸和贾雪枫老师一起对本课内容进行了同课同构。在讲到第一环节“魔童”的出世时，对比我提出的问题和贾老师提出的几个问题，我们发现贾老师设计的问题更具有逻辑自然性和连贯性，使得学生对问题的思考方向更明确，也使得贾老师的课更耐人寻味。

我设计的问题如下：

（1）伴随着西欧经济发展，新的生产方式和经营方式产生了，是什么？

（教师引导学生复习第13课的内容并答出是租地农场和手工工场。）

（2）随着工商业的发展，资本主义萌芽出现，新兴的资产阶级形成，新兴资产阶级犹如“魔童”一般出现在中世纪，那么，为什么新兴的资产阶级会被视为“魔童”一样的存在呢？

（3）新兴的资产阶级追求哪些东西呢？

（教师展示材料，提出以上问题，学生回答后教师指出新兴资产阶级的这些需求恰恰就是与当时的社会格格不入的地方，新兴资产阶级具有魔性的地方。）

（4）此时的欧洲上空笼罩着一个魔咒，像魔丸束缚哪吒一样，这个魔咒也束缚着新兴资产阶级，那么这个魔咒是什么呢？

（教师引导学生答出教会或者神学。）

贾老师设计的问题如下：

（1）听到资产阶级这个词，你第一时间会想到什么？

（教师引导学生复习第13课的内容，学生答出新兴资产阶级由农场主、手工工场主等组成。）

（2）新兴资产阶级的诞生意味着他们会提出哪些要求？

（教师展示材料提出以上问题，学生回答。）

（3）你对基督教会对教徒的要求有哪些了解？

（学生结合教材第65页回答。）

（4）对比：新兴资产阶级的追求与基督教会的约束存在的根本矛盾是什么？

（教师引导学生答出是新兴资产阶级追求现世的享乐与基督教会要求人们苦行禁欲之间的矛盾。）

（5）在守旧的基督教会眼中，新兴资产阶级符不符合“魔童”的定义？在新兴资产阶级眼中，基督教会的约束是不是有点“魔咒”的味道？

最后，关注部编教材的新变化，适时调整教学策略。关于本课内容中文艺复兴运动的实质，以前的川教版教材和部编教材分别叙述为：“反封建、反神学的资产阶级思想文化运动”以及“一场反对教会‘神权至上’和提倡人文主义的新文化运动”，我们注意到其中的变化，部编教材更加强调的是文艺复兴运动是一场“文化”运动，它和欧洲的发展紧密相连，直到今天，我们仍然可从文艺复兴对“人”的核心表达中，体会到文化这一“武器”把欧洲引向强大的力量。因此，我们对本课的教学立意是“文化强国”“文化自信”，并注重对学生“家国情怀”这一核心素养的培养。

总之，我在大家的帮助下执教的“文艺复兴运动”有创新，有特色，但是由于我个人的精力和能力有限，也存在很多不足，比如有的老师谈到的知识的建构不够、知识的落实不够、教材资源的挖掘不够等，希望这些问题继续鞭策我在以后的实践中去探寻更好的教学思路和方法。

三、教学点评

成功的教学设计，必然包含学科核心素养和学生的心智水平的有机结合，它必然是教学立意的适切展现，必然是能点燃学生且能生成新思维、新收获的。何老师的这节课大胆地重构教材，注重选择。她从课标出发，倾心关注学情，关注问题的选择，关注教学资源的恰当，关注重难点的突破等。正因为她的精准关注，她的课堂教学情节生动、史证自然、情感通透，师生互动高潮迭起。同时她善于总结自己与贾老师同课同构的不足之处，能够发现自己问题驱动教学的能力还有发展空间。因此对课堂教学问题串的研究，是我们历史深度教学需继续研究的课题。

（泸州市江阳区教研培训中心　欧阳菊）

部编版九年级上《文艺复兴》教学实录

陈李平
（自贡市第二十一中学校）

师：我们今天来学习文艺复兴运动。

首先咱们看一下这两张图片。请同学来告诉老师，你更喜欢哪一幅，为什么。

（生答）

师：左边那幅是中世纪时期的圣母，右边是文艺复兴时期的圣母。同学们再仔细观察一下，左边这幅中世纪时期的圣母的面部表情和右边文艺复兴时期的圣母的面部表情有什么不同？

（生答）

师：中世纪绘画中的圣母和圣子表情刻板、冷漠、严肃，缺少人情味儿。文艺复兴时期绘画中的圣母温柔，眼中充满着对圣子的宠溺，展现出了母性的温情和青春的健美。那同学们知道为什么老师给大家看这两幅画吗？因为西欧中世纪时期被称为黑暗的时代，教会极度地压制人性，强调禁欲、修行，信奉上帝才能获得拯救。而黑死病的爆发，让人们更加地怀疑上帝是否能拯救自己。那到底谁能拯救自己？于是人们关注的焦点转移到了人的身上去。才开始去关注人，肯定人性，赞美人和人性。而右边这幅文艺时期的圣母就体现出了人性的呼唤。我们来看一段视频，在视频中同学们能获得哪些历史信息？

一、文艺复兴的背景

在视频中提到了哪些文艺复兴的背景？（时间，地点，原因）

（生答）

师：从视频中我们可以看出，文艺复兴的原因是资本主义的萌芽和资产阶级的兴起导致的神权危机。那是文艺复兴这个词是什么意思？复兴是什么？文艺复兴表面上是复兴古希腊罗马的文化，其实质是资产阶级思想文化的兴起，是一种文化的创新。由于当时的资产阶级的力量弱小，无法同强大的封建教会进行正面对抗。从新兴的资产阶级利用古希腊罗马的文化作为武器，同封建教会进行斗争。文艺复兴运动是一场文化的创新，一场发现人的运动，一场反封建、反神学的资产阶级思想文化运动。而文艺复兴的核心精神是人文主义。那什么是人文主义呢？就是以人为本，肯定人性，肯定现实生活。

师：什么是人文主义？我们来对比一下人文主义与宗教神学。

中世纪的宗教神学以神为中心，主张禁欲修行，信奉上帝，才能求得来世的解脱。因为新兴资产阶级的兴起，以及黑死病的发生，人们关注的焦点开始从以神为中心变为以人为中心，开始关注人与人性，强烈要求个性的解放和自由，也注重享受现世生活。

二、文艺复兴——代表人物

（一）文学三杰

师：但丁、彼得拉克、薄伽丘，并称为文艺复兴时期的“文学三杰”。

彼得拉克被称为文艺复兴之父。薄伽丘的作品《十日谈》是文艺复兴时期欧洲第一部现实主义作品。文艺复兴时期群星璀璨，除了有“文学三杰”，还有艺术三杰，分别是达·芬奇，米开朗琪罗以及拉斐尔。我们主要从但丁来了解人文主义。但丁是文艺复兴的先驱，是中世纪走向新时代的第一位诗人。但丁的作品是《神曲》,《神曲》由 “地狱”“炼狱”“天堂”三部分构成。但丁把教皇放到地狱里，把自己爱的人和善良的人放到天堂。作品体现出对封建神权的抨击和抗争。

（二）美术三杰

（简介美术三杰）

你们认识达·芬奇吗？他是一个什么样的人？

（生答）

师：达·芬奇他是一个多才多艺的文化巨人，兼艺术大师、科学巨匠、文艺理论家、哲学家、诗人、音乐家、工程师和发明家于一身。他代表作品有《蒙娜丽莎》和《最后的晚餐》。

师：这是《蒙娜丽莎》，她美吗？

（生答）

师：大家公认《蒙娜丽莎》是很神秘很美的。这是为什么呢？先给大家卖个关子，我们来看一幅中世纪绘画作品。拜占庭帝国的《查士丁尼及其随从》。请同学们观察每个人物的肩膀、身高、面部表情有多大的区别？看起来都差不多。肩膀的宽窄及线条基本一致，人物的身高也相差不大。面部表情都很刻板。我们来看一下这幅画的局部和蒙娜丽莎。请问同学们，你们觉得蒙娜丽莎美吗？

生：美。

师：为什么美？

生：蒙娜丽莎表情生动，微笑最美。

师：她的微笑非常的神秘。到底神秘在哪里？你们想知道吗？当你用不同的心情去观看她的微笑时，微笑的意义是不一样的。你能看出有几种微笑？当你开心时，是一种甜蜜的微笑。当你愤怒时，微笑变成嘲笑。当你悲伤时，又是一种苦涩的笑。《蒙娜丽莎》这部作品最神秘的地方就是她的微笑。而这一部作品为什么又这么出名呢？中世纪的绘画，多是以宗教为题材的，关注的是神，文艺复兴时期关注的是人和人的情感。这是一部以普通人为主题的绘画作品，表现出人的健美和情感。蒙娜丽莎原是佛罗伦萨一位商人的妻子，当时年仅 24 岁。据说达·芬奇在画蒙娜丽莎的时候，她刚失去了自己的女儿，内心非常忧伤。达·芬奇为了画蒙娜丽莎，给她请了音乐师、小丑，取悦她，让她高兴起来，甚至还在庭院中种了各种奇花异草让她高兴。最终让她抑郁端正的脸上露出了一丝微笑。虽然这种微笑转瞬即逝，却留下了永恒的美。

师：我们再来欣赏达·芬奇的另外的一幅作品《最后的晚餐》。《最后的晚餐》描绘的是耶稣被捕前和十二门徒最后一次共进晚餐。他忧郁地告诉门徒，有人出卖了他，十二门徒闻言后或震惊，或愤怒，或激动，或紧张。画中人物的动作、表情各有不同，你们能找出哪一个是叛徒吗？

那个眼神慌乱，手肘碰到了盐瓶，身体后倾，惊恐不安地抓着钱袋的那个人，就是犹大，出卖耶稣的人。《最后的晚餐》非常生动地表现了这一时刻的紧张场面。15、16 世纪，文艺复兴开始向西欧的其他国家和地区传播，在这些国家和地区中涌现出很多著名的文学艺术家。莎士比亚就是其中的代表。他的作品有《罗密欧与朱丽叶》《哈姆雷特》《仲夏夜之梦》《威尼斯商人》。不知道有没有同学听过罗密欧与朱丽叶的故事？

（生答）

师：罗密欧与朱丽叶他们分别属于两大家族，两大家族却有世仇。在一场宴会上，双方一见钟情。当知道两家世仇时，罗密欧仍义无反顾地追求自己的爱情，并和朱丽叶在神父的主持下举行了婚礼。可是罗密欧却为了给自己的朋友报仇，杀了朱丽叶的堂兄。最终罗密欧被放逐。罗密欧刚走，朱丽叶就被父亲安排婚礼。朱丽叶用假死的办法逃避这场婚姻，并且让人告诉罗密欧，带她离开。结果罗密欧却接到了错误的消息。罗密欧来到朱丽叶的身边，看着自己心爱的妻子在那里躺着，他非常地伤心，便服毒自杀了。朱丽叶醒了过来，发现自己的爱人已经死去，毫不犹豫地拔出罗密欧的剑刺向自己，倒在罗密欧的身边死去了。双方父母在失去儿女之后才清醒过来，但为时已晚。两家消除积怨，并在城中为罗密欧和朱丽叶各铸了一座金像。罗密欧与朱丽叶的浪漫爱情故事，充满着人性的色彩，罗密欧与朱丽叶不顾封建家长的阻碍，追求现实的幸福和美好的爱情，充满人文主义精神的光辉。《罗密欧与朱丽叶》是莎士比亚在宣扬人文主义精神下，创作的一部反封建的爱情悲剧。莎士比亚有许多优秀的作品与诗歌。我们来欣赏一下莎士比亚的名句。从这几句名言中，你们读到了什么？

生：读到了对人的肯定，对人的赞美。

师：我们刚才分析的这些作品，都体现了人文主义精神。人文主义精神是文艺复兴的核心思想，而文艺复兴运动是一场轰轰烈烈的、反封建、反神学的资产阶级思想解放运动，它解放了人们的思想，同样也促进了思想与文化的发展。欧洲的资产阶级急需要这样一种新的文化，为他们所追求的利益做支持和辩护，而文艺复兴确实也达到了这样的效果。这样一场空前的思想解放运动，它对欧洲、对世界造成了什么影响呢？通过刚才材料分析，同学们是否能提炼出文艺复兴的影响？请同学来回答。

生：它的影响是解放人的思想，推动欧洲及世界思想文化的发展，为欧洲资本主义的产生和发展奠定了思想文化基础。

师：文艺复兴运动是人类历史上一次伟大的思想解放运动，是一场发现人的运动，我们来回顾一下我们这节课所讲的知识点。

（师问生答）

师：我们已经学完了本课，来做一下练习。

部编版九年级上《探寻新航路》教学实录

曾宏伟
（内江七中）

部编版九年级上《探寻新航路》一课内容繁多，如何在有限的课堂教学时间内完成教学任务，达成教学目标，特别是将情感教育贯穿始终，对教师具有很大的挑战性。我在 2019 年 9 月 17 日，四川省贾雪枫名师工作室内江集中研修活动中，执教了本课。教学实录如下。

一、教学过程

【导入】

师：（展示关于海洋的动图）同学们见过大海吗？

生：见过。

师：你们对大海有什么样的感觉和向往？

（生自主回答）

师：我们生存的地球上有 71% 的表面积是属于海洋的。人类起源于海洋，但是人类对海洋的了解却很少，对海洋充满了好奇心，渴望征服海洋。提到海洋的征服者，我们一般第一个会想到谁？

生：郑和。

师：对了，在郑和下西洋的背后，是一个强大的明王朝，当时明朝国力强盛，无论君主还是民间，都充满了一股生机勃勃的气象。

（师展示明朝强盛的 PPT，然后展示亨利王子试航 PPT）

师：就在 15 世纪郑和第五次下西洋的同时，欧洲也出现了一位航海家，就是葡萄牙的亨利王子，他在教皇的支持下进行了试航，结果并不理想。

师：此时，我们可以想象一下，中国和葡萄牙谁的航海业更为发达。

生：中国。

师：是的，就是中国。但为什么在不到 100 年的时间里，葡萄牙却成为了探寻新航路的领航者？这堂课就让我们一起去探寻。

师：首先，我们进行第一个探寻活动，为什么以葡萄牙为代表的欧洲国家会掀起探寻新航路的热潮？

（展示 PPT）

师：我们首先看下这两段史料，通过史料思考问题。（分析材料的方法）

材料一　中世纪（约 5 世纪—15 世纪）少有出现必须付钱购买某种物品的情形，他们的庄园能够出产供他和他的家人吃、喝、穿的一切物品。

——房龙《人类的故事》

材料二　15 世纪末期的欧洲，社会分工不断扩大，资本主义萌芽出现，城镇迅速增多，商品经济日益发展，货币的需要量大大增加，于是，国王、贵族和商人到处追求黄金白银，形成一股贵金属热。

——王斯德《世界通史》

提出问题：比较两则材料，反映出 15 世纪的欧洲社会出现了什么变化？对人的心理产生了什么影响？

（抽生回答）

师：（点评）注意，15 世纪前不花钱买东西不等于他们的权力大，而是那个时候的人们没有把金钱的多少当作地位的象征，包括当时的中国，什么样的人是有钱人？地主，地越多，越有钱。但是，15 世纪后，随着商品经济的发展，我们买东西的需求在增加，那什么叫有钱？拥有更多的货币。因此，出现的一个变化就是“商品经济日趋发达”。而当货币越来越多的时候，会对人们的心理产生一种什么样的影响呢？那就是喜欢追求钱财，在欧洲掀起了一股“寻金热”。那哪里才有钱财呢？

（师展示有关马可波罗事迹 PPT）

师：以前学习过一个人，马可 · 波罗。他不仅是对中国，对世界的影响也非常大。因为在他的书中有这样记载：

日本国据有黄金，其数无限，盖其所属岛屿有金，而地距陆甚远，商人鲜至，所以金多无量，而不知所用。

秦海（南中国海）中“共有 7 459 座岛……其中一切富源，或为黄金宝石，或为一切种类香料，多至不可思议”。

——《马可 · 波罗行纪》

师：欧洲人看到这样的描述，会有一种什么样的冲动？

（生自主回答）

师：那里就是宝藏，那里还没有多少人去，甚至东方人都不知道这些！所以欧洲人会产生一种什么样的心态？

（生自主回答）

师：激起了欧洲人对东方的想象和向往，就是去东方寻找财富，寻找香料、黄金的热情。

（师展示 PPT）

师：古代东西方有没有贸易往来？

生：有。

师：我们学过丝绸之路，而且商路还不止一条。东西方之间是开展了贸易的，可是，当时发生了一件非常严重的事情。

材料　15 世纪中叶以后，奥斯曼土耳其帝国控制了亚欧传统商路的枢纽，土耳其的横征暴敛加之长期战争使正常的商业秩序被破坏，从此东方运到欧洲的商品数量急剧减少，价格猛涨。

——王斯德《世界通史》

师：材料中提到了哪个关键的国家？

生：奥斯曼土耳其帝国。

师：奥斯曼土耳其帝国干了一件什么事情？

（生自主回答）

师：我们可以看一下奥斯曼土耳其帝国的位置。无论陆上还是海上丝绸之路，都要先到达地中海，然后由阿拉伯和意大利商人作为中介去销售。但很遗憾的是，当时奥斯曼土耳其帝国征收高额关税。这样的话，会让欧洲人有一种什么想法？

（生自主回答）

师：既然此路不通，那我们就另寻一条路。（强调“新”）

（展示 PPT）

师：假如你是当时的航海家，你觉得还应该具备哪些条件才能远航？

（抽生回答）

师：不仅有物质、技术，还有精神上的支持（见表 1）。

（展示 PPT“圣玛丽亚号船体”、《地理学指南》）

表 1 新航路开辟的原因和条件

经济	商品经济发达
社会	狂热追求黄金
商业	传统商路被阻断
技术	地圆说、罗盘针、造船术、政府支持

师：我们可以想象一下，坐一艘小船漂泊在海洋里，人是受不了的，非常晕船，所以要有一定的造船技术；除此以外，还需要定位导航的装置——罗盘，这就必须要感谢中国人；同时还要有一定的理论支持。而最重要的是要有国家的支持，在葡萄牙国王若昂二世和西班牙女王伊莎贝拉一世的支持下，一批批航海家踏上了征程。接下来我们进入第二个探寻活动。

（展示 PPT）

师：葡萄牙和西班牙分别支持了哪几位航海家的征程？每个航海家最远到达了哪里？同学们可以带着问题去迅速地阅读教材，也可以在教材中做好标注（见表 2）。

表 2 航海家的征程

<table>
<tr><th>时间</th><th>航海家</th><th>国籍</th><th>支持国</th><th>方向</th><th>影响</th></tr>
<tr><td>1487—1488</td><td>迪亚士</td><td>葡萄牙</td><td rowspan="2">葡萄牙</td><td rowspan="2">东</td><td>到达好望角</td></tr>
<tr><td>1497—1498</td><td>达·伽马</td><td>葡萄牙</td><td>到达印度</td></tr>
<tr><td>1492—1502</td><td>哥伦布</td><td>意大利</td><td rowspan="2">西班牙</td><td rowspan="2">西</td><td>发现美洲大陆</td></tr>
<tr><td>1519—1522</td><td>麦哲伦</td><td>西班牙</td><td>首次环球航行</td></tr>
</table>

（抽生回答）

师总结：好望角改名，哥伦布误会，麦哲伦之死。

（师检验课堂效果：哥伦布误认为自己到达的是印度等）

（生分组完成）

（师总结新航路的特点：一个中心，两个方向，四个人物）

（展示 PPT 1489 年《马尔特鲁斯地图》、1507 年《瓦德西穆勒地图》）

师：虽然航线发生变化，但是地图没有变。我们先看一下探寻新航路前后的地图。我们可以隐约看出一些轮廓。非洲、欧洲、亚洲（当时没有美洲），这就是当时欧洲人眼中的世界，第二幅地图开始出现新的变化，有非洲、欧洲、亚洲、美洲，但是，仍然和我们现在的世界地图有比较大的差别。问题来了，从 14 世纪到今天，地球板块有没有明显的变化？

生：没有。

师：但是地图却在不停地变，这背后说明了什么的改变？

（生自主回答）

师：人们看待世界的眼光，人们对待世界的认知改变了，所以探寻新航路我们需要哪些品质呢？

（生自主回答）

师：首先我们要有探究的精神，我们要敢于去创新，我们要敢于通过创新去发现新的事物。（举例）其次我们要敢于去挑战，而且不光是挑战，我们还要有一种什么样的精神？

（生自主回答）

师：勇气，并且敢于坚持下去！其实，我们今天觉得探寻新航路是一件非常值得挑战的事情，但是它的背后充满了艰辛。

（展示 PPT）

师：我们可以用数据和事实说话，所以我们可以想象其中的艰辛。路上可能会有海盗，船员在海上因为长期缺乏营养可能会得坏血病，而坚持更是贯穿了其中。在少年时代，当你相信地球是圆的，却遭到周围小伙伴的嘲笑，你是否会坚持自己的想法？青年时代，你花了无数的时间，去游说各个国家支持你的航行，当全部遭到拒绝的时候，你是否还会坚持？当你终于踏上远航之路时，可能航行不是最远的，但一定是最艰难的。为什么？我们可以对比一下，其他人都是沿着海岸在走，一旦遇到危险可以有陆地作为依靠。但你没有这些支撑，一旦遇难只能葬身大海。而更为绝望的一点就是，这路到底有多远，自己都不知道。航行三个多月，你没有放弃，继续坚持。终于 1492 年 10 月 12 日，你突然发现，太阳升起的时候，光芒照到了大陆。这时，你登上陆地，是什么样的心情？

生：激动、兴奋，一切的付出都得到了回报。

（展示 PPT）

师：后来，美国为了纪念哥伦布，把 10 月 12 日定为哥伦布日，甚至有座城市也以此命名。但是也有很多印第安人却在这天上街示威，认为是自己的受难日。那这是为什么呢？

（抽生回答）

（师总结：评价历史人物要在特定的历史条件下一分为二地看待）

师：这些航海家对世界到底有多大的影响呢？

（展示 PPT）

师：新航路开辟之前，欧亚的贸易都是经过地中海，由意大利和阿拉伯人作为中介，世界贸易的中心就在地中海沿岸。可是新航路开辟以后，还是不是只有欧洲和亚洲呢？贸易参与者还增加了美洲和非洲。[念 PPT 上的文字“三角贸易”（新的贸易链）]，贸易的中心也转移到了大西洋沿岸。那新航路的开辟，贸易中心的转移，对中国有没有影响呢？

（生自主回答）

师：是的，不仅有影响，而且对于我们今天“舌尖上的中国”改变太大了。

（展示 PPT）

师：那我们就来看看，新航路以后中国引进了哪些食物？

（生自主回答）

师：这些全部都是新航路开辟以后被引进中国的，所以我们可以看出新航路的影响。人类社会从此进入一个新的时代——大航海时代。

（展示 PPT）

师：但是在当时这个新的时代，中国有没有把握住机遇？

生：没有。

师：当世界进入贸易新时代的时候，郑和第七次下西洋以后，明朝却因为各种原因，开始实行更加严格的“海禁”政策。今天，在郑和下西洋的出海口，江苏太仓，高高树立着一座郑和的雕像。无独有偶的是，在葡萄牙里斯本也树立着一座航海纪念碑，为首的正是与郑和同一时代的亨利王子。你们有着什么样的感受？

（生自主回答）

师：郑和孤单、寂寞。梁启超曾说“郑和之后，再无郑和”，究其缘由，还是在于两国什么不同？

（生自主回答）

师：对待海洋的态度，当时的中国可以说基本没有海洋意识，曾经的中国丧失了这样一个向海而生的机会。但是我们庆幸的是，今天的中国已经在关心海洋、认识海洋、经略海洋、保护海洋。

师：也许，经历了闭关锁国的严冬，我们才更加深刻体会到拥抱海洋的价值和意义。毕竟，挫折是成长的代价，失败是前行的动力。在奋起直追的痛楚中，才能真正收获走向复兴的喜悦。因为我们的目标是星辰大海！

二、教学反思

本课设计的着眼点在通过阅读史料，将教材中概念化的语言转化为可感知的历史体验，培养学生的史料实证观；让学生感知航海时代伟大与残酷并存的史实，形成历史解释；通过圈画地图和编制图表，树立明确的历史时空观，最后通过过去与现实的联系，明确大国崛起的发展历程，理解海权的重要性，形成为国读书、为国效力的强大家国情怀。

本节课综合运用了电子白板的多种功能，从而优化了课堂教学的信息传递结构、学生认识结构、师生活动结构，突出了学生的主体地位，让学生在思维和活动两个层面上更广泛、更深入地参与课堂，建设课堂，生成精彩，从而提高课堂效率，增加历史课堂魅力。

三、教学点评

《探寻新航路》是部编历史教材九年级上册第五单元第15课，在《义务教育历史课程标准》中，与本课相关的内容要求为：通过哥伦布发现美洲，麦哲伦环球航行，初步理解新航路开辟的世界影响。曾宏伟老师立足于课标又高于课标。下面，我们围绕历史学科的核心素养来对曾宏伟老师的教学设计做一个简单的教学点评。

1．唯物史观导向性

在讲授新航路开辟的背景、原因时，从唯物史观出发，介绍古代欧亚交往依赖的陆路“旧航路”被摒弃，从困境中寻找机遇，从实际中探寻发展的史实，引导学生认识开辟新航路的必要性和可能性。

2．时空观念结构性

展示“1420年欧洲人认识的世界范围”和“1620年欧洲人认识的世界范围”地图以及新航路开辟期间的地图等，在不断变化的地图所营造的历史情境中，让学生看到了欧洲人观念的变化。逐渐清晰的海岸线展示了欧洲人探险的足迹，让学生体会到了历史发展的“有渐无顿”。李惠军老师说，视野决定高度：从历史高处眺望，从历史深处沉思，从历史细处雕琢。历史视野的培养任重道远，历史教师要有理想、视野、情怀和担当。

3．史料实证操作性

“史料实证”素养是指学生能够在获取可信史料的基础上努力重现历史真

实的能力和品质。在授课过程中，曾老师给学生呈现出了不同类型的史料、事例，学生研读的过程就是接触和探究的过程。

4．历史解释深刻性

初中阶段，学生要能够能对各种历史解释加以理解和评析。在探寻新航路开辟的原因方面，学生能够根据教师给出的有效材料，加以理解、评析并得出结论。

此外，通过学习，学生要能够客观论述新航路开辟的相关历史事件、人物和现象，有理有据地表达自己的看法。

5．家国情怀感悟性

在全球化的形势之下，有关“家国情怀”的教育以国际局面为基础，将热爱祖国与热爱世界、铭记历史与展望未来统一起来；另一方面，还要探索出近代中国落后于西方的内因。

新航路的开辟让更多的中国人反思，汉朝的“海上丝绸之路”、明朝的“郑和下西洋”为什么没有转化成为实际有效的地理大发现？为什么近代的中国落后了？为什么我们国家现在高度重视“一带一路”倡议？无数个为什么追问的是自己，也是我们的家与国。

（四川省贾雪枫名师工作室内江第二研修组）

部编版九年级上《探寻新航路》教学实录

江红梅
（内江七中）

2019 年 9 月 17 日，在四川省贾雪枫名师工作室内江集中研修活动中，我有幸代表内江研修二组上了一堂公开课。这堂课下来收获颇丰，课堂实录如下。

一、教学过程

导入部分我展示了习近平总书记在 2019 年年初访问欧洲的照片，同时提问并让同学回忆中国古代的中西方之间交往的证明，学生回答——“丝绸之路”。然后明确让同学们看到本课的标题《探寻新航路》，让学生们思考：我们有了一条丝绸之路，为何还要开辟一条新航路？让学生带着问题进入本课的学习。

首先展示出本课的知识要求：① 了解探寻新航路的原因；② 讲述哥伦布“发现”美洲，麦哲伦船队全球航行等基本史实；③ 初步理解新航路开辟的世界意义。

同时展示出“新航路”这个历史名词的解释——又称“地理大发现”，指 15—16 世纪，西欧各国本想探寻不经地中海而从海上通往东方的航路，经过一系列航海探险活动，开辟了通往印度和美洲等世界各地的航路，这些航路通常被叫作新航路。

在探寻新航路背景部分，设计了一个故事。情境一：你是一位西班牙的商人，家里经营着一座手工工场，最近发现家里因为卖出的商品赚了很多钱，但是面临着新问题——国内市场饱和了，你的商品销售量不能再增加了！

学生结合前一课的知识进行分析，学生能从中找出关键词“商人”“手工工场”“市场”，然后结合书本知识得出探寻新航路的根本原因：随着商品经济日趋发达，欧洲人渴求开拓新的贸易市场（资本主义萌芽）。

情境二：一天，你在出门逛街的时候买了一本书《马可·波罗行纪》，里面描述了中国、印度等东方国家，那些国家非常富有，还拥有丝绸、香料、黄金等奢侈品。你心动了，你觉得如果能去往东方，既可以将自家的商品卖出去，也可以购买点丝绸送给自己的家人。同时展示史料:《马可·波罗行纪》中说，东方某国“据有黄金，其数无限……君主有一大宫，其顶皆用精金为之……宫廷房室地铺金砖，以代石板，一切窗栊亦用精金”。

秦海（南海）中“共有 7 459 座岛……亦有调味香料，种类甚多。例如胡椒，色白如雪，产额甚巨，即在此类岛屿也。由是其中一切富源，或为黄金宝石，或为一切种类香料，多至不可思议”。

学生认真阅读分析，找出关键词“《马可·波罗行纪》”“黄金”“香料”，结合书本知识得出探寻新航路的社会根源——《马可·波罗行纪》激起了欧洲人关注东方的热潮。

情境三：于是你开始打听怎么去往东方，但是去往东方的商人都告诉你非常难，因为必经之路上出现了一个非常强大的国家——奥斯曼土耳其帝国，这个国家要收取很高的税收，甚至会扣押珍贵的商品。同时展示史料——1453 年，奥斯曼土耳其帝国的军队攻占君士坦丁堡，占领巴尔干、小亚细亚以及克里木等地区，从而控制东西方之间的通商要道。不但帝国军队肆意抢劫商旅，而且帝国当局还规定对过往商品课以重税。

学生认真阅读分析找出关键词“奥斯曼土耳其帝国”“控制东西方之间的通商要道”，结合书本得出直接原因：奥斯曼土耳其帝国阻断了东西方贸易的商道。

情境四：你开始在社会打探从海上去往东方的方法。（客观条件）

① 首先你在海边寻找海船。展示当时的海船与新航路之前的海船对比图（见图 1、图 2），展示当时船的资料：欧洲的造船技术取得重大突破，载重量增加到 600 ~ 800 吨，可以装载更多的水手、食物和商品。船的规模变得更大，速度更快，操纵更加灵便。

图 1　新航路开辟前的欧洲海船

图 2　新航路开辟时期的欧洲海船

② 然后询问航行到东方的方法，水手告诉了你一些消息。

展示资料：12 世纪末至 13 世纪初，中国人发明的将指南针用于航海的“罗盘”导航技术，经阿拉伯商人传到欧洲。13 世纪，欧洲水手已经掌握了罗盘技术（见图 3）。

图 3　罗盘

③ 在码头你接到了别人悄悄塞给你的一本书。

展示资料：随着欧洲地理学的发展，人们逐渐相信地球是圆的。有的学者还能大致勾画出整个地球的自然轮廓（见图 4）。他们断定，从欧洲向西航行可以到达东方。一些人试图环绕地球进行航行。

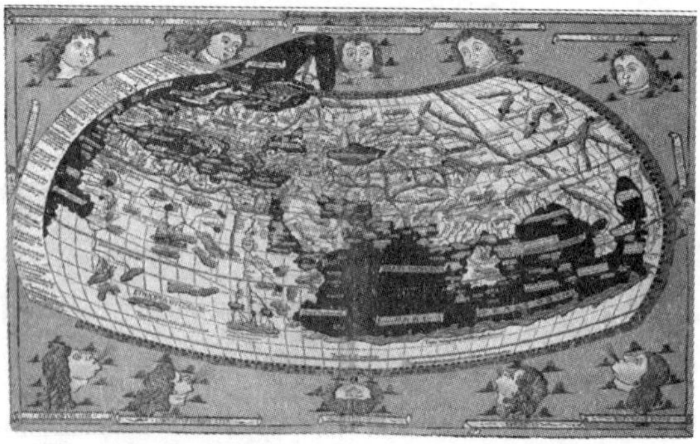

图 4 《地理学指南》中的世界地图

学生根据展示材料，结合书本知识，分析探寻新航路的客观原因。

① 造船技术的进步；

②“罗盘”技术的应用；

③ 地圆学说的传播。

情境设定五：当你正在筹备中时，你听到了一个消息，你在欧洲的一个对手已经出海寻找新的航路了，现在请同学们帮助找出这个出航的具体消息。

学生根据地图与书本内容，填出表格内容（见表 1）。

表 1　新航路开辟的概况

时间	人物	国别	航线	支持者
1487—1488	迪亚士	葡萄牙	好望角	葡王室
1497—1498	达·伽马	葡萄牙	好望角—印度	葡王室
1492—1502	哥伦布	意大利	向西：美洲	西王室
1519—1522	麦哲伦	葡萄牙	向西：环球航行	西王室

情境设定六：发现新航路之后，你发现自己的工场出售了更多的商品，钱赚得更多了，生意越来越好；而周围的人对于世界其他地区的谈论越来越多。

学生根据材料、图 5 结合书本讨论新航路开辟的影响。

材料一　16 世纪，欧洲的黄金从 55 万公斤增加到 119 万多公斤…… 物价上涨使靠工资为生的工人实际工资下降，日趋贫困。按传统方式征收的定额货币地租的封建主，收入减少了。

——孔祥民主编《世界中古史》

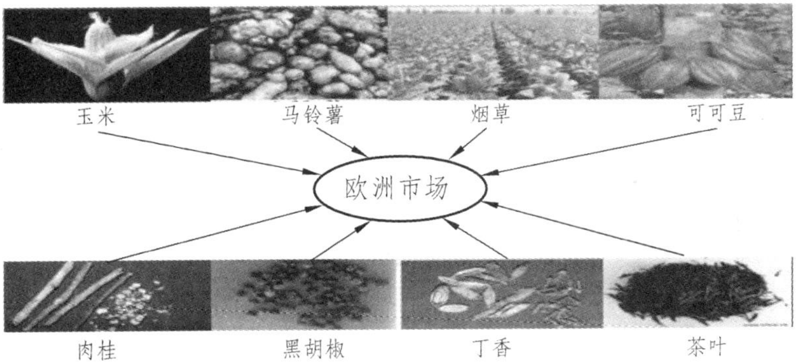

图 5　欧洲与亚洲、非洲、美洲之间的商业联系

材料二　1492 年 8 月 3 日，他受西班牙女王派遣，带着给印度君主和中国皇帝的国书，……经 70 个昼夜的艰苦航行，10 月 12 日凌晨终于发现了陆地。这一发现成为新大陆开发和殖民的新纪元，进一步推动了世界各地之间的文化交流，但同时这一发现却导致了印第安人文明的毁灭。

探究：新航路开辟带来的影响？

① 促进资本主义的产生和发展；

② 欧洲与亚洲、非洲、美洲之间建立起了联系，往来密切；

③ 世界开始连成一个整体，世界的观念也逐步确立起来。

本课知识结构如下（见图 6）。

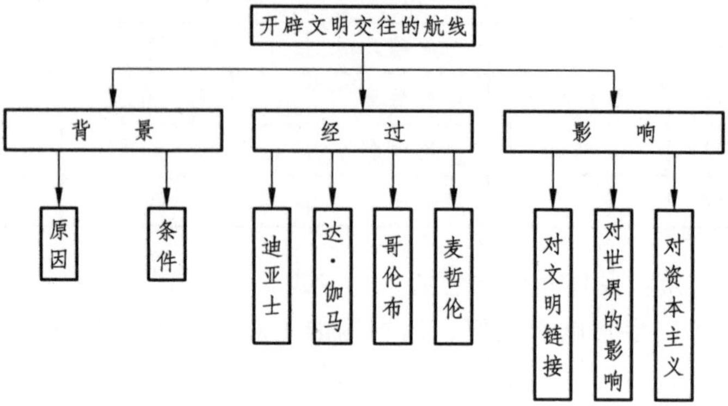

图 6 “探寻新航路”知识结构

二、教学反思

（1）在课堂上与同学们的互动不够，有些时候讲得太多，学生被动接受了知识，没有深入经过自己的大脑思考，久而久之，学生的主动性就会越来越弱。

（2）教学情境设置可以大胆设计，但是要严谨且符合史实。

（3）设问要有目的性，要有有效性。

三、教学点评

一节成功的教学设计，它必然包含学科核心素养所要求的核心理论（唯物史观）、核心观念（时空观念）、核心方法（史料实证）、核心能力（历史解释）和核心价值观（家国情怀）。这正如徐蓝教授所说：“核心素养是个体在面对复杂的、不确定的现实生活情境时，分析情境、发现问题、提出问题、解决问题、交流结果过程中表现出来的综合性品质；是个体解决真实的专业领域和现实生活问题时所需的关键能力或必备品格。”培养与发展学生的历史核心素养绝非一朝一夕之事，必须靠一线历史教师在观念上更新，在专业上提升，在教学中渗透，在日常生活中积累。

（四川省贾雪枫名师工作室内江第二研修组）

部编版九年级上《美国的独立》教学实录

蒋雪梅
（自贡二十八中）

部编版九年级上册《美国的独立》一课内容较多，知识点比较分散，因此如何将教材有效地整合，构建框架，把教学内容有条理地呈现出来，让学生在学习过程中思绪明了、简洁，对教师来说具有挑战性。笔者在四川省贾雪枫名师工作室自贡、宜宾研修组“基于核心素养导向下的初中历史课堂教学探索活动”中执教本课。教学实录如下。

一、教学过程

新课导入：教师出示自由女神像图片并向学生提问：你们知道自由女神像是哪一个国家的著名雕像吗？你们知道自由女神像的由来吗？

教师：请一位学生说一说自由女神像的由来。（在学生讲述的基础上强调自由女神像是法国在 1876 年赠送给美国独立 100 周年的礼物）自由女神右手高举象征自由的火炬，左手捧着一块铭牌，上面用罗马数字刻写《独立宣言》颁布的日期：1776 年 7 月 4 日，对美国而言有什么重要意义？我们今天就一起来探究学习《美国的独立》一课。

（一）萌动自由梦

教师：新航路开辟后，欧洲的一些国家相继走上了殖民掠夺和扩张的道路。从 17 世纪开始，英国先后在北美建立了 13 个殖民地，美利坚合众国的起源就是从这个 13 个殖民地开始的。在北美大陆生活的居民除了有当地的土著居民印第安人，还有哪些人？

学生：英国等欧洲移民和从非洲贩卖过来的黑奴。

教师：13 个殖民地经过一个多世纪的相互融合，到 18 世纪中叶形成了一个新型的民族——美利坚民族。

出示 PPT：思考探究（一）。

问题 1：随着北美殖民地经济的发展，宗主国英国对殖民地采取的是一种怎样的统治？

让学生观看视频，小组讨论后举手回答。

教师：英国对殖民地采取高压的殖民统治，特别是英法七年战争后，英国对北美殖民地颁布一系列的新税法，我们来看反映 18 世纪中期北美人民生活的漫画，看看这些税法是否合理？

学生：税法很不合理，因为英国对殖民地日常的生活用品都要征收高额的税款。

问题 2：如果你是北美的人民会做出怎样的选择？

学生甲：反抗。

问题 3：殖民地人民首先反抗什么？

学生乙：抗税。

教师：北美大陆就发生了一件著名的抗税事件：1773 年波士顿倾茶事件，成为战争的导火线。波士顿倾茶事件后，英国不但没有采取宽松的政策，反而变本加厉，颁布一系列高压的法令，被称为“不可容忍的法令”，同时英国还派军队封锁港口，准备武力镇压！

问题 4：面对英国更加高压的殖民统治，北美人民又会做出怎么样的选择呢？

学生：殖民地人民纷纷组织民兵准备进行武装反抗。

教师：我们一起来归纳独立战争爆发的根本原因：英国的殖民统治严重阻碍了北美资本主义经济的发展。

为了实现自由梦，北美人民走上了独立之路。

（二）风云独立路

出示 PPT：思考探究（二）。

问题 1：根据时间轴的时间提示，小组合作找出时间对应的历史事件（见图 1）。

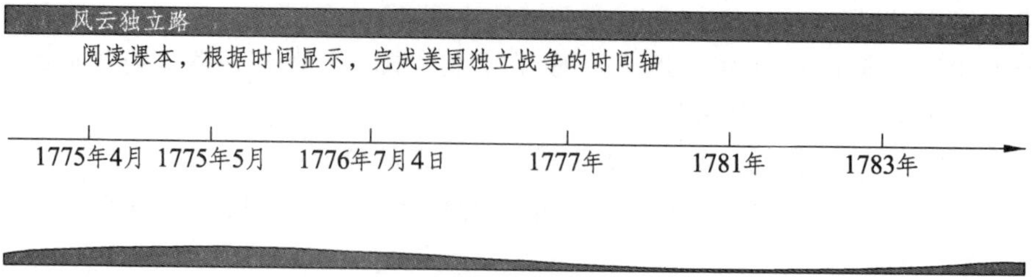

图 1　美国独立战争时间轴

学生小组合作，尝试找出美国独立战争过程中时间对应的重要历史事件，并举手回答。

教师在学生回答的基础上，讲解美国独立战争的进程。

问题 2:《独立宣言》的发表怎么就预示着一个新的国家诞生了？它的起草者是谁？写了哪些内容？

出示材料《独立宣言》，要求学生齐读材料。

材料一　我们认为这些真理不言而喻的：人人生而平等，他们都从他们的“造物主”那边被赋予了某些不可转让的权利，其中包括生命权、自由权和追求幸福的权利。为了保障这些权利，所以才在人们中间成立政府。而政府的正当权力，则系得自被统治者的同意。如果遇到任何一种形式的政府变成是损害这些目的的，那么，人民就有权利来改变它或废除它，以建立新政府。

材料二　谨庄严宣告：这些联合殖民地从此成为、而且名正言顺地应当成为自由独立的合众国。

教师：要求学生小组讨论，从材料中获取一些反映北美人民诉求的信息，并举手回答。

学生丙：人人生而平等，包括生命权、自由权和追求幸福的权利，如果政府损害这些权利，人民就有权推翻他，成立新的政府。

学生丁：殖民地从此成为而且名正言顺地应当成为自由独立的合众国。

教师在学生回答的基础上总结：体现了北美人民追求平等、自由、民主，脱离英国而独立的强烈要求。

问题 3：那么《独立宣言》的发表有什么意义？

学生：《独立宣言》是第一个以国家名义明确表述资产阶级政治要求的纲领性文献，被称为“第一个人权宣言”。

教师：正因为是梦想的力量，让 13 个殖民地人民团结一致，在华盛顿的领导下，大陆军英勇作战，再加上法国等国的国际援助，最终取得了战争的胜利。

问题 4：美国独立战争有什么影响？

学生：结合教材及材料分析，对美国和国际上产生的深远影响。

教师：强调美国独立战争既是一场民族解放战争，又是一场资产阶级革命。

教师：美国的独立经历了一场艰苦卓绝的战争，战争结束了，接下来美国人民要思考的是怎样去巩固战争的成果，去保障他们所获得的自由独立。美国人民是怎样做的？

（三）宪法固国基

出示 PPT：思考探究（三）。

问题 1：为什么要制定宪法？宪法的内容是什么？

要求学生阅读教材小组合作探究，并举手回答。

学生：美国独立之初面临严峻的形势：各州制定了各州的宪法，各行其是，矛盾重重，代表国家的中央政府软弱无力。

教师：1787 年，华盛顿主持制定了美国宪法。

问题 2：1787 年宪法设计美国是联邦制共和国，怎么来体现分权与制衡原则（见图 2）？

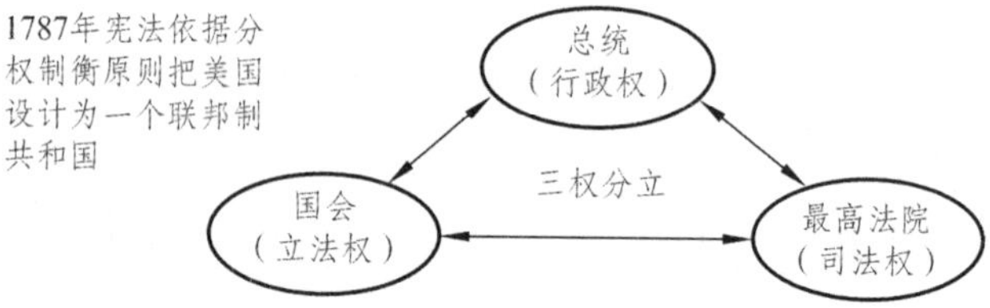

图 2　立法、行政、司法三权分立

学生：行政、立法、司法三权分立，总统、国会与最高法院及其相关机构各司其职，相互制衡；联邦政府与地方政府分享权力；总统和议员由选举产生。

教师：这样设计的国家行政、立法、司法没有集中在一个人或一个机构身上，而是分开独立的。目的：防止任何形式的个人独裁或政府滥用权力，确保民主，确保人民的权利，巩固新生的国家。

问题 3：那么 1787 年美国宪法有什么影响？

学生：1787 年美国宪法是世界上第一部资产阶级成文宪法，对许多国家的政治变革产生了重要影响。

问题 4：这部宪法完美吗？

学生：不完美！因为宪法允许奴隶制的存在，不承认妇女、黑人和印第安人具有和白人男子相等的政治权利。

教师：宪法的局限性：承认黑人奴隶制，打上种族歧视的烙印。之后美国人民仍在为梦想而奋斗。

出示 PPT：思考探究（四）。

教师：在美国从殖民地到实现国家独立，再到国家的巩固这一过程中，有个人物赢得了很高的威望，受到人民的尊敬。这个人物是华盛顿。那么你如何来评价华盛顿呢？

1789 年华盛顿以绝对票数通过，成为美国第一任总统。亨利·李评价华盛顿："战争中的第一人，和平中的第一人，他的同胞心中的第一人！"

要求学生可以结合华盛顿的主要事迹，小组讨论并举手回答。

学生：华盛顿是一个伟大的人物，是美国的缔造者，是美国第一任总统。

教师：在学生回答的基础上，强调华盛顿是美国杰出的资产阶级革命家、军事家、政治家，被誉为美国的"国父"。

下课，同学们再见！

二、教学反思

本课我从介绍自由女神像的由来，引入新课的学习。然后在讲授新课时，以自由独立梦为教学立意，构建了"萌动自由梦""风云独立路""宪法固国基"三个框架，引导学生探究学习美国独立战争爆发的原因、经过、结果、影响及美国独立后，通过 1787 年宪法的制定来巩固新生的国家，这样整合教材使内容清晰，便于学生对知识的理解掌握。

针对美国独立战争爆发的原因，学生理解分析较为困难，我设计播放一段英国对北美殖民地实行高压统治的视频，让学生知道正因为高压的殖民统治，才引起了殖民地人民的反抗，最终爆发了战争。又如美国独立战争的经过这一部分，内容较多。我通过用时间轴来归纳的方式，留给学生充裕的时间，让学生交流讨论合作探究找出时间对应的历史事件，培养学生的时空观等。

通过本课的学习和交流，我的反思是执教过程还有很多需要改进的地方，例如：由于内容多，所以在教学过程中，对美国的 1787 年宪法这一部分，教师讲述较多，学生活动安排较少。讲解三权分立的示意图时，教师直接出示意图。对独立战争的领导人华盛顿的评价不够深入。反思之后的教学中要多读书、多积累、多请教学习，不断提升自身的教学业务水平。

三、教学点评

在研修组评课议课过程中，与会老师们做出了专业的点评。首先，教师在执教本课时教学立意明确，知识逻辑性较强，教学思路清晰。其次，本课在教学过程中采用了一些好的教学方法，如视频、材料分析、时间轴、人物评价等，引导学生积极参与合作探究，学习知识，注重对学生的核心素养的培养，同时课堂上学生们的优秀表现值得肯定。再次，执教教师还有一些需要改进的地方，例如：引导学生分析《独立宣言》体现了北美人民哪些诉求时，要强调人的权利是上天赋予的，是不可剥夺的；讲解1787年美国宪法的三权分立示意图时，可以尝试先让学生来绘制，然后教师再讲授，这样效果会更好；让学生对华盛顿进行评价时，适当指导学生掌握评价人物的方法等。最后，学无止境，希望教师在今后的教育教学过程中，多学习研究，丰富自己的教学知识，提高自己的教学水平。

（自贡研修组）

部编版九年级上《一代枭雄拿破仑》教学实录

胡　艳
（攀枝花十九中）

《一代枭雄拿破仑》选自部编人教版九年级历史上册第 19 课《法国大革命和拿破仑帝国》。课标对本课的要求是通过法国大革命和拿破仑帝国的活动，初步理解法国大革命的历史意义。本课内容较多，一节课时难以完成，所以我将拿破仑帝国这一框题单列出来。在法国大革命乃至整个欧洲历史上，拿破仑无疑都是一颗璀璨的明珠，他的人生极富个性又充满传奇，有进取也有迷茫，有成功更有失败，是一个鲜活丰满的历史人物形象。教学实录如下。

一、教学过程

（播放快闪）法国大革命

师：1789 年 7 月 14 日，巴黎人民攻占巴士底狱，法国大革命爆发。雅各宾派垮台后，法国大革命高潮结束。而此时，对外战争却仍在进行，法国政局依然动荡不安，资产阶级期望稳定政治秩序。一颗巨星冉冉升起，他就是拿破仑。这节课，我们将走近拿破仑，去了解他极富个性又充满传奇的一生。

（一）科西嘉的小狮子

1769 年 8 月 15 日，拿破仑·波拿巴出生于法国科西嘉岛的一个没落贵族家庭。贫困潦倒的家庭环境，磨砺了他坚韧不拔、奋发自强的个性。

1779 年 4 月，10 岁的拿破仑进入军校学习。

（生朗读红色的字体，见图 1）

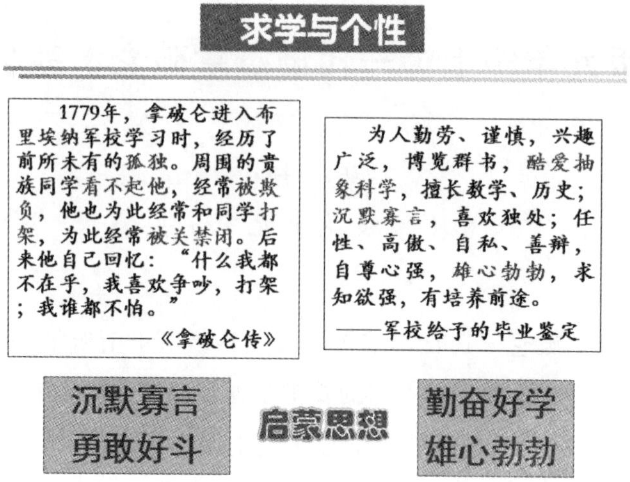

图 1　拿破仑的求学与个性

师：五年的军校生涯，拿破仑成绩优异却受人嘲笑，这强化了他孤僻、好胜的性格和勃勃的雄心，在此期间，他还深受法国启蒙思想影响，产生了对封建制度的不满，开始追求自由和平等。机遇总是垂青于有准备的人。

（二）新星在土伦升起

恰巧拿破仑这个科西嘉人做了被战争弄得精疲力竭的法兰西共和国所需要的军事独裁者，这是个偶然现象。但是，假若不曾有拿破仑这个人，那么他的角色是会由另一个人来扮演的。

——恩格斯

师：如何正确认识恩格斯这段话？你认为拿破仑上台的原因是什么？

（生回答）

师：关于"时势"和"英雄"的关系，我们可以这样理解。每当社会大变革时期，往往是英雄辈出的时代，偶然性存在于必然性之中，也是就我们通常说的时势造英雄。而拿破仑的上台恰巧就是法国大革命这一伟大事件造就的。此刻，同学们听到的音乐是法国的国歌《马赛曲》，就诞生于法国大革命期间。

法国大革命爆发后，拿破仑支持雅各宾派。1793 年，土伦叛乱，雅各宾派调拿破仑前往平定，机遇开始垂青他。

（视频）土伦战役

在这个烈火熊熊的夜晚，到处是浓烟和惨叫，在成堆的尸体的上空，拿破仑一战成名，像一颗新星升上天空。

师：拿破仑说：我要让法国成为欧洲的主宰。我的雄狮要荡平了欧洲大陆！

（三）雄狮荡平欧洲大陆

革命的发展和局势的变化需要一个强权人物，1799 年 11 月（法国历法的雾月），拿破仑凭借在战争中建立起来的威望，发动雾月政变，推翻了内外交困的督政府统治，建立执政府，掌握了法国的军政大权。

在战场上，拿破仑凭借一系列战绩，个人威望达到顶点，于 1804 年加冕称帝，建立法兰西第一帝国。在典礼上，出现了戏剧性的一幕。这一幕是什么呢？

生：回答。

师：彰显皇权大于教皇的神权，证明他才是法国唯一的主宰。这一天，他使教皇颜面无存，而占据他心头的没有别的，只有一种自己创造了命运的心情。他设计的帝国玉玺不是静卧的狮子，而是一只飞翔的雄鹰。拿破仑当了皇帝，法兰西第一帝国是否又回到封建社会？是历史的倒退吗？

生：不是。

师：第一帝国的性质是资产阶级的军事独裁帝国。在他的成长历程中，古代英雄的形象占据了他的心灵，国王的称呼已经没有新意，他需要一个徽记，别人无法拥有的徽记，而这个徽记的光辉将照耀欧洲上千年。作为征服者，拿破仑酷爱战争，拿破仑将战争视为艺术。他一生亲自指挥过的战役约计 60 次，比历史上著名的军事统帅亚历山大、汉尼拔和恺撒指挥的战役总和还要多。被称为战争巨人。在与反法同盟的 7 次较量中，拿破仑就胜了 5 次。接下来，我们就来了解与第三次反法同盟作战期间，拿破仑引以为自豪的奥斯特里茨战役。

（视频）奥斯特里茨战役

师：奥斯特里茨战役中，联军损失超 27 000 人，其中 15 000 人战死，超过 10 000 人被俘。此外还损失了 186 门大炮，45 面团旗。法军伤亡 8 500 人，损失 1 面团旗。这场战争由于有三个皇帝参加，所以又叫作“三皇之战”。这场战役是拿破仑战争生涯中最完美、最伟大的胜利，他军事才能发挥到极致，拿破仑走向了人生的巅峰。

师：1806 年，拿破仑为炫耀自己在奥斯特里茨战役的军功，下令修建凯旋门。他期待能带着自己的军队从凯旋门下骄傲地经过，他的梦想实现了吗？

生：没有。由于种种原因，1836年才最终建成凯旋门，遗憾的是这时拿破仑已去世15年。凯旋门内记录了拿破仑的96场胜仗和曾经跟随他征战的300多位将军的名字，门外的浮雕是国歌《马赛曲》。

（地图）法兰西第一帝国极盛时期的欧洲图

师：从地图上，我们可以发现法兰西第一帝国极盛时期，控制了从波兰到西班牙，从挪威到意大利的广大领土。当时保持独立的欧洲大国只有英国和俄国。

（四）英雄孤岛落幕

师：拿破仑是一个战争狂人，在国内打，到国外打，打上了君主宝座，也打掉了神圣王冠。成是战争，败也是战争。

（视频）远征俄国

师：通过视频，我们发现在1810年以后的战争中，影响最大的是首先是远征俄国，这位军事天才，却一连在战略和战术上出现严重的失误，幸运之神没有眷顾他。拿破仑大败而归。远征俄国是拿破仑的转折之战，是帝国由盛转衰的起点。

师：接下来是莱比锡会战，即1813年与英、俄、普第六次反法同盟会战。法军惨败，拿破仑退位被流放到地中海上的厄尔巴岛。莱比锡会战对欧洲其他国家来说是"民族之战"，拿破仑军事力量遭到毁灭性打击，帝国开始瓦解。

师：拿破仑心想：我还没有失败！还要再战！他的最后一战是"滑铁卢战役"。

师：（介绍滑铁卢战役）结果拿破仑再次战败，拿破仑被流放到更遥远的大西洋的圣赫勒拿岛。

师：在枫丹白露宫，拿破仑与追随自己十余年的近卫军告别。别了，我的将士！别了，我的法国！几千年前的一次火山爆发造就了这个岛。这是地震的遗迹，脚下是冷凝的岩浆，地面布满了英国大炮，这是一条死亡之路。他站在前往小岛的船头，曾统治过的欧洲已经消失在视野之外，他既没有回头，也没有向前张望，他仰视着天上的星辰，他正在寻找那个属于他的星座。

师：岛上最富足的就是时间，而打发时间最好的方法就是读书和沉思。

师：1821年5月5日，拿破仑的心脏停止了跳动。他的好胜倔强，他的战绩屈辱，他的生命荣光，他的遗憾留恋，一切都已尘埃落定，融进了历史的音符，一个伟大的传奇结束了。

他说：我的失败是咎由自取。我就是自己最大的敌人，是自己命运的始作俑者。

他说：我的一生就像一首情节丰富，以悲剧收尾的叙事诗。

他说：从伟大到荒谬只差一步，让后代去评论吧。

伟人们对拿破仑的评价。歌德说："拿破仑是我从来没有见过的最富于创造力的人。"黑格尔说："拿破仑是马背上的世界灵魂。"马克思和恩格斯称他："真正的伟大的拿破仑。"司汤达说："拿破仑向世界证明经过了多少世纪之后，恺撒和亚历山大终于后继有人。"丘吉尔："这世界上没有比他更伟大的人了。"斯大林："拿破仑是头狮子，而希特勒只是只小猫。"

师：但也有很多人持不同的观点。（请大家朗读红色的字体）你如何评价拿破仑？

（生畅所欲言）

师：基本标准：是否符合历史潮流。注意要点：时代性、全面性、多角度。基本方法：分阶段评价、多方面评价、比较评价、史论结合。评价拿破仑，首先要正确认识他的对外战争。

法国大革命的战争起初是民族战争。

——列宁

师：拿破仑的战争前期是正义性、革命性的（民族战争）。当拿破仑建立了法兰西帝国，奴役欧洲许多国家、民族的时候，战争的性质变了。具有争霸性、侵略性。

对德国来说，拿破仑并不像他的敌人所说的那样是一个专横跋扈的暴君。他在德国是革命的代表，是革命原理的传播者，是旧的封建社会的摧毁人。

——恩格斯《德国状况》

我们可以看出，拿破仑的对外战争，正面影响：① 捍卫革命成果，促进资本主义发展。② 将资产阶级思想和资本主义生产方式传播到欧洲各地，扫荡欧洲封建势力。负面影响：① 后期战争激起了欧洲人民的反抗，从而导致帝国走向灭亡。② 本国人民负担沉重。

师：拿破仑说："我真正的光荣并非打了 40 次胜仗，滑铁卢一战抹去了关于这一切的记忆。但是有一样东西是不会被人忘记的，它将永垂不朽——那就是我的民法典。"

师：民法典就是拿破仑亲自主持编订的《拿破仑法典》。哪位同学能向大家介绍一下这部法典呢？

生：（介绍《拿破仑法典》）体现了自由、平等、私有财产神圣不可侵犯的原则，经过多次修改，今天仍然在法国施行。很多国家的民法都以《拿破仑法典》为参照蓝本。

师：同学们，对于拿破仑这样一个富有争议的传奇式人物的评价，我们不可能在一节课穷尽，希望随着你们年龄的增长，知识的积累，阅历的丰富，不断地去学习和研究。

（五）课堂小结

拿破仑体现了时代的特征，是资本主义上升时期的代表人物，为法国资本主义的发展作出杰出贡献，为法国工业革命奠定了基础。

他的对外战争具有多重性质，既有反对外国武装干涉、保卫大革命成果的革命性，又有强烈的称霸欧洲及侵略扩张性质。

拿破仑战争在本质上是两种社会制度的交锋。拿破仑政权代表当时新兴资产阶级利益，其失败表明在当时欧洲大陆上封建势力仍大于资本主义势力。

同学们，我们这节课了解拿破仑传奇的一生。拿破仑崛起于法国大革命，体现了时代的特征，是资本主义上升时期的代表人物，为法国资本主义的发展作出杰出贡献，为法国工业革命奠定了基础。

他的对外战争具有多重性质，既有反对外国武装干涉、保卫大革命成果的革命性，又有强烈的称霸欧洲及侵略扩张性质。

拿破仑战争在本质上是两种社会制度的交锋。拿破仑政权代表当时新兴资产阶级的利益，其失败表明在当时欧洲大陆上封建势力仍大于资本主义势力。

但拿破仑仍不失为资产阶级革命时代杰出的政治家和军事家。

在我的心目中，拿破仑的一生，有成功有失败，有荣耀也有落寞，也许正是这种不完美，成就了他的精彩传奇。

二、教学反思

对历史人物的评价，是初中学生应该掌握的基本技能和方法。因此，本课将以拿破仑的人生经历为线索，提供大量的史实和史料，引导学生对拿破仑的战争和拿破仑本人进行综合评价，感受 17—19 世纪欧美波澜壮阔的资产阶级革命时代，以拿破仑等人为代表的资产阶级对封建制度做出的挑战，由此而折射出的资本主义制度最终取代封建制度的艰难历程和历史必然，以及重要人物对人类历史发展的推动作用。

如何对拿破仑进行全面评价，历来都是学术界研究和讨论的热点。因此，一节课的时间，是无法穷尽各方观点的。只能让学生在历史史实和史料的基础上，有对人物评价的初步认知，逐步形成正确的价值取向和积极向上的人生态度。

三、教学点评

（1）本课理论性强，知识网络好，思路清晰，师生互动好，学生有预习。建议将知识网络提前印制给学生，可以围绕知识网络落实知识点，结合网络，引用一些材料、漫画，效果可能更好。

（2）体现学生为主、自主学习的理念，教师循循善诱，重视落实课标，充分体现课改理念，充分利用课本素材。讨论后答案的归纳可以更简练一些。

（3）总体感觉与上述几位教师大体差不多，本课能利用课本资源，注重能力培养，尤其是让学生自主命题（辨析题），学生的主体地位得到充分的体现，课堂结构完整清晰，重、难点的把握与突破都能得到落实。鉴于中考多引用课外材料的特点，建议多进行这一方面的设计。

（4）教师角色把握非常好，基本功扎实，整体把握非常好。

（5）把握非常好，时间处理恰到好处，前后知识点的回顾到位，让学生设计辨析题是一大亮点。建议：要有简单的板书。

（6）前后知识串联非常到位，注重问题探索讨论，材料应大胆展示，要充分对学生进行提取历史信息能力的培养。

（7）总结：

本课是一些值得借鉴的市级公开课，有以下几大亮点：

① 明确课标要求，以本为本；

② 学生自主探究，主体性的发挥较好，能要求学生做好笔记；

③ 体现新课程理念，引导探究，全体学习；

④ 教师的主导作用充分体现，备课充分，结构清晰，教学紧凑；

⑤ 重视概念教学，把易错、易混点讲解清楚；

⑥ 采用恰当的教学方法引导学生思考，如比较法、归纳法等；

⑦ 史料教学，重视课本图片和史料，让学生带着问题思考。

改进的地方：

① 课标解读，可让学生自己阅读理解，明确关键词；

② 加强方法、学法、解题方法指导，如辨析双向说理，关键词、关键字的强调等；

③ 有一些点可以不必展开。

总之，这是一堂比较成功的公开课！

教 学 论 文

综合研究

如何做一次历史教育访谈

——以笔者对历史教育专家的访谈为例①

陈　倩②

（西华师范大学　历史文化学院）

摘　要： 对历史教育老专家所经历的历史教育研究事件而进行的访谈，这是历史教育学术史重要的一部分。这些抢救性的历史教育口述材料，弥补了历史教育文献资料的不足，对历史教育史的研究具有重大意义。

关键词： 历史教育；历史教育专家；访谈

前　言

历史访谈，即访谈那些有历史意义事件的经历者或见证者，并采用笔录、录音、录像的手段，最后形成文字。其精髓就是“保存即将逝去的过去的‘声音’”③，“填补重大历史事件和普通生活经历等没有文字记载的空白，或者至少弥补其不足”。④访谈让学术研究的视野从以前的深藏书斋的静态文献“正史”研究转向了社会动态的“民间”资料，而口述史学的蓬勃发展又使得访谈的对象从早先的“要人”逐步扩大到普通民众，访谈的内容也逐渐由政治之类的“大事”扩大到非政治领域。

---

① 2022 年度四川研学旅行发展研究中心立项课题“中小学校校史研学实践课程开发研究”阶段成果。

② 陈倩，女，1982 年生，四川攀枝花人，西华师范大学历史文化学院副教授，师范教育教研室主任，主要研究方向为历史课程与教学论。

③ 杨祥银：《当代中国口述史透视》，《当代中国史研究》2000 年第 3 期。

④ 杨祥银：《试论口述史学的功用和困难》，《史学理论研究》2000 年第 3 期。

一、关于历史教育访谈的现状

访谈一般可以分为五类：带有社会学、人类学倾向的访谈；立足文学的访谈；自传体访谈；政要人物访谈；普通民众访谈。[①]以历史教育为主题的访谈多属于最后一类。虽历史教育专家在历史教育领域中非“普通民众”，但是较之于“政要人物”而言，访谈仍旧属于普通民众访谈类。

目前在历史教育领域中，所进行的访谈大致可以分为两种情况，即对某一学者所主张的历史教育观点进行一系列的访谈[②]，其二是针对历史教育中某一个政策、文件的解读，访谈相关的历史教育专家[③]。

这些访谈多集中于一个人或某一个主题。若说访谈群体性的历史教育专家，以我国历史教育研究发展为主题的访谈则还属于荒漠区域。目前，出版了一些历史学家抑或教育学家的口述抑或访谈著作，但没有一部是历史教育学专家口述、访谈作品，这不能不说是一大遗憾。

或许有人会质疑，仅仅赵亚夫等人整理的《历史教育学研究著述提要》[④]中的著作量就那么丰富，更别提论文的数量了，既然有着如此丰富的文献资料，为什么还要搞历史教育访谈啊？历史教育界有的人这么想，在史学界也有这样的思维定式，认为研究最为可靠的资料是文献材料，对访谈是非常轻视，甚至不屑一顾的。

近年来随着学术研究的发展，需要对我国历史教育史进行梳理、总结。梳理中华人民共和国历史教育史意义重大，因为老一辈的历史教育专家经历过民国历史教育，对中华人民共和国历史教育又有研究，他们都是历史教育领域几十年发展的亲历者，其本身就是一部鲜活的历史教育史，其见闻、经历、掌故都是历史教育研究的宝贵素材。他们中一些非常具有代表性的人物像赵恒烈、包启昌等老先生已经不在了，其他一些历史教育老专家因年迈病弱的原因不能亲自动笔，需要有人帮他们留下宝贵的历史教育资源。因此有

---

① 姚力:《我国访谈学发展的困境与前景》,《当代中国史研究》2005 年第 1 期。

② 第一种访谈比较典型的是赵亚夫倡导公民教育和人格教育为核心的历史教育，提出了自己的新历史教育主张，北京海淀实验中学卢阳老师对他进行了一系列的访谈（《我的新历史教育主张》(1~4),《中学历史教学参考》2008 年 6~9 期）；周建定老师对姚锦祥老师的《高中新课程实践引领历史》一书中某些内容与反映的问题进行了采访，见《中学历史教学参考》2009 年第 10 期）。

③ 第二种以访谈相关专家对新课程标准的解读为典型，诸如王德明访谈聂幼犁的《关于全日制义务教育历史课程标准的思考》(《中学历史教学参考》2008 年第 1~2 期),《中国教师》记者马赞对何成刚、张汉林、沈为慧关于 2011 年版初中历史课程标准的专题访谈（见《中国教师》2012 年第 17 期）等。

④ 见《中学历史教学参考》2012 年第 4~12 期。

必要做些抢救性的工作，给历史教育研究留下一些口述访谈材料，否则，这些重要的历史教育资料和历史教育发展的见证就会湮灭。我们访前联系一些受访专家时，有的老专家因身体原因不能接受采访；也有人接受初次采访后，因生病住院，不能继续接受访谈，这都让我们感到了对他们进行访谈口述的工作具有抢救性。在于友西、周发增、白月桥、臧嵘等老专家为顾问的指导下，在首师大赵亚夫老师的帮助下，我们从 2012 年 4 月开始了有计划的口述访谈工作。

二、历史教育访谈的实践

从访谈的定义看，很多人认为它很容易，仅需带着录音笔、摄像机、笔记本，寻找合适的受访对象，再将录音、摄像转化成文字，即可。然而，细微之处见功夫，很多地方值得思考，例如选择什么样的主题、确定谁为受访对象、如何拟定谈话主线，等等。访谈具有很强的操作性特点，一般而言一项访谈课题的基本步骤是：选题、访谈准备、访谈、访谈资料整理与编辑、访谈资料的保存与传播。笔者结合此次访谈经验及相关研究成果，对如何进行一次访谈提出一些浅见，不成熟之处，敬请专家批评指正。

访谈的选题非常重要，它直接影响着整个课题的进度和最终意义。选题要考虑这个课题有多大意义，考虑受访者的寻找难度以及访谈所需要的人力、财力、物力。我们此次采访历史教育领域的老专家课题，其意义在前面已有论述，所确定的访谈对象，北京地区主要有于友西、周发增、白月桥、孙恭恂、臧嵘、马执斌、陈其、陈毓秀等先生，上海地区主要是王铎全、金相成、陆满堂、孔繁刚等先生，西南地区是成都的冯一下先生、重庆的龚奇柱先生，需要说明的是 20 世纪一些比较有代表性的人物已去世，如吴景贤与赵恒烈先生，我们就采访了两位先生的朋友、学生，对赵先生主要限于我们在北京采访的专家对其生前的一些回忆，对吴先生的回忆则采访了他的开门弟子和关门弟子刘立新老师、陈辉老师。这些受访对象主要集中在北京、上海、四川、重庆，所需经费也能支持。由于各个访谈老专家之间平时都有联系，所以寻找他们也比较方便。

确立受访对象，约好访谈时间，便要做访谈准备了。先拟定访谈计划，收集受访专家著述的学术成果，了解所经历的相关历史教育领域大事件，确立访问的主题。对受访者这些背景资料了解越多，越有利于访谈的进行，同时也知道该问的问题是什么。这些访谈准备是成功访谈的关键，“在没有做任何准备之前，做口述历史访谈是非常愚蠢的。访谈者对受访者和主题了解得越多，与受访者建立和睦关系就越容易”[①]。在访谈出发前，检查录音与录像设备，到了访谈地点见面后，先找个话题聊一聊，营造访谈的温暖气氛。这种“暖身”可以让我们更加了解受访专家，他们有着丰富的人生经历和学术经历，我们一般会从他们的“生平讲述”开始访谈，因为这让受访者有更多时间去回想，访谈者所追寻的，也就是受访者所愿意一吐为快的事件。这为之后的访谈营造了良好的氛围。当然，也有例外，每个受访者都有自己的个性与风格。

访谈是访谈双方共同参与制作的产物，因为采访者是“以问题塑造了对方的回应，抽取存在记忆里的资料”[②]，即以互动的方式——提问，并针对受访老专家们的回应又做追踪发问。简单说访谈就是问问题，问一些从来没有人问过的问题，搜集一些如果再不进行采访便会消失了的记忆，可见，提问的技巧很重要。访谈中没有“圣经”式的提问技巧，若一成不变，“将访谈局限于一组技巧内……正如把求婚拘泥于一种俗套……在不同的环境中使用不同的工具，过多地依赖工具与放弃传统的直觉是很危险的……访谈技巧和其他方面都应该随着访谈对象的变化而变化”[③]。但不论所拟提问单有多么复杂，都可用“6W1H”来询问原因、时间、地点、人物、经过和如何，即为什么（Why）、哪个或哪些（Which）、何时（When）、谁（Who）、何地（Where）、何事（What）、如何（How）。

有学者将访谈中的问题种类分为六种：定位性问题、共同性问题、特定性问题、闭锁式问题、自由阐发式问题和领导性问题。定位性问题，一般用于真正访谈的前奏，问一些他们求学经历、学术研究历程的基本情况，这样的目的是建立融洽的访谈关系，使得受访者感到放松和惬意，忌讳首次提问就开门见山、直截了当，以及提问过于突兀或太具争议性的问题。此次访谈是为了学科学术史研究需要，所以向多个老专家提了同一个问题，诸如如何评价一课、对以后历史教育研究的期望等，这也就是所谓的共同性问题。因为各个专家的学术背景不一，也有一些特定性的问题，如关于爱国主义教育问题，我们会向周发增与龚奇柱两位先生提问；关于让历史从殿堂走向民间问题，我们主要访谈臧嵘先生；对教科书的研究，我们主要采访陈其、马执

① 杨祥银：《与历史对话：访谈学的理论与实践》，中国社会科学出版社 2005 年版，第 50 页。

② [美]唐纳德·里齐：《大家来做口述历史》，王芝芝、姚力译，当代中国出版社 2006 年版，第 9 页。

③ Charles T. Morrissey,“On Oral History”, in Robert Perks and Alistair Thomson eds. The Oral History Reader, Routledge: New York, 1998, 107-108. 转引自杨祥银《与历史对话：访谈学的理论与实践》，中国社会科学出版社 2004 年版，第 40 页。

斌、龚奇柱等先生；对图式教学法研究，则主要访谈李秉国先生。于友西、王铎全、陈其等先生因其有访学、留学国外经历，关于国外历史教育情况的采访也有涉及。采访于友西、周发增、王铎全、金相成等先生我们侧重于历史教育学研究；陆满堂、孔繁刚、陈毓秀等先生则侧重于课堂教学的访谈。另外，龚奇柱先生一直投身历史课程改革研究，冯一下、陈其等先生因其笔耕不辍，因而访谈也自然较多涉及对当今历史教育问题的看法，等等。一些仅仅需要作简要回答的问题，比如是、不是、时间、地点等，就属于闭锁式问题了。当然，自由阐发性问题在访谈中非常普遍，诸如针对 2011 年新课标颁布，访谈中会让他们发表看法。领导性的问题，我们几乎没有使用，因为它们直接影响着受访者的回答倾向，有时也会歪曲受访者的本意。

一个好的访谈，不论计划的目标是什么，一定要预留空间让受访者说出心里的话，而不是想办法把受访者的回答挤进预设的问题和思考模式里。预先设置问题，只是为使访谈有个清晰的主题，同时一些原本没有准备的问题抑或准备比较薄弱的问题，在受访者偶发性的陈述中，要善于加紧追踪问题，常见的会问“这个问题，我不太清楚，能否多谈谈呢”。我们在采访周发增先生时，他对历史教学法提升为历史教育学那段历史记忆特别清晰，因为首师大最早提倡学科教育学，而他在学报编辑部工作时曾开设专栏研究学科教育学，后来自己还写过历史教育学的著作，采访中，我们就对这段经历追问了很多。但无论如何，所使用的提问要简明直接，避免提出意义双关的问题。

“最重要的发问技巧在于小心聆听受访者的话。”访谈过程中，访谈者应放低姿态，尤其是采访本领域的老专家，更应认真倾听，这也是访谈研究者最基本的态度。当然，倾听也需要一定的技巧，最好能遵守“四不原则”，即“不多说，不插嘴，不强加自己的观点，不反对或争辩”[①]。作为一名合格的倾听者，首先要确保不随便打断他人的谈话。否则会造成很多负面影响，不仅存在“引导”被访者思路的嫌疑，而且会降低录音效果和质量。访谈的目的是获得文本难以发掘的史料，所以会出现访谈者对被访者所透露的信息存在疑问的情况，这时访谈者应及时记录。在这个问题结束后，可以提问到“刚刚，您说……可以给我们解释一下吗”。受访专家因为年代久远、记忆不确时，出现一些常识性错误，诸如时间、地方说错的情况，可在被访者讲完后适当提示；如果是某些与众不同的看法，我们不能根据个人经验就武断视为错误，或者与之争执。因为这可能是对方的独特见解，这就可以依此见解深入访谈

① 沈怀玉：《口述历史实务谈》，载当代上海研究所编：《口述历史的理论与实务》，上海人民出版社 2007 年版，第 136-137 页。

下去。例如访问于友西先生时，当他谈到 1980 年出版的那本《历史教学法》教材是中国人自己写的第一本教学法教材，影响很大。可是我们知道 1957 年管听石编写了一本历史教学法著作，所以我们对此问题深入追问下去，于先生又进一步谈了称 1980 年版《历史教学法》为第一本教材以及管听石先生的那本著作影响不大的原因。[①]所以，任何时候都不要把自己想得全知全能，有时认真倾听，再请受访者仔细谈谈，往往能收到意想不到的结果。

由于电话约定采访时很难了解受访者的性格和当时的精神状态、身体状况，预先设计的方案则需要在访谈中随机应变。比如访谈前"暖"气氛的话题，我们一般都从学者的求学经历谈起，但是有时也未必全是。例如我们去成都访问冯一下先生，刚见面，他就问我们来他家方便否。是否记住了他家住址的谐音。然后他谈到"现在我们历史教育中谈记忆能力的培养是非常少的。我准备写一篇小文章叫《谈虎色变说记忆》"[②]。此次访谈没有从老套路——求学经历、学术经历谈起，而是从历史教育忽视记忆的话题谈起了。在访谈进行中，尤其需要注意观察被访者的面部表情，因为所有这些都会在不经意间透露出被访者的感情或者对某些历史的态度，"访谈者要敏锐地观察受访者的这些变化，以便及时调整自己的提问方式和访谈主题，当然也可以借题发挥"[③]。同时，被访者的一些肢体语言也能暗示出其对所提问题感兴趣与否或是否由于访谈时间过长而感到疲倦。这时，访谈者都需要及时调整提问方式或暂停访谈进行短暂的休息。访谈中如何引导谈话也很重要，人们记得最清楚的往往是自己觉得最刺激和最重要的事。所以访谈中他们可能花很大部分时间谈这些，从而偏离主题。访谈者需要有耐心而且要表示出足够的兴趣，然后不着痕迹地转移、引导话题。使用的语言不要过重，可以使用"让我们回到……""刚刚我们谈到……"等。

访谈的最终产品不应该仅仅是一段录像或录音，真正的目标是以最方便和最容易的方式向别人展示访谈的内容。这首先需要对录音和录像进行转录，创建访谈的书面版本，有人认为应该逐字逐句地转录访谈，一些"啊"之类的口语、不完整的叙述也得原本不差地转录；有人认为为了明了简洁，应该做些修改，甚至有人还认为没有必要逐字逐句记录，转录仅是一个访谈的全面总结而已。但是笔者赞同访谈应该保留口头叙述的特点，一些口头语言、方言、口音都应该反映出来，若是读者不懂或者容易产生歧义的，可以附注

---

① 2012 年 4 月 14 日在首都师范大学采访于友西先生。

② 2012 年 11 月 15 日在成都采访冯一下先生。

③ 杨祥银：《与历史对话：访谈学的理论与实践》，中国社会科学出版社 2004 年版，第 66 页。

说明。转录完毕，进行校对的步骤不可少，转录出来的稿子是否有误，受访者应该是很清楚的，也只有他有权对某些内容予以保留或者删除，未经受访者校对和授权而发表访谈文稿是不道德的，也是不合法的。

展示访谈内容，让访谈走向公共化，以书籍出版，杂志、报纸刊登都是有效形式。对于访谈内容，是以一问一答的形式还是糅合以第一人称或第三人称的形式刊登，也有很大争议。但我们赞同刊登时将受访者的叙述与访谈中的问题一并呈现，2013 年在《中学历史教学参考》上发表的历史教育访谈系列就是采用采访者问题和受访者叙述一并呈现的形式。毕竟访谈是双方合作的共同产物，若是删去提问，有时很难明白受访者为何如何叙述，不知道访谈背景，往往造成误解。

三、历史教育访谈的几点思考

在访谈老一辈历史教育专家的课题研究中，已经对 10 多个在世的老专家进行了采访，通过采访，我们也有了一些体会与思考。

首先，访谈对访谈者来说是一个挑战。除受诸多客观条件限制，如受访谈者时间、资金以及交通等条件限制外，在访谈前需要做大量资料的收集、整理、比较工作，访谈中更需要新闻学的采访技巧，访谈后的转录和编辑需要语言学的表达方式，也是耗力费时。由于历史教育访谈的访谈对象年事已高，录音中有很多不完整、不准确、重复甚至啰嗦的内容，再加上有些方言一时难以找到合适的文字来记录或合适的词语来替换，更增加了转录工作的难度。然而，为了不遗漏信息，要对录音进行逐字逐句的转录。因此转录时间往往是录音时间的几倍。而长时间坐在电脑前给身体造成的不适更使转录工作苦不堪言。转录完成后，还需要将零散、随意的叙述在忠实原意的基础上进行必要的补充、剪裁、归类和考证。难怪唐德刚也曾抱怨过做口述历史“可能是件一言难尽的绝大错误”，是“默默无闻、薪金低微、福利全无、对本身职业前途有害无益的苦差事”①，也是一种“艰辛的体验”②。除此之外，我们认为最大的挑战来自将受访者的话语变成文字，并不仅仅是因为访谈一个小时，就需要花费几个小时整理成文字；而是在整理成文字的过程中，“最值得推敲的是口语记录和整体情境的差距，以及口语与文字的差距”③。一

① 唐德刚：《史学与红学》，南宁：广西师范大学出版社 2008 年版，第 124 页。
② 定宜庄、胡鸿保、唐戈：《访谈：艰辛的实践体验》，《博览群书》2010 年第 2 期。
③ 杨祥银：《与历史对话：访谈学的理论与实践》，中国社会科学出版社 2004 年版，第 163 页。

般访谈我们都是根据声音整理文字，但访谈中还包括肢体语言等，尤其是细腻的心理反应，转化成文字后，这一复杂情境就简单化了，往往无法呈现出细致的感受。

其次，访谈也是有选择性的“过去”。尽管访谈声称要呈现长期被忽视的历史“声音”，但是它努力呈现的多重“过去”也并非“全部的过去”，而是有选择性的。这也是多方面决定的。其一，访谈者为服务某一主题需要，有选择性地择取某一领域、某一群体的受访者，设计服务于主题的提问；其二，受访者为了在访谈中表现出自己应有的社会角色与态度，则会选择性地回忆“过去”以使某些解释合理化，同时也满足此次访谈的需求。实际上早有学者指出个人对于过去的记忆并非一连串“事实”的组合；个人和群体都选择、重组或遗忘一些过去，以符合某种社会群体的认同，或作为适存于现实社会的策略。[①]总之，访谈是受访者过去与现在之间、受访者与访谈者之间有选择地“互动”的结果。

再次，访谈信息保存及发布方式的更新。随着信息化时代的到来，对保留访谈信息采用的技术手段以及存储方式在不断更新。传统的方法有文字整理，刊行发表。这种方式可以对访谈信息进行再加工，可以精炼访谈的内容，也比较容易长期保存。但是，仅仅只有文字，其直观性以及生动性就大打折扣，如果能再现访谈情境，对于阅读者来说能更好地感受被访谈者的情感，访谈的内容也较为容易理解与吸收。因此，笔者大胆提出一种设想，未来的访谈记录形式可以尝试采用多种媒体方式。除了传统的文字记录、录音、摄像外，我们还可以大胆尝试如直播、在线访谈、微信发布甚至人工智能、三维影像等方式。

最后，笔者认为我们的采访过程也是向老一辈历史教育专家们学习的过程。他们丰富的人生经验以及厚重的学术积淀既是历史教育的宝贵资源，也是国家的宝贵财富。还记得上海的陆满堂先生，接受采访的时候身体状况已经欠佳，但依然坚持完成了采访，采访后的很长一段时间我们与他失去了联系，后来得知陆满堂先生生病住院，而出院后的第一件事情竟然是修改我们整理后的采访稿。这样的学术精神与态度既是我们学习的目标，同时也是教育界共同拥有的宝贵财富。这些历史教育专家们以他们毕生的教育实践揭示了历史教育的价值意义与独特魅力，启发着我们继续对历史的教育意义进行积极探讨和深入研究，而老专家们的学术思想、甘做俯首牛的个性品质以及他们旷达谦逊、对待学术的认真负责的态度，都是我们年轻人应该学习的。

---

① 王明珂：《过去的结构：关于族群本质与认同变迁的探讨》，《新史学》1994年第3期。

尽管历史教育访谈收集资料、整理访谈是非常耗时艰辛的，但可以挽救很多“活”的历史，为我们更好地研究历史教育提供丰富而珍贵的资料，让我们更加真切地看到历史教育发展的多维图景。然而，让我们感到急迫的是，这些能为我们提供民国历史教育和中华人民共和国历史教育访谈资料的群体随着时间的推移在不断地消逝，因此对老一辈历史教育学者进行访谈研究的重要性和紧迫性不言而喻。

乡村中学历史教师专业现状和发展路径浅探[①]

吴　跃　张玉碧　彭　岗
（自贡市沿滩区教师进修学校　泸州市纳溪区天仙镇中学
泸州市古蔺县白沙中学）

摘　要：乡村中学历史教师的专业发展是新时代的呼唤，是广大乡村学生全面发展和终身发展的保障。乡村中学历史教师迫切需要提高专业素养。乡村历史教师专业发展有四题路径：阅读、磨课、反思和培训。
关键词：乡村中学历史教师；专业发展路径

党的十九大报告提出，“建设教育强国是中华民族伟大复兴的基础工程”，“努力让每个孩子都能享有公平而有质量的教育”。乡村教育是实现教育公平的短板，薄弱环节很多，其中最关键的是师资的薄弱。历史学科作为师资需求相对较小的学科，师资的薄弱是长期存在的问题，其配置状况和教师专业发展的现状值得关注。

一、乡村中学历史教师专业发展面临的困难

1．乡村中学教师队伍建设的困局

乡村或农村，是一个与城镇相对应的空间概念，通常指以从事农业生产为主的农业人口居住地区。改革开放以来，我国逐步放开人口流动的限制，大量农民工涌入城市，加快了城市化进程。同时也产生了大量农民被城镇化、伪城镇化和农村留守儿童问题。为化解城镇化产生的问题，中央先后提出了新型城镇化和乡村振兴战略。

广袤的乡村是我国现代化发展的战略基础和发展纵深，兼具生产、生活、生态、文化等多重功能，与城镇互促互进、共生共存，共同构成人类活动的

① 基金项目：四川省2019年度名师专项课题“基于核心素养的现代中学历史教育实践体系构建研究”。

主要空间。乡村是我国现代化发展的薄弱环节，我国人民日益增长的美好生活需要和不平衡不充分的发展之间的矛盾在乡村最为突出。振兴乡村必然要繁荣发展乡村文化、重塑乡村文化生态，乡村教育是重塑乡村文化最重要的途径。乡村振兴战略对乡村教育提出了更高的要求，没有乡村教育的振兴就没有可持续的乡村振兴。面对新方位、新征程、新使命，乡村教师队伍建设还不能完全适应乡村教育的发展。

2015 年的一项研究表明，农村中小学校师资存在人员满编、学科短缺的结构性不合理问题和教师工作环境与生活环境相对分离的现象。[①]大科目教师兼职现象突出、教师专业专任化程度较低、非师范院校毕业新教师多是结构不合理的具体表现。结构性缺编导致大量学科教师兼教非本专业科目，教材把握不准、教学随意性大、教学研究流于形式等问题随之产生。工作环境与生活环境相对分离主要表现为教师工作日在乡村学校，休息日在城市居家，过着候鸟迁徙式的生活方式。教师候鸟迁徙式的生活方式导致教师的职业角色与社会角色相对分离，过去乡村教师与乡村文化密切联系的感情在新一代教师那里已经非常淡漠。

2．乡村中学历史教师队伍建设的困难

乡村中学一般以乡镇为单元设置，办学地点在乡镇，办学层次主要是初中。由于生源有限，因此乡镇中学的规模大致为一个年级 4～6 个班，在校学生 500～800 名。按初中学校 13.5：1 的生师比例，乡镇中学的教职工人数一般 60 名左右，全职的学科教师 50 名左右。国家课程设置的必修学科有 13 科，课时少的学科教师需求量必然小，要保证课程的开齐开足，教师跨学科兼课就成为乡村中学无奈的选择。

历史学科是人文社会科学中的一门基础课程，对学生的全面发展和终身发展有着重要意义。但是在乡村中学的教学现实中，历史教师队伍存在师资能满足教学基本需要，但专业化程度不高的问题。以四川 L 市为例，乡村中学基本做到历史课程开齐开足。据不完全统计，全市有专兼任历史教师 650 余名，专任历史教师 340 名左右，兼任比重较大，专任历史教师中，历史教育专业出身的教师占二分之一略强，其余的属于转岗。条件差的乡村地区和规模小的学校，兼任教师居多。由于兼任教师多，因此，从事历史教学的教师人数每年都在变化，在一些学校，历史教学是作为补足教师工作量或者学校领导必须要上课规定下的选择。[②]历史教育对提高学生的人文素养有着重要的作用。历史教育价

① 贾雪枫：《农村中小教师专业发展的思考与实践》，《教师发展》2015 年第 5 期。
② 贾雪枫：《加强和改进初中历史教育的思考》，《泸州教育》2017 年第 6 期。

值的实现和可持续发展依赖一支高素质的历史教师队伍。国家积极推动城乡优质均衡发展，广大的乡村中学需要一支高素质的历史教师队伍，广大的乡村学子渴望得到更好的教育。而高素质的乡村历史教师队伍的打造关键在于其专业可持续发展，进一步摸清乡村中学历史教师专业发展的现状、探索乡村中学历史教师专业发展的路径是教学研究的重要课题。

二、乡村中学历史教师专业发展现状和发展需求

2020 年暑假，笔者以 Z 市四区两县乡村中学历史教师为对象开展了一项问卷调查，239 名教师参与了问卷调查，有效调查 239 份。

1．乡村中学历史教师的专业发展现状

参与调查的教师的基本情况如下：年龄为 35 岁以下占 24.27%，36～45 岁占 17.15%，46～55 岁占 46.44%，55 岁以上占 12.13%。其学历构成是：本科占 85.77%，专科占 14.23%，其中历史专业毕业的教师占 38.08%，非历史专业毕业的占 61.92%。73.22% 的教师为专职历史教学，26.78% 的教师为兼任。

调查数据显示，目前乡村中学历史教师的年龄结构呈两头大、中间小的状况，学历本科率已达 85.77%，但是历史专业毕业的并不多，只占比 38.08%，非历史专业毕业的占到 61.92%；历史教师兼职情况仍较为突出，达到了 26.78%。

分析调查数据，我们可以大致判断目前乡村中学历史教师的专业发展状况：年轻教师现代教育信息技术掌握较好，但教学经验尚不丰富；年龄较大的教师具有较为丰富的教学经验，但现代教育教学工具手段的运用不一定跟得上时代的发展；非历史专业出身的教师和其他学科兼任历史教学的教师学科专业知识功底需要加强。特别是兼任教师，由于其主岗不是历史教学，除需要凑满继续教育学时的时候会参加历史教研活动外，大多时候参加的还是自己主教学科的教研活动。

2．乡村中学历史教师的专业发展需求

乡村中学历史教师专业发展的现状决定了教师专业发展的需求集中在两大块：专业能力发展，包括教学设计和教学实施；专业知识发展，包括教育知识和学科知识。调查数据对此判断给予了支持。调查显示，乡村中学历史教师期待培训的内容，按占比多少依次是：专业技能（93.31%）、理论提升（64.44%）、班级管理（40.59%）、职业生涯规划（26.78%）。

近年来，国家对教师培训投入力度不断加大。调查表明，乡村中学历史教师参加过的培训中，国家级培训占比 61.92%；省级培训占比 23.43%；市级培训占比 47.7%；区（县）级培训占比 63.6%；校本培训占比 35.98%。这些培训对乡村历史教师的专业发展有一定促进作用，但仍然不能满足其专业发展的需求。调查显示，乡村历史教师群体认为，教师专业知识的重要性依次是实践性知识（教学方法技能方面的知识）、条件性知识（教育学心理学方面的知识）、本体性知识（学科专业方面的知识）。许多教师阅读的主要书籍是教学参考书和考试辅导类，其次是有助于教学实施方面书籍（如学生身心发展、教育教学理论、教学实际操作等）、有成就的教师成长经历方面书籍、学科基础性和前沿研究方面书籍，说明初中历史教师在专业发展方面，更多重视的是如何教，教师群体不太关注学科内在的研究，在学科研究方面，教师们普遍关注的是教参和考试辅导。

老师们对专业发展充满期待，其中专业技能的培训依然是重中之重。在新时代背景下，如何提高乡村历史教师专业素养？如何促进其专业可持续发展？如何满足乡村历史教师专业发展需求？寻找乡村历史教师专业发展路径，成为乡村历史教育必须解决的问题。

三、乡村中学历史教师专业成长路径

1．阅读——乡村历史教师专业成长的活水源头

读书是人生永恒的主题，是获取智慧和经验的重要途径。教学是技术，更是艺术，它对老师的综合素质提出了更高要求，新课程的实施也为教师的创新教学提供了广阔的平台，历史教师仅仅局限于职业技能是远远不够的。要获得学生的接纳、同行的认可，要想在专业上有所突破，必须让自己丰富起来，必须拿出更多的时间去阅读。特别是多数老师是非历史专业毕业，历史的专业学习尤为重要，为此，除了历史课标、教材和相关教辅资料外，中外通史、《中学历史教学参考》《中学历史教学》《历史教学问题》等专业书籍、杂志都是历史教师需要认真阅读的。只有大量专业阅读和博览群书，才能成为一个有深厚专业功底和丰富人文底蕴的历史教师。

多数乡村中学因经费等原因未订阅历史专业杂志。为了开阔乡村教师视野、提高专业素养，区历史名师工作室出钱负责订阅，为老师们提供历史专业杂志；也有老师自己购买历史类书籍进行阅读。工作室要求老师们认真阅读，做好读书笔记，写好读书心得，并借助自贡市沿滩区名师工作室平台，

每一个学期内举行一次读书会，历史教师分组进行分享。读书活动中，乡村历史老师们得到的启迪、知识的拓展和观念的更新是显而易见的，教师们养成读书习惯，读书氛围日渐浓厚。乡村历史教师专业成长永远在路上，而阅读正是其专业成长的源头活水。

2．磨课——乡村历史教师成长的推动力

上一堂好课是每一个教师的追求，好课都是磨出来的。教师的专业成长离不开同伴互助、专业引领和实践反思，而磨课则是这三者的综合体现。磨课可以使教师对课程的理解更准确，对教材的研读更深入，对学情的了解更透彻，可提升教学的能力，丰富教学的智慧。

每次公开课、每次示范课、每一次赛课，都需要磨课，这是一个老师，特别是优秀老师必然要经历的环节，是一个教师专业成长的助推力。如何磨课效率更高呢？笔者以区内一位历史教师参加市级赛课的磨课为例，其选题是七年级下册第 3 课《盛唐气象》。

首先，提炼主题和制订教学设计。结合七年级上册教材结构体系，根据自身理解，以唐诗为线索，对本课进行重构，并确定标题为《唐诗韵脚，盛世绮梦——盛唐气象》。执教教师在研究课程标准、钻研教材的基础上，根据对文本的理解设计出符合学生实际和自己教学风格的初次教学设计，以“通过了解盛唐气象，增强对中华文明的认同感”立意，从“经济繁荣竞奢华”“民族交融筑中华”“社会开放显风华”“多彩文艺展才华”四个板块构建课堂。

其次，教学设计完善阶段。教学设计初稿形成后，执教教师围绕教学立意，上网查找资料、制作课件。这一过程既要考虑围绕教学内容设计每一个环节，又要考虑学生实际及教学生成，是对教师专业发展的一次提升。课件制作完成后，大家再逐一讨论，讨论过程是引发参与者智慧碰撞的过程，大家围绕教学设计和课件，各抒己见，对存在的问题进行讨论修正，提出合理化建议，上课教师进行再修改。

最后，试讲深化阶段。上课教师试讲，听课者从不同角度进行课堂观察。上课环节结束后，开始评课，执教教师主要谈自己的困惑，大家群策群力，讨论核心问题，就课堂观察中发现的问题讨论研究更好的解决办法和策略。执教者根据大家的建议，结合自己的理解，对自己的教学设计和课件进行修改完善，进一步梳理自己的教学流程。一次磨课，一次进步，在多次上课、评课、修改的磨课过程中，大家不断总结，进而相互提高。磨课的过程是任教者个人的智慧和其他“磨课”者众人的智慧有机整合在一起，是参与者、任教者共同成长的过程，在这一过程中，教师的专业知识、课堂教学能力都能大幅度提高。

3．反思——乡村历史教师成长的催化剂

美国心理学家波斯纳提出了教师成长的公式：成长=经验+反思。课堂教学是一门有缺憾的艺术，科学、有效的教学反思能帮我们减少遗憾。教学反思是教师在教学活动结束后，对教学活动过程进行回顾总结、发现问题、采取措施，以期提高自己的教学水平的一种带有研究性质的教学总结活动。作为一名教师，经常性地、习惯性地开展教学反思，对提高自己的教学水平、教学能力意义重大。一节课结束或一天的教学任务完成后，应该静下心来细细想想：这节课总体设计是否恰当，教学环节是否合理，教学生成是否自然。经过实践，我们使用三种反思方式。

评价反思：教师可通过课堂评价（检测数据、学生反馈结果、学生表现等）进行反思，了解课堂教学成功在哪里，不足在哪里。

教学实录反思：教师可使用撰写教学实录的方式进行，边回忆，边撰写，边反思，这样效果很好。

对比反思：也可以通过观摩其他老师的课堂或者网络视频，把自己的课堂与他人的课堂对比，通过这样的反思分析，从他人的教学中得到启发，得到教益。

“学然后知不足，教然后知困”，教学反思可以总结教学的得失，丰富教师的经验，促进教师的专业成长。

4．培训——乡村历史教师专业发展的重要途径

教师专业成长是终身性、与时俱进的，国家层面越来越认识其重要性，对教师专业发展加大了培训力度，近年来，脱产式和线上网络国家级培训明显增多，无论城市还是乡村教师都受益，其效果逐渐显性化。

通过视野的开阔，乡村教师的培训需求也日益增长。从笔者暑期的调查可以看出，乡村历史教师对培训充满期待，乡村历史教师珍惜每次培训机会，以提升自身专业技能和理论素养。

从培训内容上来看，乡村历史教师需求可分为几个层面：历史学科专业技能、历史学科理论素养、班主任管理、职涯规划。根据笔者调查：专业技能培训需求达 93.31%；理论提升需求达 64.44%；班级管理培训需求达 40.59%；职涯规划占比 26.78%。由此可见，大多数历史教师有增强专业技能和理论素养的需求；部分从事班主任工作的乡村历史教师有班主任管理培训

的需求；部分年轻乡村历史教师有得到职涯规划指导的需求。

从乡村历史教师分类来看，可以大致分为入职教师、成熟教师、骨干教师、学科带头人、专家型教师（在乡村中学，此类教师少）。不同人群专业发展的需求不同。

鉴于此，可根据以往经验，立足区内，加强乡村教师专业培训。首先利用各种培训机会，根据培训的内容，结合适合的乡村教师群体，派遣相关教师参加；结合区内教师培训需求，请区教研员、区名师工作室领衔名师和导师、骨干教师、学术带头人等进行有针对性的学科专业培训；邀请省、市教研部门，高校相关专家，名校名师到我区对乡村教师进行专业技能、德育管理、职业规划等培训，以满足乡村教师专业发展需求，提升其专业素养。

课题研究对学科组建设的作用

赵富生　李　刚
（泸州市合江县城关中学）

摘　要： 课题研究是促进教师专业化发展、提升学校教育教学质量的重要途径。通过实践与探索，结合学科组科研工作经验以及教师开展课题研究的实际情况，历史学科组探索并总结出了课题研究的四点方法。一是明晰目标，奠定基础；二是制定方案，做实研究；三是教研交流，拓展资源；四是整理档案，汇集成果。通过研究，提高了学科组教师的职业素养，增强了学科组成员的团队精神，增进了学科组成员的感情交流，调动了学生学习兴趣，提升了学科成绩。

关键词： 课题研究；方法；学科组；意义；作用

在学科组机制建设研究活动中，课题研究是一个非常重要的组成环节。通过近两年时间的实践与探索，结合学科组科研工作经验以及教师开展课题研究的实际情况，我们探索并总结出了历史学科组课题研究的四点方法。

一、明晰目标，奠定基础

在开展课题初始阶段，为了让学科组教师了解何谓课题研究，学科组组织全体教师认真学习市、县课题研究的相关文件，并对课题申报书、中期检查报告书、结题验收申请书以及结题证书等进行了详尽的解读。其次从开展课题研究的意义、选题、注意事项、实施等方面对学科组教师进行了培训，使学科组教师们逐渐明白在日常的教研中，提出教学中遇到的问题，思考如何解决问题，改进教学方法，其实就是课题研究的原始状态。

在明晰课题内涵的基础上，学校组织教师以备课组为单位分享各自在教学实践中遇到的问题，建立问题库，通过交流激发思维的火花，在思维碰撞中筛选出有代表性的典型问题，再把典型问题提炼成校本课题，使教师们经历了“建问题库—筛选问题—提炼课题”的课题研究的早期过程。

二、制定方案，做实研究

课题研究计划是保证学科组有目的、有计划、有系统地开展课题研究活动的必要措施，是学科组开展检查和自我检查的依据。学科主任组织组内教师加强学习，统一认识，合理分工。在“初中历史教育培养学生家国情怀核心素养实践研究”中，我们制定了以下几个大的阶段。

1．加强日常工作的管理

聚焦历史课堂、创新教育教学设计。定期召开会议，交流研究心得。搞好多种多样的活动，及时反馈各种信息。多与学生接触，认真指导训练。撰写经验材料，丰富工作室运行策略。

2．聚焦课堂教学阵地

提升教师素质，聚焦历史课堂阵地，梳理与家国情怀培养密切相关的知识内容，创新教育教学设计，改进教育教学方法，立足师生情感体验，构建多元化评价，形成教学的方式方法策略。

3．拓展素养培育时空

组织以重大历史事件、历史人物、历史现象为切入点的主题活动，探讨重要贡献，吸取前人经验和智慧，形成健全人格和健康个性。了解、理解家国情怀精神。开展主题活动、查阅文献资料、参观走访、访问谈话、研学调查等实践活动，了解家乡、国家、民族历史要素，制定实践行动的主题、内容、形式、时间以及各项活动的实施策略。开展戏剧表演、演讲比赛、知识竞赛、黑板报、手抄报、专题讲座、影片观看等社团活动。研究历史社团活动的组织与管理、活动内容和方式。

4．开发各种课程资源

围绕家国情怀这一主题，充分开发家庭、学校、社会、国家的现有资源，如家族历史、家乡文化、身边模范、古代贤达、当今英豪、国家领导等资源，以培养学生孝亲、进取、仁爱、尽忠等品质与素养。拓展研究的范围和深广度，形成相应学科素养的教育教学资源库。

三、教研交流，拓展资源

在课题的研究中，优秀的研究经验会让教师少走弯路，为了让教师们加强沟通交流，学习别人的经验、做法，学科组每学期开展一次“课题研究经验交流会”活动。对课题研究中出现的“难点”“盲点”进行深入研讨。

为了让教师更深刻地理解课题，学科组采用科学的研究方法解决在课题研究中所遇到的问题，学校采用“请进来、走出去”的方法，邀请科研专家与学者来校进行课题研究的专题培训。同时也把学科组课题研究的教师派出去参加市、县课题研究的相关培训，促使大部分教师对课题研究有更深刻的理解，愿意加入课题研究的行列当中，形成了课题研究的骨干队伍。

四、整理档案，汇集成果

学科组在指导课题研究开展情况时，采用“档案袋”管理的办法，要求各课题组成员关注课题研究过程性资料的整理。指导教师根据研究价值整理资料，并做好资料的筛选、归类、整合。学科组定期对“档案袋”中的资料进行检查。根据研究目标，建议教师多渠道收集相关培育资源，多维度展开研究，对实施计划不断完善与总结，形成预期成果。成果形式不局限在论文、报告、案例及反思上，可酌情增加值得推广的模式、评价体系及量标等，并注意成果的学术性、理论水平和实践水平。

通过课题研究的归档整理工作，学科组再次梳理了研究的过程，有利于总结在课题研究中的经验与不足，为课题成果的改进与推广奠定了坚实的基础。经学科组全体成员的共同努力，“初中历史教育培养学生家国情怀核心素养实践研究”被定位市级重点研究课题。学校通过开展“历史组优秀课题成果展示研讨”活动将学校课题研究的优秀做法以课例展示、专题讲座等形式向其他学科组开放。

在课题研究的过程中，教师是处于一种学习、教育、反思的过程，这需要学科组教师较高的自觉性，更是理性与感性的结合，这恰好是教师提高自己的教育教学技能，丰富自身知识的关键时刻。教师们以亲身经历开展课题实践研究，这种学习更具有现实意义和实用价值。

1．课题研究提高了学科组教师的职业素养

课题研究唤醒和激发各成员的参与意识，使他们自觉、主动、热情地参与学习研究。如参与教学业务、教育理论的学习研究；参与教学方法、教育手段、教学改革的研究；参与制定学科计划与方案；参与课题研究并自觉接受分工；参与组内、校内、上级教研室的教研活动，包括各种学生、教师的竞赛活动；参与指导第二课堂活动与校内学科环境建设；参与教研成果的交流与展示活动；参与校方对学校教师业务考核方案的评议。

课题组教师以学科组名义参与了学校运行机制的调控。如参与学科规划目标的讨论制定；参与对本学科运作规章如操作、考核、评价制度的听证与评议；参与学科精神的打造与提升；参与学校制度建设和体制创新，等等。

在课题研究过程中，我们要求学科组的老师们把学习到的课堂教学理论应用于教学活动的各个环节中去，并及时总结经验，不断进行反思、改进。以课题为中心的教学反思，通过教育理论与教学实践相结合，学习与交流相结合，实践与反思相结合，既注重切实解决实际问题，又注重概括、提升，总结经验，探索规律，形成理性认识和成果，反过来指导教育教学实践，从而有效地转变了教研组老师们的教育观念和教学行为，提高了老师们的课堂教学能力和教研能力，促进了组内老师们的发展。

2．课题研究增强了学科组成员的团队精神

有学者认为，“合作性学习、实践和探究是专业学习社群运作的核心要素，表现为教师围绕教学实践展开合作。共享的价值、理念和愿景则为教师合作提供前瞻性图景”。[①]合作能产生巨大的研究效益。每一个课题研究都离不开合作。学科组课题研究倡导的合作包括：

（1）课题组的分工合作。各子课题的设计、实验与完成，就是分工合作完成课题实验任务。

（2）备课组间的分工合作。各年级研究重点的组合，可构成整个年龄段的系统研究。

（3）某一学年或学期的教学段分工合作。按教学内容、教学方法、能力层级发展阶段分工合作，能使学习、研究系统衔接。

（4）专题分工合作。选择有价值的专题，分工合作研究，可形成教学研究的深度景观。

（5）活动分工合作。分工负责各项活动，如兴趣小组、文学社团的组织指导，是提高学习效益的一项重要内容。

（6）分工合作进行校本材料的编写。

（7）分工合作挖掘和建设校本课程资源。

（8）分工合作指导学生研究小组，以积累合作学习、探究学习的经验，等等。合作才能使研究更深入、更精细、更科学，才能形成浓厚的科研气氛和蔚为壮观的科研成果。

---

① 王富刚、李灿：《学校转型变革中的教研组“组织惰性”及其消解》，《教学与管理》2020年第18期。

3．课题研究增进了学科组成员的感情交流

交流不仅可以带来信息资源共享，可以互相砥砺、交融互补，更重要的是，智慧撞击的火花能够照亮思想的深处，科研深度景观的形成少不了交流。备课组间研究教材、教法、测试的心得需要交流；教研组内成员的学习研究心得、成果需要交流；教研组内骨干教师的学研状况与成果的推介需要交流；各课题组内研究状况、经验甚至困惑需要交流；各兴趣小组指导教师的做法与经验需要交流；校内各教研组的成果经验，与校外兄弟学校、各校教研组的对话，同样需要交流。

4．课题研究调动了学生学习兴趣，提升了学科成绩

课题研究可以让老师转变观念，开拓新的局面。在新课程改革不断深入的今天，教师要不断更新自己的教学观念，树立“以生为本”“学生是课堂的主人”等新的教学观念，才能满足学生的需求，激发学生的兴趣，促进学生各方面能力的发展。

为了激发学生的学习兴趣，教师课前必须要做好充分的准备，即备好课。备课是为了让教学更加有条不紊，让课堂教学更接地气、更有水平和效率。首先，备课时要从学生的已有知识水平出发，充分考虑学情，问题的设计既从学段目标考虑，又从学生方面去考虑；既要促进思维发展，又不要让学生措手不及、无从下手。其次，老师要努力钻研教材，熟练掌握教学内容，围绕单元主题及课后问题准确把握教学要素，然后精心设计教学环节，明确教什么，怎样教，哪些是重点，哪些是简单了解的知识，这样在教学中才能有效把握重点，层次清晰，让学生学起来轻松快乐，能积极投入学习中。学科教学成绩提升也就变得水到渠成了。

课题研究成就了教师，让他们的研究成果得以推广，也让还徘徊在课题研究之外的教师看到了希望，有了参与研究的欲望。著名的科学家、教育家钱伟长说过，“教学没有科研做底蕴，就是一种没有观点的教育”。在教学实践中，只有开展课题研究，才能更有效地促进教师专业化发展，提高课堂教学效率，进而提升学科组的教育教学质量。

课题研究正以其迅雷不及掩耳之势成为学校科研的重点，课题研究促进了学校科研的可持续发展。学科组通过短短两年的努力，“初中历史教育培养学生家国情怀核心素养实践研究”被定位市级重点研究课题；“历史学科如何运用现代教育技术的策略研究”被定位县级重点研究课题。开展课题研究的优势已经曙光初现，在课题研究的道路上，历史学科组将不忘初心，砥砺前行。

基于课堂实践的历史复习效率提升策略探索

谢贞兰

（泸州市第十二初级中学校）

摘　要： 党的十八大提出，“把立德树人作为教育的根本任务”，明确强调了教育的本质功能和真正价值，作为意识形态学科，历史教育承担着服务于新时代中国特色社会主义建设事业，培养社会主义事业的建设者和接班人，培育社会主义核心价值观的重任。在义务教育阶段，大多数学生对历史学科的认识是“背多分”学科，考前“临时抱佛脚”的行为时有发生，加之历史知识存在浩如烟海的特性，如若复习策略不当，历史复习课则是填鸭式的“重复学习”课，“枯燥乏味”是唯一的感受，无论是必备知识还是学科素养，都无法有效达成。本文从课前备考、课中导入、课中建构、课堂练习等环节总结了一些提升复习效率的原则和策略，展开了课堂实践探索，能较好地激发学生复习欲望，活跃复习课堂的氛围，提高复习效率和教学质量，培养学生的基本素养。

关键词： 课堂实践；复习效率；提升策略探索

初中历史复习课是指在完成中国通史和世界通史的基础学习后，进一步巩固和深化学习成果以参加普通高中升学考试而进行的教学,依据课标要求、考情与学情及备考时间，划定不同的复习阶段。一般而言，初中阶段的复习课主要包括三轮复习，即一轮回归课本巩固基础、二轮整合知识构建体系、三轮关注细节夯实基础。

部编版教材在编写体例上较为突出地体现了时序性特征，在基础学习过程中学生习得的历史知识往往是碎片化的，这就需要有针对性的复习课来帮助学生巩固基础知识，并将碎片化知识串联成完整的体系，在中考中较为灵活地运用知识、分析历史、解决历史问题，在提升历史学习成绩的同时还能为高中学习奠定基础。

在学生对历史学科有“背多分学科”，对复习课有“机械式重复学习”的认知情况下，我们应如何提升复习效率呢？

一、仔细研读考纲，明确复习目标

目标是教学活动的内控因素，代表着教学活动开展的方向；依据课标制定的考纲是中考指挥棒，代表着学生学习的基本任务和要求。在《义务教育历史课程标准》（2011 年版）中要求，历史教学中应培养学生获取和解读信息的能力、调动和运用知识的能力、描述和阐释历史的能力、准确文字表达的能力。依据课标，在近几年的历史考试大纲中也提出了历史学科考查对基本历史知识的掌握程度；考查学科素养和学习潜力；注重考查在唯物史观指导下运用历史思维和学科方法发现问题、分析问题、解决问题的能力；考查学生的人文精神与素养，引导其实现德智体美劳全面发展的要求。在复习备考过程中，我们须仔细研读考纲，提炼核心要点，较为科学合理地制定知识专题和训练专题。如，在研读 2014—2016 年考纲过程中，我们发现三年考纲中“美国史”“日本史”“两次世界大战”“三次科技革命”等重大历史都是时政热点专题，因此在复习课中制定了大国崛起与大国关系专题，并将考试热点列为考点细目表呈现给学生，要求学生进行项目化复习，增强了复习的针对性和驱动性。在研读 2017—2021 年的考纲过程中，发现中国通史和世界通史的占比逐年变化，并且顺应高考改革形势，有意识地增加了学科素养的考查，如历史解释、史料实证等，突出传统文化价值的考查。因此在复习课中新增了“重要历史概念”“制度与文化”及“应考宝典——重难点题型训练”等专题，有针对性地复习考纲重点。

二、创新复习设计，激发复习兴趣

1. 新颖的复习形式

形式新颖的复习设计是提高课堂复习效率的重要手段。我们尝试将世界近现代史知识围绕“大国崛起”主题设计，按中考热点分美国、英国、法国、日本、俄国五个板块，在教学实践中以《大国崛起之美国》为设计范例。

中考考点中涉及美国的重大历史事件较多，如何在复习课中将这些看似无关联的事件有效串联成了美国史复习的难点。《大国崛起——美国》一课中紧扣“崛起”一词，用“出生”“成长”“腾飞”三个词高度概括美国的“一生”，而这三个词是对“崛起”的最佳诠释。在教学实践中以自主学习的方式充分发挥学生在复习课中的自主能动性，学生根据记忆快速回顾九年级相关知识，归纳与之相关的历史事件。按学生的认知水平，结合教师的点拨，他们不难归纳出如下知识线索（见图 1)。

- 美国崛起
  - 出生 → 美国独立战争
  - 成长
    - 美国南北战争
    - 罗斯福新政
  - 腾飞
    - 两次世界大战
    - 三次科技革命
    - 世界格局主导

图 1 “美国崛起”知识线索

这一知识线索是学生自主完成的美国史上重大事件的归纳，他们在归纳的过程中培养了自主复习的主观能动意识，对历史课中的能力目标有较好的体现。

常规的历史复习课似乎总是将所有基础知识拉通整理，学生的感觉是快速地重新学习，在有限的学习时间内总不能很好地完成学习任务。如何让“重复学习”之感消失呢？《大国崛起——美国》一课就打破了传统的复习思路：夯实基础目标在自主学习环节中达成，以能力提升目标作为本堂复习课的重头戏。传统的“一讲到底”自然是低效率的。新的课改理念要求教师转变教学观念，即要以学为主，以师为辅。这在本堂复习课中有充分体现。紧扣“崛起”一词设计有价值的探讨性问题：

探讨一　上述事件在美国崛起中各起什么作用？（要求：用精炼语言归纳概括）

探讨二　归纳在美国崛起过程中作出重大贡献的人物（总统、科技创新人物），举出他们的主要事迹。

探讨三　美国的崛起对崛起中的中国有何启示？

三个探讨问题层层递进，以学生合作探讨的群学形式较好地落实能力与方法目标、情感态度价值观目标，整个环节教师充分体现了一个引导者的高度点拨作用，学生则充分发挥了复习过程中的主观能动性，新颖的复习方式让学生真正动起来，复习效率自然提高了。

2．明确的复习线索

中国史中，八年级上册内容较为烦琐且深奥难懂，包含《列强的侵略与中国人民的抗争》《近代化的探索》《新民主主义革命的兴起》《中华民族的抗日战争》等五个内容复杂、难解的主题。我们尝试以近代百年中国的沧桑巨变为主题进行教学设计,将中国近代史即 1840—1949 年的历史整合为百年屈辱、百年抗争、百年探索、百年巨变四大板块。

为了让复习课也从一开始就吸引学生眼球，因而选择了与课文主题较为贴切的音乐视频《走向复兴》，强烈的节奏感立即将学生带入情境，学生开始自然而然地跟唱，而后教师用精练的导语加以引导：歌名叫什么？《走向复兴》。“兴”什么意思？兴盛。走向复兴意味着什么？我们国家由兴到衰的转折点是什么事件？鸦片战争。走向复兴的起点是哪一事件？中华人民共和国的成立。而这期间总共多少年？109 年，近代百年沧桑巨变，今天我们一同进入近代百年沧桑巨变的复习。

引入复习主题后如何为学生构建复习线索呢？设计时发现，近代百年实际是中国的一段近代史，学生在宏观的回顾中不难想到近代史的几大特征：屈辱、抗争与探索、成功蜕变等，这时，教师根据学生回忆引导归纳出百年屈辱—百年抗争—百年探索—百年巨变的复习思路。可是，如此多的考点如何在一堂课内实现串联？如此难的考点如何在一堂课内教会学生学以致用？围绕重、难考点，学生合作探讨、教师引导点拨是较为切实可行的方式。

探讨：近代百年列强发动的侵华战争有哪些？对近代中国社会性质形成有决定作用的三个不平等条约是什么？学生在小组交流后较为容易得出如下的知识线索（见图 2）。

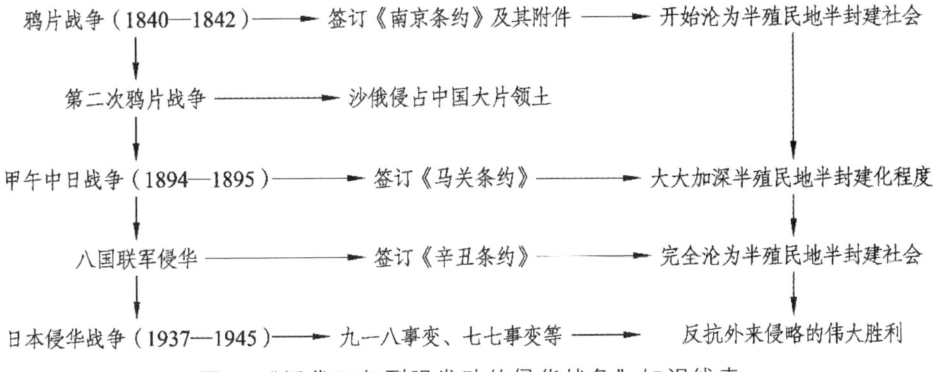

图 2 “近代百年列强发动的侵华战争”知识线索

但得出线索后，学生对于这一部分的知识记忆总是盲目的，而高效复习课自然不会是对所有知识面面俱到的，这时由教师强调其中的中考考点，并辅之以检测疑问加以巩固，学生能在较短时间内记住重要基础知识。但第二部分百年探索与抗争是中考的难点，学生怎样才能有效掌握？如果仅仅是单纯的记忆，复习课则又进入了重复，学生的积极性会大受影响。因而对于这一部分换作了典型材料的探讨练习方式，很好地提升了学生学以致用、活学活用的能力，成为了本堂课又一亮点。

材料一　变者，天下之公理也。

——梁启超

材料二　革命尚未成功，同志仍需努力。

——孙中山

教师用三个疑问，即：① 材料一代表中国近代哪一政治派别的主张？他们领导哪场运动？这场运动兴起和结束的标志是什么？它对中国近代化有何影响？② 材料二中“革命”指哪场革命？这场革命“第一枪”在哪里打响？为领导革命，孙中山提出的指导思想是什么？为什么孙中山会说“革命未成功，同志需努力”？③ 说出以上材料反映的时代主题。引导学生分析解读两则材料，解答问题，以探讨练习的方式掌握和巩固两大中考考点“戊戌变法”“辛亥革命”。

复习课的高效体现在教师和学生对所学知识的高度概括与整理，箭头推导形式是其中之一，在本课复习中为了加强学生对共产党在中国百年巨变中作用的理解与感悟，采用了表格归纳的方法（见表 1）。

表 1　中国共产党重大历史事件及其伟大作用

重大事件	伟大作用
中共一大	开天辟地、焕然一新
抗日战争的胜利	洗雪耻辱、提高地位
重庆谈判	揭露阴谋、赢得民主
百万雄师过大江	胜利渡江、解放全国
开国大典	民族解放、国家独立

表格归纳的方式，既弱化了教师的“讲”，又强化了学生的“学”，这何尝不是一种高效的复习方式呢？

3．突出的热点主题

2021 年是建党 100 周年，中共党史是一大热点。有关中共党史的考点较多，包含了八上部分内容和八下全册内容。课堂实践中尝试围绕党的初心这一主题进行设计。

课前播放视频:《百年恰是风华正茂》,直观展现中国共产党波澜壮阔的伟大征程，形成视觉冲击。利用视频最后的习近平语：“胸怀千秋伟业，恰是百年风华！我们秉持以人民为中心，永葆初心，牢记使命，乘风破浪，扬帆远航，一定能实现中华民族伟大复兴！”设问：

（1）党的一百年指哪一段历史时间?

（2）以哪一事件为开端?

（3）党的初心使命是什么？设疑激趣，引入课题。

将中共党史划分为三个板块：新民主主义革命时期矢志践行独立梦；中华人民共和国成立以后矢志践行富强梦；百年征程里共产党人构筑的精神谱系。按板块设置三个探究题目，引导学生自主探讨复习。

（1）中国共产党经过 28 年艰苦卓绝的斗争，实现了中国从几千年封建专制制度向人民当家作主的伟大飞跃。请根据下列时间轴信息，指出相关事件，并理解其作用。

（2）中华人民共和国成立以来，共产党为了实现强国梦进行了哪些主要探索？取得了怎样的显著成就？

（3）百年征程中，一代又一代中国共产党人顽强拼搏、不懈奋斗，形成了一系列伟大精神，构筑起了中国共产党人的精神谱系，为我们立党、兴党、强党提供了丰厚滋养。请你在其中任选一相关人物，说说他给后人留下了怎样的精神。

在探讨复习期间穿插重要考点的中考真题，在掌握基础知识的同时也训练并积累答题方法与技巧。

三、渗透复习技巧，提升复习效率

学以致用、活学活用、灵活运用应该是复习课追求的终极目标，常规复习课的低效率难以达成“终极目标”。《大国崛起——美国》复习课中“探讨四　解题技巧”是又一亮点环节。先呈现给学生往年中考真题，常规复习课中也经常呈现各类题型，但仅停留在学生快速得出答案的表面，快速闪现的过程让学生基本没有印象，而本堂课中令人耳目一新的是把“得出答案的方法”作为重点，我想这就是“授人以鱼不如授人以渔”的最好解读。学生通过真题练习归纳总结的解题方法是否有效呢？相关的知识掌握程度又如何呢？《大国崛起——美国》复习课中巧设第三环节——展示提高，用学生根据材料合作命题的方式再次巩固基础、提升能力，新颖的解题方式极大地调动了学生的积极性，再次给听课教师眼前一亮之感。课堂在活跃的氛围中结束，带给学生和老师意犹未尽之感。在《百年征程，百年初心》一课中，在每一个探讨问题之后设计中考链接和仿真训练环节，选取近三年中考真题和仿真题，学生自主完成后教师归纳整理此类题型的方法技巧，以便学生进行知识迁移和变式训练。

阅读材料　在新民主主义革命的实践中，以毛泽东为主要代表的中国共产党人，创造性地把马克思主义的基本原理与中国革命的具体实践相结合，形成毛泽东思想。在改革开放和现代化建设的伟大实践中，中国特色社会主义理论体系形成。邓小平理论是这一理论体系的开拓和奠基之作，“三个代表”重要思想、科学发展观、习近平新时代中国特色社会主义思想是其重要组成部分。

——摘编自《普通高中课程标准实验教科书·历史必修·第三册》

（1）仿照示例，从“邓小平理论”和“科学发展观”中任选一个进行简要的解读。（3分）

示例：毛泽东思想是马克思主义与中国新民主主义革命实践相结合的产物；回答了中国革命的道路问题；在中共七大上被确立为中国共产党的指导思想，并写入党章。

（2）归纳材料题解题方法：一读：读问题、读题引（材料题开头的引文）、读正文、读标点（根据标点和意思对材料分层次）、读出处；二找：找答案来源、找作答思路；三答（写）：提示语、分角度、标序号、专业术语表述准确化。

多次执教初三，每一届初三面临的就是如何上好复习课这一核心问题，无论是《大国崛起——美国》,《近代中国百年沧桑巨变》还是《百年征程，百年初心》，从设计到实践再到反思，让我意识到：“有效”是一堂好复习课的评判标准，为复习课设计新颖独到的看点则是提升效率的有效手段，使得“复习课”不是“机械重复”而是“深层次提高”。

案例探讨

浅议大概念统领下的初中历史大单元教学设计

——以世界近现代史为例

李星霖
（成都市天府七中）

摘　要：随着高中历史新课标的颁布，围绕大概念开展大单元教学设计已成为学科教育发展的趋势和热点问题之一。天府七中历史学科研究室开展了初中历史大单元教学实践研究，并取得了一定的成果。在进行初中世界近现代教学时，利用多种途径，提炼出大概念“现代化”，然后以“现代化”为视角，整合教学内容，形成大单元，构建起对应的学习主题，并立足大单元，开展课例设计。

关键词：大概念；大单元教学；现代化

2018年我国教育部颁布的普通高中课程标准中首次提出“要重视以学科大概念为核心，使课程内容结构化”[①]。这是我国基于标准的课程改革的新动向，而这预示着教学要从单个知识点的教学，转变为大单元教学。当前，围绕大概念开展大单元教学设计已成为学科教育发展的趋势和热点问题[②]。然而针对初中历史大单元教学的研究还比较空白，缺少可参考、可实施的模式。据调查可知，目前四川省初中历史教师对“大单元教学”的了解不够，付诸实践的则是少之又少。[③]有鉴于此，天府七中历史学科研究室开展了初中历史大单元教学实践研究，并取得了一定的成果。现以初中历史世界近现代史为例，浅谈大概念统领下的初中大单元教学设计。

---

① 教育部：《普通高中历史课程标准》（2020年版），人民教育出版社2020年版，第4页。

② 顿继安、何彩霞：《大概念统摄下的单元教学设计》，《基础教育课程》2019年第8期。

③ 天府七中历史学科研究室：《初中历史教学现状教师问卷调查报告》。

一、利用多种途径，提炼大概念

大概念是居于学科中心位置，集中体现学科课程特质的思想或想法，有助于设计聚焦一致的课程，具有概括性、永恒性、普遍性、抽象性的概念①。提炼大概念的途径主要包括以下四种：第一，以课程标准的专题为基准；第二，以历史本体论知识为导引；第三，以社会关注的问题为依托；第四，以历史知识的结构为框架②。笔者选取了大概念“现代化”来统领世界近现代史大单元教学，理由如下。

1.“现代化”能够反映历史学科的主要观点和思维方式

“现（近）代化史观”是研究历史的重要史观之一。第二次世界大战结束后，近代化研究在以美国为首的西方国家悄然兴起，并逐渐发展成为国际学术界的一个热门研究课题。20 世纪 80 年代中国开始兴起对“近代化”的研究。学者们不仅对现代化的元理论，即现代化的概念、理论体系、研究方法等进行了有益的探讨，而且从多个视角对西方国家的现代化、第三世界的现代化以及中国的现代化进行了全方位的研究。

2.“现代化”能统摄或者包含大量历史学科知识，具有普遍性和广泛的解释力

早在 2003 年，钱乘旦教授就提出以现代化为主题构建世界近现代史新的学科体系，因为自世界进入近代以来，几乎一切事件、一切变化都是围绕这一个主题：现代化③。以现代化为大概念，可以整合初中世界近现代史几乎所有的内容。

3.“现代化”作为理解知识、研究和解决问题的思维方法，具有持久的可迁移应用价值

沿着中国特色社会主义道路，集中力量进行社会主义现代化建设，是中华人民共和国宪法规定的国家根本任务。作为一个后发展国家，中国的现代化需要借鉴其他国家的经验和教训。要落实立德树人的教育目标、培养社会主义建设者，初中历史教学非常有必要也能够在这方面提供丰富的知识和积极的思考。

① 邵朝友、崔允漷：《指向核心素养的教学方案设计：大观念的视角》，《全球教育展望》2017 年第 6 期。

② 王健宁：《基于“大概念”的高中历史教学》，《历史教学》2019 年第 2 期。

③ 钱乘旦：《以现代化为主题构建世界近现代史新的学科体系》，《世界历史》2003 年第 3 期。

二、以大概念为视角，整合教学内容

在提炼出世界近现代史大概念之后，笔者对现代化的内涵、要素维度和要素内容进行了进一步的分析。结合罗荣渠和钱乘旦教授等相关论述与初中历史教材，笔者对初中世界近现代史的内容进行了整合，形成大单元，并构建大单元中的学习主题，并归纳其阶段特征（见表 1）。

表 1 “现代化”统领下的初中世界近现代史大单元内容

学习主题	时段	特点	对应教材内容
现代化的准备阶段	14 世纪—17 世纪中期	1. 资本主义萌芽和发展，为现代化奠定了物质基础； 2. 文艺复兴促进了人在思想精神领域的解放； 3. 新航路的开辟诱发了欧洲商业革命，开始了资产阶级开创新的世界市场的历史进程	九年级上第五单元　走向近代 第 13 课　欧洲经济和社会的发展 第 14 课　文艺复兴运动 第 15 课　探寻新航路 第 16 课　早期殖民掠夺
欧美的甲早期现代化	17 世纪中期—19 世纪上半叶	1. 英、美、法在政治上纷纷确立了资本主义的民主制度； 2. 工业革命发生，资本主义国家从农业社会向工业社会转型，世界市场初步形成，城市化加快； 3. 国际工人运动兴起，并有了科学理论（马克思主义）指导	九年级上第六单元　资本主义制度的初步确立 第 17 课　君主立宪制的英国 第 18 课　美国的独立 第 19 课　法国大革命和拿破仑帝国 九年级上第七单元 工业革命和国际共产主义的兴起 第 20 课　第一次工业革命 第 21 课　马克思主义的诞生和国际共产主义运动的兴起
现代化在全球的扩展	19 世纪中后期到 20 世纪上半叶	1. 第二次工业革命推动人类进入“电气时代”，资本主义国家进入到帝国主义阶段，在全球范围内争夺市场，世界市场最终形成； 2. 帝国主义国家政治经济发展不平衡，两次世界大战爆发； 3. 资本主义民主制度发展到更多的地区，并有进一步的发展；	九年级下第一单元　殖民地人民的反抗与资本主义制度的扩展 第 1 课　殖民地人民的反抗斗争 第 2 课　俄国的改革 第 3 课　美国内战 第 4 课　日本明治维新 九年级下第二单元　第二次工业革命和近代科学文化

续表

学习主题	时段	特点	对应教材内容
现代化在全球的扩展	19世纪中后期到20世纪上半叶	4. 亚非拉国家的现代化面临着破除殖民主义压迫的问题，世界出现了新的现代化之路，即社会主义道路； 5. 大众教育兴起，平民化、城市化等进一步发展	第5课　第二次工业革命 第6课　工业化的社会变化 第7课　近代科学与文化 九年级下第三单元　第一次世界大战和战后初期的世界 第8课　第一次世界大战 第9课　列宁与十月革命 第10课《凡尔赛条约》和《九国公约》 第11课　苏联的社会主义建设 第12课　亚洲殖民地人民的抗争 九年级下第四单元　经济大危机和第二次世界大战 第13课　罗斯福新政 第14课　法西斯国家的侵略扩张 第15课　第二次世界大战
现代化社会的新转型	第二次世界大战后	1. 资本主义国家出现了较大的变化，通过福利政策介入分配过程，缩小贫富差距； 2. 社会主义现代化之路跃出一国范围，经历了改革与发展，遭遇了挫折，但中国特色社会主义道路证明社会主义现代化之路的可行性和生命力； 3. 国际关系不断调整和变化，由两极格局向多极化发展； 4. 对民族国家偏狭的修正，出现了联合国和世界贸易组织等国际组织、欧共体等超国家机构； 5. 殖民地或半殖民地国家实现了民族独立，走上现代化道路； 6. 全球性问题突出	九下级下第五单元　冷战和美苏对峙的世界 第16课　冷战 第17课　战后资本主义的新变化 第18课　社会主义的发展与挫折 第19课　亚非拉国家的新发展 九年级下第六单元　冷战结束后的世界 第20课　联合国与世界贸易组织 第21课　冷战后的世界格局 第22课　不断发展的现代社会

三、立足大单元，进行课例设计

上述世界近现代史现代化发展各阶段及其特征，构成认识世界近现代史阶段大单元的分目标及主体内容。在现代化大单元教学设计的立意下，笔者以“君主立宪制的英国”为例，简述如何在“现代化”统领下进行课例设计。

1．分析英国现代化历程，理解英国现代化的特点

在大概念统领下进行大单元教学设计，需要突出英国现代化的特点。因此，笔者首先对英国现代化的历程进行分析。“君主立宪制的英国”属于欧美的早期近代化主题。随着新航路的开辟，世界贸易中心从地中海沿岸转移到大西洋沿岸，而英国恰是位于大西洋沿岸的国家。此后，凭借地理位置的优势，英国资本主义迅速发展，取代意大利成为文艺复兴的中心。而随着资本主义的迅速发展和文艺复兴中心的转移，英国资产阶级和新贵族力量壮大，他们迫切地希望获得更多的政治经济权利，并借助议会与专制王权开展权力的争夺，最后促成英国君主立宪制的创立。而君主立宪制的确立是工业革命首先在英国发生的前提。从对世界的影响来说，英国君主立宪制的确立对美国的独立和法国大革命的发生都起着推动作用（见图 1）。

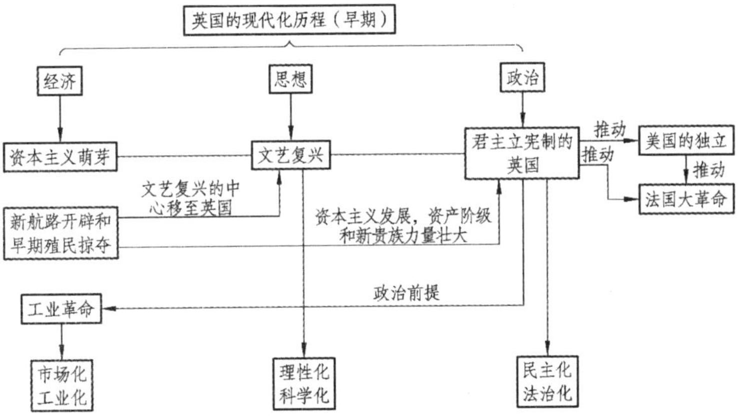

图 1　英国现代化历程

从英国现代化的历程可以看出，英国每一维度的现代化都相互关联、相互影响，密不可分。每一维度的现代化均积极影响着其他维度的现代化，从而推动英国整体的现代化。英国的现代化是以工业革命和工业化带动整个社会的其他方面的变革，而君主立宪制为工业革命的到来提供政治前提，是英国现代化历程中极其重要的一步。英国的现代化历时漫长，在尊重传统的前提下，进行和平、渐进的改革，暴力的使用和爆发性突变是暂时的、一时的，属于内源的现代化（modernization from within）[①]。

① 罗荣渠：《现代化新论》，商务印书馆 2013 年版，第 101 页。

2. 以"现代化"为视角，解读教材内容

在分析和理解英国现代化特点的基础上，笔者以"现代化"为视角，对教材《君主立宪制的英国》的内容进行了解读，突出其现代化的特点（见表2）。

表2 《君主立宪制的英国》内容及特点

项目	内　容	特　点
背景	英格兰"王在法下""王在议会中"的传统	法治、国王与议会共治的传统
	斯图亚特王朝的专制统治	变革
过程	处死查理，建立共和国	变革
	斯图亚特王朝复辟	回归传统
	光荣革命	传统与变革结合，国王与议会共治，民主化，法治化
	《权利法案》《王位继承法》	
影响	为英国的资本主义发展开辟了道路	现代化
	对世界资本主义的发展产生了重要的影响	

通过分析可知，作为较早走上现代化道路的国家，英国的政治现代化是传统与变革的产物。英格兰"法治""国王与议会共治"的传统在历史发展的过程中不断遭受到挑战，不断地注入新的元素，最后建立了君主立宪制，走向民主化和法治化。此过程中有暴力的使用（英国资产阶级革命），在光荣革命之后转入和平、渐进的改革。

3. 设置核心问题，帮助学生理解英国政治的"现代化"

为使学生深入理解英国政治现代化的特点，笔者设计如下问题，带领学生进行探究：

（1）为什么1649年查理一世会被推上断头台？

（2）英国君主立宪制的过程怎样体现传统与变革的结合？

（3）英国君主立宪制的建立产生了怎样的影响？

整堂课围绕如下三幅图片展开（见图2、3、4）。学生通过比较这三幅图中不同国王不同的遭遇，分析其背后的成因和历史意义，梳理英国君主立宪制建立的过程，理解英国政治现代化的特点：作为"内源型"的现代化国家，英国依靠社会自身力量（资本主义发展及新贵族和资产阶级力量的壮大），在传统与变革之间，通过较为平稳渐进的改革，实现了政治的民主化和法治化。

图 2　查理一世被处死

图 3　16 世纪伊丽莎白一世主持议会

图 4　威廉和玛丽加冕

时空视域下的问题意识培育思考

——以部编版中国历史（七年级）中外交通路线图为例

欧阳菊

（泸州市江阳区教研培训中心）

摘　要： 时空观念作为历史学科的核心素养之一，是诸素养中学科本质的体现，越来越受到一线教学教研的重视。目前所见的一些探讨中，教师较多关注的是时序性、时间表述的多样性、历史地图的地域表达。而在“深度教学”理念指导下，初中教师应如何培育学生完整、准确地理解时空的能力、增强学生的问题意识？在教学、教研实践的基础上，本文尝试以部编版中国历史（七年级）中的 7 幅中外交通路线图为例，对上述问题进行探讨。

关键词： 时空观念；中外交通路线图；问题意识；培育

《义务教育历史课程标准（2022 年版）》明确提出通过义务教育阶段历史课程的教学，学生能够“了解历史发展的时间顺序和空间要素……能够将事件、人物、现象等置于历史发展的特定或总体进程及具体的地理空间中加以考察，并从历史发展的角度认识其地位和作用”[①]。随着课程改革的不断深入，时空观念作为历史学科的核心素养之一，越来越受到一线教学教研的重视。目前所见的一些探讨中，教师较多关注的是时序性、时间表述的多样性、历史地图的地域表达。而在“深度教学”理念指导下，初中教师应如何培育学生完整、准确地理解时空观念的能力、增强学生的问题意识？在教学、教研实践的基础上，本文尝试以部编版中国历史（七年级）中的 7 幅涉及中外交流的交通路线图为例，对上述问题进行探讨。

---

① 中华人民共和国教育部：《义务教育历史课程（2022 年版）》，北京师范大学出版社 2022 年版，第 7 页。

一、对“时空观念”的理解

学科核心素养是学科育人价值的集中体现，是学生通过学科学习而逐步形成的正确价值观念、必备品格和关键能力。历史学科核心素养中时空观念是诸素养中学科本质的体现。本质一词精准地透视了时空观念是历史学科区别于其他学科的基本特质，更是涵养历史思维的源泉。部编版中国历史七年级的教学，恰好是学生系统学习历史学科的起步阶段，所以在七年级的历史教学中，着力培育学生准确开阔的时空观念显得至为重要。同时笔者关注到非部编教材中古代中外交流着墨不多，本文试图以部编版七年级域外交通路线图为例，阐释时空观念的问题意识培育。

二、部编教材七年级中外交通路线图的梳理与对比

部编历史教材（2016 版）七年级上册含历史地图 18 幅，涉及中外交流的交通路线图 3 幅，它们依次是教材 68 页《张骞出使西域路线图》、69 页《丝绸之路线路图》、70 页《汉代海上丝绸之路》；七年级下册含历史地图 18 幅，关于中外交流的路线图 4 幅，它们具体是教材 21 页《玄奘西行与回国路线图》、45 页《宋代海外贸易图》、63 页《元朝交通路线图》、72 页《郑和下西洋路线图》。而之前长期使用的川教版（2003 版）七年级教材中，七年级上册含地图 17 幅，涉及中外交往的 2 幅，《张骞出使西域示意图》和《丝绸之路示意图》；七年级下册含地图 12 幅，展现中外交流的 2 幅，《唐朝主要交通路线图》和《郑和下西洋路线图》。

通过整理、统计和对比，笔者发现：

第一，部编教材的历史地图总量有明显增加，其中展现中外交流的地图数量和占比均有显著增加。这充分体现部编教材较之以往更为重视中外交流的发展。在中国古代历史的时间跨度中，以交通路线直观展现中外交流的源远流长、多姿多彩、交融共进。

第二，部编教材入选的中外交流的交通路线涵盖的朝代更为丰富。部编版教材选择了中国历史的汉、唐、宋、元、明五个王朝，与之前的川教版呈现汉、唐、明三朝相比，部编版教材从初中学生的认知水平和该学段历史课程的基础性、普及性出发，增加中外交流颇为活跃的宋、元两代，时间观视野更为广阔和健全，勾勒的时间脉络和动态更为清晰和生动，有助于学生在特定的时间联系中，按照时间的顺序以“线”穿“点”，以“点”连“线”，通过“点”与“点”之间的联系来理解“线”，使学生在掌握历史事实的基础

上理解历史发展的过程[①]，充分认识到古代中国生产力的发展而引发的中国与世界其他地区交往的不断扩大，中外交流不断深入，使学生能够了解、感悟文明的多元多样性，以及中国对世界文明发展的贡献。

第三，部编版教材关于中外交流的交通路线图的地图注释更为清晰。除《玄奘西行与回国路线图》，其余交通路线图均简洁地标明最为关键的古今地名对应注释和所到之地的今日地理位置，而川教版七年级的中外交流交通路线图没有地名注释。宋朝史论家郑樵在《通志》中说："置图于左，置书于右，索象于图，索理于书。"[②]部编版教材有了学生可以理解的"图"，就与"史"相得益彰。通过教学实践和教学研究，笔者发现有准确注释的路线图更加符合初中学生的认知规律，更能激发学生探究历史的兴趣，为学生在历史的时空框架下发现问题提供了基本着力点，更为教师培育学生的时空观、问题意识铺垫起丰厚的课堂素材和活动空间。

第四，部编教材对于同一历史问题的布图和选图更为完整立体。例如在汉朝中外交流问题中，部编版教材提供了《张骞出使西域路线图》《丝绸之路线路图》《汉代海上丝绸之路》3幅路线图，比川教版增加了《汉代海上丝绸之路》。这幅《汉代海上丝绸之路》的增加，让汉代中外交流实现深度学习，有了时空网，它让学生第一次课堂学习接触到丝绸之路时，就有了陆道和海道的并备意识和路线指示。这种多图关联性的研究性学习，对于学生的历史思维的培养更为有利。

第五，在相同史事的地图位置标定上，部编版教材的路线图更为翔实完整。例如张骞出使西域，川教版运用的是示意图形式，学生对西域的位置感知较为模糊，对后来西汉王朝加强对西域的经营和正式管理部分，不易理解且印象不深。部编版教材在《张骞出使西域路线图》中，准确标明祁连山、玉门关、阳关、楼兰、龟兹、于阗、安息等地点和注释，通过68页这幅路线图明确的空间移动指示，西域的空间区域具体又明确地展现出来，让汉代张骞通西域的历史"活"了过来，体现了历史的高度和厚度，呼应了《房龙地理》开篇所说的："历史是地理的第四维，他将时间和意义赋予了地理。"[③]学生对《汉书·张骞传》载"然骞凿空，诸后使往者皆称博望侯，以为质于外国，外国由是信之"的理解就有了清楚的中亚范畴和世界视野。进而在69页著名的《丝绸之路线路图》中，部编版教材也不用示意图的方式，而是更

① 任世江：《初中历史课程"点—线"解析》，北京师范大学出版社2018年版，第2页。

② 郑樵：《通志》，中华书局2016年版，第1162页。

③ [美]亨德里克·威廉·房龙：《房龙地理》，中国华侨出版社2018年版，第2页。

为完整地绘制出敦煌、疏勒、大宛、乌孙、康居、塞琉西亚和大秦在中国汉代时的东部轮廓，以及地中海的位置，恰如吕思勉所述："西域是西洋文明的传布之地。西洋文明的中心希腊、罗马等，距离中国很远，在古代只有海道的交通，交流不甚密切，西域则与中国陆地相接，自近代西力东渐以前，中西的文明，实在是恃此而交流的。"①这条古代东西往来的大动脉路线图所蕴含的时空信息为学生问题意识的培育提供了情境定位和思考基点。

三、时空视域下的问题意识培育

（一）对"问题意识"的浅解

问题意识即"主体在进行认识活动时，通过主体对认识对象的深刻洞察、怀疑、批判等多种方式，产生了认知冲突，经过深入思考后仍困惑不解时，出现了一种具有强烈的探索情境的真实问题或想做出发现式创新的一种心理状态"②。学生历史学科核心素养的发展，绝不是取决于对现成的历史结论的记忆，而是要在解决学习问题的过程中理解历史，在说明自己对学习问题的看法中解释历史。任何一种教学方法的实施，都在一定程度上与问题的提出和解决有十分密切的关系。"让历史课简洁些，以便历史深刻些——让学生学会发问和解决问题，有自己扩展延伸历史知识的可能，这就是理想的历史教育。"③发现问题对于七年级的学生来说是难点，但是即便发现的问题比较浅层，也难能可贵。

（二）时空视域下的问题意识培育策略

1．阅读教材，回归时空

新的部编教材按通史体例编写，七年级的教材本身就突出了学习内容依据历史的发展线索循序渐进地展开的特点，使学生在掌握历史事实的基础上理解历史发展的过程，在学习过程中建立时序意识和时空概念，帮助学生初步获得对历史发展的整体性认识。所以反复阅读教材，特别是阅读教材的目录，是学生建构准确的时空观念最直接也极其有效的方法。其次，每个单元

① 吕思勉：《吕著中国通史》，华东师范大学出版社 2005 年版，第 372 页。

② 房寿高、吴星：《到底什么是问题意识》，《上海教育科研》2006 年第 1 期。

③ 赵亚夫：《中学历史课程改革现状及相关问题分析》，《中学历史教学参考》2019 年第 1 期。

的主题叙述，突出每个阶段的主要特征，让学生回归时空时，既有点的时空对应，更有段的时空架构，从而形成链接弹力型时空网。在这张网中，通过回归作者所叙述的那个时代和回归作者所生活的时代的双重视角来观察历史，追问历史。

2．精研地图，共情时空

在重大史事的地图位置标定上，部编版教材七年级的路线图翔实完整。例如《张骞出使西域路线图》，这条古代东西往来的大动脉路线图所蕴含的时空信息为学生问题意识的培育提供了情境定位和思考基点。通过观图、析图、绘图、默图，共情于这条路上的人、物、力量交割，发育出学生的问题意识。

3．设计问题，理解时空

学生时空观念素养的发展，绝不是取决于对现成时空框架的记忆，而是要在解决学习问题的过程中自发地运用时空素养理解历史，在说明自己对学习问题的看法中解释历史。教师在课堂中的有效、有价值的提问，是提升历史思维、示范启发问题意识的重要保证。如据《丝绸之路线路图》提问，汉朝时可控的西域边界及其变化。今天建立亚欧新丝路，必须考虑哪些因素？据《元朝交通路线图》提问，元时中国西北方面交通情况及中西文明接触后产生了哪些影响？据《郑和下西洋路线图》提问，西太平洋与印度洋之间的亚非海上交通线是如何开创的？“21世纪海上丝绸之路”倡议较郑和下西洋有哪些重大发展？

4．学生发问，探究时空

问题意识的形成，深赖于课堂教学中的培养。在深化课堂改革中，优化教学氛围和师生课堂样态，在宽松、对话、倾听的氛围中，让学生敢于充分发问，表达自己的见解。这种表达非常关键的是经过深度思考的质疑与辩证。教师还应该指导学生掌握一些确定问题的基本方法，如因果型提问、比较型提问、曲向型提问、质疑型提问、联系型提问、实践型提问等。

总之，时空素养的落地，离不开历史课堂对其问题意识的耕耘，最终达成学生独立地构建、理解和运用“时空”，学习历史、喜爱历史的教学效果。

精心提炼“历史课魂”，引领学生走向更好未来

——以部编版八年级历史为例

王家华

（泸州市梓橦路学校）

摘　要： 课魂属于精神层面，提炼历史课魂，必须坚持历史唯物主义为指导，坚持历史教育的正确思想导向。通过“课魂”去提升历史教学的高度，通过“课魂”去引导学生在历史中汲取养分，为现实中的学生成长服务。

关键词： 历史教学；课魂；学生成长

有人说：“只有拥有灵魂的课堂，才能引爆以思促思的智力，奔涌起以情生情的激情。”教学有了主线，才有品质，课堂有了灵魂，才有生命。

一、何谓“课魂”

综合古今字词典关于“魂”的解释，“魂”大致有四层含义：一是指“灵魂”，即古代人们想象中的能离开人体而存在的精神。如《左传·昭公二十五年》中说：“心之精爽，是谓魂魄；魂魄去之，何以能久？”二是指“精神”，如神魂颠倒。三是指“人格化精神”，如花魂、诗魂。四是指“国家、民族崇高的精神”，如民族魂、国魂。

笔者认为，课魂的“魂”是教师赋予历史知识的人格化的精神。课魂有三个特点：

1．课魂具有主观性

课魂是源于教师对历史史实主观的认识和感悟，教师提炼课魂如同《史记》中“太史公曰”的点评，是教师主观的历史理解与历史解释。

2．课魂具有导向性

课魂的提炼虽然有主观性，但必须突出时代主旋律，坚持历史唯物主义

为思想导向，坚持习近平新时代中国特色社会主义思想，渗透以爱国主义为核心的民族精神和以改革开放为核心的时代精神。通过“课魂”去提升历史教学的高度，引导学生在历史学习中汲取养分，促进学生健康成长。

3．课魂具有统整性

课魂不等同于教学知识主线，是教学知识主线的思想提炼，是历史学科核心素养和教材三维目标的高度整合。“课魂”目的在于整合散乱的历史知识，对全课起统整和画龙点睛作用。

二、为何要提炼“课魂”

1．从历史教学的主旨看，历史教学需要有“态度”

在古人眼里，魂负责主管人的精神灵魂，而魄负责主管人的肉体生理。精神与肉体只有合二为一，魂魄一体，才是真正意义的活人。

“课魂”与“历史知识”的关系就如同精神与肉体关系，有了课魂，才有精神引领的教学立意，使课堂价值取向更明确，在学习历史知识基础上形成唯物史观，升华家国情怀，历史教学才成为真正的历史教育。

2．从历史教学的效能看，课堂教学需要有“效度”

提炼“课魂”，是提升教学成绩和教学境界的有效途径。教学以 " 课魂 " 为中心，教学资源的整合才不会缺失主线，教学手段的选取才不会本末倒置，教学目标的达成才不会迷失方向。课魂的提炼对提高教学效度和破解考试中的认识类问题都有重要作用。

3．从历史教学的层次看，课堂教学需要“高度”

历史教学不可能仅仅停留在知识层面，还要培养学生形成“时空观念”，掌握历史概念，梳理历史线索，引导学生对历史知识作出正确的历史理解和历史解释。教师要提炼“课魂”，让历史教学有思想、有灵魂，让学生获得更加深刻的历史感悟和历史启迪。

4．从历史教学的功能看，课堂教学需要“温度”

历史教育不同于其他学科，“以史为鉴”，是史学的重要功能，更是历史教育的重要目标。提炼“课魂”，可以真正实现“学史使人明智”，帮助学生打破历史与现实的屏障，感受历史的温情，真正有利于学生心智成长。

三、如何提炼“课魂”

1. 提炼课魂要“有据可依”

习近平同志指出，“对历史，我们要心怀敬畏，心怀良知。”课魂的提炼不可能任个人好恶而随意发挥，必须对历史心怀敬意，有理有据。

课程标准是国家对基础教育课程的基本规范和质量要求。课魂的定位，首先要服从立德树人的根本教育任务，以课标为依据，以历史核心素养培养为中心。具体讲，课魂提炼必须坚持以历史唯物主义为指导，巩固深化社会主义核心价值观，巩固深化新一轮课程改革的理念。

历史是“现在跟过去之间的永无止境的问答交流”，找准历史与现实的共振点，其实就是找到了历史的当代价值。历史教学的目的不仅是让学生获得知识，还要服务于学生认识和适应现实社会发展。因此课魂提炼要立足教材实际、学生年龄特征和新时代的新要求，为“实现中华民族伟大复兴”和“不断满足人民群众对美好生活的需要”的现实需要服务。

课堂不是教师情感宣泄和随意发挥的舞台，提炼“课魂”需要我们教师有丰厚的学养、独特的视角和开阔的视野，必须认真解读课程标准和新课程理念，领会党和国家施政导向，才能形成符合教学和社会需要的历史感悟。

八年级下册第 19 课《社会生活的变迁》，在《义务教育历史课程标准（2011 年版）》中提到，“从衣食住行用等方面的变化中，了解经济的快速发展和人民生活水平的提高”，[①] 这是知识层面的要求。强调“能从社会的不断进步和发展中体会到坚持中国共产党领导，坚定建设中国特色社会主义的信念”。[②]据此，本课课魂的提炼点需要根据课标要求，引导学生认识到中国共产党不忘初心，不断为人民谋幸福，中华人民共和国成立以来，特别是改革开放以来，人民生活水平不断提高，由此体会到必须坚持中国共产党的领导，坚定走中国特色社会主义道路。

2. 提炼课魂需要“有的放矢”

习近平同志强调：“重视历史、研究历史、借鉴历史，可以给人类带来

---

① 中华人民共和国教育部：《义务教育历史课程标准（2011 年版）》，北京师范大学出版社 2012 年版，第 24 页。

② 中华人民共和国教育部：《义务教育历史课程标准（2011 年版）》，北京师范大学出版社 2012 年版，第 22 页。

很多了解昨天、把握今天、开创明天的智慧。”对同一历史史实，因角度不同、时代不同，人们会有不同的理解。作为历史教师，应该引导学生多维度、多层次理解和解释历史，培养视野开阔、认识灵活、取向积极的人文素养，保持思想的时代性、开放性和先进性。通过课魂提炼，使历史课程更加贴近社会、贴近生活，贴近学生，激发学生的学习热情、思辨意识和社会责任感。

但是，作为历史教师，提炼课魂的前提和原则是坚持唯物史观，坚持社会主义核心价值观，务必有利于学生树立正确的世界观、人生观和价值观。

以八年级下册《艰辛探索与建设成就》教学为例，针对1956—1976年这20年间，教师过多渲染党和国家的失误或错误，不符合教材编写的主旨，也不利于学生的健康成长。在教学时，可以以“社会主义现代化建设是一个曲折漫长的过程”为“课魂”，重点引导学生认识中国共产党领导的社会主义建设事业是一项人类全新而伟大的事业，困难重重，在探索中走弯路在所难免，而中国共产党历久弥坚，越挫越勇，最终取得今天的辉煌建设成就，由此让学生深刻体会到坚持中国共产党领导的重要性。

3．提炼“课魂”需要“有情有义”

教育的最大意义之一在于服务人生，满足学生健康成长的内在需要。把历史知识升华为服务人生的智慧，实现昂扬向上的价值引领，才能称之为真正意义上的历史教育。由此，我们提炼课魂时应该关注教育导向与学生成长的契合点，找到历史教学对于学生成长的意义，赋予课魂更多的“情感与道义”。

当代中学生大多在长辈百般呵护下成长，成了“温室里的花朵”，当学习和生活中遇到困难时，他们很容易表现为焦虑、悲观、退缩甚至放弃。教师可以在讲《艰辛探索与建设成就》时引导学生认识到，社会主义建设探索中充满辛酸、挫折与艰难，更贯穿着中国共产党与中国人民在挫折中的不甘与坚持，中国共产党与中国人民并未被挫折与艰难摧垮，而是发愤图强，奋勇前进，潜心探索，最终迎来改革开放的伟大成就，正在实现中华民族的伟大复兴。

在跌宕起伏的波澜历史学习中，“润物无声”地让学生认识到，人世间没有一帆风顺的事业，我们每个人都要有随时直面困难的底气，及时战胜困难的勇气。每个人的人生路途就如历史风云，不可能一帆风顺，既要经得起人生巅峰，也要受得了人生低谷，既不能得意忘形，也不能鼠目寸光，必须始终保持心态平稳，放眼长远，戒骄戒躁，踏实勤奋。由观到思，由叙到议，从历史回归现实，是知识梳理、认知升华和情感递进的最佳体现，使建立在历史知识基础上的“课魂”更上层次。

总之，历史教师既不可以“短视”，局促于知识与成绩，又不可以“弱视”，看不清时代发展的方向和学生成长的需要，而应该努力“透视”，让历史教学成为“一盏灯”，照亮孩子走向美好未来的路。

学生参与备课：历史教学改革的路径与实践初探

——以《中国工农红军长征》为例

刘 影 唐 莉 刘琳均
（成都市武侯实验中学 自贡市蜀光绿盛实验学校
凉山州民族中学）

摘 要： 在初中历史教学中学生参与备课能更好地体现学生主体地位，有利于培养学生的乐学情趣，助力史料实证核心素养的落地，并推动教师专业素养提升和先进教育观念的落地，还能优化师生关系。在学生参与备课中，初中可分三个阶段循序渐进地进行。教师可采取问卷法、访谈法了解学情，根据学情，引导学生开发教学资源，在教学中注重学生能力和历史学习兴趣的培养。

关键词： 初中历史；学生备课；路径；实践

备课是教师根据课程标准和教学内容，结合学生实际而选择教学实施的程序和策略的过程。在以往的备课中，教师虽与学生有交流，但更多是从自己的主观经验出发来判断学生的学情和确定教学目标。随着教育改革向纵深推进和“中国学生发展核心素养”的提出，“教学是为了学生的发展”进一步深入人心，教与学的互动不仅发生在课堂上，更前置到课前的备课中，其表现之一就是学生参与备课。本文从初中历史教学中学生参与备课出发，探讨核心素养教学下的备课新方式。

一、学生为什么参与备课

学生参与备课，顾名思义，就是教师在备课过程中，吸纳学生的意见建议，使教学的设计更符合学生的实际。它的实施对学生发展、教师观念变革和师生人际关系调整都有积极意义。

（一）学生参与备课有利于学生核心素养的提升

1．学生发展核心素养的一个重要指标是学会学习

学会学习首先要正确认识和理解学习的价值，端正学习态度，养成良好的学习习惯。学生参与备课对激发学生的学习兴趣，掌握适合自身的学习方法，培养学生的乐学情趣，增加学生在学习中的有效思考具有积极意义。当今社会教育教学的功利色彩较重，很多学生和家长对学科学习视其考试占比而定其重视程度。历史学科恰好属于不被重视的学科。在中考赋分中，成都市 20 分开卷考试，自贡市 40 分闭卷考试，凉山州 50 分开卷考试，分值比重普遍不高，在学生和家长心中不受重视。每周课时 2～3 节，学生基本不可能花课堂以外的时间来研究和了解历史，在备课环节引入学生参与，能够让学生多一些时间接触历史，感受历史的“美”，并且让学生对于即将要学的历史知识有一定的基础，让学生课上有话可说，有话想说。

2．学科核心素养最终必须转化为学生的素养

学生参与备课能使学生自觉地、有效地获取、评估、鉴定和使用信息，助力史料实证核心素养的落地。在历史教学中，尤为重要的就是史料的查找。学生参与备课中最重要的一点就是学生作为课程资源的开发者，也参与教学资源的查找、搜集和开发。学生在查找史料的过程中，学会分辨史实和史料，学会分辨一手史料和二手史料，学会标注资料的出处，学会“一分材料说一分话”，培养学生史料实证核心素养的形成。

（二）学生参与备课有助于促进教师专业发展

1．教师专业发展首先体现在学科专业能力的提升

学生参与备课意味着事实性知识甚至一些逻辑性知识将为学生所熟知，他们不仅会熟悉教材涉及的知识，还会在教材之外寻找新的知识。因此，学生参与备课对教师提出了更高要求，使教师的备课量大增。一方面，教师必须对教材知识烂熟于心，对教材知识涉及的相应阶段的历史知识储备要能做到游刃有余，以取得在教学中与学生对话的指导者地位；另一方面，教师还得提升自身指导学生查找、分辨教学资源的能力，需要具备筛选、甄别学生所搜集材料的能力。由此教师的备课能力、专业能力、教学能力会有一个明显的提高。

2．学生参与备课推动教师转变学生观和教学观

缺乏学生参与的传统备课模式下，从确定教学目标、收集资料、筛选材料、教学课件制作到如何启发学生思考等，都是由教师来决定或者预设。由此教师的主导作用得到充分展示，但是教学效率不佳。引入学生参与备课后，师生互动性不再是“单相思”。双向的交流，教师的学生主体意识会自觉增强，有利于更先进、更有效的教育理念的落地生根。

（三）学生参与备课促使师生关系向更民主平等方向发展

学生参与备课，变封闭式备课为开放性备课，增进了师生间的感情交流，优化了人际环境。和谐的师生关系是教学取得成功的基础。学生参与备课，师生处于平等、和谐的环境和气氛中，教师尊重学生的自主权利和发言的权利，学生在教师面前敢想、敢说。且教师对于学生的闪光点给予一定的鼓励和认同，对于学生的错误，要有一颗包容之心，能够包容学生的失败，学会等待。在这样彼此尊重信任、相互促进的环境中，才能收到最佳的教学效果。

二、学生怎样参与备课

学生参与备课，可以从以下几个方面进行参与：根据学生学情，确定重难点；学生作为课程资源开发者，收集教学资源；师生讨论教学资料的取舍，制作教具等。教师可以和全班学生合作备课，可以和小组长合作，也可以与个别学生合作备课。实践中，暑期笔者邀请学生参与部编版八年级上册《中国历史》第 17 课《中国工农红军的长征》的备课，具体步骤如下。

（一）巧用问卷判学情，根据实际定难点

备课中，教师必须准确找到教学的重点和难点，然后根据知识的特点、学生认识事物的规律，精心设计、精心安排，方能取得事半功倍的效果。教学重、难点的设置，形成依据不同，教学重点依据课标、教材、教学目标形成，教学难点则与学生现有的知识水平、知识基础和学习能力等因素有关。传统备课，多是教师单枪匹马的“个人战斗”，教师猜测学生需要什么，他们心里在想什么，学习有什么困难。但是随着时代的发展，老师越发不能确定学生的思维水平，于是笔者采用问卷法和访谈法，了解学生的基本学情。《中国工农红军的长征》问卷主体共包含 16 个问题，1 ~ 3 题为基本信息题，4 ~

16题主要涉及两个部分，分别是知识问答了解学生知识基础和了解学生关于长征知识的兴趣点。如"红军长征走了多久？""长征前，红军面对的局势如何？""红军都有第几方面军参加了长征？""红军长征的直接原因是什么""据您了解，下列哪些诗句是毛泽东同志在长征期间写下的？""你了解红军长征的故事吗？""是否看过一些关于长征的书籍、电视剧或电影？如果看过请补充名称，不了解回答否""你身边是否有亲人参加长征？""你去过或者知道身边红军长征的遗址吗？""在红军长征过程中，最让你印象深刻、最熟悉的是什么事件？""你最想了解红军长征的什么知识？"……（见图1）

16. 以下是红军长征的过程，你最想了解哪个部分？（多选题）

选项	小计	比例
A.强渡湘江	103	37.18%
B.渡过乌江	101	36.46%
C.遵义会议	91	32.85%
D.四渡赤水河	128	46.21%
E.巧渡金沙江	160	57.76%
F.飞夺泸定桥	187	67.51%
G.翻雪山	154	55.6%
H.过草地	144	51.99%
I.其他	11	3.97%
本题有效填写人次	277	

5. 长征之前，红军面对的局势如何？（单选题）

选项	小计	比例
A.不清楚	22	7.94%
B.与国民党划江而治	83	29.96%
C.得到中国多数百姓支持	58	20.94%
D.力量弱小	114	41.16%
本题有效填写人次	277	

4. 红军长征走了多久？（单选题）

选项	小计	比例
A.不清楚	32	11.55%
B.10个月	17	6.14%
C.1年	50	18.05%
D.2年	178	64.26%
本题有效填写人次	277	

8. 据您了解下列哪些诗句是毛泽东同志在长征期间写下？（多选题）

选项	小计	比例
A.雄关漫道真如铁，而今迈步从头越	126	45.49%
B.今日长缨在手，何时缚住苍龙？	94	33.94%
C.金沙水拍云崖暖，大渡桥横铁索寒	248	89.53%
D.踏遍青山人未老，风景这边独好	52	18.77%
E，不清楚	9	3.25%
本题有效填写人次	277	

7. 红军长征的直接原因是什么？（单选题）

选项	小计	比例
A.不清楚	31	11.19%
B.第五次反“围剿”失败	193	69.68%
C.为了生存	33	11.91%
D.王明“左倾”失败	20	7.22%
本题有效填写人次	277	

14. 在红军长征过程中，最让你印象深刻、最熟悉的是什么事件？（单选题）

选项	小计	比例
A.翻雪山	26	9.39%
B.过草地	66	23.83%
C.飞夺泸定桥	175	63.18%
D.四渡赤水	10	3.61%
本题有效填写人次	277	

15. 你最想了解红军长征的什么知识？（多选题）

选项	小计	比例
A.长征开始的原因	136	46.93%
B.长征的过程	167	60.29%
C.长征的故事	178	64.26%
D.长征的意义	178	64.26%
E.长征的精神	202	72.92%
F.长征的人物	140	50.54%
G.其他	12	4.33%
本题有效填写人次	277	

图 1　问卷调查信息反馈

问卷的填写对象是成都市武侯实验中学、凉山州民族中学、自贡市绿盛实验学校南湖校区初2019级的学生。对问卷调查进行数据分析，可以看出近半数的学生对红军长征已经有了基本的正确的认识：他们知道长征走了两年，知道第五次反“围剿”失败，知道当时红军力量弱小，知道飞夺泸定桥。这得益于他们小学语文课学过的《七律·长征》《倔强的小红军》，也源自他们对课外知识的涉猎。但同时，不仅另外有一半学生不了解长征，甚至这些已有部分知识储备的学生，他们的“知道”“了解”其实也不是真正意义的清楚。

问卷调查的反馈信息中，还可以看出多数学生对“飞夺泸定桥”这一史实有很深刻的印象（64.58%），同时也是他们最想了解的内容（72.4%）。说明他们在小学的语文课堂里或者课外阅读中，对这一部分内容已经有所了解，但是多倾向于感性认识。那么我们在教学设计中，这个部分就可以侧重渲染其在历史上的重要意义，推进学生对它的理性认知。同时，作为本课的重点知识“遵义会议”，想了解的比例仅为31.77%，这固然与他们不了解遵义会议、不明白其在党史中的重要地位有关，但这个数据还是反映了他们内心真实的兴趣倾向点——喜欢生动的故事，不喜欢枯燥的会议。那这是不是也说明教师平常课堂上反复强调的重点、易错点，学生依然屡屡再错，就是因为他们本身不感兴趣吗？由此笔者决定把本课的教学重、难点放在“飞夺泸定桥”和“遵义会议”上。

（二）学生开发教学资源，充分拓展教材

《中国工农红军长征》资料搜集

同学们，为了上好长征这一课，之前老师已经对同学们进行了问卷调查，了解大家关于长征这一史实的知识储备。根据大家的问卷反馈，“遵义会议、四渡赤水河、巧渡金沙江、飞夺泸定桥、翻雪山、过草地”是大家最感兴趣的内容。现向你们征集这些内容的相关史料，并从你们提供的史料中精选出部分用于课堂教学。期待大家的资料反馈。

内容：

1. 任选一个方面来搜集资料：

遵义会议、四渡赤水河、巧渡金沙江、飞夺泸定桥、翻雪山、过草地

2. 资料的形式（任选）：

文字、录音、视频、采访亲历者或后人、图片、诗歌、故事、民谣、实物、遗址、博物馆。

3. 要求：

你所选择的资料必须标明出处。如果是来自百度，请标明网址。

如：

红军不怕远征难，万水千山只等闲。五岭逶迤腾细浪，乌蒙磅礴走泥丸。
金沙水拍云崖暖，大渡桥横铁索寒。更喜岷山千里雪，三军过后尽开颜。

——毛泽东《七律·长征》

4. 时间：8 月 16 日 20:00 前。

5. 提交方式：老师邮箱。

分析了学生的学情，笔者商定后决定挑选出部分内容让学生搜集教学资源。教师给出要求和示例，学生在一周内进行资料收集。资料收集起来后，遵义会议、四渡赤水河、巧渡金沙江、飞夺泸定桥、翻雪山、过草地各个类别都有涉及，呈现形式有图片、线路图、故事、史实阐述等。然后教师对学生收集资料过程中的问题进行一一点评和回复。对于没有按照教师要求搜集史料，而是搜集了史实的同学，提示他在完成任务时，要注意任务的指向性，区别清楚史实和史料；对于从细节入手，提供的史料可信度和使用度高的同学，给予表扬，并在班级里面展示，启发其他同学。

（三）精心筛选材料，架构教学设计

根据学生学情，我们从中筛选出一些遵义会议博物馆图片、长征有关诗歌、学生在长征纪念地所拍照片、学生朗读长征感人故事的录音、凉山会理会议纪念碑的碑记、访谈老人的手写记录等用于教学。同时我们还邀请部分学生参与到教具的使用和教学课件的制作中来。普通话标准、情感丰富的同学，讲述长征中的小故事，并录制下来；美术功底好的同学，手绘关于长征过雪山草地的想象图、长征路线图等。这样学生的参与度极高，教师也依据教学目标的要求和学生的实际情况，发挥了能动作用，为学生的学习提供更为充分的教学材料。

三、学生参与备课实践不足及改进措施

（一）学生参与备课实践的不足

1. 教师培养学生能力的意识不够

第一是培养基本的历史学科能力。这次实践体现出来的是学生缺乏史实和史料辨别能力，大多数学生收集起来的资料是史实而不是史料。教师原以

为经过一年的历史学习，对于史料的类别常有讲授，考题中也常涉及，但是到实践环节，学生的问题也就暴露出来了。第二是培养学生查找历史材料的能力。绝大部分学生的资料来自百度百科搜索，而且是直接复制，不加筛选，内容冗杂。学生缺乏专业的指导，也没有专业的渠道寻找资料，所以途径和内容匮乏。第三是培养学生间合作互助能力。在暑假里实践学生参与备课，学生都是自主完成该项活动，没有采用合作的方式，缺少了互助合作间的思维碰撞、合作交流、类目分工。

2．学生对于历史学科的重视程度不够

从完成问卷开始，就有学生不太认真。如问卷调查“学生身边是否有亲人参加长征”，其中有14位同学填写了“有”亲人参加过长征，我们逐一联系本人，发现有的是听过别人讲红军的故事，有的是学生没有认真审题。不论是对问卷调查的轻视还是习惯使然，都说明他们对历史学科的重视程度不够。本次收集起来的资料，大多数学生都以完成任务为最终目标，接近80%的资料是不能用于教学当中的，虽然正值暑假期间，但是学生的学习态度明显不够端正，寻找资料时不够用心。

3．学生参与备课的实践过程操之过急，没有循序渐进

教师在备课环节引入学生参与，没有对学生进行前期的培训，错误预估学情，预估学生能够辨别史料，查找史料，导致实践过程及结果并不显得那么完美。究其原因，应该将学生参与备课分阶段进行，不可揠苗助长。

（二）学生参与备课的改进措施

1．教师改变观念，封闭式备课换为开放式备课，增加学生的参与

教师必须确立学生的主体地位，树立“一切为了学生的发展”的思想，其核心就是处理好教与学的关系，为了学生学会学习。只有走进学生，了解学生，才能更好地备课、上课。

2．教师采用问卷法或访谈法，了解学生的实际学情

社会变化快，学生的知识来源广泛，思维方式也与教师有很大的不同，教师如果仅凭经验来研判学生的基本学情，恐怕难以抓住学生的兴趣。教师可利用如问卷星、钉钉的投票功能、QQ 的群投票功能等发起问卷，或者与学生面对面交谈等方式，对学生进行访谈，充分掌握学情。

3．教学中注重学生能力的培养

教师要注重培养学生基本的历史学科能力、查找历史材料的能力、合作互助能力，并在实践中检验学生能力的形成和发展，不流于形式。

4．教学中注重提高学生的历史学习兴趣

学生在收集资料过程中的不用心，除了体现出学生对于历史学科的不重视之外，还体现了学生的历史学习兴趣低，应该在教学中注重教学效果和达成教学目标的同时，更多关注教育的主体——学生。通过挖掘历史细节，引起学生共鸣。

5．分阶段逐步开展学生参与备课

具体在初中，可分为三个阶段，不同阶段负责不同任务。初一阶段为起步阶段，主要教会学生学会辨别史料和学会查找资料，以问卷或访谈的方式了解学情；初二阶段为拔高阶段，主要培训学生在实践中尝试查找教学资源，并参与教学资料的筛选以及板书和课堂作业的设计，逐步参与教学过程设计；初三为全程参与阶段，参与备课活动的始终。

基于追问的初中历史插图教学

——以《雨中耕作图》为例

陈富贵

（四川省南充市高级中学）

摘　要： 新课程标准提出五大核心素养，需要在具体的教学实践中去实践和摸索其落地生根的方法，对教材插图的追问是不错的尝试。在追问中拓展学生的视野，丰富教学的细节，调动学生的学习兴趣，激发学生的发散思维，培养学生的历史思维能力。

关键词： 初中历史教学；历史细节；追问

2021 年 7 月 25—26 日，四川省贾雪枫鼎兴名师工作室暑期学术研讨会在自贡市沿滩区仙市中学召开。会上，贾雪枫老师做了题为《基于理解和解释的“问道”历史教学》的学术报告，从理论基础、基本理念、特征、原则等几个方面全面阐释历史教学的“问”与“道”。报告中，贾老师强调所有的历史叙事都是基于对过去理解基础上进行的解释，强调历史教学是基于理解基础上的解释，其本质上也是一种历史叙事。

意大利史学家克罗齐曾说：“没有叙事，就没有历史。”美国历史哲学家海登·怀特则指出：“叙事完全可以看作是对如何将了解的史实转换成可讲述的故事，以及如何将人类经验塑造成能被一般人类吸收的形式——这一问题的解答。”[①]初中历史教材是一种特殊的历史叙事文本，历史教师在备课时，需要“注重初中学生的心理特征和认知水平，了解学生的生活经验和知识基础，结合具体、生动的史实，从多方面调动学生的学习积极性”[②]。贾雪枫老师在其讲座中指出，“问道既是一种教学理念，更是以问题为向导、师生共同探究的教学范式。”受此感触，笔者结合 5 月工作室在内江举行的课堂展示

---

① [美]海登·怀特：《形式的内容：叙事话语与历史再现》，文津出版社 2005 年版，第 2 页。

② 中华人民共和国教育部：《义务教育历史课程标准（2011 年版）》，北京：北京师范大学出版社 2012 年版，第 36 页。

活动与此次学术研讨会，就教材图像史料的追问进行探究，不正之处，望方家批评指正。

敦煌莫高窟壁画《雨中耕作图》是部编教材七年级下册第3课《盛唐气象》中的插图。本课的课程标准要求为："通过经济繁荣、开放的社会风气和唐诗的盛行，了解盛唐的社会气象。"教学活动建议："从文物图片和唐诗中感受唐朝的社会风尚。"《雨中耕作图》虽占据教材半页版面，但从教材"阅读系统"和"活动系统"[①]看，无法找到与之相关的直接信息，似乎有装饰之嫌。这就需要教师利用好疑惑的契机，从不同的角度对插图展开追问，激发学生学习历史的兴趣，培养学生的问题意识和历史思维能力。

一、整体视角：盛唐气象之农业发展

七年级学生学习历史已有半年，掌握了一定的历史常识。但仍需要在展开追问前教会其解读历史教科书插图的基本方法，"历史教科书中的插图分为：历史人物图、历史遗物图、历史遗址图、历史地图、意想图、示意图、漫画、古迹今貌图、历史纪念图。"[②]壁画图名中"敦煌莫高窟"表明空间范围，"壁画"表明文物类型，"雨中耕作"表明壁画主要内容。介绍相关信息后，就此插图展开追问。

（1）从插图布局看，这是一幅完整的壁画吗？如果是，说出理由；如果不是；说出理由。

《雨中耕作图》是敦煌莫高窟第23窟"法华经变'药草喻品'中之精品。按经文，本无'雨中耕作'之意，而是要说明佛所说法'譬如大云，以一味雨，润于人花，各得成实'。为了说明佛法无边，该品偈语有'卉木草药，大小诸树，百谷苗稼，甘蔗葡萄，雨之所润，无不丰足'等句"[③]。这两个问题旨在提醒学生关注教材所选择的是《雨中耕作图》（局部），关注编者裁剪壁画的意图——展示唐朝前期（盛唐时期）的农耕状况，为之后分析插图的局部和细节做铺垫。

① 赵亚夫、马婷、李田玉：《改变对历史教科书系统的认识势在必行》，《中学历史教学参考》2021年第1期。

② 宋振韶：《教科书插图的认知心理学研究》，《北京师范大学学报（社会科学版）》2005年第6期。

③ 季羡林主编：《敦煌学大辞典》，转引自邵明杰、赵玉平：《莫高窟第23窟"雨中耕作图"新探——兼论唐宋之际祆教文化形态的蜕变》，《西域研究》2010年第1期。

（2）裁剪后的《雨中耕作图》（见图 1）与完整的《雨中耕作图》（见图 2）有什么不同？裁剪目的何在？

完整的《雨中耕作图》，不仅有农业耕作场景，更有佛教信仰与民族关系的场景，这与本课主题《盛唐气象》有一定的关系，但却未能突出本子目“经济的繁荣”这一重点。故需要引导学生理解编者之所以对完整的壁画进行剪裁，选取能够突出显示唐朝农业发展的部分，达成以图证史的目的，“培养学生的历史素养和人文素养”[①]。

图 1　敦煌莫高窟壁画《雨中耕作图》（局部）

图 2 《雨中耕作图》（莫高窟第 23 窟，北壁西侧，初唐壁画）

① 中华人民共和国教育部：《义务教育历史课程标准（2011 年版）》，北京师范大学出版社 2012 年版，第 3 页。

（3）本书是否还有另外有关农业耕种的插图？

中国古代社会是农业社会，历朝历代都重视农业耕作的问题，唐朝将雨中耕作的情形刻画于壁画之中，突显唐朝统治者对农业的重视以及唐朝农民踏实勤劳的精神。而本册教科书中《第 9 课　宋代经济的发展》中有宋代《耕获图》,《第 19 课　清朝前期社会经济的发展》中《耕织图》（局部），插图展示了当时对农业生产的重视。虽载体不同，但传达的重农精神却是高度一致，这也反映出古代中国在农业生产上的继承与延续。同时，唐代《雨中耕作图》与清代《耕织图》使用的农业工具均是曲辕犁，而使用的仍旧是畜力，耕作工具历经千年，却没有太大的改进，这也是古代中国在明清时期走向盛世却蕴含着危机的体现，突出了唐朝农业生产的进步，使学生更能理解盛唐气象在古代中国的重要地位，也能“了解历史的时序，初步学会在具体的时空条件下对历史事物进行考查，从历史发展的进程中认识历史人物、历史事件的地位和作用”①。

二、局部视角：盛唐农业发展之具象

课标要求“了解多种历史呈现方式，包括文献材料、图片、图表、实物、遗址、遗迹、影像、口述以及历史文学作品等，提高历史的阅读能力和观察能力，形成符合当时历史条件的一定的历史情景想象”②。此幅插图，从局部视角引导学生进行观察，能更好地激发学生学习历史的兴趣，因“历史图片包含并传递着历史的信息，具有文字无法替代的功能”③。即提醒学生对壁画中的场景、人物、动作等视角进行观察，追问：

（1）壁画左部农夫正在干什么？他耕地的工具是什么？这种工具有何好处？

这个问题从局部入手，壁画左部的农夫正在扶犁策牛雨中耕作，而使用的正是唐朝新的耕作工具——曲辕犁。但壁画对曲辕犁的局部展示不明显，可结合“相关史事”的介绍加深对曲辕犁的了解：从农业技术发展史的角度来看，“曲辕犁设计精妙，轻便灵巧，操作时可自如地控制入土深浅，回转省

① 中华人民共和国教育部：《义务教育历史课程标准（2011 年版）》，北京师范大学出版社 2012 年版，第 5 页。

② 中华人民共和国教育部：《义务教育历史课程标准（2011 年版）》，北京师范大学出版社 2012 年版，第 5 页。

③ 聂幼犁：《历史课程与教学论》，浙江教育出版社 2003 年版，第 120 页。

力，适于精耕细作，大大提高了耕作的效率和质量”[①]。进而引导学生根据农夫弯腰耕犁的劳动状态，想象唐朝农业耕作的具体情景，树立起唐朝农民勤劳的形象，进一步理解唐朝经济发展的原因。

（2）壁画上部农夫在干什么？这反映盛唐怎样的气象？

与壁画左部农夫挥鞭策牛的动作不同，壁画上部的农夫是肩挑庄稼的动作，学生可通过观察其稳健的步伐感受其冒雨收获的喜悦心情。肩挑庄稼的农夫配合着挥鞭策牛的农夫，形成一幅完整的耕作与丰收的场景，显示出唐朝农民辛勤劳作的精神面貌，从侧面证实唐朝农业技术的改进，促进了农业经济的迅速发展。这也是唐朝社会呈现繁荣景象的一个缩影，为盛唐气象奠定了丰厚的物质基础。

（3）壁画下部三人在干什么？他们可能是什么关系？他们的神情反映出盛唐怎样的社会境况？

壁画下部的三人，从形态判断，三人应该是一家三口，“地头上坐三人——农夫、农妇、小儿，父子捧碗吃饭，农妇关切地注视着他们”[②]，若只关注挥鞭策牛与肩挑庄稼的农夫，学生只能感受唐朝农业生产紧张的耕作与收获情形，却不能感知唐朝农民闲适的生活，但若关注壁画下部三人团坐地头的场景，点缀着唐朝的农业生产场景，“把一幅雨中耕作的画面表现得像田园诗般的优美”[③]。其中蕴含的丰厚信息，能让学生真正融入唐朝时期农业生产的具体场景图中，“场景图以生动直观的形象再现了历史事件与历史现象，而历史事件与历史现象则构成了基本史实，基本史实的掌握是学生进行历史学习的基础和前提，也是整个中学历史教学任务的重点所在”[④]。这既能拉近学生与盛唐气象之间的距离，也使得盛唐气象更加接地气。

（4）结合以上问题思考：盛唐气象是否一蹴而就？

此问需要学生结合《雨中耕作图》三部分的场景，回顾已学过的本单元重要知识点，联系单元主题“隋唐时期：繁荣与开放的时代”。唐朝时期曲辕

---

① 教育部：义务教育教科书《中国历史》七年级下册，人民教育出版社2019年版，第11页。

② 邵明杰、赵玉平：《莫高窟第23窟“雨中耕作图”新探——兼论唐宋之际祆教文化形态的蜕变》，《西域研究》2010年第1期。

③ 赵玉平：《莫高窟第23窟“雨中耕作图”粟特文化因素解析》，《美术史论》2010年第1期。

④ 聂幼犁：《历史课程与教学论》，浙江教育出版社2003年版，第121页。

犁这一新的农业技术推广至西北地区，西北地区已进入农耕时代。农业技术的改进与推广促进了农业经济的快速发展，这正是唐朝经济繁荣的体现。盛唐气象不是一蹴而就的，它是唐朝统治者重视农业生产的结果，也是唐朝前期社会安定、民族团结的表现，更是隋唐时期“经济繁荣”的表现。学生通过总结前后知识的联系,理解盛唐时期农业经济的快速发展是隋唐国家统一、社会安定、政治清明等多因素共同作用的结果，也理解经济的发展是统治者重农政策与农业持续发展的结果，明白历史发展具有内在的延续性。通过深入分析插图《雨中耕作图》的背景信息，提升学生历史学科素养。

三、细节视角：盛唐气象之人与自然

历史教科书以陈述重要历史知识为主，内容庞杂。七年级学生尚处于形象思维阶段，需要教师在课堂教学过程中补充大量的细节，以吸引学生学习历史的兴趣。“历史图画或以浓墨重彩渲染激烈的战争场景，或以简洁的线条勾勒人物的神貌，或以严谨的构图描摹器物的形态，是最易引发学生学习兴趣的‘诱饵’。”[①]引导学生对壁画的特定对象进行观察，以期引导学生理解唐朝农业发展时人与自然的和谐相处，由此展开追问。

（1）乌云密布下的农夫对“雨”持什么态度？这反映出人与自然怎样的关系？

壁画中，乌云下的农夫们要么扶犁耕作，要么肩挑庄稼，要么一家三口田间吃饭。可见，虽是乌云密布，却没有“黑云压城城欲摧”的压迫感，而是“时雨普降”的和谐场景。田地间万物生长，一片盎然生气，反映出唐朝时期人与自然和谐相处，这些微观细节也能说明盛唐气象既是唐朝农民辛勤劳作的结果，也是人们尊重自然，崇拜自然，与自然和谐相处的必然结果。这也达成了历史教科书中插图的另类作用:“插图是在课本旁边插入与知识内容相关的图画，可以增强学生对于知识内容的印象，加深对该知识内容的理解。”[②]

（2）壁画右下角人物的头饰反映他怎样的民族身份？这是盛唐气象在哪方面的体现？

引导学生观察，壁画右下角的人物发髻高束，与壁画中的其他人发饰都

① 聂幼犁：《历史课程与教学论》，浙江教育出版社 2003 年版，第 120 页。
② 陈志刚、翟霄宇：《历史课程与教学论》，科学出版社 2012 年版，第 91 页。

不一样，学生很容易区分出这是少数民族的装扮，少数民族也与雨中耕作的农夫们处于同一壁画中，反映出唐朝开明的民族政策，是各民族团结友好的体现。这是壁画包含的丰富的隐性信息之一，也可从侧面反映出是多民族共同奋斗创造出的盛唐气象。盛唐气象不仅体现在经济的繁荣，也体现在民族交往与交融，将本堂课的内容串联起来，使盛唐气象立体化。这样使学生更能感受唐朝的大气磅礴，亦能实现“文物图以各地出土的文物摄影图为主，既可以增加历史教学的真实感，又可以增加学生对我国悠久灿烂的民族文化的热爱”[①]。

此外，还可从美育的角度引导学生去发现《雨中耕作图》的美。“历史教师开展历史美育教育应依据一定的审美标准，可借助插图作为审美媒介，从审美化的角度把握教材，实施教学，使学生在审美的状态中获得知识，开发智力，提高能力，同时陶冶审美情感，培养审美心理结构，促进素质全面和谐发展。”[②]引导学生欣赏这色彩鲜明的插图，增强了课文插图的直观性。插图中既有显性的象征无限生机的绿色，使人融入盛唐气象，感受盛唐气象的勃勃生机；也有隐性的农夫朴实无华的勤劳精神，人与自然和谐相处的融洽；更有微观的民族友好相处的团结，这些隐性与显性的美都值得引导学生从细节之处去发现。

通过如上视角，从各个角度引导学生对教材插图以“问”寻“道”，刺激学生多感官感知历史，刺激他们课堂学习的注意力，诱导他们积极动脑参与历史课堂教学活动中，方能更加理解唐朝时期经济繁荣，人们安居乐业，人与自然和谐相处，各民族团结奋斗的盛唐气象全貌。这些视角与追问，符合七年级学生的年龄特征和心理特征，能够激发他们学习历史的兴趣，实现从预设的“问”到生成的“问”，达成师生共同探究，实现核心素养落地的教学之“道”。

---

① 聂幼犁：《历史课程与教学论》，浙江教育出版社2003年版，第121页。

② 王宁：《历史插图的美育功能》，《濮阳职业技术学院学报》2010年第5期。

部编初中历史教材教学中的困惑与尝试

——以《北宋的政治》一课为例

唐　莉

（自贡市蜀光绿盛实验学校）

摘　要： 随着部编初中历史教材的问世，新的指导思想、新的教材体系、新的素养要求，都冲击着一线教师固有的知识体系、教学模式。如何快速吃透新课标、适应新教材，真正落实立德树人的根本任务，是一线教师，尤其是教育稍显落后城市的教师最亟待解决的问题。本文就笔者实际教学中遇到的问题、困惑，就实际课例尝试着提出解决方案。

关键词： 部编教材；教学困惑；学生认知水平；教学初探。

为了充分发挥初中历史教学的育人功能，体现立德树人的总体要求，发挥历史学科在初中学生成长中的奠基性、方向性作用，根据中央部署，2017年秋季全国初中七年级历史学科开始统一使用部编教材。这套教材按照2011年新课标的要求，放弃了原有版本“学习主题”式的呈现方式，采用了“点—线”结合的设计思路。围绕这一思路，新教材有了很大的变化。

一、部编教材的特点

（1）以唯物史观为指导，整体把握历史发展脉络，采用“点线结合”的方式进行教材编排。历史学科的功能是培养学生正确认识历史发展规律，辨明历史是非曲直，形成对历史发展趋势的整体把握，从历史中发现规律，获得智慧，指导现实。

（2）以学生发展为中心，系统建构历史学科课程，重视对学生素养的整体培养。[①]通过图片、材料、活动等形式提高了教材的可读性和可学性，使

① 马维林：《让历史火炬照亮青少年的美好未来——教师如何用好初中历史部编教材》，《人民教育》2017年第24期。

之成为“教本”与“学本”的结合，注重学生的自主学习、探究学习和合作学习，更好地适应培养和发展学生历史学科核心素养的需求。

（3）重时序性。部编教材“遵循历史教育规律”，寻求“历史课程的‘人文探究’价值”，按照2011年课标要求，依时序编写教材，让历史相较于实验版教材更完整。

（4）内容丰富，形式多样。部编教材设置了单元导语、课文导言、历史图标、相关史事、人物扫描、材料研读、问题思考、课后活动、知识拓展等栏目，这些栏目一方面丰富了学生历史学习的内容，为学生进行探究式学习创造了条件，另一方面也有利于提高学生历史学习兴趣，引发学生探究欲望。

但也正是因为材料众多，时间有限，所以课堂上用于引导学生探究、分析，进行课外拓展的难度就增加了。加之中学教师固有的知识结构、笔者这种五线城市历史教师知识体系与史学界最新学术成果的脱节，让我们在教学中遇到了不少难题。

二、教学中的困惑

1. 教材篇幅长短不一，课时安排、教材处理有难度

以七年级下册第18课《统一多民族国家的巩固和发展》为例，这一课共有6个子目，包含“清朝对全国的统治”“郑成功收复台湾和清朝在台湾的建制”“清廷对西藏地区的有效管辖”“巩固西北边疆”“雅克萨之战”“清朝的疆域”。另外，教材还补充了一则“人物扫描”、三则“相关史事”，内容非常丰富。而第6课《北宋的政治》，全文一共2个子目，三则“相关史事”、两则“材料研读”，课堂处理的时间就相对充裕。对于一线教师来说，并不是每天都有历史课，如果一篇课文拆成两次来讲，时间隔久了，前面那部分学生就遗忘了，教学效果不佳。

2. 教材中一语带过、省略，却需要教师补充的内容较多

如七年级上册第6课《动荡的春秋时期》，教材对于春秋五霸的争霸过程，以及课标对这部分的要求都相对简单（见图1）。但是在第7课《战国时期的社会变化》一文的“课后活动”却又考查了相关成语，“退避三舍”“老马识途”“卧薪尝胆”等（见图2），这就需要教师做大量的补充。

诸侯争霸

春秋时期有众多的诸侯国，其中比较强大的有十几个。由于政治、经济发展不平衡，各诸侯国为了自身的利益，相互之间展开激烈的争斗。当时，民族间的矛盾也有所发展。一些强大的诸侯为取得优势，以“尊王攘夷”的名义进行征战，争夺霸主的地位。齐桓公、晋文公、秦穆公、楚庄王等先后称霸，号令诸侯。到春秋末期，长江下游的吴国和越国也先后北上争霸。

图 1　部编版七年级上教材第 6 课节选

课后活动

1. 查一查下列成语的典故，哪些是出自春秋时期，哪些是出自战国时期？

退避三舍　纸上谈兵　老马识途　百发百中　唇亡齿寒

卧薪尝胆　朝秦暮楚　三令五申　一鼓作气　完璧归赵

2. 支持商鞅变法的秦孝公死后，商鞅被害，然而新法并没有被废止，你认为这说明了什么？

图 2　部编版七年级上教材第 7 课节选

再如七年级下册第 17 课《明朝的灭亡》介绍了皇太极改国号为清、吴三桂引清军入关（见图 3）。到了 18 课《统一多民族国家的巩固和发展》，直接就是“以北京为都城”等内容（见图 4）。它缺少了“1644 年”“顺治”这些关键点，需要教师给学生交代清楚，才能让前后知识衔接。

满洲兴起和清兵入关

明朝后期，活动于我国东北地区的女真族不断发展壮大。1616年，努尔哈赤统一了女真各部，建立政权，国号大金，史称后金。努尔哈赤率军与明朝交战，接连取胜，使明朝的北部受到严重威胁。努尔哈赤死后，皇太极继位，继续进攻明朝。1635年，皇太极改族名为满洲；次年，改国号为清。

于1636年，有300多
建筑中，它的规模仅

明朝灭亡以后，正当李自成力图推进全国统一的时候，驻守重镇山海关的明军将领吴三桂降清，引清军入关，并与清军联合夹击李自成的军队。李自成在山海关交战失利，退回北京，随即离京西行，转战各地，最后失败。

图 3　部编版七年级下教材第 17 课节选

清朝对全国的统治

清朝统治者进入北京后，以北京为都城。清军随后南下，消灭了明朝政权的残余势力和各地反清的力量，逐步建立起对全国的统治。

清朝在此后的统治中，在政治制度方面基本上沿袭中原历代王朝的做法，进一步加强中央集权，维护政治上的大一统；在思想文化方面推崇儒家学说，继承历代文化传统。这样，清朝在政治上和思想上巩固了自身的统治。

图 4　部编版七年级下教材第 18 课节选

3．教材内容重难点不够突出

老教材的内容包括正文和小字。正文被笔者认定为重要部分；小字段落被视为补充材料，供学生了解即可。而新版本不仅全是正文，还有补充材料，这样学生在复习的时候，重点不突出，学习任务就相对更重。

4．教材编制思路的变化，改变了对学生能力培养的具体要求以及重难点的侧重，冲击一线教师固有的知识结构

如《北宋的政治》，2003 年初审通过的川教版教材中没有这个知识点，2016 年审定通过的新川教版教材中开始增加这一课，题目也为《北宋的政治》。这个版本中的内容专门介绍了“二府三司制”，并且文中用了“宋太祖玩弄权术，削夺了朝中大将的兵权”这样的描述；最后一个子目关于“重文轻武”的内容，部编版和新川教版相比，更为全面地介绍了“重文轻武”，以及对宋朝的影响。教材的变化，推动教学目标的改变——从重中央集权的加强，到对“重文轻武”这一特点的理解。它反映出的是编写组对学生能力培养要求的变化和对学生实际历史视野、探究需求的正视，而这些变化需要我们一线教师尽快去适应、调整、落实。

5．教材按时序编排，确定“教学立意”更有难度

如八年级上册《中国共产党诞生》，我们组内 Z 老师以“历史的选择”立意，设置时代的选择——诞生条件、道路的选择——中共一大、人民的选择——工人运动、升华——中国的发展，线索很流畅。但是，文中还有“中共二大”，这个部分该如何融入教学立意？单独设置环节，还是并入中共一大？着实让我们考虑了许久。

实际教学中的难题，经过备课组的研讨，基本能解决，只是解决的方法远不够成熟，需要通过课堂的多次尝试、调整，才能摸索出更适合新教材的设计思路。

三、解决思路初探

1. 根据教材篇幅，调整教学设计

以《北宋的政治》为例，本课教材内容相对精炼，教学时间充裕，笔者补充了本单元后面的内容，前后联系，让学生形成总体概念（见图 5）。如在最后一个环节，播放了重文轻武影响的微课后，笔者设问："由于北宋独特的文官体制，所以宋朝出现了很多有别于其他朝代的社会变化。大家看看第二单元的目录，说说它们之间的关系。"

第二单元
辽宋夏金元时期：民族关系发展和社会变化

第 6 课　北宋的政治……28
第 7 课　辽、西夏与北宋的并立……33
第 8 课　金与南宋的对峙……37
第 9 课　宋代经济的发展……41
第 10 课　蒙古族的兴起与元朝的建立……47
第 11 课　元朝的统治……51
第 12 课　宋元时期的都市和文化……54
第 13 课　宋元时期的科技与中外交通……59

图 5　第二单元目录

这样设计，一来没有浪费时间；二来通过目录让学生对此单元的认识更加清晰，也让七年级学生初步感受到政治制度对国家各方面的深刻影响，加深对"重文轻武利弊"的了解，初步培养其辩证看问题的唯物史观。

反之，第 18 课《统一多民族国家的巩固和发展》，内容非常充实。笔者根据教学需求和学情实际重构教材，将"清朝对全国的统治"这一子目放入第 20 课《清朝君主专制的强化》来讲。然后利用清朝 1820 年的地图，来介绍清朝对东南、西部、西北、东北四个方位的治理。教师详细讲解第一个部分——东南方位的台湾，然后引导学生仿照此部分，自行归纳其他知识点内容。通过这样的设计，让整个教学更紧凑。

2．将材料研读、课后活动、知识拓展等融入教学设计中

教材中增加的内容较多，且古代史中古文材料更多，初中生不易理解，而这些出现在教材中的知识，又都可能成为考试的材料，所以教师不得不讲。

如《北宋的政治》中两则“相关史事”，笔者改用两幅图片呈现，让学生来讲故事。不论是原来知道、根据已有记忆描述的，还是原本没听过、照着书本念的，笔者都引导学生再次熟悉“历史叙述”的方法和要素，不但培养初中生对“历史解释”的初步理解，也变“教师教”为“学生主动学”。“材料研读”“课后活动”“知识拓展”中的内容则被改成文字论证材料和微课材料。通过这样处理，把枯燥的史料换成生动的图片、影音、文字结合的形式，更符合初中生的认知特点。

3．引发主动思考，注重历史思维能力的训练

教学设计应该根据年龄特点，激发学习兴趣。在《北宋的政治》一课中，笔者补充了一些故事、漫画，让赵匡胤的形象更立体，也便于学生对北宋政治的理解。

在分析北宋加强中央集权的措施时，除了书上“杯酒释兵权”，笔者通过漫画，补充了“站议时政”“制其钱谷”的小故事，再加上北宋建立的“黄袍加身”，用这四个故事，凸显赵匡胤的谋略——不动声色间，巧破困局，收回兵权、行政权、财权。基于七年级学生的学情，实际教学效果还不错，调动了学生的学习兴趣，化难为简。

4．教师依据学情对教学内容进行选择

针对教材内容重难点不够突出的问题，笔者认为教师课前应做到以下三点：第一，确定本课重要知识点，并在课件中突出表示。第二，根据不同班级不同学情，能力点的掌握分层要求。第三，教学设计、课堂教学深入浅出，抓课堂效果。同时，在课堂上，笔者要求学生也应在老师的引导下，形成一些学习习惯。第一，预习。由于个体差异，不是每个学生都有较好的学习自觉性，所以笔者往往是在导入新课后，通过设问，引导学生读书。或在教学各环节中，通过“填表格”“自主学习”等方式，分板块让他们读书。有针对性地预学，使学生对课文有个初步印象。第二，落实笔记。笔者所在地区，历史的期末考试和中考采用的是闭卷形式，所以知识点的落实也很重要。教师通过各种形式引导学生理解某知识点后，PPT 上会用红色加粗字体凸显关键词，学生须养成习惯，落实笔记，便于以后复习。第三，根据自身实际，选择老师标注的层次要求，然后逐级提升。

5．确定教学立意，引领基调与方向，决定品位与价值

原来的版本根据“主题式”编排，不论单元或者课文，都是彰显某段历史时期的时代特征，课魂的确定、串联全文相对简单一点。而新教材根据“时序”，以“点—线”牵线，部分课文中的“点”使课魂的渗入、教学环节的设计难度加大。笔者认为，有些时候可以根据自己的教学需要，对文中的“点”进行取舍。

如七年级上册第 8 课《百家争鸣》，我们备课组的 T 老师，以“争”立意，从谁在争，怎么争，为什么争，再到争之影响，建构四大板块，设计两个活动，让学生深刻体会争鸣的内涵。最初设计时，我们使用的教材还是新川教版七年级上册第 10 课《战国时期百家争鸣》，教材中分三个部分“百家争鸣局面的出现”“战国著名思想家”“百家争鸣的影响”。因而教学设计的第一个环节，就是在地图上根据关键词句的提示，猜人物。但是新教材问世后，它将春秋时期的著名思想家和战国时期百家争鸣两个内容融合了。T 老师在仔细研读新课标“知道老子和孔子，初步理解‘百家争鸣’对后世的深远影响”后，对新教材的内容做了取舍。在第一个环节里，先通过数字故事介绍孔子，然后使用教材“课后活动”中《论语》的内容，让学生全面感知孔子及其思想观点。而老子部分的内容，则做了弱化处理，放进了后面诸子百家的对比表格中。

新教材对于一线教师来说有难度，笔者认为主要是两个方面：一是有点经验的老师已经形成固定的思维方式和知识结构，重新适应新的架构模式需要一定的磨合时间；二是教师们对原有教材的知识点掌握更为熟悉、运用相对老练，但新教材中增加的某些内容、新的学术观点，以笔者为例，即使是在参考了教参等多种资料后，也是一知半解，所以日常的备课质量一般，既不敢拓展，也无法做到深入浅出。本篇论文仅就教学设计方面，记录我们备课组在备课、交流过程中遇到的一些难题及应对策略，越探讨越自觉知识匮乏，期待更多分析新课标、新教材的专业书籍，来引领我们一线教师的教学，更新我们的历史知识体系。

借力主题学习，转变历史教与学

——以《社会生活的变迁》为例

沈鹏程

（自贡市蜀光绿盛实验学校）

摘　要：教师作为课堂教学变革的推动者和实施者，需要用顺乎生命的深耕细作，来落实立德树人的根本任务，培养学生的核心素养和促进学生的终身发展。借助主题学习的设计与实施，通过融合学习资源，创设任务情境，激发发现学习，拓展评价方式等教学行为的革新，改变了过往教育教学实践中过多关注学科体系和知识本位、过少凸现学生学习与素养发展的倾向。

关键词：主题学习；教学行为；核心素养

在功利性教学驱使下，为了适应考试，提高学生成绩学校的教学大多围绕着教材和考试展开。主要表现在：从课程资源上看，囿于教材、教参、教辅，本土历史的丰富课程资源少人问津；从教学的目标上看，侧重于知识的讲解和练习，历史的思维、方法和历史学科特有的人文素养被忽略和弱化；从学习方式上看，主要凭借讲、听、记、练来完成教学任务，应用信息技术等学习方式被搁置尘封；从课业评价上看，作业、试卷、考分仍然是评价学生学习和教师教学的唯一尺度。

有鉴于此，2017 年秋季全国初中开始使用历史部编教材。部编教材突出体现了立德树人的总体要求，在内容选择、结构呈现和体例编排等方面更加凸现了学生学习的需要。为学生开展自主学习活动、进行探究式学习创造了条件。现在，我以部编教材八下第 19 课《社会生活的变迁》为例，谈谈借力主题学习，转变教学行为，培养学生核心素养的初步探索和实践。

中华人民共和国成立以来，特别是改革开放以来，从生活环境到文化教育、体育卫生、商业服务、社会保障等各方面，乃至人们的衣食住行用，中国社会发生了巨大、深刻的变化。为了让学生更真实、更实际、更深切地感受到这些变化，从而在历史与现实的今昔对比中分析总结变化的成因，系统全面地建构、理解和认同中国特色社会主义道路的伟大正确性，激发学生读书报国，共筑中国梦的情怀。我将本课设计为“壮丽七十年——老照片故事展评活动”主题学习。

【导言】

老照片承载着一代代人满满的记忆，更见证了社会生活的变迁和历史的沧桑巨变。透过老照片我们更能还原一段段激情燃烧的奋斗历程。为迎接中华人民共和国成立 70 周年，我们将组织“壮丽七十年——老照片故事展评活动”，大家快来将你所知道的老照片故事分享和展示吧！

【任务】

根据评价标准，学生自主选择衣食住行用等方面一个主题，通过找寻老照片，发现照片故事，探寻今昔变化，并结合所学知识简要分析变化成因，设计、制作、完成本组展评作品。（作品鼓励创新，形式不限，可为讲故事、情境剧、视频、数字故事等）

【过程】

1. 第一周：作品筹划。（地点：校内外）

以小组为单位，通过资料搜集、实地调查、访问亲历者等方式，了解中华人民共和国成立至今，特别是改革开放以来发生在我们身边的变化。从而获取一手资料，确立探究选题。初步培养学生开展社会调查，学会搜集、整理相关资料和信息的能力；培养学生待人接物、与人沟通的能力。

2. 第二周：作品成型。（地点：校内外）

结合探究主题，通过运用唯物史观的基本观点和方法，去伪存真，甄选组织材料，制作个性化的故事作品。培养学生感知历史、应用所学历史知识，并置于具体的时空框架中，概括、分析、综合、比较、判别历史和现实问题的能力；培养学生独立发表见解的个性和团队协作的能力。

3. 第三周：作品展示。（地点：课堂内）

通过老照片故事现场分组展评和优秀老照片故事点评与评选，让学生在感知中国社会沧桑巨变中对巨变成因积极主动思考，促进学生对中国特色社会主义、改革开放等相关理论、制度的系统建构、整体理解和尊重认同；培养学生论从史出和尝试从历史的角度解释现实问题的能力；激发学生自觉投身中华民族伟大复兴的热情和行动。

【评价】

1. 评价标准：① 故事真实性 20 分；② 设计新颖性 10 分；③ 表达流畅性 10 分；④ 逻辑清楚性 10 分。（此标准由学生制定）

2. 评价形式：① 学生点评和接受观众问询；② 学生全员扫码投票。（在线留言）

【总结】

这是一次非常有意义且成功的活动。同学们通过亲身体验和探究，创意作品设计，并运用论从史出、论史结合的方法，从生活的各个方面了解了伟大祖国70年来的沧桑巨变及其变化的成因。相信大家通过学习定会对伟大中国梦有更深刻的认知和感悟。

通过本主题学习的设计与实施，实现了以下教学行为的革新与优化。

一、打破课堂藩篱，融合学习资源

传统的历史教育教学往往拘泥于唯一的学习场所——教室、唯一的学习介质——教材、唯一的学习形式——教授。学生受限于此，自然难以获得最真实而有温度的历史。主题学习则为学生提供了个性化的开放学习空间，实现了学习同生活的结合，提供了发现和探索式的体验学习。它不是简单地“置换”原有的学习框架，而是在学生最近发展区基础上，对现有学习方式方法的整合、互补和创生。它打破了传统教育的藩篱，让古迹、遗址、陈列馆、图书馆等和教室一起成为学习的场所，将书刊、报纸、老照片、影视材料、见证人等同教材一道作为学习的介质，使设计、考察、走访、查阅、拍摄、整理、编辑、制作、交流、分享等与课堂教学一道成为学习的方式。

二、创设立体情境，落实核心素养

依据课标和课程内容开展历史教学改革本毋庸置疑，但也存在着较为严重的学科本位，毕竟教师的教学设计更多地从教师如何“教”的角度来考虑，也就难免会出现学生被动接受、机械记忆、孤立理解的学习困局。主题学习通过创设深度探究的立体情境和提供适度的学习支架，激发学生的学习兴趣，继而引领学生的学习方向，让学生在丰富的学习层次和与现实生活的紧密联系中达到课本知识到生活的延伸、课堂学习到现实的延伸，为学生创造探索、发现、质疑、反思、批判、交流、分享、创新的差异化机会，从而循序渐进地培养学生各层面发展所需要的“必备”品格与“关键”能力。

三、培养主动建构，促进深度学习

“功利之教”注重知识的灌输，追求考分的优劣，忽视学习过程对学生的主动建构及对学生终身发展的重要价值。主题学习在形式上以作品为学习结果（成果），突出学生亲身的体验探索与发现学习；内容上淡化对知识本身的学习，注重的是置于任务情境中学生思维品质的培养与提升。强调学生通过不断对自身现有的知识、能力与态度进行梳理、比较、整合、推理、应用来完成目标任务和解决实际问题。在主动经历若干次建构知识中，在思维不断深入中，加速对问题的直观感受，形成更为深刻和深远的内在理性思考，从而促进自身的价值观培养和高阶思维品质发展。

四、营造多元评价，激扬生命成长

以考试和测验为基本方式的学生学习效果评价，存在评价主体错位、以偏概全、忽视个性差异等诸多缺陷。用千篇一律的评价方式对待每一个学生，本身也不符合教育公平原则。主题学习通过学生自主设计评价标准，以评价标准引领任务开展，使学生依据评价标准开展生生互动点评和全员在线投票的形式。让学生站在不断进步和提高的着力点，主动地思维，积极地表达观点和建议，促进了自身学习思维、方法、能力、情感的提升，激扬了学生的主体精神，体现了评价实为对学生学习的检验，更为学生学习主体性的高层次显现和改进的属性。

“说”故事，“品”味道
——浅析如何引导中学历史教学生活化

杨　利
（自贡市解放路初级中学校）

摘　要： 历史是一门极富生活情趣的学科。浩瀚长河的点点滴滴，看似时过境迁，已经远去，实则与我们的生活有千丝万缕的联系，交错辉映。因此，只有用贴近生活的教学才能让学生品味出历史学科的生活味道，才能激发学生学习历史的兴趣，体味历史韵味的魅力。伟大的人民教育家陶行知先生在其著名的生活教育理论中曾指出：“没有生活做中心的教育是死教育，没有生活做中心的学校是死学校，没有生活做中心的书本是死书本。”只有让生活引导教育，教育融入生活，才能让教育和生活相辅相成，相得益彰。

关键词： 历史故事；历史教学；生活化

一、“说”史——历史教学生活化的前提

陶行知先生曾说：“先生的责任在教学生学，先生教的法子必须根据学得法子，先生须一面教一面学。”① 在中国传统文化的传承发展中，孕育出了“说”这种特殊的历史教学方式。春秋战国时期的大教育家孔子带领众弟子周游列国，将教育融入山水，将教育融入生活，使教学和生活紧密联系。两宋时盛极一时的话本小说，更是用说唱的形式将一个个历史人物、历史事件形象生动地展示在大家面前。古往今来，人们非常钟情于这种“说”史的方式。即使在今天，这种方式仍是普及历史的有效途径。《百家讲坛》以说史的形式，不仅引领了大众历史文化传播的高潮，更是掀起了一股历史学习的文化热浪。在中学历史教学中，“历史故事”就是对“说史”的继承。课堂上的历史

① 陶行知：《陶行知文集（上）》，江苏教育出版社2008年版，第39页。

故事，既能满足学生的好奇心，也能深入浅出地帮助学生理解历史理论概念，更能激发学生的学习兴趣，提高学科能力。

二、“说”——教师的角色技巧

生活教育理论认为“教的法子必须根据学的法子”。初中学生学习历史很大程度上依赖于对历史故事的兴趣。所以，教师的教学方法中必须有“说”历史故事的部分。日常教学中，教师可以结合课本，选取相关的历史人物和事件，用生动形象的语句，或轻松幽默诙谐，或情绪高昂跌宕起伏地进行故事讲解，让学生通过故事积累历史知识，提升学习兴趣。

1．常“说”——教师讲授

初中阶段的学生对历史的认识更多是感性的。学生最大的兴趣在于对历史故事的感知。学生通过听故事、讲故事、分析故事、理解故事、体会故事，能形成良好的历史思维能力，让自己成为历史知识的体验者、感悟者，在轻松愉快的氛围下完成知识的获取、积累。例如，川教版七年级下册《辽、宋、西夏、金的并立》这一课内容较繁杂，复杂政权的并立和政权间的关系又是课程的重、难点。因此，如果只是单纯地讲授政权版图的变更，学生难免觉得枯燥乏味，甚至产生畏难情绪。如果教师讲授中引入大家熟知的《天龙八部》《射雕英雄传》等作品中的故事，不仅能拉近历史和学生生活之间的距离，还能激起学生的学习兴趣，轻松地突破教学重点、难点。教师日常教学中的讲授“说”史，就是将历史教学生活化的有效方式，用贴近生活的故事取代传统教学的死记硬背，让历史带有更多的生活韵味。

2．妙“说”——教师引导

讲授这种传统的“说”史教学在初中阶段占有重要地位。但优秀的教师不会不加区分地盲目“乱说”，而是巧思妙用，恰如其分地巧说。七年级的学生由于对事物的认知更偏感性一些，因此他们喜欢听故事、讲故事胜过知识学习。这种情况下使用“故事教学”能更好地吸引学生，激发兴趣，从而调动学生学习的积极性，教学效果也更为突出。而八年级的学生在原有学习热情已经部分失去的情况下，单纯地讲故事已经不能很好满足其需求了。因此教学中要融入历史与日常生活的联系，才能更好地增强学生的感知力，吸引学生。九年级的学生随着升学压力的增大和学习能力的不断提升，对事物的分析理解已经形成自己的一定认识，因此“故事教学”使用的空间应大大缩小。教师的“说”应变为巧妙的引导，带领学生通过古今中外的对比，透彻分析，理解历史现象、历史事件，巧妙地“说”史，有效地引导学生学史。初中三个年级的学生由于认知水平、心理特征、学习需求等的不同，不能盲目地“一刀切”，一味地使用“说”史教学，一定要结合学生特点和实际情况，巧“说”、妙“说”。

3．品“说”——教师感悟

历史学习并不是单纯的事件复述，还必须在大脑中引发头脑风暴，引起人们的思考，引发人们的共鸣。“说”只是历史学习的前提，“品”才是追求的深层目标。教师在教学中通过自己深深地品味，深入挖掘，再传达给学生，引导学生有效思考，不仅可以从历史中充分挖掘价值，更能突出学生对问题的深度理解，促进学生学习思维能力的提升，培养学生的学科学习能力。假如不断追求，每节课都能挖掘出更浓的历史味道，让学生回味无穷。因为人们在不同时期会对历史产生不同的理解。历史的魅力也在于没有一种解释是永恒的真理。即使对基本事实的阐述，也因不同的思想而别样。“鉴于往事，资于治道”，只有这样，历史才能体现其本身的内在价值，成为“有用”的学科。

三、“品”——学生的能力提升

“说”历史故事的主体是教师，“品”历史味道的主体是学生。只有将教师说史的故事素材加以整合理解，才能形成自己独一无二的、具有历史韵味的见解。

1．“品”要有方向

学生“说”史时，大多数是根据自己的喜好和熟悉程度，往往会偏离预定的目标。这种时候，教师要及时有效地引导，将学生说的内容与教学主题相联系，引导学生树立正确的情感态度、价值观。在生活和历史相联系的前提下，有方向、有目标地品味历史味道。

2．“品”要有实践

历史课程标准中明确提出要求学生“学会用口头、书面等方式陈述历史，提高表达与交流的能力”。“说”史正是一种有效锻炼学生陈述历史能力的方法。因此，日常的教学中，教师应创造条件，引导学生大胆地说出历史，并且鼓励他们对故事适当加工、润色，相互比赛，评选出更能吸引人的历史故事。教师营造的平台，是学生实践“说”和“品”的良好舞台。只有通过不断实践地“说”，才能更好地“品”，感悟历史的味道。

陶行知先生的生活教育理论在当今教育中仍有重要意义。只有以生活为例，以生活为载体，恰如其分地“说”历史故事，才能实现“品”味历史味道的目的，从而让学生在“说”“品”中快乐学习，终身受益。

常回首，我们才会成长

——《青铜器与甲骨文》的课后思考

陈　燕

（四川省泸州市梓橦路学校）

摘　要： 在教师日常工作中，听课是必不可少的。课后静心的思考则是老师成长过程中尤为重要的一个环节。在历史教学的路上，把昨天的故事，融化在思考里。课后不断总结反思，我们才会有新发现，才会收获成长。

关键词： 课后思考；课魂凝炼；课堂导入；设问有效性；历史材料运用

在泸州市江阳区初中历史优质课竞赛活动中，我有幸学习了泸州七中杨秋韵老师执教的部编版《中国历史》七年级上册《青铜器与甲骨文》一课，杨老师在课堂上妙语连珠，巧妙的教学设计、孩子们积极参与的热情给所有听课的老师留下了深刻的印象。我静心思考，回忆整个教学流程，结合自己的教学实践，做出了以下几点思考。

一、课魂的凝炼是一节成功历史课的核心

课魂即教学主题，是统摄整个教学内容的制高点，也是教师教学设计的准绳，更是一节成功历史课的灵魂和核心。课魂的价值在于赋予教学内容以现实意义和社会意义，选择和凝练课魂是升华课堂教学的关键。那这节课的课魂是什么呢？“习近平同志指出，一个国家，一个民族的强盛，总是以文化兴盛为支撑的。”[①]中华文化怎么体现？文化自信如何树立？作为中学生的孩子们怎样守护与传承中华文明？青铜器和甲骨文作为早期中华文明的重要标志，蕴含着丰富的历史文化内涵：青铜器为我们展示了商周时期灿烂的青铜文明，甲骨文则是商周时期真实存在的有力证明，它们不仅是商周文明的

① 陈晋：《中国特色社会主义文化的“精气神”》，《光明日报》2014 年 01 月 27 日 01 版。

典型代表，更是中华文明的根脉。为此，杨老师把本课的课魂定为：认同与传承、增强文化自信。夸美纽斯说过："一切知识都是从感官的感知开始的。"杨老师以实物教学的方式，让学生通过盲盒探秘，对话历史、感悟历史，触文物（青铜器和甲骨文）之形，探文化之美。领略古人的勤劳智慧，增进学生对中国文化的认同，增强学生对中国文化的自信。最后落脚到学生，作为中学生该怎样守护与传承中华文明？以此来培养学生的家国情怀，从而升华课堂教学，通过课魂来赋予教学内容以现实意义和社会意义，实现立德树人的根本任务。

二、精彩的导入是一节成功历史课的良好开端

一堂历史课是否成功，首先要看课堂导语是否精彩，能否吸引孩子的关注和激起学生学习的欲望。杨老师在讲解《青铜器与甲骨文》时精心准备了一段时下最热的视频《广汉三星堆考古》，让孩子们一上课就被吸引了，激发了好奇心。同时，在视频中，杨老师又刻意安排了一组三星堆考古最新发现的成果图片及简介，穿越千年，三星堆现，拉近了学生与考古之间的距离，再次激发了学生的求知欲，引发了学生对古代文明的好奇心。视频看完后请学生回答：视频中的器物带给你什么样的感受？是什么材质？由此引入本课课题，一节成功的历史课就有了良好的开端。

授课前一段精彩的导入，能够引发学生的好奇心，集中学生注意力，激发学生的求知欲。导语的形式多种多样，我们在上课的时候要因材施教，选择教学资源，设计导入。设计的导入要精、要巧、要准，使学生的思维能够顺势进入新课的轨道，激发学生的学习欲望。

三、有效的设问是一节成功历史课的重要环节

初中历史课堂教学中，课堂设问是培养学生问题意识和创新精神的重要手段和途径之一，优秀的课堂教学，应以问题作为课堂教学的出发点，把课堂教学结构问题化，因为问题可以使学生产生认识上的冲突，从而使学生迫切地要求去求知。但问题的设置，要建立在有效性和指向性的前提下，按照自己教学内容的实际需要，结合学生的认知水平和年龄特征，有目的地设置问题，这样，才能达到自己预设的效果，才能为自己的教学服务，才能提高学生的历史思维能力。不是为了问题而设置问题，设置根本就不需要的问题。

杨老师在课堂教学的第二环节“青铜器——器以藏礼，物以载道”中，设置了问题：

（1）出示青铜器，让学生观察青铜器颜色和整体造型：说出你认为青铜器是用来干什么的。感受青铜器的种类和用途。

（2）进一步观察青铜器的纹饰：通过观察青铜器的纹饰、铭文等，请学生说出此时此刻的感受是什么。了解商周时期精美绝伦的青铜艺术。

（3）探究：青铜器究竟是怎么铸造的？

当最后一个问题出现，孩子们都踊跃地回答：有的说是用青铜液来浇铸的；有的说是用泥土来塑造的，然后把铜镀在上面；也有的说是商人们用手工一点一点打造的。杨老师在学生回答与交流后，适时播放青铜器铸造的视频，让学生了解当时商人先进的泥范铸造法，让学生感知青铜器的美，领略古人的勤劳与智慧，将美育、智育、德育高度融合。

杨老师在拓展延伸“时代名片，文明载体”环节中，设置了“回到泸州，在我们身边又有哪些文物呢？它们又展示了什么文化篇章呢？”等问题。当问题呈现在孩子们面前时，跃跃欲试的孩子们一下子就安静了，老师只好随机点名回答，点名回答的孩子几乎都说出了泸州著名的历史文物：麒麟温酒器、钟鼓楼、白塔等。到第二个问题时，无论老师怎么启发、暗示，孩子们都无法回答，最后老师只能自己给出答案。课后静心思考，就会发现问题出在哪里。杨老师设置的这个问题不符合学生的认知水平和年龄特征，目的性不明确，孩子们根本就没有回答这个问题的知识积累，出现“冷场”也就再正常不过了。

四、历史材料的有效运用是一节成功历史课的有力推手

历史材料包括历史文献、教科书中的彩色插图、人物画像、人物活动图、名胜古迹图、历史地图、示意说明图等。它们生动而具体地补充和说明教科书的重点内容，从不同的方面反映了一定时期的生产水平、文艺成就，以及民族特点等。现在我们使用的历史教材每一课都有插图，如果都利用好了，将成为一节成功历史课的有力推手,那我们的教学就会收到事半功倍的效果。但在平常的教学活动中，经常看见教师选择很多的历史材料展示给学生，总是担心自己选择的历史材料不够，其实，选择众多的历史材料，在教学过程中只是大略地展示给了学生，并未真正发挥作用，这样适得其反，无意中给孩子的学习和自己的教学增加了太多的负担。一节成功的历史课的历史材料选择一定要遵循有效性原则，可用可不用的坚决不用，只有历史材料在教学

中缺一不可或能起到画龙点睛作用，促进知识、情感、能力升华的情况下才选用。这样，历史材料的选择才是有效的，才能起到事半功倍的效果。

杨老师在《青铜器与甲骨文》讲解中为了帮助学生理解青铜器的历史文化价值，选用了青铜器利簋上的铭文与《尚书·牧誓》中的记载两则历史材料，让学生思考利簋的出现有何意义。教师顺势进行引导和补充，使学生认识到利簋的出土既推动了夏商周断代工程的进行，又证实了《尚书·牧誓》《逸周书·世俘》等文献记载的某些具体史实。以历史材料的有效运用来突破学生理解青铜器的历史文化价值这一教学难点，体现青铜器证史补史的功能，培养学生史料实证的能力和史学思维，起到事半功倍的效果。

又如在讲解部编历史九年级上册的《文艺复兴运动》中达·芬奇一目时，课本中有很多可供选择的历史材料和图片，我们不可能每一张都详细讲解，我们可以选择其中具有代表性的、对教学内容的理解有很大帮助的图片加以利用。在讲到艺术大师达·芬奇时，可以指导学生认真观察插图《蒙娜丽莎》，随即可讲解道：《蒙娜丽莎》这幅图中的人面部表情自然而丰富，舒展的面容和眼中温柔的目光，表现出她的美丽与优雅；嘴角上露出的一丝淡淡微笑，反映了她难以抑制的内心情感。画中人物的肌肤丰满、柔嫩，展示了这位年轻妇女的健康与青春活力。画家对人物的如此描绘，是对现实生活中人与人性的肯定和赞美，体现了人文主义者新的思想意识和新的审美观念。从而使学生明白：达·芬奇把艺术创作和科学探索结合起来，创作了许多完美生动的人物形象，充分体现了人文主义精神。

“众里寻他千百度，蓦然回首，那人却在灯火阑珊处。”在历史教学的路上，把昨天的故事，融化在思考里。只有常回首，去“伪”存“真”，我们才会有新发现；只有常回首，不断总结反思，我们才会收获成长。

浅议如何在隋唐时期历史教学中有效激发学生的家国情怀

柴美红

（泸州市纳溪区东升学校）

摘　要： 义务教育阶段的历史课程，应注重培养学生唯物史观、时空观念、史料实证、历史解释、家国情怀五大核心素养。学习隋唐时期的历史对弘扬以爱国主义为核心的民族精神、树立以天下为己任的社会责任感、传承中华文化的人文情怀具有重要作用。本文提出了隋唐时期历史教学中激发学生家国情怀的三个教学策略。

关键词： 隋唐历史；家国情怀；教学策略

《初中历史新课程标准》指出，义务教育阶段的历史课程，应注重培养学生五大核心素养，即唯物史观、时空观念、史料实证、历史解释、家国情怀。其中家国情怀是学习和探究历史应该具有的社会责任和人文情怀。隋唐时期的历史是中国古代史的重要组成部分，学习隋唐历史，对弘扬以爱国主义为核心的民族精神、树立以天下为己任的社会责任感、传承中华文化的人文情怀具有重要作用，对培养学生家国情怀的历史核心素养具有促进作用。

隋唐时期的历史教学安排在七年级下册第一单元，教学时可从创设教学情境、提供交流空间和构建知识体系三个方面开展教学，激发学生的家国情怀。

一、“一讲二播三问”，创设教学情境

七年级学生年龄较小，需要巧妙创设教学情境，帮助学生树立家国情怀。“兴趣是最好的老师”，要抓住他们爱听故事、爱看视频、爱听音乐的特征，采用“1+2+3”即“一讲二播三问”的方式，创设教学情境，在充满兴趣的教学中，帮助学生构建大局意识，树立家国情怀。

1．讲述故事，适时发问

历史是人类的历史，因此人是必不可少的主体，有了人就有了故事。有了历史故事的点缀，历史课堂才变得生动有趣、丰富多彩。

例如：我们讲解第 4 课《唐朝的中外文化交流》的“鉴真东渡”子目时，如果去掉鉴真东渡的故事，就只剩下“745 年鉴真抵达日本，为中日文化做出突出贡献”这一句话，索然无味，无法帮助学生体会到鉴真的突出贡献。如果加上鉴真的故事，讲述鉴真前后共 6 次东渡日本，为了宣扬大唐文化，在凶险的大海上与恶浪拼搏，最后导致双目失明。他把中国的医药、文学、书法、建筑、绘画等领域的先进成果传播到日本，给日本人的生活带来很大改变。那么整节课就变得有血有肉、丰富多彩。当学生听完故事后，教师可以适时发问：

（1）鉴真身上有哪些精神值得我们学习？

（答：为宣扬大唐文化不畏艰险，勇往直前等）

（2）鉴真的个人事迹对中日文化交流有何作用？

（答：把中国的医药、文学、书法、建筑、绘画等领域的先进成果传播到日本，促进了中日文化交流）

以故事为依托，适时发问，促使学生从鉴真的故事中提取历史信息，引导学生分析鉴真的个人行为与唐朝发展的内在联系，初步感受个人与国家的关系，树立学生的家国情怀。

2．播放视频，精准设问

视频教学具有直观性、生动性、丰富性等特点，可以将历史信息生动形象地呈现给学生，精彩的画面、抑扬顿挫的音调，具有较强的带入感，最易达到共情的教学效果。

如第 3 课《盛唐气象》，可使用视频+设问的方法开展教学。采用分段细看的方法，播放《中国通史》第 47 集《世界都会长安》，利用视频中精彩的画面、精简的解说，迅速吸引学生注意力，以便学生直观感受盛唐的歌舞升平、繁荣昌盛。

第一段观看视频中长安城的构建概况，并设问如下：

（1）长安城的建筑有何特点？

（答：气势恢宏等）

（2）如何评价长安城的排水系统？

（答：体现了唐朝劳动人民的聪明才智等）

引导学生探讨长安城为何能够成为国际大都市，使学生直观感受长安城的恢弘气势。

第二段观看视频中长安城居民的日常生活，利用视频中展现的美酒、葡萄、西域歌舞等片段，让学生真切感受到大唐的繁荣、开放、多彩，此处可进行如下设问：

（1）请你列举三样在视频中出现的美食。

（答：西域美酒、葡萄、胡饼等）

（2）视频中长安人在欣赏什么歌舞？

（答：西域的胡舞）

（3）请列举视频中出现的文学、艺术形式。

（答：诗、歌舞、书法作品、雕塑等）

（4）大唐的社会风气如何？

（答：开放、兼容并包）

（5）看完视频后，你觉得大唐是一个怎样的王朝？

（答：繁荣、开放、人民充满智慧、生活丰富多彩、文化娱乐生活丰富）

通过观看视频，水到渠成地完成第一子目“经济的繁荣”，第三子目“开放的社会风气”，第四子目“多彩的文学艺术”的教学任务，让学生感受到盛唐的繁荣开放，体会唐朝人民的聪明才智，使学生无形中生成一股家国自豪感，触发学生对大唐文明的叹服和热爱，树立学生的家国情怀。

3．播放歌曲，连环追问

初一学生正值青春期，阳光、有活力是他们的共性，课堂教学中采用播放歌曲的方式，更能吸引学生的注意力，引起情感共鸣。

如第 4 课《唐朝的中外文化交流》中玄奘西行子目，可以先播放《西游记》主题曲《路在何方》，并鼓励同学们一起唱，营造轻松的学习氛围，为接下来的课堂教学作出有效的情感铺垫，并设问如下：

（1）这首歌是哪部电视剧的主题曲？

（答：《西游记》）

（2）谁来概述一下《西游记》的内容？

（答：唐僧师徒西天取经，克服万难，取得真经等）

教师结合学生的回答，过渡到本课内容，引导学生自主学习玄奘西行的史实，并将玄奘西行的史实与《路在何方》的歌词进行有机整合，再次设问如下：

（3）《西游记》中的唐僧是师徒四人同行，玄奘有人相陪吗？
（答：无人陪同，孤身一人）
（4）《西游记》中的唐僧碰到的是妖魔鬼怪，玄奘会碰到哪些困难？
（答：豺狼虎豹等野兽、恶劣的气候、沙漠中没水喝、雪山的寒冷等）

提醒学生结合历史地图册《玄奘西行途径区域的自然景观图》作答，使学生体会西行的艰辛。

（5）在艰难险阻面前，玄奘为什么没有退缩？
（答：因为他励志追求真知、心系众生、普度苍生等）
（6）我们要学习玄奘的什么精神？
（答：学习玄奘追求真知的精神，心系众生、普度苍生的大爱等）

引导学生讨论小我与大我，个人与国家的关系，树立学生的家国情怀。

总之，巧妙合理的教学情境，有利于激发学生学习历史的兴趣，有利于对学生情感意识的培养，有利于学生在视、听双觉的冲击下，直观地感受历史，触动学生的心灵深处，树立学生的家国情怀。

二、点线面结合，提供交流空间

充分的课堂交流，可以给学生提供思维碰撞的时空，在交流过程中，达到各抒己见、擦出火花、引发共情，最后激发学生家国情怀的效果。可以遵循“点线面”结合的原则，按以下三种方式组织课堂交流。

1．个人展示，一枝独秀

“点”上交流，即学生个体交流，可采用击鼓传花的游戏方式或者与之类似的游戏方式，比如抽签、随机点名、抓阄等，随机抽取一个学生分享交流。

例如：第1课《隋朝的统一与灭亡》课后小结环节，思考隋朝的灭亡给我们带来哪些启示时，可以先给学生预留两分钟思考时间，然后采用击鼓传花的方式，随机抽取一名学生回答，以激励全体学生积极思考。在分享过程中多数学生会分享“得民心者得天下”“统治者要爱护人民”“要坚持以人为本”等内容，这些分享过程可以帮助学生产生情感共鸣，树立家国情怀。

2．小组讨论，花团锦簇

“线”上交流，即小组内交流或多人一起交流。对于有难度、有深度的问题，可以引导学生开展小组讨论。在小组讨论中使学生感受由意见不合到统一思想的思维碰撞过程，在实际操作过程中，培养学生的集体荣誉感、小组责任感等学科核心素养。

例如：第 2 课《从“贞观之治”到“开元盛世”》中，如何评价武则天的无字丰碑一题，难度较大，可以组织学生开展小组讨论。在讨论过程中，持肯定态度和否定态度的同学最终被持全面评价态度的同学说服，小组内达成统一意见，在这个交流探讨的过程中，部分同学掌握了正确评价历史人物和历史事件的方法，提升了历史学科素养，也全面地认识了武则天，掌握了要从历史发展大趋势的角度分析武则天功过的方法，激发学生向先人学习，努力读书的家国情怀。

3．众说纷纭，百花齐放

“面”上交流，即全班一起交流。对于开放性的题目，可以采取众说纷纭、百花齐放的方式开展教学。

例如：第 4 课《唐朝的中外文化交流》结课环节中，设问：通过本课学习，你觉得鉴真和玄奘的哪些品质值得我们学习？此问题为开放性题目，可以让学生自由发挥，各抒己见，多数学生会回答“不懈努力、矢志不渝、追求真理、勇往直前、刻苦钻研、心系祖国等”，发言过程中学生从其他同学的答案中感受到鉴真、玄奘的无私、伟大，激发学生见贤思齐的意识。

三、“纵表横框”，构建知识体系

创建知识体系，有利于学生系统掌握学科基础知识，全面把握课程结构，有效衔接知识点，培养全局观，提高学科素养。知识体系的创建可以遵循“纵表横框”原则，即：

跨朝代纵向比较时，绘制表格，突出对比；

同朝代横向比较时，构建框架，把握全局。

1．绘制表格，突出对比

表格具有直观明了、信息量大、对比性强的优点，在类比相似问题时有利于突出对比项，帮助学生快速找到问题关键点，高效地解决问题。

例如：第 1 课《隋朝的统一与灭亡》活动环节：结合所学知识对秦、隋两朝的治乱兴亡进行比较，通过探究两朝的相似之处，归纳王朝兴衰的原因。可以引导学生制作表格，创建知识体系（见表 1）。

表 1　秦朝、隋朝治乱兴亡比较

比较项	秦朝	隋朝
统治时间	二世而亡（17 年）	二世而亡（37 年）
统一意义	结束了春秋战国以来长期分裂的局面，实现统一	结束了魏晋南北朝长期分裂的局面，实现统一
制度创新	君主专制中央集权	科举制
伟大工程	长城	大运河
灭亡原因	暴政	暴政

通过表格法，学生可以直观看出秦、隋两朝的相似之处以及灭亡原因，认识统治者实施暴政的危害，并在此基础上得出“国家想要长治久安，统治者就要爱护百姓”“以人为本”“得民心者得天下”等情感认同，培养学生的家国意识。

2．构建框架，把握全局

知识框架是对课程内容的简化体现。因此有目的地运用知识框架来思考、学习，能帮助学生更全面、快速、深入地分析问题、解决问题。构建知识框架适合子目较多的历史课，以便帮助学生从全局把握课程内容。

例如：第 3 课《盛唐气象》，内容繁杂、子目较多。在最后课堂小结和情感升华环节可以采用构建知识框架的方式，帮助学生进行全局把控（见图 1）。

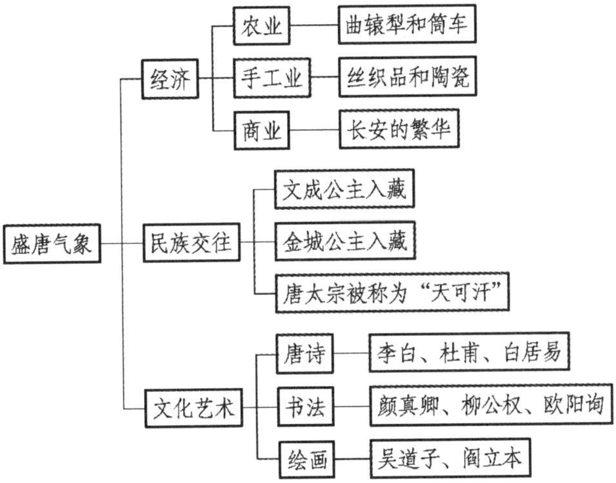

图 1《盛唐气象》知识框架

通过构建知识框架，让学生全面直观地把握盛唐气象，感受唐朝经济的繁荣、民族关系的和谐、社会风气的开放、文学艺术的多彩，增强学生对大唐的喜爱、对中华文化的热爱，树立学生的家国意识。

总之，隋唐时期是中国古代史的重要组成部分，是中华文明的鼎盛时期，通过多种方式开展隋唐历史教学，对弘扬以爱国主义为核心的民族精神，提高学生的人文素养，树立正确的世界观、人生观、价值观，培养学生的社会责任感和人文情怀，提高学生的历史学科素养有重要作用。

乡土资源运用

南充文化资源在中学历史教学中的运用

——以一次特色暑假作业为例

罗剑容　向文利

（南充市三原实验学校）

摘　要：“问道”教学实践，离不开学生，笔者利用假期作业激发学生的“问”，从而追溯“道”。通过本地景点的打卡，增加对家乡的了解、增强对家乡的认同感；通过走亲访友，探寻南充民俗风情的延续与变迁；更好地培养和提高学生的口述、书面表达历史知识的能力；在暑假作业的完成过程中，实现对南充文化资源的传承与保护。

关键词：南充文化资源；暑假作业；历史教学

2021年7月24—26日，四川省贾雪枫鼎兴名师工作室暑期学术研讨会在自贡市沿滩区仙市中学召开，会上贾雪枫老师再次与成员们分享了他的“问道”之术，强调历史教学贵在有“问”，以期达成历史教与学的“道”。（贾雪枫老师强调：“朝闻道，夕死可矣。”）来自四川师范大学的陈辉教授与西华师范大学的陈倩教授联系“问道”这一主题做了专题讲座，各市、州的研修组长就本年度各组收获与困惑做了专题汇报。会后，贾雪枫老师对接下来的工作做了具体部署，要求全体工作室成员要积极探索，认真学习，以期能探索出具有工作室特色的“问道”历史教学实践，碰撞出更多思维的火花。

炎炎夏日，四川省贾雪枫鼎兴名师工作室暑期学术研讨会如同一缕清风，吹走闷热的气温，让人沉静下来思考，探索如何达成以“问”为表征、“道”为内核的历史教学。思索许久，查阅资料，顿时发现暑假到来，何不给学生布置一次特色的暑假作业，尝试探索“问”与“道”的具体操作呢？提及作业，学生们反感，老师们头疼，如何才能布置学生们熟悉而又喜欢的暑假作业？怎样体会历史学习之“道”呢？经多方准备后，笔者决定从同学们熟悉的南充文化资源入手，布置与南充文化资源开发与运用有关的特色暑假作业，并据此写成本文，不正之处，望批评指正！

南充历史悠久，早在两千多年前，汉高祖就设置了安汉县（今南充市舞凤乡清泉坝五里店）。“南充的地方文化资源包括各界名人资源、古今建筑资源、景点名胜资源、民俗风情资源、人文艺术资源等，每一类都有着丰富的内涵和独特的魅力。”①蕴含着丰富的教育价值潜力，能够运用于中学历史教学之中。

历史学科的学习途径多种多样，既有教师在课堂上进行教学的引导，也有布置课后作业的补充。暑假是利用现代化手段让学生感受南充丰富文化资源与传统习俗的重要时刻。如何让学生在短短几十天内了解更多历史资源的呈现方式？如何促使学生学会用口头、书面等多种方式陈述历史变迁？怎样更好地培养和提高初中学生的口述、书面表达历史知识的能力？如何通过本地景点的打卡，增加对家乡南充的了解、认同？如何通过走亲访友，探寻南充民俗风情的延续与变迁？

一、探索适合中学生年龄特点的文化资源

中学生的年龄特征是确定研究对象的重要依据，在布置历史暑假特色作业——探究“南充文化资源”时，一方面要分析初中学生的年龄特征共性，即初中学生的身心总体上在不断成熟，知识面和知识结构也随着年龄的增长在不断完善，思维特征也在不断地转变，理性认识的程度也在不断加深。在确定研究对象时，需要体现其渐进性，要符合南充地区学生的具体学情。

另一方面，不同阶段的初中学生在身心上也具有明显的差异性，初中学生因心智还未完全成熟，主要处于形象思维的阶段，又具有一定的逻辑思维与理性认识，所以在布置暑假特色作业时，需要兼顾初中学生的年龄差异，依据不同的实际情况布置不同的任务要求（见表 1）。

表 1 体现了初中学生学习历史的身心特征差别，初一的学生侧重于南充地域文化景点的实地观察与游览，体现直观性、生动性和制作过程的趣味性。选材上只涉及一个点，撰写报告或制作视频也简单，学生们可以选择他们喜欢的景点，利用信息时代搜集信息方便的优势，选择他们喜欢的拍摄或记录

① 龙兴：《南充文化资源在初中语文综合性学习中的运用研究》，西华师范大学 2020 年硕士学位论文。

方式，可以上传至抖音、快手、微信朋友圈等，让更多的人了解南充的景点与文化遗存。此项任务易于完成，能够充分调动初一学生参与探究“南充文化资源”作业的热情，并培养学习历史的兴趣，让学生知道历史学习不仅是书本，还有实践。

表 1　关于布置学生历史特色暑假作业“南充文化资源”的通知

学段	要　求
初一	打卡南充著名景点中的任一处。 撰写报告（文字或视频）：须给出所选这一景区的理由，附上景点简介、景点照片，描述该景点的特色。 南充著名景点：朱德故里、张澜故居、罗瑞卿故居、阆中古城、清泉寺、凌云山风景区、西山风景区等
初二	搜集南充民俗风情中任一项。 搜集原因：须给出此项民俗风情的特色，起源、延续与变迁。 （民俗风情主要包括特色节庆习俗、特色饮食、表演艺术）南充节庆习俗：春节（南充是春节文化的源头）、“蛤蟆节”（正月十四）、“游百病”（正月十六）。 南充饮食习俗：川北凉粉、营山凉面、张飞牛肉、蓬安麻花、南部肥肠、保宁醋、南充米粉。 民间戏曲表演艺术：船工号子（高坪区、蓬安县）、巴象鼓舞（阆中）、川北大木偶戏、川北灯戏、川北皮影戏、川北剪纸
备注	暑假特色作业只针对初一、初二

而初二学生的暑假特色作业实践，不仅要更多地体现初二学生的学习特点，还要为初三的学习做好准备。学生不仅要有学习的兴趣，更要学会搜集和甄别历史信息、比较、分析、归纳、概括的能力。暑假特色作业所选的题材涉及节庆习俗、饮食文化、表演艺术等多方面，学生对这些文化习俗需要进行深入的分析与思考，才能厘清它们的延续与变迁。唯有对各种问题不断地追根溯源，问其原因，后深入地理解学习，才能更好涵育学生的历史底蕴，让他们对家乡南充更加了解，对南充特色文化更加熟谙，才能将传承文化的重任记在心间，才能使他们为南充文化资源的传承与保护做出具体的贡献。

二、选择与中学历史学科教学相关的内容

中学生选择南充文化资源的探究必须符合初中历史学科学习的内容，必须贴近他们的生活，具有实际的可操作性。虽然中学生的暑假时间长，但是历史知识和学习视野受到一定的限制，所以特色暑假作业的对象范畴不能超过他们的认知水平和学习能力。学生完成此次作业，需要教师对学生进行正确的引导。

新课标对初中生学习历史的方法要求是："逐步掌握学习历史的一些基本方法，包括计算历史年代的方法、阅读教科书及有关历史读物的方法、识别和运用历史地图和图表的方法、查找和搜集历史信息的途径和方法、运用材料具体分析历史问题的方法等。……初步掌握解释历史问题的方法，力求在表达自己见解时能够言而有据，推论得当；学会与教师、同学共同对历史问题进行探究和讨论，能够积极汲取他人的正确意见，善于与他人合作，交流学习心得和经验。"①初中学生的暑假特色作业"打卡南充著名景点"，每一景点都有丰富的历史教育价值，与学生所学习的历史教材内容有一定的关联性，将其整理如下表（见表 2）。

表 2　南充著名景点与初中历史教材内容对应部分情况汇总

景点名称	对应教材内容
清泉寺	七年级上册第 15 课《两汉的科技和文化》："佛教与道教"——佛教的传播
凌云山风景区（白山佛教、凌云山道教、图山儒家文化）	七年级上册第 8 课《百家争鸣》："孔子和儒家学说"——儒家思想的创立； 七年级上册第 12 课《汉武帝巩固大一统王朝》："罢黜百家，独尊儒术"——儒家思想的创立与儒学主导地位的确立； 七年级上册第 15 课《两汉的科技和文化》："佛教与道教"——佛教的传播；道教的创立
西山风景区（开汉楼、万卷楼、刘伯承元帅雕像）	七年级上册第 11 课《西汉建立和"文景之治"》："西汉的建立"——纪信的忠勇无畏精神； 七年级上册第 16 课《三国鼎立》："三国鼎立"——陈寿《三国志》与三国文化； 八年级上册第 16 课《毛泽东开辟井冈山道路》："南昌起义"——工农武装割据； 八年级上册第 24 课《人民解放战争的胜利》："三大战役和解放南京"——刘邓大军千里挺进大别山

① 中华人民共和国教育部：《义务教育历史课程标准（2011 年版）》，北京师范大学出版社 2012 年版，第 2、3 页。

续表

景点名称	对应教材内容
阆中古城（张飞庙、川北道贡院）	七年级上册第16课《三国鼎立》:“三国鼎立”——三国文化； 七年级下册第1课《隋朝的统一与灭亡》:“开创科举取士制度”——科举制的创立； 七年级下册第2课《从“贞观之治”到“开元盛世”》:“唐朝的建立与‘贞观之治’”；“女皇帝武则天”“开元盛世”——科举制的发展与完善； 七年级下册第6课《北宋的政治》:“宋太祖强化中央集权”——科举制的发展与完善； 七年级下册第14课《明朝的统治》:“科举考试的变化”——科举制度的僵化
朱德故里	八年级上册第16课《毛泽东开辟井冈山道路》:“南昌起义”；“秋收起义与井冈山会师”——工农武装割据； 八年级上册第19课《七七事变与全民族抗战》:“第二次国共合作”——国共十年对峙；抗日战争； 八年级下册第1课《中华人民共和国成立》:“中国人民政治协商会议”；“开国大典”——中华人民共和国的成立
张澜故居	八年级下册第1课《中华人民共和国成立》:“中国人民政治协商会议”“开国大典”——中华人民共和国的成立
罗瑞卿故居	八年级下册第1课《中华人民共和国成立》:“中国人民政治协商会议”“开国大典”——中华人民共和国的成立

对比初中历史教学的内容，查找南充著名景点可供选择的各种历史学习资源，以此来确定学生的暑假特色作业探究的方向，做到有的放矢，使他们的实践探索围绕着历史教材内容展开，增强了南充文化资源与初中历史课堂教学的关联性。《义务教育历史课程标准（2011年版）》指出通过义务教育阶段历史课程的教学，让学生“对人类历史的延续与发展产生认知兴趣，感悟中华文明的历史价值和现实意义，养成爱国主义情感，开拓观察世界的视野，认识世界历史发展的总体趋势；初步形成正确的世界观、人生观和价值观，为成为拥有良好综合素质的合格公民奠定基础”，“初步学会从多种渠道获取历史信息，了解以历史材料为依据来解释历史的重要性；初步形成重证据的历史意识和处理历史信息的能力，逐步提高对历史的理解能力，初步学会分

析和解决历史问题；学会用口头、书面等方式陈述历史，提高表达与交流的能力”[①]。因此，设计这一探究方向的具体内容如下（见表3）。

表3　南充民俗风情文化资源的问题与思考

南充民俗风情	问题与思考
春节	南充为何成为“春节文化发祥地”？与何人有关系？南充今人如何传承春节文化？
蛤蟆节	南充“蛤蟆节”有何来历？节日表达怎样的期盼？南充今人如何过“蛤蟆节”？
游百病	“游百病”习俗与何人有关？南充今人如何推广这一习俗？
川北凉粉、营山凉面、张飞牛肉、保宁醋	南充传统美食丰富多样，选取一样特色美食，阐述改革开放以来南充人们饮食爱好的延续与变迁。（要求：论证充分，表述准确，逻辑清晰）
船工号子、巴象鼓舞、川北大木偶戏、川北灯戏、川北皮影戏、川北剪纸	选取一项表演艺术，为其写非物质文化遗产项目申请书。（要求：论证充分，表述准确，逻辑清晰）

学生暑假特色作业的布置，需要从学生身边的历史入手，充分挖掘乡土资源，与学生生活联系起来，激发学生的学习兴趣，涵育时空观念、史料实证、历史解释、家国情怀等素养，如王晓伟所说：“我们身边不缺历史，更不缺少历史教育的题材……将学习与社会生活割裂，把历史作为一门记忆背诵的学科，对历史学习没有兴趣，对社会生活更缺乏历史意识和历史价值判断。”南充民俗风情中有多项省级、国家级非物质文化遗产项目，既有利于学生搜集和整理南充历史文化资源，又有利于学生展开深入的调查与研究，通过采访、走访、实地考察等多种形式，使探索具有实用性和科学性，为南充申遗做贡献，增强学生对南充的熟悉和热爱。同时，“非物质文化遗产具有很强的造血能力，通过对其继承发扬，能够提高南充市的非物质文化竞争力，从而拓展文化市场，逐渐实现艺术文化的市场化发展。”[②]

① 中华人民共和国教育部：《义务教育历史课程标准（2011年版）》，北京师范大学出版社2012年版，第2、3页。

② 王晓伟、冯空：《运用当地乡土资源，推进地区历史教学》，《中学历史教学参考》2020年第6期。

这些富有特色的暑假作业探究活动，既符合初中学生“最近发展区”的规律，也符合初中学生不同阶段的认识储备和认知规律，充分考虑初中学生的兴趣、年龄、才能等因素。以南充本地的著名景点、民俗风情为暑假作业的探究载体，选择合适的方式完成暑假特色作业，为实现初中学生自主创新地学习历史打开一扇窗口，为达成初中学生“知识与能力”“过程与方法”“情感态度与价值观”三维目标打开一扇窗口，也与四川省贾雪枫鼎兴名师工作室所倡导的“问道”相契合。我们凭窗远眺，通过探寻本地文化资源的历史教育价值，与工作室一起“问”中学历史教学之“道”，眺望到中学历史教育更加美好的未来。

借用历史故事打造高效的历史课堂

王廷相
（泸州市纳溪区棉花坡中学）

摘　要：在新时代初中历史课堂教学过程中，构建高效课堂已成为众多教师关注的主要教学目标之一。在新课标理念下，教师应当不断探索有效的教学手段，开展培养历史综合素养的教学活动，切实提高学生的历史学习能力。在实际的课堂教学过程中，为了能切实构建高效历史课堂，激发学生学习历史的兴趣，一堂鲜活的、高效的历史课可以借历史故事赋予学习者以神奇的内驱力，变无效为有效，化腐朽为神奇。

关键词：历史故事；高效；课堂

中央电视台《百家讲坛》栏目为何能吸引众多人的注意力？我想，大概就是通过一个个鲜活的历史故事激发了观众的兴趣，吸引了观众的眼球。大教育家孔子曾说："知之者不如好之者，好之者不如乐之者。"启蒙思想家卢梭也说："教育的艺术，就是要使学生喜欢你教的东西。"可见，一堂鲜活的、高效的历史课借历史故事赋予学习者以神奇的内驱力，变无效为有效，化腐朽为神奇。

突然觉得，自己二十五年来为之奋斗的教学一线——历史课堂，其实有着与别人不一样的精彩和心情，不如自己努力为之一记，不必有专家高深的理论，一线教师只需拥有课堂的活色空间，就能打造属于自己的教学美景。于我而言，历史不是故纸堆，不是照本宣科，而是时空交错的故事。

故事一：历史课堂是散文化的怀旧。历史就是用文字书写凝固的岁月，那么课堂的语言也应该具有文学的一份优美，让人共鸣。我在教学初中二年级的《戊戌变法》一课中，就充分发挥了中国文字的"形散而神不散"的功用，以散文化的方式，让学生领略了一次亦史亦文的课堂冲击！课堂过程如下。

导语：一路从中国古代文明的辉煌和灿烂中走来，我们的心情是喜悦的，感觉是轻松、愉快的；可是，一路伴随而来的，还有我们丝毫未觉的故步自封的骄傲。直到1840年鸦片战争那一声炮响，让我们的沉醉一瞬间变成了国门洞开、割地赔款的沉痛！

可这，仅仅是开始……

新课：（1）时光的指针指向了1895年的5月，这是一个格外让人悸动不安的春季。紫禁城高高的城墙内，一位身着黄袍的青年天子端坐在龙椅上，不能像我们那般轻松地翻开历史书，他翻开面前那道关于甲午战争的紧急奏折时，动作格外缓慢，格外沉重。（清光绪帝）

（2）光绪帝阅读的目光正在积聚越来越浓厚的愤怒，不知想到了什么，那眼神瞬息又黯然起来。（学生讨论）他是孤独的，他那无人能说的孤独终究掩盖不住一个24岁青年的血性，他拍案而起，坚定地把目光投向大清浩渺的历史天空，寻找能追随他再现康乾盛世的仁人志士。

（3）诚如光绪所愿，在离他不远的京城内，18省纷至沓来的会试人潮中，有这样两位青年才俊（康有为、梁启超），他们正游说1 300多名饱读圣贤书的举人联名上书，准备向他们年轻的皇帝表达他们的希望、他们的忠诚，表达他们血脉偾张的救国热情。（公车上书）

（4）从翁同龢老师那里得到消息的光绪并没能看到这道上书，事实再次告诉他，那位从他登基起便坐在垂帘后问政的慈禧太后，又一次强势地展示了她权力的威严和不容侵犯。他的神情有几多不满，就有几多无奈。

（5）变法的希望在民间燃起了点点的火光，公车上书虽然失败，却打破了两百多年来清廷的一道禁令，成为一个标志，扩大了变法的影响。（资产阶级维新思潮→爱国救亡政治运动。《时务报》、强学会）

（6）光绪皇帝想要亲政的梦想未及开始便已搁浅，年轻的帝王以超常的忍耐，沉默了两年，终于等到了一个“机会”，尽管是那样难以让人接受的“机会”。（1897年德国强占胶州湾）

（7）借着康有为的三次上书，光绪再也不愿背着皇帝的虚名，决意变法。尽管是怀着近乎悲壮的心态，他坚定地颁布了他为帝以来第一份独立表达他真实意愿的诏书。（《定国是诏》）清代一次自上而下的体制变革由此开始。（戊戌变法）

（8）维新派的这次变法，并没能在他们一腔热血的运筹中走多远。（103天）在几个书生簇拥下的光绪，就恨不得把一千多年的任务全部完成。然而，欲速则不达，形势突变。6月15日，慈禧强迫光绪连下三道命令，以快速的政治反应，削弱了维新派的变法阵营：撤销帝师翁同龢的职务，任命荣禄为直隶总督。直到较量到了生死存亡的时刻，光绪才意识到自己的变法有着致命的失误。光绪皇帝拼命想要抓住最后一根救命稻草来挽救他的梦想，挽救危局，挽救普天之下的“王土”。作为晚清冉冉升起的政治人物，袁世凯对时局的审度、判定、选择最终结束了光绪的政治生命。

（9）9月21日，慈禧太后一纸令下，维新派的命运就只剩下三个字：关、走、亡。（戊戌六君子）

（10）逃亡天涯虽然是颠沛流离，但终可保有一命，但谭嗣同坚定地选择了留下，面对菜市口的屠刀。他临死前的从容，让我们在沧桑世事、浮华人潮中依然铭记他那清晰的声音。（“有心杀贼，无力回天。死得其所，快哉快哉！”——谭嗣同临刑前说的话）

总结：一段历史就这样快速地从我们眼前闪过：康有为的上书、光绪的变法、慈禧的政变、袁世凯的出卖。

故事二：历史课堂是简历式的幽默。历史课本里那些人物，因为时光的久远，神秘地吸引着学生们的无尽好奇。如何解读，才能解开学生们的“相思之苦”？且看初一年级《汉武帝的文治武功》之《刘彻同志简历》（见表1）。

表1　刘彻同志简历

中文名	刘彻	出生日期	公元前156年（景帝前元年）
国籍	中国	逝世日期	公元前87年（武帝后元二年）
民族	汉族	主要成就	开创西汉王朝最鼎盛繁荣的时期
出生地	西汉都城长安	代表作品	《秋风辞》《瓠子歌》《天马歌》《悼李夫人赋》

此简历一出，引来无数“英雄尽折腰”——笑到了。课堂因此轻松转身，故事因此自然展开，历史因此深入记忆！

故事三：历史课堂是不会老去的憧憬。历史里的人物总是让孩子们远远感慨——伟大或有才得让人惊叹，历史里的事件却又让孩子们不禁懊恼——复杂的指数高得让人生气。只有那些潜藏在历史书字里行间的生活才让孩子们感受到一丝真实。初二年级的《城乡人民生存状态的沧桑巨变》一课教学，结合青春期学生的身心特点，我展开了一段关于爱情的历史回忆:《那一段风花雪月的事》: 以“我”这个虚拟人物为参照，逐一展开我姥姥、我妈妈、我小姨的婚恋故事和生活，融入那时那地的生活场景和生活特点。孩子们羞涩而又无比憧憬。课堂不仅有故事，还应该有人情。你应该能想象我这堂课有多成功!

我觉得作为一名普通的一线教师，成就真实有效的课堂，才能支撑教育的脚踏实地。一堂高效的历史课，那就是：历史课堂应是故事的天地，课堂里的故事，故事里的历史，让学生多角度立体感悟历史，相信胜过空洞的单一知识传授。有血有肉的中国历史才会生生不息地流淌在我们文化的家园!

让家国情怀在实践中生根发芽

——以荔枝资源为载体对初中学生家国情怀培育初探

赵富生

（泸州市合江县城关中学）

摘　要： 中华民族伟大复兴，需要具有强烈家国情怀的公民。习近平总书记多次提出，要在全社会大力弘扬家国情怀。教育是培养未来公民家国情怀的深刻手段。初中历史教育在整个教育序列中具有承上启下的重要地位，担负着在学生“三观”形成的关键阶段培育学生家国情怀的重任。如何完成此重任，历来有由大到小或由小至大的路径分歧。笔者经思考及实践认为，由小到大以熟悉资源为切入点效果较好。遂以自身经历之荔枝元素系列历史教育实践为例，阐述初中生家国情怀培育以引关注、激兴趣、正强化、由小及大、推己及人，由己到家到校到国，由历史学科到多学科全面发展为路向之必要性和可行性。

关键词： 初中历史教育；家国情怀培育；路径

一、缘起——初中生家国情怀培育路径分歧

家国情怀是一种思想、感情和理念，最初源起于我国士大夫对自己、对家庭、对天下的一种担当，既包括个体，也体现在群体中，后历经儒家思想的浸润，历经战争之苦、国破家亡的伤痛沉淀，历久弥新，在当代形成独特内涵：中国公民在中国传统文化影响下，从中国特色社会主义发展的背景出发，对中国特色社会主义价值共同体持有的一种高度认同，并促使认知共同体朝着积极、正面、良性的方向发展的一种思想和理念。家国情怀在中华民族伟大复兴过程中具有非常重要的意义，习近平总书记在 2019 年 2 月 3 日中共中央、国务院春节团拜会上以及其他不少场合，都强调要在全社会大力弘扬家国情怀。

教育是人类社会迄今改变思想、化育感情和理念最为深刻的手段之一，应当在家国情怀的培育上有所作为。初中是学生“三观”形成的关键阶段，初中历史教育应当担负起培育学生家国情怀的重任。初中生家国情怀的培养之重要性和必要性是不言而喻的，既是弘扬民族优秀传统文化的时代之需，又适应推进教育教学改革之需要，还回应了研究解决实际问题之历史教学现实关切。但在具体如何培育初中生家国情怀的路向选择上，存在两种截然相反的认识。

第一种观点认为，家国情怀实际是国家情怀，培育家国情怀首先应培育国家观念、情感和理念，然后再由大及小，培育个人在国家观念下之情怀，如此才能高屋建瓴、恢宏远大。第二种观点认为，家国情怀首先是家，是个人认同家，然后再由小及大认同国，这样培育起来的国家情怀才有坚实根基，扎实可靠。笔者赞同第二种观点，笔者认为，第一，心理学研究表明，人们往往更关心自己的事情，更何况涉世尚浅的初中生，其经历见识更主要局限在自身及有限的周围，由小及大才能更好引起学生的兴趣。第二，传统文化主张培育家国情怀之“修身、齐家、治国、平天下”序列为此提供了历史文化依据。第三，从实践的情况看，从合江县城关中学喜闻乐见的荔枝入手在历史教育中进行初中生家国情怀培育效果较好，学生们比此前更认同自己，更认同家庭、学校，正向认同国家、社会的良好方向不断进步，并且，他们相互良性影响，并把这种影响迁移到其他学科、其他人。大家普遍反映，比以前先讲大道理的方法要容易接受得多。

接下来，笔者将重点梳理介绍合江县城关中学在近一年来于历史教育教学中尝试挖掘学生熟悉的荔枝资源培育学生家国情怀的主要探索效果反馈。

二、探索——荔枝元素系列历史教育实践路径

“一骑红尘妃子笑，无人知是荔枝来”，荔枝是合江县对外的一张绚丽名片，相关文化底蕴深厚，学生们也以之为自豪。在决定挖掘身边熟悉资源培育学生家国情怀后，笔者对学生进行了简单的调研，结果发现，城关中学学生对荔枝及荔枝文化竟然知之甚少，于是，笔者决定以荔枝元素为原点展开家国情怀培育之路径。

（一）主要路径

1．搭建探究框架

结合合江县本地地域及物产特色，结合学生的生活实际，结合青少年的认知规律，决定以合江县城关中学大部分学生所熟悉的资源——荔枝元素为

切入点探寻初中生家国情怀培育路向。为此确定以“整体规划、分段设计、有机衔接、系统推进”为指导原则，充分挖掘合江县特有的实物资源、文字资源，构建具有实践性、体验性、探究性的学习过程，以尝试探寻家国情怀培育路向，提升学生素养。

2．明确探寻内容

围绕合江县荔枝及荔枝文化，具体拟引导学生从以下方面着手探寻：① 当地中国荔枝分布；② 合江县荔枝分布；③ 合江县荔枝树性；④ 合江县荔枝品种、品质；⑤ 合江县荔枝历史沿革；⑥ 合江县荔枝优势；⑦ 与合江县荔枝相关文化。

3．讲清探寻方法

探寻活动主要采用以下方法：文献调查、实地观察访谈、咨询专家、网络查询。

4．探寻周期、阶段划分

探寻活动的主体以笔者所教学的城关中学初 2020 级 8 个班部分生为主体，探寻周期为 2019 年 1 月至 2019 年 12 月，探寻活动主要分成春、夏、秋、冬四阶段，地点范围为盛产荔枝的合江县真龙镇。

【案例】学生探寻成果部分实录

学生 1《我爱家乡的荔枝树》：家乡荔枝树在不同时间，不同季节，姿态各异，非常漂亮。春天，荔枝树在春风中悄悄地发芽了，嫩绿的叶子探出了小脑袋，新奇地望着周围美好的春光。同时，荔枝树开花了！花很小，没有花瓣，和细小的喇叭花差不多。满树淡黄色或绿白色的花朵散发出淡淡的清香，让人心醉。夏末到了，荔枝树也结果了。刚结出的果又小又青，后来慢慢长大，变红了，一簇簇荔枝沉甸甸的，把树枝压弯了腰，像个弯下腰的老婆婆。在这丰收之际，我从树上摘了一颗荔枝，剥开鱼鳞似的皮，看见了白亮亮的肉，我咬了一口，感到有一种独特的香味。秋天的时候，天气很凉爽，在清晨时，从荔枝树那绿油油的叶子上滚落下一颗颗晶莹饱满的“珍珠”和“钻石”。就像是许多绿丝绸托着许多“白珍珠”。冬天到了，特别是在傍晚，一缕缕金黄色温暖的阳光照耀在荔枝树上，这时的荔枝树又像是一个披着金纱翩翩起舞的妙龄女郎。我爱家乡的荔枝林，它给我带来无穷的欢乐！

学生 2《关于荔枝那些事》：家乡荔枝品种多，我家就有大红袍、妃子笑、糯米糍、降纱兰等多个品种。爸爸告诉我家乡荔枝获得过林博会“金奖”，是 2008 年北京奥运会指定水果。

吃荔枝得有方法，要不然就不能尽情品尝荔枝那美美的滋味。今年暑假，我和爸爸妈妈带着两大箱荔枝去重庆亲戚家，我表弟吃荔枝那情形让我差点发笑，只见他挑了两颗最大的荔枝，接着用牙齿把荔枝壳咬破后，再剥了壳吃果肉，边吃边赞叹。我当起了小老师，热情、仔细、耐心地教他怎样挑选风味独特、脆嫩浓甜、清香馥郁的焦核荔枝，怎样吃荔枝才会不拉肚子，荔枝要怎样才能保鲜。那一天亲戚家大饱口福，那一天我自豪无比，那一天我有了梦想：我要努力学习，长大后为建设美丽的家乡而努力。

学生 3《家乡的荔枝》：我到学校图书馆查阅了资料，了解了家乡三绝之首的荔枝栽培历史悠久。合江与福建和两广同为荔枝产地。但家乡独特的地理位置、地质土壤、气候条件是家乡荔枝比广东荔枝晚熟的主要原因，也因此家乡荔枝具有外表艳丽、壳薄核小、肉厚汁多、细嫩化渣、芳香四溢的特点。“一骑红尘妃子笑”就是家乡荔枝“妃子笑”的由来。

学生 4《又到荔枝飘香时》：七月，是瓜果飘香的季节，但最让人垂涎欲滴的还是那晚熟的荔枝。七月，合江荔枝香天下，飞入寻常百姓家。勤劳质朴的合江人真诚欢迎您！

学生 5《奋斗令生活充满生机 责任让生命充满意义》：可爱的家乡，历史悠久、文化灿烂、风景如画、物产丰富。这里有清凉可口的青果，更有名扬中外的荔枝。通过暑假历史小组社会实践，我初步理解了具有家乡色彩的关于荔枝的农事、农谚、书画、雕刻……这就是我的家乡，生我养我的地方。我要把努力学习和奉献自己写在家乡的土地上。

（二）主要效果反馈

该实践展开以来，城关中学参与该实践的学生以荔枝为切入点，有关家乡、有关荔枝的知识大大丰富。同时城关中学参与该实践的学生认知、情感、行动得到强化，热爱家乡历史文化的主人翁意识被大大激发，合江人的自豪感大大增强，也深深感受到了肩上沉甸甸的建设家乡、建设祖国的历史使命，历史学科核心素养得到一定发展。

该实践活动的有效开展，激发了笔者对利用熟悉资源开展学生家国情怀培育问题的进一步深入思考。

三、思考——初中历史教育家国情怀培育大有可为，任重道远

家国情怀素养培育是一项非常重要的系统工程，在育人观念、育人策略、育人内容、路径创新、评价机制等问题上均可以进一步探索发现。作为教师，

尤其是在聚焦课堂教学阵地、拓展素养培育时空、开发各种课程资源方面大有可为，此前笔者所进行的探索，仅仅才处于原始起步阶段，存在许多不足和不少问题需要继续研究和思考，任重道远。但笔者认为，从点到面，从具体到抽象，从个体到家国，这个研学路向是值得继续坚持的，笔者拟从以下几方面继续探索，并从时间、空间、思想认识三个维度建立起立体交叉研究模式，推进此项探索不断深入。

1. 聚焦课堂教学阵地

提升教师素质、聚焦历史课堂阵地，梳理与家国情怀培养密切相关的知识内容，创新教育教学设计，改进教育教学方法，立足师生情感体验，构建多元化评价，形成对这些内容进行教学的方式方法策略。

2. 拓展素养培育时空

组织以重大历史事件、历史人物、历史现象为切入点的主题活动，探讨重要贡献，吸取前人经验和智慧，形成健全人格和健康个性。了解、理解家国情怀精神。开展主题活动、查阅文献资料、参观走访、访问谈话、研学调查等实践活动，了解家乡、国家、民族历史要素，制定实践行动的主题、内容、形式、时间以及各项活动的实施策略。开展戏剧表演、演讲比赛、知识竞赛、黑板报、手抄报、专题讲座、影片观看等社团活动。研究历史社团活动的组织与管理、活动内容和方式。

3. 开发各种课程资源

围绕家国情怀这一主题，充分开发家庭、学校、社会、国家的现有资源，如家族历史、家乡文化、身边模范、古代贤达、当今英豪、国家领导等资源，以培养学生孝亲、进取、仁爱、尽忠等品质与素养。拓展研究的范围和深广度，形成相应学科素养的教育教学资源库。

最后，笔者申明，本文只是笔者从一己之经验出发进行的微观个例探索，但“天下同归而殊途，一致而百虑”，但愿本文能够抛砖引玉，引起历史教育界中真正有识之士一起来思考家国情怀核心素养的培育和新时代具有家国情怀高素养公民的培养问题，共同为中国特色社会主义教育大厦添砖加瓦。

运用家国情怀理念进行初中历史教学

张志强　罗剑容
（南充市白塔中学　三原实验学校）

摘　要：家国情怀是历史核心素养之一，对家国情怀素养应该采取一种潜移默化的培养方式，并应该从初中阶段开始加以培养。通过对初中学生家国情怀素养的培养，有利于学生形成正确的社会主义核心价值观，教师应该将家国情怀培养渗透到初中历史课堂的各个环节，运用不同的教学方法和教学技能培养初中学生的家国情怀素养。

关键词：家国情怀；初中历史教学

一、初中历史教学家国情怀素养培养的现状分析

“家国情怀”是中国优秀传统文化的基本内涵之一,是作为个体的人在中国传统文化影响下，对共同体持有的一种高度认同，并促使共同体朝着积极、正面、良性的方向发展的一种思想和理念。是一个人对自己国家和人民所表现出来的深情大爱，是对国家富强、人民幸福所展现出来的理想追求，是对自己国家一种高度认同感、归属感、责任感和使命感。

目前初中历史课程标准依旧沿用的是 2011 年版本，该版本在“情感态度价值观”目标中提出“让学生逐渐了解中国国情，理解并热爱中华民族的优秀文化传统，形成对祖国历史与文化的认同感，初步树立对国家、民族的历史责任感和历史使命感，培养爱国主义情感，逐步确立为祖国的社会主义现代化建设、人类和平与进步事业做贡献的人生理想”①，也明确提出培养学生“家国情怀”学科素养。《普通高中历史课程标准（2017 年版）》将“家国情怀”纳入历史学科核心素养之中，这是对“立德树人”宗旨的落实。因此

① 中华人民共和国教育部:《义务教育课程标准（2011 年版）》，北京师范大学出版社 2012 年版。

高中“家国情怀”理念进一步渗透入初中历史教学中，目前初中历史教学更加明确提出确立“家国情怀”的核心素养，“家国情怀”的培养成为初中历史教学的核心。

但初中历史教学对家国情怀的培养还没形成教学主流。一是初中教师对课程标准提出培养“家国情怀”的目标还没入脑入心，还没形成教学观念，目标还不明确。二是初中历史教师也没有对家国情怀的教育引起足够的重视，不清楚历史学科核心素养的基本内容和要求。三是初中历史教师自身还没有“家国情怀”意识。四是在培养家国情怀方面还没有深入研究，更没有探索出科学的方法和途径进行家国情怀的培养，从而使得中学历史教学中家国情怀教育没有得到有效的贯彻和落实。

二、用家国情怀理念进行历史教学

（一）提高历史教师家国情怀素养，增强课堂历史底蕴

培养学生家国情怀的核心素养，首先得提升教师的学科核心素养。教师的观点和言行深刻地影响着学生。如果教师家国情怀意识不强，就不可能在教学中培养学生“家国情怀”核心素养。

历史教师首先要认识自己的特殊地位，教师的思想、观念影响自己的学生，即影响几代人，关乎祖国的前途命运和民族未来，责任重大。因此，应该自觉树立家国情怀，对祖国和民族产生认同感和自豪感。教育行政部门通过各种方式关心教师，认同教师的工作业绩，提升教师自豪感和荣誉感，增强其责任意识。教学业务指导部门通过线上、线下的讲座、培训等方式，提高初中历史教师的学科核心素养，为学生核心素养培养打好基础。

（二）将家国情怀理念渗透课堂

教师以家国情怀传递为目标，整合历史教学资源，创新教学方法，实现家国情怀核心素养培养目标。

1．认真分析教材，提炼家国情怀教学主线

目前初中使用的是教育部统一编定的历史教材，与以前的教材相比，部编版教材采用点线结合的方式，将历史史实作为基础点，按照时间先后顺序

进行连线，从而将教材内容依据人类历史发展的阶段和顺序，循序渐进地展现。部编教材既重视历史知识的呈现，又重视学生历史认同感和民族自信心的培养。教师应永怀家国情怀，认真提炼家国情怀教学主线。历史教材每单元的单元目录除了概况本单元的大致时间线索，还归纳了该时期的特点，呈现历史主题。七年级上册第三单元“秦汉时期：统一多民族国家的建立和巩固”，从单元标题可以看出学生既要掌握秦汉时期的基本史实，还要明白我们统一多民族国家的特点已从这个时期开始形成，从而培养学生对国家统一的认同感和多民族融合的自豪感。八年级下册第二单元“社会主义制度的建立与社会主义建设的探索”，引导学生认同中华人民共和国成立后中国人民建设社会主义的热情艰辛的探索，同时认识法治建设对国家发展的重大意义，从而使学生认识到我国社会主义法治建设取得的巨大成就和社会主义法律的优越性，产生强大的国家认同和自豪感。

2．创新的教学方法，传递家国情怀

1）创设情境，体验真实历史

“情境教学可以打破历史学习时空界限，使学生置身于历史现场，提升历史课堂的生动性，从而培养学生的家国情怀”①。在进行教学设计时，教师应该通过各种史料和素材尽可能地创设一个较为真实的“历史现场”。八年级上册《辛亥革命》课标要求是“了解武昌起义，认识辛亥革命的意义”，结合本课教材内容，部编版教材新增了辛亥革命之前的革命志士的奋斗过程。学习本课除了让学生掌握辛亥革命的基本史实之外，应让学生了解黎明前革命志士艰辛的奋斗历程。上课前，播放电影《辛亥革命》中革命志士林觉民的《与妻书》片段，让学生感受革命之艰难与革命先辈的无私奉献。在创设的“历史现场”中，尽可能直接和历史“对话”，更加深刻地去了解、感受和体验在特定时空下的历史实际情况，逐步形成用历史思维去发现和解决历史问题。在这种特殊的情境之下，学生在学习历史的过程中可以切身当时的历史现实，有助于培养学生对历史的认同感和责任感，从而达到培养家国情怀的目的。

2）认同历史人物，感受榜样精神

在中学生的学习、生活中，榜样对中学生的思想道德影响具有不可忽视

① 周刘波：《家国情怀：教学意蕴与生成路径》，《历史教学》2018 年第 7 期。

的作用。“历史教育是一种特殊的‘人学’，历史人物在教学中占有重要地位。”①在历史课堂中，将与课文有关联的历史人物作为主线，通过故事、视频、图片等方式生动形象地介绍这些人物大公无私、为国奉献、兼济天下等品行，让学生学会以重要的历史人物为榜样，学习这些历史人物身上的重要品德。引导学习八年级下册的《科技文化成就》，让学生掌握一系列科技成就的同时，通过图片和视频了解重大科技背后默默付出的科学家们，学生在对这些人物进行学习时，会逐渐将这些特殊人物身上所蕴含的不求名利、无私奉献等家国情怀品质凝聚在自己的意识当中，在日常学习和生活中会下意识地进行学习和模仿，从而实现家国情怀的升华。

3）巧设问题，探究历史史实

在历史课堂教学过程中，教师可以对当堂知识进行巧妙的设问，让学生形成认知冲突，引导学生自觉在教材中收集有效信息，主动对问题进行深层次的探索，从而形成自己的看法，全方位地思考和理解问题，更加清晰地认识历史问题和历史史实，感悟历史精神。组织学生学习《抗美援朝》，通过展示当时中美物资、军队等实力差距表，向学生提问：在中美实力差距如此大的背景下，中国为何选择出战？让学生懂得抗美援朝是中国人民保家卫国的正义之举，感受中国人民志愿军为保家卫国英勇牺牲的壮举。通过材料的展示，进行问题设置，让学生在特定的环境之下对问题产生深刻领悟和感受，从而能更好地探究历史人文精神。

4）融合乡土历史，感悟身边历史文化

乡土历史是历史教学中的重要史料。加强乡土历史的教育和传播，一方面可以增强学生对历史的兴趣，另一方面学生会感觉自己置身于历史当中，可以增强学生对历史的直观感受,缩短学生认识水平与历史事实之间的距离。富顺县是刘光第的家乡，在组织学生学习《戊戌变法》前，让学生周末去搜集有关“戊戌六君子”刘光第的资料，并去参观刘光第的故居，让学生将课本上空洞的历史知识与现实相结合，促使学生更加了解自己的家乡，增强对家乡的认同感和责任感。当教师将地方的历史人物、历史事件融入历史课堂教学中时，能收到事半功倍的效果。学生在了解家乡历史的基础上，树立为振兴家乡而努力的理想，为实现中华民族伟大复兴而奋斗。

① 周刘波：《从认同到自觉——浅论家国情怀教育的内化机制》，《中学历史教学》2019 年第 3 期。

结　语

培养学生的家国情怀素养，需要历史教师的不懈努力。历史教师需要不断改变教学理念，创设情景、创新方法，让学生学会以历史人物为榜样，注重将乡土历史与课本教材相结合，让学生充分了解家乡文化和中国历史，从而增强学生对中华文化的自豪感、对国家历史的认同感和对中华民族伟大复兴的责任感。

技术运用

怎样建设现代信息技术环境下的历史课堂文化

彭　岗

（泸州市古蔺县白沙中学）

摘　要： 课堂是教师教学的主要场所，是师生间联系的桥梁和纽带，而文化，是始终贯穿于其间的养分。本文从现代信息技术环境下的优势、容易对教师形成的误导、历史课堂文化的构建三个方面，探讨怎样建设现代信息技术环境下的历史课堂文化。

关键字： 信息技术；课堂；文化

课堂是教师教学的主要场所，是师生间联系的桥梁和纽带。而文化，是充盈于课堂的重要养分。课堂文化就是通过智慧型教师的教育智慧，创建、激发富有生命的、有效的课堂，从而形成一种对生命的理解、关怀与尊重；课堂文化要充分体现个性、人道主义精神，从而形成一种内在的聚合力，促进学生人格的形成。

一、现代信息技术环境下优势

1. 音像图画等直观材料，利于学生直观感受

以往的传统教学，教师凭一支粉笔，把三维的世界刻写在二维的黑板，去完成传道、授业、解惑的大任。现今，教学手段更加多样化，可以利用网络、多媒体等信息技术手段，将音像、图画、视频等资源，充分运用于教学上，有利于学生直观感受。

北宋都城东京是怎样的？《清明上河图》又是怎样一幅旷世之作？教师凭借教材上有限的资料和语言的描述，在学生头脑中，恐怕难以留下深刻的印象。现在，凭借多媒体教学，一张《清明上河图》画卷的展播，就能让学生的心灵与画卷共鸣。

红军长征，是如何历尽艰险的？飞夺泸定桥又是如何能飞渡天堑？一段《飞夺泸定桥》的影片片段，就能让学生身临其境。

2．海量的网络资料，利于教师扩展教学空间

现在，教师不会再感叹手里资源的匮乏。打开电脑，所需要的资源可以海量搜索选用。我们可以借鉴全国各地的资料、试题，可以浏览观看各种精美课件。教师不再受地域的限制，几乎可以无限拓展教学空间。

3．各种风格的教学设计、课件，利于教师筛选使用

每一个优秀的教师，都会有异于他人的长处，也会形成自己独特的教学风格。通过信息技术，整合各种不同风格的教学手段，“择其善者而从之，其不善者而改之”，须知“他山之石，可以攻玉”。通过借鉴、整合，最终可以达到为自己所用的目的。

二、容易对教师形成的误导

任何事物，都有其正反两面，对信息技术的贪用、滥用，也可能带来麻烦。

1．历史课堂变成素材的展示与堆砌

资源是海量的，如果不加以精选与甄别，往往会形成素材的堆砌。如果一堂课准备了 40 多张 PPT，那是准备一分钟翻一页吗？这让学生如何在一分钟内消化和吸收一张 PPT 的内容呢？复习课选用的试题材料如果不符合现在需要的，也应该摈弃。

2．超越学生知识层次的探索与研究

课堂文化要充分体现个性、人道主义精神，就是要以学生为主体，形成一种对生命的理解、关怀与尊重。课堂所导向和探究的问题，就应该是以学生为中心的，超越了学生知识层面的探究，于学生何益？教师在设置问题导向探究的时候，不能过分“拔高”，更要避免一些毫无意义的研究。

3．教师失去自我思考后的盲从和迷茫

在这新技术、新观念纷繁更替的时代，更需要我们的思想跟上时代的步伐。风行全国的“杜郎口模式”，是有其存在的合理性和一定的可行性的，但绝不是把课桌从“秧田式”摆布成“餐桌式”那么简单。失去了自我的盲从，最终不过是“邯郸学步”而已。

三、历史课堂文化的构建

课堂的主体是学生。而文化，是充盈于课堂的重要养分。

1．依托信息技术，获取有效资源

在当下教材的框架体系下，筛选、使用材料，贵精不贵多。

信息技术环境下，资源极为丰富，但并非所有的资源都可以“拿来就用”。选用资源要注意以下几点：① 注意所选资源要和现用教材版本相符合；② 注意所选用资源观念要符合现在需求；③ 注意所选资源要与课程目标相符合；④ 注意资源选用的有效性与针对性。

2．人文主义关怀，构建和谐环境

突出学生主体地位，立足教材，立足文本，每堂课都要有学生自主阅读、自由讨论、自我消化的时间，课堂教学是生成而不是预设。

教材是教师和学生手中最直接的资源。用好手中的教材，在有效选择资源的同时，以教材为本。

课堂教学中，还应当注意把时间还给学生，留足时间让学生自我阅读和思考，让学生充分消化知识。要让学生的思想“动”起来，才能达到更好的效果。

课堂教学过程不是教师自我表演与彩排，是不能完全预设的，而应当根据实际情况生成。在课堂教学过程中，应随时根据课堂和学生的需要，及时调整思路、把控节奏，凸显学生主体地位。

3．注重课堂效率，形成独立风格

教师应立足自我，建构教学个性化，形成独特的教学风格。

曾经思考过一个问题：教师这个职业会最终消失吗？在当今信息技术条件下，如果集中一批全国最优秀的教师，将他们的上课内容录制成视频，让所有的学生都能接受到同样的教育，能行吗？答案是不行的。为什么呢？因为每一个优秀的教师，都会有自己独特的教学风格，而这种风格，是针对这一批学生的教学而最终形成的，这便是孔夫子所说的“因材施教”吧！因此，学生是主体，而教师是主导。这个“主导”，就要求教师要构建教学的个性化，形成独特的教学风格。

4．培养正确史观，构建文化课堂

在教学过程中，难免会遇到一些有争议的问题，教师在引领学生探索的时候，应该谨慎选择。

历史课堂文化，要注意传承祖国传统文化，初中历史教材中，张衡“地动仪”曾作为一个知识点呈现，现在已经从教材中删除。同样颇具争议的，还有“司南”，但“司南”仍然保留在教材上。在这些史学界仍有争议的问题，教师在课堂教学中，应该做到心中有数，谨慎选择，正确引导学生，这有利于学生正确历史观的形成。

5．利用信息技术，增添课堂活力

随着信息技术的进步与更新，教师在课堂上所能利用的信息技术手段也呈多样化发展。除了影音、图像的剪辑使用，还有不断推陈出新的教学软件可供参考和利用。合理选择与熟练运用教学软件辅导教学，能给课堂增添新的活力。

总的来说，历史课堂文化的构建对教师提出了更高的要求。在信息技术飞速发展的今天，我们应当从“传统型教师”向“智慧型教师”转变，不断自我更新与拔高，去创建、激发富有生命的、有效的课堂，从而促进学生的健康发展。

浅析现代信息技术对初中历史课堂实现教学立意的促进作用

黄莉娟
（自贡市汇东实验学校）

摘　要： 教学立意是历史课堂的灵魂与价值所在，在有限的课堂时间内如果运用好现代信息技术，则可以更好地实现教学立意。现代信息技术在教学中的应用越来越广泛，本文探讨的侧重点是如何利用现代信息技术使学生更真切地感知历史、理解历史并运用历史，在教学中最终达到实现历史课堂的教学立意的目的。

关键词　现代信息技术；教学立意；多媒体教学

历史课堂不可无中心，不可无灵魂，这里的中心和灵魂也就是教学立意。“教学立意能让学生从更高的角度理解历史、感悟历史并运用历史。如果历史课堂缺少教学立意，只有事件的罗列、知识的堆砌、年代的枚举这些毫无色彩的历史表述，就难以实现透过现象看本质的预设目标，难以抓住历史教学‘根’。”[①]那什么是教学立意？目前对于教学立意概念的解释很多，现在也没有定论，但一般可以认为教学立意是指“通过历史学习，学生汲取的超出知识层面的历史智慧、经验、教训，掌握的历史学科核心能力，树立的核心价值观。[②]”这是宏观层面的解释，从微观层面上来看，教学立意则是在宏观解释的概念范围内，根据具体的教学内容而定的。可以说教学立意实际就是统领整节课内容和精神的核心，是课堂的灵魂所在，也是一节课堂的价值所在。

那么，在初中历史课堂如何实现课堂的教学立意呢？笔者认为，实现教学立意的方式有很多，本文着重于探究如何充分利用现代信息技术来促进教

① 周明：《历史课堂“教学立意”不可或缺——以“发达的古代农业”一课为例》，《历史教学》2012 年第 8 期。

② 黄倩雪：《历史课堂如何确立教学立意》，《亚太教育》2016 年第 9 期。

学立意的实现。随着以计算机技术为基础的互联网络技术和多媒体技术的迅速发展，现代信息技术应用已经渗透到社会活动的各个方面。现代信息技术在教育领域的应用也越来越广泛，在课堂上教师可以借助现代信息技术将枯燥的文字知识形象化地展现到学生面前，极大地调动学生的学习主动性，进而提升学生的学习兴趣，有利于提升教师的课堂教学效果。在现代信息技术中应用最成熟的是多媒体教学，它可以将诸多要素，如文本、图形、图片、声音、动画、视频等综合利用，更好地展示教学内容，进而更好地实现教学立意。

一、运用现代信息技术，创设生动历史情境

历史有很强的场面性和情节性，在历史教学过程中，运用现代信息技术巧妙地创设历史情境，不仅能够让一些深奥、枯燥的历史内容更加生动形象，还能够把学生引入一定的情境中，将复杂抽象的内容具体化、可视化，激发学生学习历史的兴趣。

《中国境内的早期人类——北京人》这一课是进入初中历史课堂的第一课，但是原始社会时间久远、内容偏枯燥、与学生的生活相差太远，不利于学生的理解和掌握。作为历史课堂的开篇，如果没有引起学生的兴趣和关注，那势必会影响后续历史学习的开展。本课的课程标准要求是“知道北京人的特征，了解北京人发现的意义；知道化石是研究人类起源的主要证据”。基于课程标准要求的内容，考虑到初一孩子对新事物、新学科的好奇心，笔者把本课的教学立意定为：中国境内早期人类的重要发现，突出“发现”二字，并始终用“发现”作为一条主线来开展教学。

课堂开始之时，先让孩子们分小组合作探究，观察本课的插图，说一说有哪些有趣的发现。学生们畅所欲言，讨论得热火朝天，有小组说发现了北京人的相貌很奇特，有学生立马表达他们小组发现了元谋人的两颗牙齿化石，还有些同学发现了山顶洞人使用的骨针表面很光滑。有了前面的铺垫后，接下来笔者再引导学生去阅读课文的文字内容，了解这些“发现”背后的史料支撑，如化石、遗址等。为了更好地让学生理解有哪些重要的文物遗存，笔者还设计了一个讨论的环节：想象北京人的一天。学生思考后分小组进行讨论，再播放结合教材的插图、重要的化石和考古遗址等素材制作的微课《北京人的一天》。通过 Focusky 等软件制作的微课可以很好地在课堂上创设一定的历史情境，让学生能更好地理解和想象原始人类的生活，将教材中的文字和插图相结合，达到具象化和可视化，突出化石和遗址等历史考古发现的重

要性，同时也让学生发现历史独特的魅力，培养学生对历史的好奇心，为后面的教学的开展种下兴趣的种子，同时更好地实现“发现”这一教学立意。

二、运用现代信息技术，推动学习能力提升

大部分学生家里都安装了电脑，在这个前提下，学生在课后或周末使用计算机的机会就更多。如何引导学生正确使用现代信息技术来完成自主探究，成为教师需要思考的问题。现行的部编版教材相较于之前的教材，在内容上有所改动，更加凸显了学生的主体性，教师在教学中可以充当引领人，学生在教学中则成为实践者和探索者。这一改变不仅可以呈现在课堂上，也可以延伸到课前或者课后。

在部编版八年级下册的 19 课《社会生活的变迁》这一课中，笔者就进行了一些尝试。本课的课程标准要求是“从衣、食、住、行、用等方面的变化，了解经济的快速发展和人民生活水平的提高”。基于课程标准和对教材的理解，我把本课的教学立意定为“了解改革开放前后社会生活的变化”，突出“变化”二字。课前笔者按照教学立意并结合学生各自的特点将他们分成四个学习小组，在每一个小组内选出组长，由组长带领组员进行课前准备。学习小组通过谈论确定研究的方向和目标，然后动手搜集社会生活在衣、食、住、行等方面的变化，突出改革开放这一分界点，感受身边的变化，寻找历史发展的规律，感悟时代的变迁。各小组都充分运用了现代信息技术，利用网络为自己的研究内容查找史料来佐证，还有一些小组是将问卷调查在街头随机发放给市民，将调查结果汇总后利用专门的图表软件进行分析总结，快速得出调查的最终结果（见图 1）。

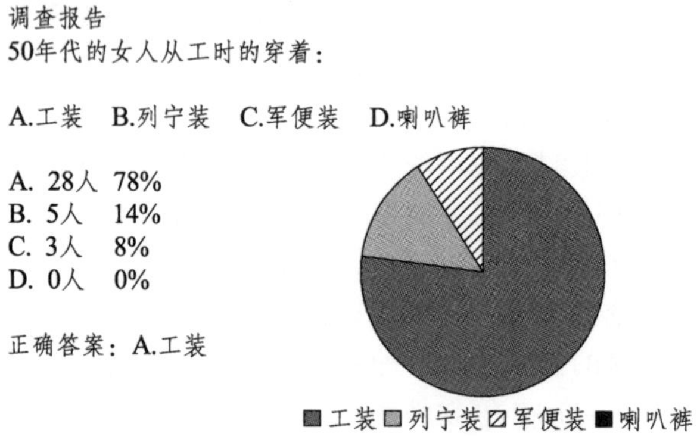

图 1　50 年代妇女从工时的穿着调查结果

在搜集好资料的基础上，再让孩子们自己动手制作 PPT 课件、制作电子照片墙、拍摄短视频等，在课堂上来展示小组合作探究的成果。学生通过巧用现代信息技术课前查找资料、课中展示探究成果、课后深思总结，加深自己对改革开放前后社会生活变化的感悟，实现了本课“变化”这一教学立意。

三、运用现代信息技术，助力重点、难点突破

在学习历史的过程中，会发现在有限的课堂时间内要突破重、难点是有一定困难的，特别是有些重、难点内容有较多的专业用语或者较为死板枯燥，教师简单地利用口头语言进行描述，很难激发学生的学习热情，学生理解和掌握也较困难，进一步会发现学生无法获得好的学习效果，最终变成老师教得累，学生学不懂。在这种情况下，运用多媒体教学变得尤为重要。多媒体教学可以将文本、图形、图片、声音、动画、视频等素材综合利用，使学生手、脑、眼、耳并用，更加形象地感知和理解历史知识，同时也降低了重、难点知识的教学难度，促进了教学立意的实现。

以八年级上册第 13 课《五四运动》为例，课程标准要求是“知道五四爱国运动的基本史实，认识五四运动是中国新民主主义革命的开端”，本课的重点和难点是理解五四运动是新民主主义革命的开端。基于课程标准的要求和五四运动在中国近代史上的重要地位，我把本课的教学立意确立为“通过学习五四运动来了解中华民族在 1919 年的觉醒与担当”。为了更好地突出 1919 年这个时间节点，在教学中笔者有意识地引导学生培养“时空观念”素养。任何历史事件都是在特定的、具体的时间和空间条件下发生的，只有在特定的时空框架当中，才可能对历史事件有更准确的理解。在有限的课堂时间内让学生掌握五四运动爆发的背景一直是一个难点，常常课堂结束后有些学生还是无法理解五四运动为何会爆发。于是笔者在课堂上进行了一个尝试，利用多媒体制作了一个横向的时间轴（见图 2）。

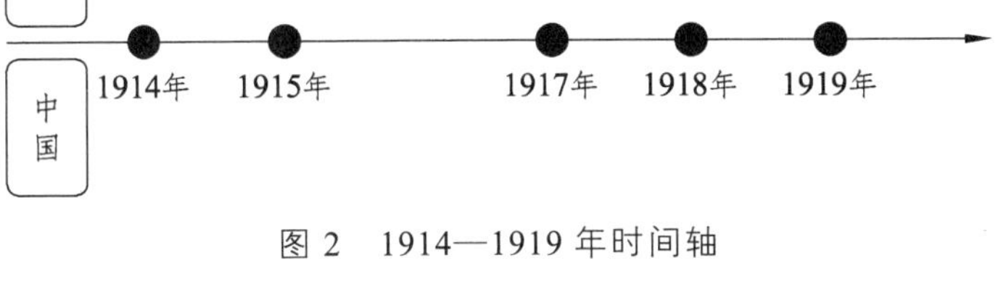

图 2　1914—1919 年时间轴

通过展示时间轴上的1914年、1915年、1917年、1918年、1919年这五个重要的时间节点，利用多媒体技术呈现每一个时间节点相对应历史事件的照片和形势图，为学生营造出一个百年前的中外大背景。通过形象化的时间轴引导学生逐步把这一时期的时间和空间联系起来，把五四运动这一历史事件放到中国和世界两个角度对比着来看，从而帮助学生理解五四运动爆发前的国内国际背景，也突出了1919年中华民族的困惑与彷徨，为后面实现本课的教学立意埋下伏笔。在讲解五四运动是新民主主义革命的开端这一重点和难点时，也采用了时间轴的方式来突出重点，突破难点。

笔者在课堂上通过多媒体展示竖型的时间轴，为学生清晰划分出中国近代史的时间范围。中国近代史始自 1840 年的鸦片战争爆发，止于 1949 年中华人民共和国成立，历经清王朝晚期和中华民国时期。中国近代史因革命领导阶级的不同可以划分为两个革命阶段，一是资产阶级领导的反对外国侵略和本国封建统治的革命，称为旧民主主义革命；二是无产阶级领导的，人民大众的，反对帝国主义、封建主义、官僚资本主义的革命，称为新民主主义革命，新旧民主主义革命的分界点就是1919年的五四运动。五四运动是一场彻底反帝反封建的爱国革命运动，推动了个人的觉悟，推动了中华民族的觉醒，民族的觉醒和革命的推动都是从五四运动开始的，所以五四运动是新民主主义革命的开端，是改变近代中国的重大历史事件。通过多媒体展示这一时间轴（见图 3），不仅让学生树立时空观念，而且突出五四运动是新民主主义革命的开端这一重点，最终的落脚点则是教学立意中的民族觉醒。

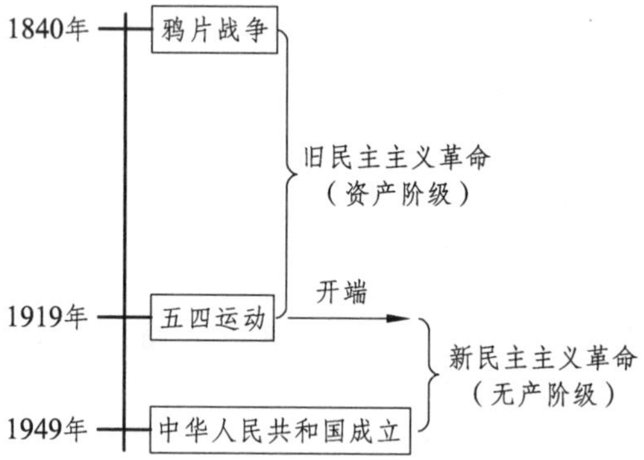

图 3　1840—1949 年时间轴

随着教育改革的不断推进，教学中越来越需要运用现代信息技术来实现教学立意。合理运用现代信息技术，不仅能够生动展现历史课堂的教学内容，提升学生的学习兴趣和探究学习能力，还能助力重点、难点突破，推动学习能力提升，最终实现历史课堂的教学立意。在实际教学过程中，还有很多问题未解决。例如，如何将历史教学和现代信息技术深度融合？在实现教学立意的同时如何进一步优化历史课堂教学、提升历史教学效果？这些问题也是笔者需要继续探索和研究的方向。

论监护人教育观念对农村留守儿童学习成绩的影响

王廷相　刘小琴　蒲晓丽　杨秀玲
（泸州纳溪区棉花坡中学　泸州纳溪区白节镇初级中学
泸州合江天立学校　自贡富顺县永年中学）

摘　要： 改革开放浪潮和市场经济冲击促使人口流动，产生了农村留守儿童这一特殊群体。农村留守儿童监护人文化程度普遍偏低、年龄普遍偏大、教育观念相对滞后，留守家庭教育缺失严重，在学习方面的障碍普遍高于一般儿童。本文就留守儿童监护人教育观念及其影响展开探索。

关键词： 监护人；教育观念；留守儿童；学习成绩

改革开放的经济浪潮和市场经济的冲击促使我国人口突破封闭状态，人口大规模流动一方面给市场经济带来活力，另一方面也产生一系列的社会问题。农村留守儿童就是人口流动产生的一个特殊群体，而农村留守儿童教育状况更让人担忧。农村留守儿童的家庭教育大致存在着三种结构类型：一是单亲教育，这种情况只是少数；二是隔代教育；三是寄养教育型。后两种类型在农村留守儿童中间普遍存在。由于农村留守儿童监护人文化程度普遍偏低、年龄层次普遍偏大、教育观念滞后，家庭教育缺失严重，农村留守儿童在学习方面的障碍普遍高于一般儿童，农村留守儿童所受的家庭教育大都是粗放的、残缺不全的。

农村留守儿童在学习方面的障碍普遍高于一般儿童，其中学习无人监管、成长过程父母不能亲自参与、留守儿童自身常出现心理问题、监护人教育观念的偏差等为主要原因。本文就监护人教育观念的偏差对农村留守儿童学习的影响谈谈肤浅的认识。

一、监护人教育观念出现偏差的原因

教育观念是家长素质的核心，它不但制约着家长对知识和能力的运用，而且直接影响着家长对子女的教育内容和方式，影响着家长对子女教育时间、精力投入和物质投入的方向。农村留守儿童监护人教育观念出现偏差，是导致农村留守儿童在学习方面的障碍普遍高于一般儿童的重要因素。

（一）监护人文化水平有限

在我国西部农村地区，留守儿童在青少年中比重较大，孩子的监护人多为爷爷奶奶或者外公外婆。监护人的年龄五六十岁，务农为主，由于监护人自身文化水平有限，他们的教育观念会给留守儿童的学习带来如下问题。

1．监护人给孩子的辅导和帮助是有限的

五六十岁的监护人有些一辈子务农，仅小学毕业，甚至有些还没有上过学，自身受教育的时间短，甚至没有接受过学校系统的教育。自身文化水平很低，根本无法对孩子进行辅导，所以留守儿童学习上的问题不能通过监护人得到有效的解决。如 2020 年年初，由于新冠肺炎疫情，教育部提出“停课不停学”，全国学生在家上网课。从对学生问卷调查结果分析，学生在家学习监护人不能进行辅导成为重要的学习障碍。

2．监护人不能对孩子进行有效的监管

除了不能对作业进行辅导，更多的是监护人不管孩子的学习，没有为孩子制定合理的规划。他们大多抱有“能学就学”“会学就学”的态度，也就导致孩子在家自由散漫，放肆甚至放纵。

3．监护人对学习的态度会影响到孩子

五六十岁左右的监护人大多认为学习并非必要，他们自身及其子女大部分文化程度不高，但不影响“求生活”。在思想上，监护人自身不重视学习，所以不会为孩子创造良好的学习环境。大部分留守儿童从思想上也不重视学习，不爱学习，最终学习成绩较为落后，形成恶性循环。

（二）监护人个人成长经历

农村留守儿童的监护人大多都是爷爷奶奶、外公外婆等，而他们的年龄基本上是五十岁以上。他们的教育观念普遍呈现如下特点。

1．宠溺孩子，不想让孩子吃苦

他们自身在幼年时经历了中华人民共和国成立以来最困难的时期，经过了几十年的奋斗，如今生活大为改善。他们就想尽可能从物质上满足孩子，也就渐渐让孩子忘记了幸福生活是来之不易的。

2．凡事都代劳，不让孩子动手

在平时的生活中，他们总是自己将能做的事情都做了，小到扫地、洗碗，大到山坡上的重活。能自己解决的，绝对不会让孩子去动手。所以，留守儿童多半都是在家待着，“十指不沾阳春水”，甚至还玩着手机打着游戏发着脾气。

3．教育观念

老一辈沿袭教育子女的经验来教育孙子孙女，教育观念没有做到与时俱进。

（三）网络对监护人教育观念的影响

如今，“互联网”已经成为人们生活中非常重要的一部分。其在生活、学习、工作中的广泛应用对留守儿童监护人的教育观念产生了不可忽视的影响。

1．网络的复杂性影响着监护人

在如今自媒体发达的时代，网上流传的很多信息，不像教科书里面的东西一样经过很多专家和学者的反复推敲。这些信息有的真实，有的人为臆造，有的片面，有的随意。网络信息复杂，加上农村留守儿童监护人不善辨别，容易导致教育的失误。

2．农村留守儿童缺乏有效的监督

农村留守儿童的监护人经常得在外干活儿，孩子在家干什么、怎么上网、上网做什么、最爱打游戏还是看小说都不知道。

3．农村留守儿童监护人的知识权威性遭到质疑

俗话说：“家有一老，如有一宝。”在没有网络的年代，家中的老人就是经验的源泉，是知识的权威。但在网络时代，很多农村老年人对网络上的新鲜事物一窍不通。所以孩子如果遇到什么问题，也不再会向家中老人询问，而是直接上网搜索一下，答案就来了。这样一来，监护人们也就心甘情愿地把知识权威的地位让给网络。

二、转变监护人教育观念对策

对于孩子监护人以及社会各界而言，必须要树立正确的成才观、人才观和价值观，走出当前中国家庭教育观念陷入的困境。当今社会，不是只有上了大学才能成为人才，社会需要的人才是多方面的。在改革开放和社会主义现代化建设的今天，经济建设的迅猛发展为人才的成长提供了广阔的天地。面向新世纪，我国经济建设和社会发展对人才的要求趋向多样化。社会职业的分工、行业和地区之间的发展不平衡，决定了人才需求的多层次、多类型、多规格，决定了社会和经济的发展需要专家、学者型的高层次、高科技人才，也需要大批面向基层的技术应用、技术管理和服务型的各类人才。因此，监护人的家庭教育观念也应当随时代的变化而改变。

（一）国家层面，提高农民的文化素质，提升农村监护人的文化水平

1．加强乡村教育，提高农民的文化素质

农村留守儿童的监护人大部分为农民，这一庞大的群体将直接影响整个国家的教育情况。改善教育状况，发展农村教育的一个直接结果就是提高农民的文化素质。乡村教育对农民文化素质的提高起着决定作用。乡村教育的推行，要依赖于农村基层组织村委会。村委会定期定点定内容举办针对农民教育的培训，培训形式可以多样化，如讲座、观看教育纪录片等。用新时代发展的现状、需求让农民知道，“学习”不是学生的事情，而是每一个人的事情。让他们感受到“学习”的重要性，从而提高他们的文化素质。所以，要加强乡村教育，提高农民的文化素质。

2．联合各级各类学校，借用资源，创办老年学校解决隔代教育问题

各级各类学校所拥有的教育资源是比较广泛的，要提高农村留守儿童监护人文化水平，可以大力借用学校资源进行农村教育。由于农村留守儿童监护人大多为五六十岁的中老年人，进行的是隔代教育。隔代教育在今天备受社会关注，也成为亟待解决的社会问题。2018 年 4 月 18 日，上海老年大学华东师大分校“传家宝——心理健康与隔代教育”的特色课程举行开班仪式。该课程共四期，利用各方优势，在老年大学的平台上与老年监护人深刻地互动与交流，这在解决隔代教育问题起到了很大作用。

近年来，这种关于中老年监护人隔代教育的培训在沿海城市越来越多，但是广大的西部地区尤其是农村地区涉及很少，可以利用相关教育资源，就

“隔代教育”进行培训。针对目前我国农村地区留守儿童面临的现状，要想有效改变监护人的教育观念，社会可以组织相关的公益部门，成立镇、村、社区公益组织，定期举办针对留守儿童监护人的培训，号召监护人积极、广泛参与学习。监护人的观念陈旧，我们可以用新时代发展的现状、需求去说服他们，传播新时代的教育思想，让他们重视孩子的成长教育。

3. 加大义务教育均衡发展整体推进，让农村留守儿童享受优质公平的教育资源

近些年，国家大力进行义务教育基本均衡发展督导检查，但地区之间、城市与农村之间教育的不均衡仍客观存在。尽管农村学校教学设施设备、硬件软件建设都得到相应的改善，但优秀师资流失，先进的教育理念得不到更新，优质的教育资源得不到充分利用。所以，国家更应加大对农村教育的投入，改善办学条件，让优秀的教师安心在农村从教，让优质的教育资源普惠农村，让农村留守儿童享受更加优质公平的教育资源。

（二）学校层面，改善以户籍制度为基础的城乡二元结构体制的问题，建立平等的教育秩序和环境

所谓的平等，指的是在硬件和软件两方面的要求。学校应建设和完善学校设备设施，优化学校环境，让孩子们感受到自己并未被边缘化，增加对留守儿童重视程度，注重心理健康教育。让孩子们在家长或者老师有效监督的情况下，参与空中课堂，让更多孩子享受到优质的教育资源。

1. 净化环境，营造良好的育人氛围

俗话说：“近朱者赤，近墨者黑。”环境造就人，环境影响人。学校作为育人净土，必须为留守儿童的学习和成长营造一个安全健康的环境。为此，必须加强对校园周边环境的整治，必须加强社会教育。学校教育和社会教育相结合，把学校教育和社会教育甚至家庭教育之间的阻隔打通，进行通盘设计和规划，即“社会教育和学校教育合流”。依靠相关部门对网吧、游戏厅等进行规范管理。净化网络环境，避免青少年接触不良网络信息。在网络时代，让孩子完全脱离网络，并非良策。必须让孩子们去有选择地使用一些优秀并高效的网络平台，顺应历史潮流。

2. 利用网络平台，实现家校合作

目前已经有了很多非常成熟的网络交流平台。经常用到的微信和 QQ 都能及时有效地把信息传达给家长。老师们可以在群里面上传孩子们学习和生

活的各种小视频和照片，让家长及时掌握孩子们的信息，也可缓解远方家长们对孩子的“相思之苦”。通过对孩子学校生活的了解，能及时了解孩子的学习情况，从而调整教育方法。除此之外，还有很多学习平台是可以上传学习资料的，只要真正利用好这些科技含量高的平台，学习既省时又省力，所以要动员家长尽快学会使用这些学习平台。

3．借助家访，进行家校共育

最近两年笔者参加了一个公益助学组织，为了获得孩子们成长的第一手资料，进行了大量的家访，从而真切体会到为什么有的孩子会厌学，为什么会不讲卫生不讲礼貌。因为有的家庭根本没人教他们这些基本的生活素养。这样的情况大多出现在贫困、单亲的家庭。学校方面如果能在这个时候给予一些精神和物质上的帮助，无异于在黑暗中给他们点亮一束微光。因为贫困，有的家长有过让孩子放弃读书的想法。通过家访，让他们了解国家和社会的各种帮扶政策，从而改变家长们的观念。

理论是宏观的，应用却是细致的。现实中，留守儿童的问题依然还有很多需要去观察去解决的。在网络时代，家长和老师们获取信息的途径多，信息量大。更是要学会去筛选一些正能量的信息，否则焦虑感就会普遍存在。但是切勿形成“孩子有病，家长吃药”的怪现象。实际上家长能做的，是通过自己的改变来影响孩子，如果孩子是一粒种子，那么，家长就是孩子的土壤。读书，不一定能功成名就，锦绣前程，但能出言有尺，嬉闹有度，做事有余，说话有德，温文尔雅。

（三）个人层面，提升监护人自身的文化修养，发挥监护人的榜样作用

1．提升监护人自身的文化修养，与时俱进紧跟时代步伐

时代在变，新东西、新观念也在层出不穷，祖辈应该注意接受新思想，学习新知识，尽量用现代科学知识抚养教育孩子。俗话说“活到老，学到老”，可尽量学习与孩子相关的知识，甚至像朋友一般主动参与孩子的学习。

2．发挥监护人的榜样作用，改掉生活中的不良习惯

作为孩子监护人必须树立良好形象，发挥正能量，成为孩子心中正面的、积极的引路人。

3．转变育人模式，树立全人教育观念

要认识到孩子是不是一个合格有用的人才，不是一张试卷决定的，而取

决于社会对他的检验。未来社会需要的是人格健全、心理健康、有社会适应能力、有终身学习愿望和能力的人。一个人的观察能力、思维能力、综合运用知识的能力、生存能力是非常重要的。因此，光有知识是远远不够的，学生的综合素质、情感、态度、价值观更为重要。所以，不能像以往那样，眼睛只盯在分数上。要给孩子自信、鼓励其点滴进步。在很大程度上，学生的学习积极性靠外部驱动，尤其小孩子，他们更需要得到大人的赏识。任何一个孩子都愿意取得好成绩，有时候只是因为方法不当或是努力不够而暂时落后。家长的思想要摆端正，不要单纯用分数来评价孩子的好坏，对孩子说话时要少用批评、指责、否定的语气，家长要帮他们树立自信，帮助他们克服困难、解决问题。

父母是孩子的第一任老师，孩子的成长道路，往往取决于父母的教育观念。要知道，观念支配一个人的为人处世。如果观念正确了，他就不太容易偏离正路。

后　记

本书是集体智慧的结晶，更是工作室实践和思考的产物。敲完最后一行文字，思绪万千，感慨不已。

第一个感慨是历史教学的不易。恩格斯指出：“历史就是我们的一切。”[①]毛泽东说：“我们看历史，就会看到前途。”[②]历史如此重要，可是历史教学却不尽如人意。在学校的课程表上，历史教学的排列比较靠后；在师资配置上，历史教师尚有兼任教学的现象；在教学理念上，历史就是死记硬背、历史就是讲讲故事、历史就是考考知识点的偏见和谬论还时有耳闻。这些现象至今仍不同程度地存在于不同地区。

第二个感慨是历史教学观念转变的不易。新课程改革以来，自主学习、探究学习、合作学习的倡导已然深入人心，然而在课堂上，所谓自主、探究、合作很多时候是一种“伪作”或“做作”，真正的自主、探究、合作远远没有成为课堂的主流。现代信息技术的运用使教学蒙上一层光亮的外纱，透过这层外纱，我们看到的依然是教师主宰课堂。教学中的设疑设问、学生的质疑解疑，很多时候流于形式。我曾经奔走于各地，亲力亲为，逐渐使“问道”的理念和“问道”的教学思路为工作室各地成员接受。工作室各地区成员的教学有了明显改观，大家都感到课堂教学有了变化，有了自己的风格。

第三个感慨是历史教师提笔写作的不易。绝大多数教师都富有丰富的教学经验，口头说起来头头是道，提笔却无言以对。工作室着力破解这个难题，从要求写教学实录起步，组织学术论文写作培训，帮助写出文章的教师修改文章，创办工作室室刊《问道历史》，由各研修组轮流主编，其主要目的在于督促老师拿起宝贵的笔，把所谓“缄默知识”表象化，转变为可见可观可评的物化知识。本书所录的这些文章可视为这种努力的一个结果。

我们仰望星空，志存高远，试图以名师工作室为平台，形成一个具有独特教学风格的团体；我们脚踏实地，积跬致远，朝着既定目标前行。在行进

① 恩格斯：《英国状况——评托马斯·卡莱尔的〈过去和现在〉》，转引自曲青山《历史就是我们的一切——写在〈中国共产党的九十年〉出版之际》，《中共党史研究》2016年第7期。

② 中华人民共和国外交部中共中央文献研究室编：《毛泽东外交文选》，中央文献出版社1994年版，第537页。

中，伙伴们彼此鼓励，互相帮助，使我们的步伐坚定而有力。

感谢工作室成员所在地区的教研员同行们。自贡的刘灵、富顺县的王旭钟，内江的代焰明、内江市中区的吴国乔，宜宾的杨杰、凌生刚，凉山的徐建，攀枝花的李文妍，南充的雍建平、顺庆区的王全荣，泸州的张洁和泸州市七个县区的教研员，他们协助管理工作室本地成员，指导工作室日常工作。成都市龙泉驿区历史名师工作室罗光火、泸州市历史名师工作室李世怀，对我们的学习研究帮助甚大。

感谢承担工作室研究活动的学校：内江二中、内江七中、内江东兴中学、内江铁路中学、内江六中、自贡蜀光绿盛学校、自贡沿滩区仙市中学、富顺县永年中学、富顺二中、宜宾翠屏区龙文学校、江安县川师大实验外国语学校、江安中学、凉山州民族中学、凉山州西昌俊波外国语学校、会东县参鱼中学、盐源县民族中学、会理中学、攀枝花二中、成都武侯实验中学、成都天府中学、南充高中、南充三原实验学校、南充五中、南充五星中学、南部中学、合江中学、合江县城关中学、泸州高中合江分校、古蔺县二郎中学、泸州七中佳德学校等。这些学校无不大力支持工作室的活动，给予了人力、物力、财力各方面的保障。

感谢四川省教育科学研究院的黄勇、陈静亦老师，感谢陈辉、张天明、陈倩三位老师。他们都是四川省历史课程与教学论方面的专家，受聘指导工作室工作，尽心尽职，不仅在理论上，更在实践上手把手地帮助我们，使我们能够脚踏实地地前行。

感谢西南交通大学出版社的各位编辑，他们为这本书的问世，付出了辛勤的劳动。书稿往返，版式选定，凝聚了他们的心血，最终呈现读者面前的是装帧精美的图书，我们除了再次道一声感谢外，就没有别的语言表达自己这份情感了。

本书由王廷相、吴跃、邱钰、欧阳菊等组成的审校组完成书稿的审校。

贾雪枫

2022 年 7 月 16 日